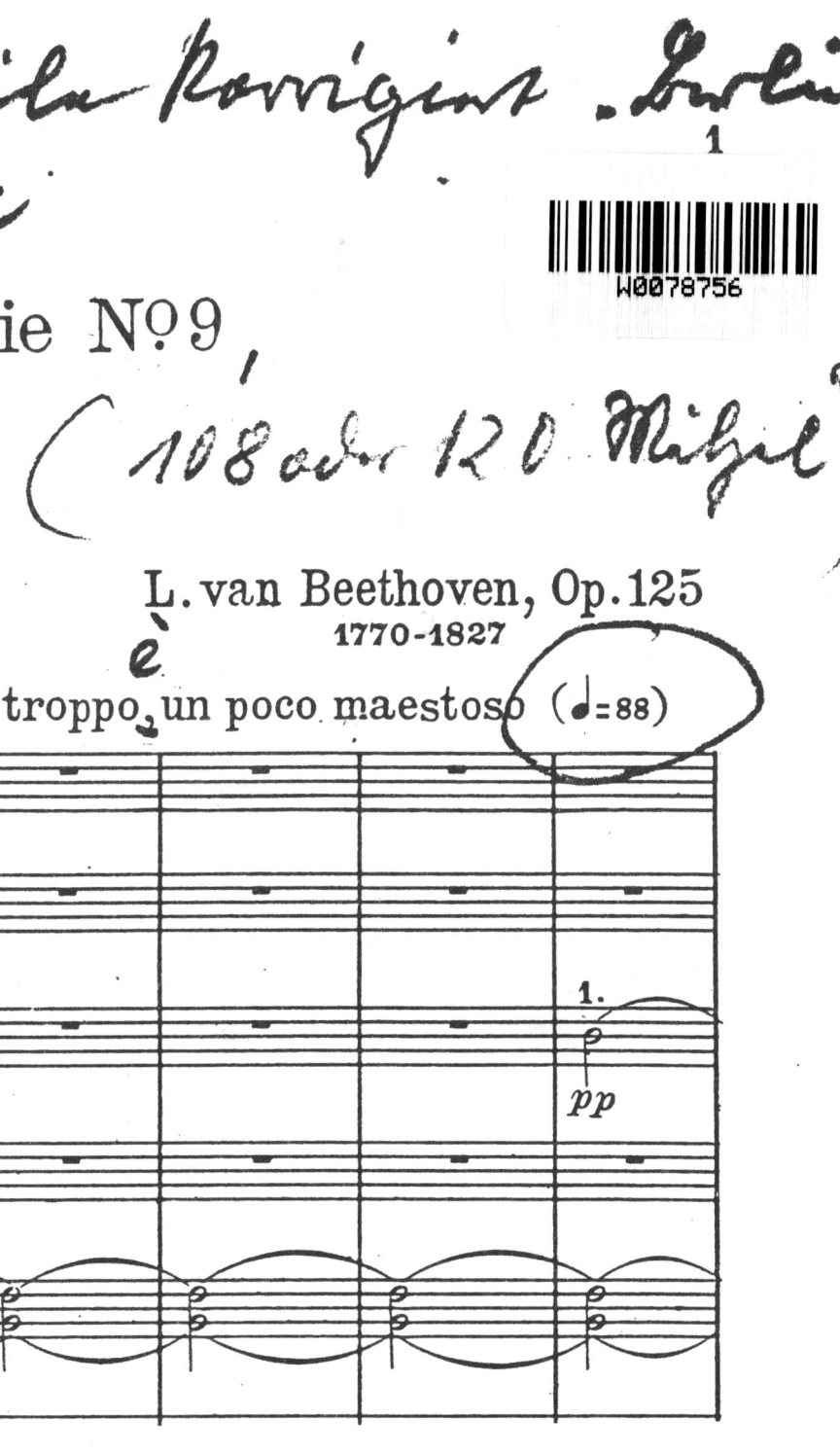

Johannes Forner · Kurt Masur

Johannes Forner

Kurt Masur

ZEITEN UND KLÄNGE

Biographie

Unter Mitarbeit von
Manuela Runge

Propyläen

© 2002 by Econ Ullstein List Verlag GmbH & Co. KG
Berlin · München
Propyläen Verlag
Alle Rechte vorbehalten
Satz und Lithographie: LVD GmbH, Berlin
Druck und Verarbeitung:
Bercker Graphischer Betrieb GmbH, Kevelaer
ISBN 3 549 07153-1
Printed in Germany 2002

An Tomoko

Ohne dich wäre mein Leben
nicht so reich geworden.
Ohne dich hätte dieses Buch
nicht geschrieben werden können.
Du hast mir Kraft zu allem
gegeben, was in den letzten
Jahrzehnten in mir und um mich
geschehen ist.
Ich danke Gott,
dass es dich gibt.

Kurt

Inhalt

PROLOG

*» Wenn Mendelssohn einmal geäußert hat, dass Leben und Kunst
nicht zweierlei seien, so habe ich diese Einheit immer sehr tief
empfunden und danach gestrebt, so zu handeln. Deswegen gab es bei
mir nie einen Bruch, ob als ›Politiker wider Willen‹ oder als Dirigent.
Ich habe immer versucht, humanistische Botschaften zu vermitteln
und Spuren zu hinterlassen im Alltagsleben der Menschen.«*
Kurt Masur

Alles begann für mich mit Arthur Nikisch, der Gewand-
hauslegende. Es war der 23. Januar 1972, der fünfzigste
Todestag des großen Dirigenten. Die Leipziger Musikhochschule hatte zu einem Seminar für den dirigentischen
Nachwuchs eingeladen. Im Kammermusiksaal saßen junge
Leute und warteten. Auf dem Podium der Hausherr, Rektor Rudolf Fischer, der Generalmusikdirektor der Oper
Rolf Reuter und ich. Einer fehlte noch – der neue Gewandhauskapellmeister Kurt Masur. Dann kam er, mit
elastischem Schritt, hochgewachsen, ein Meter siebenund-
achtzig, schlank, noch bartlos damals. Ausgeprägte Ge-
heimratsecken betonten die hohe Stirn des mächtigen
Schädels. Die hellen Augen blickten ein wenig verhangen
unter den schweren Lidern. Der Schnitt seiner Brauen verriet Strenge, die Lippen aber waren weich und füllig – ein
Charakterkopf. Kurze Begrüßung, kurzer Händedruck.
Man kannte sich. Nur ich war ihm noch fremd. Ich referierte dann über die Geschichte des Gewandhauses und seiner großen Dirigenten, die bis heute »Kapellmeister« heißen, verwies auf die ideelle und personelle Verquickung
mit dem Konservatorium, das einst Mendelssohn gegründet hatte, und stellte sodann Nikischs Wirken in den Mittelpunkt. Eine Skizze war es, mehr nicht.

Als ich geendet hatte, geschah etwas völlig Unerwar-
tetes. Die ersten Worte, die Kurt Masur an mich richtete,
haben sich mir eingeprägt: »Wollen Sie zu mir kommen?
Wir suchen am Gewandhaus einen Dramaturgen.« Ein

11

höchst sensibles Privatissimum auf öffentlicher Szene. Das war die erste Begegnung, und so begann unsere gemeinsame Zeit. Ein Vierteljahrhundert später wiederholte sich ein ähnliches Szenario. Aus dem Auto heraus überrumpelte er mich mit der lapidaren Frage, ob ich Lust hätte, seine Biographie zu schreiben. Dieses spontane Vertrauen und das stille Vergnügen an der schnellen Entscheidung habe ich immer wieder bei ihm erlebt.

Eine zweite, ganz andere Erfahrung musste ich im Juni 1978 machen. Damals gastierten in Leipzig die Zwölf Cellisten der Berliner Philharmoniker. Langfristig und akribisch genau war von mir das Programmheft vorbereitet worden – glaubte ich jedenfalls. Die Meistercellisten spielten wie die Götter, und schon vor der Pause brach Jubel aus. Als dann aber Autogrammjäger darauf hinwiesen, dass zwar zwölf Musiker angekündigt, im Kleingedruckten aber nur elf Namen standen, war der Ärger des Gewandhauskapellmeisters groß. So etwas durfte einfach nicht passieren! Blass trat ich vors Publikum, stellte den vergessenen Cellisten vor und redete mich damit heraus, dass auch die Dramaturgie in jenen Tagen vom Fieber der Fußballweltmeisterschaft erfasst worden sei und man offenbar nur bis elf habe zählen können. Man nahm es mit Heiterkeit auf. Aber Kurt Masur habe ich so böse wie damals auch später nur selten erlebt. »Sein« Gewandhaus hatte ich blamiert, und wenn es um »die Sache« ging, wurde er gnadenlos. Er war von Walter Felsensteins strengem Regiment geprägt, und vermeidbare Pannen sind ihm ein Gräuel. Von seinen Mitarbeitern erwartete er die gleiche Präzision und bedingungslose Hingabe – damals wie heute. Mit Ungestüm und Leidenschaft möchte er alle Bereiche des Lebens erfassen, im Zentrum aber steht die Musik – Allegro con brio.

Wer Kurt Masur privat erlebt, lernt ihn von einer ganz anderen Seite kennen – gesellig, gelöst, familiär, zu Späßen aufgelegt. Der passionierte Skatspieler freut sich auch, wenn andere gewinnen. Unerschöpflich ist sein Repertoire an

Volksliedern, Versen und Gedichten. Da liegen die heimatlich-schlesischen Wurzeln frei. In der »Familie« – den Begriff fasst er keineswegs eng – geht er auf. Als er im Sommer 2000 mit seiner Frau Tomoko Silberhochzeit im Erzgebirge feierte, dort, wo seine Eltern und Schwester Lilo mit Familie gelebt haben, sah ich in seinen Augen die Freude aufleuchten über alle, die geladen und gekommen waren: die eigenen und die japanischen Verwandten, die Freunde aus alten und späteren Zeiten. Da wurde deftig gespeist – Wildschwein am Spieß – und ordentlich getrunken, Theater gespielt und fröhlich gesungen. Erzgebirgische Musikanten spielten zum Tanz auf. Und zu vorgerückter Stunde gab Kurt Masur ein langes Gedicht im schlesischen Dialekt zum Besten. Vielleicht ist er in der Geborgenheit der Familie am glücklichsten. Seine Energien scheinen unerschöpflich. Er überträgt sie hundertprozentig auf die künstlerische Arbeit. Dann macht er das Orchester zu seinen Verwandten und das Publikum zur großen Familie.

Johannes Forner

ERSTER TEIL
WANDERJAHRE

DER TRÄUMER

»Musik hat mich stark gemacht«
1927–1943

In die Wiege gelegt wurde ihm die Musik nicht. Als Kurt Masur am 18. Juli 1927 seinen ersten Schrei in die Welt schickte, zählte kein Geiger, Pianist oder Dirigent zu seinen Ahnen. Sein Vater war Elektroingenieur und stammte aus Oberschlesien. Seine Mutter, eine geborene Bartholomäus, wuchs bei Eisleben auf, dem Geburtsort Martin Luthers. Die Vorfahren stammten sehr wahrscheinlich aus Polen. Der Familienname verweist auf Masuren, die seen- und waldreiche Landschaft im Süden des ehemaligen Ostpreußens – »Kein Klang der aufgeregten Zeit drang je in diese Einsamkeit«. Er erinnert an die Bewohner Masowiens oder an die Mazurka, den polnischen Nationaltanz, der Lebensfreude wie Melancholie zum Ausdruck bringt.

Geboren und aufgewachsen ist Kurt Masur in Brieg, einer mittelgroßen Stadt von dreißigtausend Einwohnern inmitten Schlesiens, etwa dreißig Kilometer von Breslau, dem heutigen Wrocław, entfernt. Über Jahrhunderte hinweg galt Brieg als Hochburg der Piastendynastie, des ältesten polnischen Herrschergeschlechts, und die Lage des Ortes an einer Gabelung der Oder »am hohen Ufer«, wie der polnische Name »Brzeg« besagt, ist für Verkehr und Handel seit jeher günstig. Hier kreuzen sich die Wege zwischen Ostsee und Orient. Zahlreiche Renaissancebauten der Stadt – das Schloss, das Rathaus und die Bürgerhäuser am Ring – zeugen von der Blütezeit Briegs als Residenz im 16. und 17. Jahrhundert. Das Piastenschloss war Kurt Masur als Kind nicht geheuer, die Kirchen aber liebte er – insbesondere die evangelische Stadtpfarrkirche St. Nikolai aus dem 14. Jahrhundert mit der berühmten Engler-Orgel, seine Taufkirche. Die Orgel – ein Werk des schlesischen Orgel-Baumeisters Michael Engler aus dem Jahre 1796 – gehörte zu den schönsten und musikgeschichtlich bedeutendsten Werken Deutschlands. Sie wurde im Zweiten Weltkrieg zerstört. Noch heute assoziiert Kurt Masur den Klang von Kirchenglocken mit »Heimat, Geborgenheit und Frohsein«. Geborgenheit gab ihm vor allem die Großfamilie, die sich des Sonntags oft traf. Die schlesische Sippe war stark und dominant, der Zusammenhalt untereinander lebendig. Zu feiern gab es immer etwas. Manchmal kamen bis zu fünfzig Verwandte aus ganz Schlesien und Thüringen zusammen. Nie musste eine Musikkapelle engagiert werden: Die meisten Familienmitglieder hatten selbst etwas vorzutragen.

Das Auskommen der Masurs war eher bescheiden. Vater Kurt, aus einer Gastwirt- und Bauernfamilie mit zahlreichen Geschwistern stammend, hatte keine allzu glückliche Hand in geschäftlichen Dingen. Die Zuckerverarbeitungs-fabrik, die er zweien seiner Brüder überlassen hatte, brannte ab. Das Geschäft für Elektrowaren mit einer Installations-werkstatt, das er danach betrieb, lief mehr schlecht als recht und wurde eines Tages ebenfalls durch einen Brand beschädigt. »Unser täglich Brot gib uns heute« war eine stete Redensart der Mutter, für die genügend Brot zu haben keine Selbstverständlichkeit war. Manchmal fehlte die Butter im Haus. Die Kinder aßen dann Brote, die mit Kaffee durchtränkt und mit Zucker bestreut waren. Der kleine Kurt war stolz, wenn er hin und wieder abends allein im Laden noch eine Glühbirne verkaufen durfte und die fünfundsiebzig Pfennige zur Bereicherung des Abendbrots genutzt werden konnten. »Wir mussten genügsam sein.« Überhaupt zog er sich gern in die Werkstatt seines Vaters zurück, bastelte und experimentierte mit elektrischen Schaltern, Bügeleisen oder Tischlampen, die er auseinander nahm und so manches Mal nicht wieder zusammenzusetzen wusste.

Kurt Masurs Kindheit könnte in bescheidenem Rahmen glücklich genannt werden, wenn es da nicht ein Problem gegeben hätte, das den Familienalltag immer mehr überschattete. Als die wirtschaftlichen Sorgen der Familie größer wurden, suchte der Vater im Alkohol Zuflucht. Für die Mutter bedeutete das eine zusätzliche körperliche und seelische Belastung. Tagsüber stand sie im Laden und besorgte die Geschäfte, abends kochte sie bis in die Nacht hinein vor, wusch Wäsche und besorgte den Haushalt. Mit grenzenloser Geduld, Sanftmut und Güte hat sie die Ehe dennoch aufrechterhalten, vor allem aus Verantwortung für die Kinder, die sie nicht vom Vater trennen wollte. Kurt Masur dankt es ihr noch heute: »Seit dieser Zeit blieb sie für mich über mein ganzes Leben hinweg der Maßstab aller Dinge.«

Die Mutter war das Zentrum, um das sich alles drehte. Ihre hohe Moral und ihre große Liebe galten dem Sohn als Gradmesser. Als Kind war es ihm unerträglich, sich aus irgendeinem Grund vor ihr schämen zu müssen. »Die Beziehung zu meiner Mutter war eine sehr tiefe ... Sie hat nie ihren Feinsinn für andere Menschen verloren. Sie war in ihrer eigenen Erziehung so geschliffen, dass man ihr gar nicht zugetraut hätte, wozu sie in den schweren Zeiten des Krieges fähig war. Sie hat uns fast wie eine Tiermutter beschützt und in der Not sogar Äpfel, Kartoffeln und Heizmaterial gestohlen, weil sie ihre Kinder nicht leiden sehen konnte. Wenn ich mich später in ein Mädchen verliebte, war es für mich entscheidend, was die Mutter dazu meinte, ob sie dieser Beziehung zustimmen könne oder nicht. Das waren Abhängigkeiten, die sicher nicht unbedingt gut waren, aber meine Mutter hat sie niemals missbraucht. Sie hat eigentlich immer nur versucht, ihre Meinung zu sagen und dadurch zu lenken. Sie hat nie mit einem gebieterischen Machtwort eine Entscheidung erzwungen. Sie beließ es bei Ratschlägen, weil sie mich ernst nahm. Daran denke ich noch heute, wenn ich an ihrem Grab stehe. Ich bin sicher: Sie hat Menschen deshalb überzeugen können, weil sie ehrlich war und das, was sie sagte, auch wirklich gemeint hat.« Sie starb 1984, im Alter von fast neunzig Jahren.

Die Mutter war nicht die einzige starke Frau, die Kurt Masur erzogen hat. Er hatte noch zwei Schwestern, Lieselotte und Elfriede, die ihn mit Hingabe verwöhnten, belehrten und piesackten – »die eine mit Tritten unter dem Tisch, wenn ich mich beim Essen danebenbenahm, die andere mit Püffen, wenn ich mich nicht anständig aufgeführt hatte«. Lieselotte, die ältere, war burschikos, aktiv und immer zur Stelle, wenn jemand Hilfe brauchte. Schon früh ging sie ihre eigenen Wege und hatte Freunde … Charakterlich schlug sie nach dem Vater. Später wurde sie Krankenschwester und Laborantin. Elfriede war die gefälligere der beiden Schwestern. Außerdem gab es noch ein Kindermädchen namens Else, das sich um den Jungen kümmerte. Aber diese »unheimlich freche Person, die sich nicht die Butter vom Brot nehmen ließ und furchtbar schlesisch sprach«, mochte er nicht besonders.

Der Vater spielte nur eine marginale Rolle. Manchmal nahm er den Sohn mit ins Theater, da er als Feuerwehrmann stets eine Freikarte bekam. Kurt Masur liebte ihn wie etwas Fernes, nach dem man sich sehnt und das man doch nie ganz erreichen kann. Der Vater litt unter seiner Alkoholsucht, die den Familienalltag verdüsterte und Normalität allenfalls an Weihnachten zuließ. »Er hatte ein wunderbares Herz und war ein guter Kerl, aber zu weich«, erinnert sich Masur. Seine seltenen Zärtlichkeiten seien oft überraschend gewesen und hätten unbeholfen gewirkt, denn einige Finger waren – vermutlich verstärkt durch elektrische Schläge – verkrümmt. Dennoch genoss der Sohn diese Gesten, waren sie doch immerhin Zeichen der Zuwendung. Kurt Masur, der die Anlage zur Sehnenverkrümmung der Finger geerbt hat, wird sich später daran erinnern und andere nur mit der gesunden Hand streicheln. Er ähnelt dem Vater nicht nur äußerlich. Sosehr er ihn liebte: Diese Weichheit, diese Anlage zu einer gewissen Labilität wird er zeitlebens in sich bekämpfen.

»Als Kind war ich sehr aufgeschlossen, ungeheuer naiv – und ein Träumer«, sagt Kurt Masur über sich. Stundenlang habe er am Fenster gesessen und in den Himmel geschaut. »Ich war ein scheuer Junge, der eigentlich vor anderen Menschen gar nicht reden konnte, ohne zu stottern.« Kindheit assoziiert er mit »Mauerblümchen«. Trotz der Großfamilie fühlte er sich oft einsam, denn die Mutter hatte wenig Zeit, der Vater war meist abwesend, und die Schwestern lebten in ihrer eigenen Welt. Die Einsamkeit habe er gesucht und sich zugleich vor ihr gefürchtet. Mitunter sorgte er für Aufmerksamkeit, indem er Unwohlsein simulierte: »Ich bekam Bauch- oder Ohrenschmerzen, jedenfalls irgend etwas, um das sich meine Mutter dann kümmern musste.« Dann kochte sie ihm sein Lieblingsgericht – gebratene Leber mit süßem Apfelreis – und sang ihm Lieder vor. »Ich weiß noch, was meine Mutter gesungen hat, und wenn ich mich an eine dieser Melodien zurückerinnere, sehe ich ihr Gesicht vor mir, höre ich ihre Stimme.«

Das gemeinsame Singen und Musizieren bildete den »Humus« der musikalischen Entwicklung Kurt Masurs. »Wir Geschwister haben in unseren Betten pausenlos Volkslieder gesungen, bis wir müde waren ... Eine Fundgrube für mich als Kind! Eigentlich war das Volkslied überhaupt die musikalische Grundlage für mein ganzes Leben.« Elfriede spielte sehr gut Akkordeon, und Lieselotte bekam Klavierunterricht, war allerdings nicht sonderlich begabt. Eines Tages, er war fünf, setzte sich Kurt allein ans Klavier und suchte nach den Tönen, die er von der Schwester gehört hatte. Zu ihrem Ärger lernte er schnell. Das Klavier war »vielleicht das Elementarste, was mir passiert ist, eine ganz seltsame Entdeckung«, erinnert sich Masur. Es wurde ihm zum einzigen Ort, an dem er sich nie allein fühlte, an dem er träumen konnte. Mit dem Klavier konnte er sich unterhalten, ihm seine Gefühle mitteilen, es war verschwiegen und verriet keine Seelengeheimnisse. Erst die Entdeckung der Musik, die er dem Instrument entlocken konnte, habe ihn aus seiner Scheu vor Menschen, aus seinen Ängsten, den Ansprüchen der anderen an ihn nicht zu genügen, befreit. »Ich war im Unterbewusstsein schon Musiker, bevor ich wusste, dass ich einer werden würde.«

Von nun an spielte er inbrünstig alle Melodien und Schlager, die ihm zu Ohren kamen, und das machte ihn glücklich. Bald war er ein beliebter »Alleinunterhalter«. Während die Schwestern in der Küche den Abwasch besorgten, musste er alles, was aus dem Radio ertönte, am Klavier nachspielen. Oft musizierten die Geschwister auch zusammen. Besser gesagt: Sie übten sich im Umgang mit der Musik. Da das Klavier die Stimmung nicht halten konnte, wurde es kurzerhand einen halben Ton tiefer gestimmt. Wenn also Elfriede auf dem Akkordeon C-Dur spielte (und das war meistens der Fall), musste sich der Bruder in Des-Dur bewegen, freilich ohne zu wissen, dass die vielen schwarzen Tasten zu Des-Dur gehörten. So lernte er praktisch sehr früh schon spielend in des Wortes eigentlichem Sinn zu transponieren und auf den richtigen Zusammenklang, auf rhythmische Übereinstimmung und auf das Tempo zu achten.

Einer der jährlichen Höhepunkte war das Schützenfest, zu dem sich die ganze Familie traf, denn der Vater war Mitglied der Schützengilde. Die Brieger Stadtkapelle spielte Blasmusik, und nach dem Schießen wurde der Schützenkönig gekürt. Die Kinder übernahmen die Rolle der »Prinzen«. Den ganzen Sonntag wurde gefeiert, gegessen und musiziert. Wer etwas spielen konnte, gab es zum Besten. Eines Tages musste auch Kurt aufs Podium, zum ersten Mal. Vor Aufregung zitternd, begann er seine Musikerlaufbahn mit dem Vortrag einer melancholischen Liebesgeschichte, dem »Ännchen von Tharau«.

Obwohl ein Onkel Organist war und ein entfernter Verwandter Kapellmeister beim Breslauer Rundfunk, dachten die Eltern nicht daran, den Jungen in den Klavierunterricht zu schicken. Dabei hatte Brieg eine ausgesprochen lebendige Musikkultur. Zahlreiche Gesangvereine und die Singakademie vermittelten den Bürgern bedeutende Vokalwerke mit Orchesterbegleitung, von Bach über Händel und Beethoven bis Brahms. Das Brieger Stadttheater war bekannt für recht ordentliche Operettenaufführungen, und auch an den Schulen gab es ein reges Musikleben: Jeder Lehrer hatte mindestens ein Instrument zu beherrschen.

Kurt war noch nicht in der Schule, als ihn sein Vater am 1. Mai 1932 mit auf den Sportplatz nahm. »Ich hörte Schalmeien spielen und dann einen Chor singen. Ich war fasziniert von dem Lied. Es war, ich weiß es noch ganz genau, ›Wann wir schreiten Seit' an Seit'‹, das alte Kampflied der deutschen Sozialdemokraten. Da spürte ich eine Kraft, die von dieser Musik ausging und von den Menschen, die da sangen. Dann folgten die Auseinandersetzungen auf der Straße.« Die Masurs wohnten in der Nähe des Ringes, unweit des Rathauses, wo sich Kommunisten, Sozialdemokraten und Faschisten in jenen Tagen regelmäßig Schlägereien lieferten.

Der Vater war ein scharfsinniger und weitblickender Mann. Er und seine Frau Emmy sahen den immer stärkeren Zulauf zu den Nationalsozialisten mit Unbehagen. Im Januar 1933 wählten sie gegen Hitler. Ihren Kindern sagten sie nichts davon. Sie hatten allen Grund dazu, denn Kurt Masurs Vater gehörte den Freimaurern an, und diese der Toleranz, Menschenwürde und sozialen Gerechtigkeit verpflichtete Bewegung wurde nach Hitlers Machtübernahme sofort verboten. Die Kinder erfuhren erst nach dem Krieg vom Freimaurertum des Vaters.

Später schaute der Elfjährige hilflos und verstört aus dem Fenster zu, wie in der »Reichskristallnacht« der Kurzwarenladen von Onkel Bach – den Kurt Masur liebte, »weil er mir als kleinem Steppke immer einen Bonbon geschenkt hatte« – brutal zerstört wurde. Kurze Zeit darauf war Bach verschwunden. Geredet wurde darüber zu Hause nicht. Kaum einer traute sich damals, offen über die Judenverfolgung zu sprechen. Die meisten Menschen konnten sich nicht vorstellen, welches Schicksal den Juden bevorstand. Mehr als sechzig Jahre später wird Kurt Masur der

Schauspielerin Marthe Keller, die unsicher ist, wie sie in der Broadway-Inszenierung »Das Urteil von Nürnberg« die Rolle der Frau Bertholt spielen soll, der Witwe des hingerichteten deutschen Generals, den Rat geben: »Das musst du ehrlich spielen, du hast nichts gewusst, und es hat auch keiner mit dir darüber gesprochen.«

Masurs Eltern ahnten früh, dass Hitler Deutschland ins Unglück stürzen würde. Doch sie sprachen kaum mit ihrem Sohn über ihre Ängste und Ahnungen. »Der Junge muss doch normal aufwachsen«, meinte der Vater und gab dem Sohn den Rat: »Wenn du mit etwas nicht einverstanden bist, halt die Schnauze.« Das war keine Aufforderung zur Anpassung; er wollte ihn vor leichtfertigen Äußerungen schützen, denn er war als Freimaurer ja selbst ein Verfolgter, und als Soldat im Ersten Weltkrieg wusste er, was Krieg bedeutet. Die wenigen, mitunter sehr barschen Worte, die er über Hitler verlauten ließ, haben dennoch auch Masur davor bewahrt, dem nationalsozialistischen Wahn zu verfallen, selbst wenn er später – wie nahezu alle seiner Klassenkameraden – in die Hitlerjugend eintreten sollte.

In jenen Jahren haben Kurt Masur die Gottesdienste in der evangelischen Nikolaikirche besonders berührt, in die ihn die Mutter nicht regelmäßig, aber doch häufig genug mitnahm, um ihm ein tiefes Bedürfnis nach dem Gespräch mit Gott zu vermitteln, ein Gefühl göttlicher Vorbestimmtheit des eigenen Lebens, das Empfinden von Schutz und Beistand, auch in größten Nöten. Er habe damals »einfach versucht zu entdecken, was da wohl dahintersteckt. Warum betet ein Mensch? Warum hat meine Mutter nie gleichgültig gebetet?« In der Kirche erlebte er auch vorsichtigen Widerstand eines Vikars gegen die Obrigkeit, der man nicht alles glauben solle.

Mittlerweile ging Kurt Masur zur Schule. 1933, im Jahr der »braunen Revolution«, deren Schlachtrufe von »Blut und Boden«, »Volk ohne Raum« und dem Herrschaftsanspruch der »arischen Rasse« zunehmend auch die Lehranstalten infiltrierten, hatte für ihn in der Volksschule Lindenstraße ein neuer Lebensabschnitt begonnen. Die raue Wirklichkeit des Klassenzimmers nahm der schüchterne Träumer, der lieber Klavier spielte, als sich zu raufen, nur widerwillig zur Kenntnis. Er hing eigenen Gedanken nach, und manchmal schien es den Lehrern, als ob er schliefe. Die Folge war, dass er schlechte Noten bekam, selbst in Musik – nicht zuletzt, weil er die Kampflieder nicht laut genug mitsang. Seine zarte Stimme war völlig ungeeignet für martialische Singübungen. Mit dem Können seines Musiklehrers war es ohnehin nicht weit her. Am liebsten klimperte er einen Walzer, ohne den Schülern zu sagen, woher und von wem er stammt. Erst viele Jahre später erkannte Masur die Melodie aus dem »Freischütz«.

Für seinen Klassenlehrer war er »das Brüderle«, denn so nannten ihn die Schwestern. Das klang weich und hätschelnd und brachte ihm den Hohn seiner Mitschüler ein. »He, Brüderle, geh doch mal ans Klavier und spiel uns was vor!«, verlangten sie eines Tages in der Pause. Ihnen war zu Ohren gekommen, dass er Klavier spielen konnte, und nun wollten sie ihn auf die Probe stellen. Ihm war aber gar nicht danach, sich wieder einmal der Lächerlichkeit preiszugeben. Außerdem betrachtete er das Klavierspiel als etwas Heiliges, das er nur für sich haben wollte. Am liebsten hätte er sich dem Ansinnen seiner Klassenkameraden verweigert, doch irgendwo in seinem Innersten witterte er auch eine Chance. Also setzte er sich ans Klavier, holte tief Luft und »haute in die Tasten«. Ein Wunder geschah: Er, der sich kaum traute, ein lautes Wort an jemanden zu richten, löste einen Orkan aus, »dass die Wände wackelten«. Wie die Wilden tobte die Klasse und grölte lauthals mit. Als der Lehrer ins Zimmer stürzte, um für Ordnung zu sorgen, sah er zu seiner Verwunderung den kleinen Kurt als Urheber des allgemeinen Tohuwabohus. Der strahlte ungläubig. Endlich einmal hatte er sich Respekt verschafft.

Von da an bekam er nicht nur eine Zwei in Musik, er wurde auch von den Mitschülern ernst genommen. Mit seiner Muskelkraft hatte er nicht imponieren können, für die damals gefragte Art von Heldentum – »hart wie Krupp-stahl, zäh wie Hosenleder, flink wie die Windhunde« – war er ungeeignet. Aber er hatte für sich eine andere Waffe entdeckt: die Musik. »Sie hat mich stark gemacht, hat mich seelisch gekräftigt, hat mir Mut gegeben.« Als er sich dennoch einmal mit dem Stärksten der Klasse auf ein Box-gefecht einließ, wurde er allerdings schnell k. o. geschla-gen.

In der Oberschule – er besuchte die Piastenschule – bot das musische Klima weit mehr Möglichkeiten zu musika-lischer Betätigung. Beim Chorsingen lernte er nicht nur eine saubere Stimmführung. Es war vor allem jenes beglückende Gemeinschaftserlebnis, das Aufeinanderhören und Mit-gehen, das Gefühl für Piano und Crescendo, die Macht des Unisono, was die jungen Sänger miteinander verband. Im Unterricht wurden die wichtigen Werke besprochen – Opern wie Instrumentalstücke – und die zahlreichen obligatori-schen Feierstunden gaben Gelegenheit zu solistischem Vor-trag, auch für Kurt Masur: »Ich hatte einen Schulfreund, der ganz ordentlich Geige spielte. Da haben wir dann oft-mals bei den Schulfeiern kleine Piècen vorgetragen – etwa die bekannte Romanze von Svendsen oder die Humoreske von Dvořák. Ich selbst habe manchmal etwas von Schu-mann oder Schubert gespielt.« Sein schönes Klavierspiel rettete ihn in Fächern wie Mathematik oder Latein, die nicht zu seinen Stärken zählten. Noch heute hat er seinen Lateinlehrer im Ohr: »Wenn ich nicht wüsste, dass du et-was so ernsthaft betreibst, dann ...«

An einem der Familiensonntage im Schützenhaus, als Kurt wieder einmal nach Gehör in rauschenden Akkorden schwelgte, war er dem der Familie verwandten Kapell-meister aufgefallen. Der hörte ihn spielen und fragte: »Wie lange hast du schon Unterricht?« Als der Junge ihm ant-wortete, dass er noch gar keinen Unterricht habe, ging der Onkel empört zu den Eltern und sorgte dafür, dass sein Neffe nun endlich eine Ausbildung bekam.

Der Vater war wenig begeistert, denn er sah in seinem Sohn einen künftigen Elektroingenieur, ausgebildet in einem ordentlichen Beruf mit Zukunft. »Willst wohl hier mal bei der Stadtpfeife anfangen?«, meinte er abschätzig. Die Mutter aber meldete ihn sofort zum Unterricht an – bei Katharina Hartmann, der zweiten Organistin bei Max Drischner in der Nikolaikirche. Drischner gehörte zu den beeindruckendsten Persönlichkeiten, denen Masur in seiner Heimatstadt begegnet ist. Er war eine musikalische Legende in Brieg. Geboren in Schlesien, hatte er zunächst in Leipzig und Breslau Theologie und dann, gefördert von Albert Schweitzer, bei der berühmten Wanda Landowska Musik studiert. Er war einer der Pioniere der neuen Orgelbewegung. Bis zum Ende des Zweiten Weltkriegs beherrschte dieser bedeutende Kirchenmusiker als Organist und Kantor der Nikolaikirche mit der berühmten Engler-Orgel das Musikleben von Brieg, zuletzt als Kirchenmusikdirektor. 1946 verließ er seine Heimat und wirkte noch für kurze Zeit in Erfurt und im württembergischen Herrenberg. Er starb, achtzigjährig, 1971 in Goslar. Kurt Masur war zwölf, als er ihn zum ersten Mal gemeinsam mit seiner Lehrerin Katharina Hartmann Bachs »Kunst der Fuge« in St. Nikolai spielen hörte, und er war überwältigt. Die Macht der Orgel wühlte ihn zutiefst auf. Das war etwas Unbeschreibliches, für den Jungen bis dahin wahrhaft »Unerhörtes«. Diese erste Orgelmusik wurde zum Schlüsselerlebnis seiner Kindheit.

Seine Klavierlehrerin war die nächste starke Frau, die ihn nachhaltig prägte. Als Elfriede ihr bei der Aufnahme versicherte: »Kurt spielt ganz hübsch Klavier«, ahnte sie nicht, was da auf sie zukommen sollte. Da saß vor ihr ein Autodidakt, zwar grundmusikalisch und voller gärender Gefühle, aber ohne jede Disziplin. Keine Ahnung von Fingersatz, Handhaltung und Daumenuntersatz. Er konnte keine Tonleiter richtig spielen, nichts war exakt, nur Klangrausch, nur überschäumendes Gefühl! Wie sollte hier ein solides spieltechnisches Fundament gelegt werden? Da gab es zunächst einmal ganz dürre Kost – die Übungen des Charles Louis Hanon, um die Fingertechnik auszubilden. Gelitten haben beide daran. Für ein musikalisches Ausdruckstalent wird das immer Fronarbeit sein. Und Kurt Masur versuchte so oft wie möglich, das unerbittliche Üben zu umgehen.

Der Unterricht begann nie mit Belehrungen. Die zierliche Katharina Hartmann mit dem festen Haarknoten ließ Kurt Masur immer erst spielen und war dann enttäuscht, wenn er wieder nicht vorbereitet war. »Sie hat mich oft zum Weinen gebracht, daran erinnere ich mich heute noch. Ich wusste, dass meine Mutter sehr hart arbeiten musste und die finanzielle Situation zu Hause nicht gerade gut war. Sicherlich kosteten die Stunden nicht die Welt, aber es war immerhin Geld.« Die Lehrerin packte ihn dann an der Ehre und schimpfte mit ihrem rollenden ›r‹, das den Schlesiern, die aus den Bergen kommen, eigen ist: »Du hast wieder nicht das geübt, was du solltest. Du spielst immer nur auf dem Klavier, was *du* willst. Das nützt uns nichts. Schäm dich, geh nach Hause und sag deiner Mutter, sie hat das Geld für die Stunde umsonst bezahlt.« Dann gab es Tränen, Reue und zähneknirschendes Üben. Aber es hielt nie lange vor, regelmäßig wiederholte sich die Szene. Katharina Hartmann wusste, dass sie Kurt mit einer gewissen Strenge anfassen musste, die ihm zu Hause fehlte. Und doch hat er gespürt, wie sehr sie ihn auch mochte.

Mit der Zeit stiegen die Ansprüche, und die Literatur wurde schwerer. Kurt spielte inzwischen Bachsche Werke, Sonaten, einzelne Sätze aus Mozarts Klavierkonzerten oder Schumanns »Faschingsschwank aus Wien«. »Spiel nicht schneller, als du fähig bist, etwas auszusagen«, pflegte Katharina Hartmann zu sagen. Sie hat den Heranwachsenden musikalisch, künstlerisch und vor allem menschlich in einer Weise geformt, dass Masur noch heute in Ehrfurcht und Dankbarkeit ihrer gedenkt.

Eines Tages, er war dreizehn Jahre alt und verliebt in eine kleine Zigeunerin, zeigte er ihr seine erste eigene Komposition. »Es muss wohl eine ziemlich sentimentale Schnulze gewesen sein. Nachdem ich gespielt hatte, war sie entsetzt und meinte: ›Aber das wollen wir doch nicht! Denk mal an Johann Sebastian Bach. Was du da geschrieben hast, könnte ja so eine Art ›Lied ohne Worte‹ sein. Dann spiele am besten Mendelssohn. Aber wenn du ihn spielst, mach die Fenster zu!‹«

Katharina Hartmann war ein langes Leben beschieden. Hochbetagt starb sie erst 1997. Masur wird den Abschied von ihr nie vergessen: »Ich besuchte sie in ihrem Altersheim in der Nähe von Nürnberg. Sie war schon bettlägerig, und ich hatte natürlich nichts anderes im Sinn, als ihr eine Freude zu machen mit meinem Besuch und ihr Hoffnung und Mut zu geben. Als ich beim Abschied sagte: ›Ich versuche so schnell als möglich wieder bei Ihnen zu sein, dann können wir unser Gespräch fortsetzen‹, erwiderte sie ganz leise: ›Weißt du, ich glaube, wir sollten Abschied nehmen für immer. Es wird wohl kein weiteres Mal mehr geben.‹ – Mit einer Ruhe und mit einer Bereitschaft, schlafen zu gehen, sagte sie dann weiter: ›Ich habe dankbar zu sein für ein Leben, das erfüllt war, und ich möchte nicht, dass wir uns jetzt etwas vormachen!‹«

Masur verdankte ihr einen elementaren Grundsatz seiner künftigen Dirigentenlaufbahn: den Respekt, die Demut gegenüber dem Werk. »Wenn du das Stück nicht so spielst, dass der Geist, der dahinter steckt, hervortritt, dann wirst du die Menschen nicht erreichen. Nur um zu zeigen, wie weit du es in der Geläufigkeit gebracht hast – dazu sind diese Stücke nicht da.« In Katharina Hartmann sieht er noch heute ein »Gottesgeschenk«.

Der »Notabiturient«

Vom Segelflieger zum Musikstudenten
1943–1948

Bis zu seinem sechzehnten Lebensjahr – im Sommer 1943 – blieb Kurt Masur Klavierschüler von Katharina Hartmann in Brieg. Mehrmals in der Woche fuhr der Oberschüler mit dem Zug nach Breslau. Hier erlebte er, wenn er den riesigen neugotischen Bahnhof verließ und zur Landesmusikschule lief, ein Stück Großstadt. Hier sah er seinen ersten »Hamlet« mit Albin Skoda vom Wiener Burgtheater, hier hörte er seine erste Oper, Carl-Maria von Webers »Freischütz«.

Die Musikschule, die er nun regelmäßig besuchte, war 1936 aus dem Schlesischen Konservatorium hervorgegangen und stand seitdem unter der Leitung des Organisten Heinrich Boell, eines Schülers von Karl Straube in Leipzig. Kurt Masur wurde hier von Max Martin Stein unterrichtet, dem Sohn des Max-Reger-Freundes Fritz Stein, damals Direktor der Hochschule für Musik in Berlin-Charlottenburg. Max Martin Stein hatte am Leipziger Kirchenmusikalischen Institut und ebenfalls in Berlin studiert und genoss einen guten Ruf als Pianist und Klavierpädagoge. Masur lernte bei ihm viel, schon bald standen Chopin-Etüden auf dem Übungsplan. Auch nahm er nun Unterricht im Cellospiel. Dass er Musiker werden wollte – Organist oder Pianist –, stand für ihn inzwischen fest. In die Fußstapfen des Vaters zu treten und als Ingenieur dessen kleines Geschäft zu übernehmen, wie der es gern gesehen hätte, kam nicht mehr in Frage. Verantwortlich dafür war ein Erlebnis, das in ihm eine Tür aufgestoßen hatte, die sich nie wieder schließen sollte. Er hörte die Neunte Sinfonie von Beethoven.

Er hatte schon oft Beethoven gehört, aber niemals live in einem Konzertsaal. Als er im Sommer 1943 mit seinem Freund »King« König die Breslauer Philharmonie betrat, wusste er nicht, was ihn erwartete. Am Dirigentenpult stand Herbert Albert, damals Generalmusikdirektor der Stuttgarter Staatsoper, später auch Gewandhauskapellmeister in Leipzig. Das Erlebnis überwältigte ihn. Er sei »außer Kontrolle geraten, tagelang nicht ansprechbar gewesen und wie abwesend durch die Straßen gelaufen«. Es sollte ihm zum Maßstab werden, was ein Publikum erwarten darf.

Später kann er die Tiefe des Eindrucks nur noch mit seinem ersten »Tristan« in Leipzig und Prokofjews »Romeo und Julia« mit Galina Ulanowa in Moskau vergleichen. Dieses Konzert entschied über seine Zukunft. Von da an wollte er Dirigent werden. Eine Pianisten- oder Organistenlaufbahn war ihm, wie sich herausgestellt hatte, aufgrund der Sehnenverkürzung des rechten kleinen Fingers verwehrt. Aber warum nicht ein ganzes Ensemble musikalisch führen? Durch Gesten und Bewegungen eine Musik zu steuern, die eigenen Vorstellungen auf ein ganzes Orchester, einen Chor zu übertragen, Mehrstimmiges zusammenzuführen, Einzelstimmen hervortreten zu lassen und wieder einzuordnen in das Ganze – könnte das nicht sein künstlerischer Weg sein?

Als er seinen Entschluss der Mutter mitteilte, lächelte sie. Es fiel ihr schwer, sich ihren scheuen, introvertierten Sohn auf dem Dirigentenpult vorzustellen. Ihm selbst war unklar, wie er es schaffen sollte: »Keiner traute mir zu, dass ich Dirigent werden könnte.« Zwar hatte er schon in Brieg einen Schülerchor geleitet, aber vor ein Orchester zu treten schien ihm ungleich schwieriger: »Ich wusste um meine Weichheit, meine Unfähigkeit, mich auszudrücken. Ich wollte meine Scheu endlich überwinden, mich nicht mehr blamieren, nicht mehr belächelt werden.«

So fing er an, sich Prüfungen aufzuerlegen. Er unterzog sich Mutproben und stürzte sich mit Freunden in riskante Unternehmungen: »Ich erinnere mich, wie wir in ein Wehr an der Oder gesprungen sind. Der Strudel war so stark, dass zu bezweifeln war, ob wir gegen die Gewalt des Wassers überhaupt ankommen könnten. Da bekam man schon Angst. Aber was für ein Erfolgserlebnis, wieder aufzutauchen und sich zu sagen: Donnerwetter, du hast's geschafft!« Er ging sogar zu den Segelfliegern der Hitlerjugend. Sein Vater begrüßte diesen Schritt, würde er doch dort endlich »ein richtiger Junge« werden. Er nicht nur das Segelfliegen, sondern auch die Bearbeitung von Holz und Metall, zum Beispiel das Spleißen von Drahtseilen. Er spielte Fußball und Tischtennis, wurde Mitglied im Ruderverein, lief Ski und unternahm mit seinen Freunden halsbrecherische Geländefahrten mit dem Fahrrad, das ständig repariert werden musste.

Er schonte sich nicht. Sein Wille, sich innerlich abzuhärten, war stark. Als durch den Krieg die Arbeitskräfte im Elektrogeschäft des Vaters rar wurden, half er bei größeren Aufträgen mit. Manchmal waren Hochspannungsleitungen zu legen. Er habe sich »förmlich darum gerissen, an den Holzmasten mit dem Steigeisen hochzuklettern. Ich wollte dabei nicht nur sportlicher werden, sondern immer wieder meinen Mut erproben, weil ich mir sagte: Du brauchst diese Überwindungen und Bestätigungen ganz einfach für dein Leben, ganz gleich, was du einmal tun wirst. Und du musst versuchen, offener auf die Menschen zuzugehen.«

Mit gleicher Intensität widmete sich Kurt Masur der Musik. Die Eltern seines Freundes König, dessen Verwandte später am Attentat vom 20. Juli gegen Hitler beteiligt waren, mochten ihn und schenkten ihm immer wieder Konzertkarten für die Breslauer Philharmonie. Das Erlebnis der Neunten Sinfonie hatte er ihnen zu verdanken. Mit »King« – »einem Mephisto-Typ« – liebte er es nicht nur, auf die Beine von Lehrerinnen zu starren, bis sie errötend aus dem Zimmer liefen, mit ihm musizierte er auch gern, oft zu Hause. König spielte sehr gut Flöte.

Das Radio, die so genannte Goebbelsschnauze, wurde Masur zum wichtigsten Instrument seiner Musikerziehung. Aus dem Volksempfänger drangen ja nicht nur die nazistischen Propagandareden und die Meldungen des Oberkommandos der Wehrmacht, auch Konzerte wurden übertragen – allerdings in miserabler Tonqualität. Immerhin hörte er im Radio erstmals die Berliner Philharmoniker unter Wilhelm Furtwängler – Sinfonien von Beethoven, Brahms und Bruckner. Das intensive Hinhören wurde zum Hineinhören in die musikalischen Abläufe, zum Akt geistig-sinnlicher Inbesitznahme, und verfeinerte sein Gehör. Die suggestive Wirkung eines Fortissimoschlages, eines Subitopiano, einer Generalpause, der Sog eines Accelerando oder das Verlöschen im vierfachen Piano: Alles versuchte der junge Masur herauszuspüren aus den knisternden Geräuschen des Äthers. Noten zum Mitlesen standen meistens nicht zur Verfügung, und so musste er sich so viel wie nur möglich merken. Dem musikalischen Gedächtnis ist dieses Training gut bekommen.

Neben dem Klavierunterricht an der Landesmusikschule halfen diese autodidaktischen Werkaneignungen den musikalischen Horizont beträchtlich zu erweitern. So hätte die künstlerische Entwicklung des Sechzehnjährigen sehr bald Professionalität erlangt, und nach dem Abitur wäre das reguläre Studium an einer Musikhochschule der nächste Schritt gewesen. Doch es sollte anders kommen.

Hitler-Deutschland befand sich im fünften Kriegsjahr. Die Schlacht um Stalingrad, im Januar 1943, hatte die Wende eingeleitet. Masurs Vater sagte seinem Sohn, was viele in Deutschland damals dachten: »Junge, den Krieg haben wir verloren!« Aber Propagandaminister Goebbels verkündete im Berliner Sportpalast vor einer fanatisierten Menge den »totalen Krieg«. »Räder müssen rollen für den Sieg«, stand an den Lokomotiven der Deutschen Reichsbahn – wer glaubte aber noch an derartige Parolen? Den »Endsieg« beschworen nur noch die Propagandisten der Nazis.

Als Hitler am 25. September 1944 den Befehl zur Bildung des »Deutschen Volkssturms« für alle Männer zwischen sechzehn und sechzig erließ, wurde es auch für den Jahrgang 1927 ernst. Masurs Brieger Schulklasse bekam noch schnell den »Reifevermerk der Oberschule«, was so viel bedeutete wie »Notabitur«, dann folgten sechs Wochen Arbeitsdienst an der schlesischen Ostgrenze zum »Ostwallschachten«, wobei jedem klar war, dass die ausgehobenen Gräben keine wirklichen Hindernisse für die russischen Panzer darstellten. Das Leben der Notabiturienten, das sich innerhalb weniger Wochen schlagartig und radikal ändern sollte, mutete vorerst noch an wie ein Abenteuer und brachte sogar ungeahnte Vorteile. Zwar war das Schachten und Buddeln im Zeltlager kein Vergnügen, aber hier sammelte Masur weitere Erfahrungen im Dirigieren. »Noten waren kaum vorhanden. Ich erinnere mich, dass ich damals zusammen mit einem Mädchenchor aus der Lehrerinnen-Bildungsanstalt Waldenburg aus dem Gedächtnis Brahms' ›Verstohlen geht der Mond auf‹ einstudiert habe, übrigens mit einer bezaubernden Solostimme. Das hat viel Freude gemacht, und dabei spürte ich, dass Dirigieren für mich eine ganz normale Sache war. Ich hab's natürlich autodidaktisch gemacht, so gut ich eben konnte. Es war eine Erfahrung, die mir den Mut gab zu glauben, es könnte vielleicht wirklich etwas daraus werden.«

Im November wurde Kurt Masur der Fallschirmjäger-Bodentruppe zugeteilt. Nach der Ausbildung in Stendal und Halberstadt wurde er noch in den letzten Kriegswochen zum Fronteinsatz nach Holland abkommandiert. Die gescheiterte Ardennen-Offensive der Deutschen Ende 1944 hatte eine allgemeine Destabilisierung der gesamten Westfront ausgelöst. Währenddessen wurde seine Heimat von den vorrückenden Truppen der Sowjetarmee besetzt. Ein unübersehbarer Flüchtlingsstrom aus Schlesiern, Ostpreußen und Sudetendeutschen machte sich auf den Weg nach

Westen. Im Februar 1945 bekam er Fronturlaub, um seinen Eltern beizustehen, die ebenfalls hatten flüchten müssen: »Meine Mutter war in Halberstadt, mein Vater dienstverpflichtet bei Siemens in Glogau, er durfte nicht raus. … Als ich zu ihm kam, lag er mit schwerer Grippe im Bett. Er war nicht transportfähig. ›Was soll ich denn jetzt mit dir machen?‹ fragte ich hilflos. Er bat darum, ihm etwas zu kochen. Doch er hatte gar nichts zu essen da. Also ging ich in den Keller und fand ein paar Gläser Eingemachtes. Draußen zog pausenlos der Flüchtlingsstrom vorbei. Mein Vater hatte sehr hohes Fieber, und ich habe ihn zwei Tage lang gepflegt. Als er endlich aus seinen Delirien aufwachte, sagte er: ›Junge, guck doch mal raus, ob das schon die Russen sind.‹ Mit seiner Krankheit hat er mir das Leben gerettet. Ich hätte normalerweise aus Glogau nicht mehr raus gedurft, da es zur Festung erklärt wurde. Aber wegen des Vaters, der ohne Begleitung nicht fahren konnte, wurde mir erlaubt, den Zug zu nehmen. Wir fuhren an Dresden vorbei, das in der Nacht bombardiert wurde, in Richtung Eisleben. Wir haben die Flammen in der Ferne gesehen. Meine Mutter konnte sich vor den Bomben auf Halberstadt Gott sei Dank auch noch nach Eisleben retten.«

Als die Engländer Ende März den Rhein überquerten und ins Emsland vordrangen, waren die deutschen Einheiten, die zur Verteidigung der »Festung Holland« angetreten waren, von der Heimat abgeschnitten. Masurs Kompanie, alles »Notabiturienten«, war eingekesselt. Er glaubte damals, für eine gute Sache zu kämpfen: »Ich hatte das Gefühl, dass ich meine Heimat verteidigte, meine Mutter, meine Familie, die Menschen, die ich liebte. Das war Nationalstolz, der noch aus dem Preußentum kam.« Außerdem glaubte der Siebzehnjährige, das Kämpfen würde ihn weiter abhärten: »Ich bat meinen Leutnant, mich hart ranzunehmen, denn ich wollte ja meine Weichheit bekämpfen. Er sollte meinen ›inneren Schweinehund‹ attackieren. Er hat das dann auch ausgiebig getan, und ich habe ihn dafür ausgiebig gehasst.«

Der Nationalstolz sollte ihm angesichts der Schrecken des Krieges allerdings bald verloren gehen. Ende April nahm er an einem Überraschungsangriff in Nieuwolda am Dollart teil, das nicht weit von der deutschen Grenze liegt und von einer polnischen Partisaneneinheit besetzt war. Dort hatte seine Einheit einen Brückenkopf gebildet, und über Nacht sollten die jungen Soldaten den Ort einnehmen. Diese Aktion hätte Kurt Masur beinahe das Leben gekostet: »Unser Leutnant hatte im Nebel den Ort verpasst. Wir sind über den Kanal gesetzt und haben die Häuser erst im Morgengrauen gefunden. Wir wurden abgeschossen wie die Hasen.« Um sich zu retten, watete er tief gebückt durch den Kanal und versteckte sich einen Tag lang in einem blühenden Rapsfeld. Die Silhouette des Dorfes hinter dem Feld hat sich ihm in jenen Stunden des bangen Wartens auf das Ende der Kämpfe unauslöschlich eingeprägt.

Von den einhundertfünfunddreißig Mann seiner Einheit sind siebenundzwanzig übrig geblieben. Auf einem Segelboot mit Hilfsmotor kehrten sie über den Dollart zurück nach Emden. Es bestand Schießbefehl, weil inzwischen die gesamte Westküste des Dollart von englischen und amerikanischen Truppen besetzt war. »Als wir ankamen, hat uns der Kommandeur schnell herausexpediert – ›Ich hab euch nicht gesehen.‹ Das war am 1. Mai 1945. So ein Datum vergisst man nicht.« Die Russen eroberten inzwischen Berlin, die Amerikaner stießen zur Elbe vor. Hitler hatte sich am 30. April durch Selbstmord seiner Verantwortung entzogen. Am 8. Mai war die Schreckenszeit des Krieges vorbei. Die meisten der Überlebenden standen vor dem Nichts, kaum eine deutsche Familie war vom Krieg verschont geblieben.

Die Erfahrung des Krieges hat Kurt Masur »für alle Zukunft vorsichtig« werden lassen. Seine Ansichten habe er seitdem immer genau überprüft und sich stets gefragt: Was denkst du, woran glaubst du, wirst du den Tatsachen gerecht? »Als es hieß, der Krieg sei tatsächlich vorbei, stellte sich bei mir ein zwiespältiges Gefühl ein: Auf der einen Seite ungeheure Erleichterung, auf der anderen die Erkenntnis, dass alles sinnlos gewesen war und der ganze eingetrichterte nationale Hochmut sich als verhängnisvoller Schwindel herausgestellt hatte. Worauf konnte man nun noch stolz sein? Wir haben alle geweint, ich auch. Nicht, weil der Krieg verloren war, sondern weil alle unsere Ideale fragwürdig geworden waren. Die Ungeheuerlichkeit des Holocaust, und dass auch deutsche Kampftruppen in diesem Krieg Gräueltaten verübt hatten, das waren ernüchternde Erkenntnisse, die jeden jugendlichen Idealismus ganz schnell absterben ließen. Das Träumen jedenfalls hatte ein Ende. Zum ersten Mal in meinem Leben war mir bewusst geworden, dass der bloße Glaube an das Gute im Menschen nicht ausreicht. Von diesem Zeitpunkt an wurde ich hartnäckig und gab nicht auf, wenn ich etwas als richtig erkannt hatte.«

Kurt Masur geriet nicht in Gefangenschaft, sondern verbrachte die Zeit von Mai bis Anfang Dezember 1945 in einem britischen Internierungslager. Er und seine Kameraden wurden in einer Schule im ostfriesischen Pewsum, nordwestlich von Emden, untergebracht. Ein enger Freund und Schicksalsgenosse war damals Günter Muck. Beide verband ihre Leidenschaft für die Musik. Ein Segen für die Abiturienten, dass in Pewsum wie in den meisten Internierungslagern die Möglichkeit zum Musizieren oder Theaterspielen bestand. Ähnliches erlebte zu dieser Zeit der um zwei Jahre ältere Dietrich Fischer-Dieskau in italienischer Gefangenschaft. Kurt Masur konnte ein Akkordeon besorgen, ein Klavier stand ebenfalls zur Verfügung. Noten wurden beschafft, und so erwuchs aus der Notgemeinschaft der Internierten – zumindest für einige von ihnen – eine Noten-Gemeinschaft. Kammermusik- und Gesangsabende wurden organisiert und Vorträge gehalten.

Nach langer Zeit fühlte er sich beinahe glücklich. Er durfte zu den sonntäglichen Gottesdiensten in den umliegenden Kirchen die Orgel spielen und wurde dank einer Sondererlaubnis für einige Zeit sogar von der einflussreichen Familie von Frehse aufgenommen, die etwa sechs Kilometer von Pewsum entfernt das Wasserschloss von Hinte bewohnte. In familiärer Geborgenheit bekam er eine Lehrerin aus Emden und konnte wieder intensiv Klavier üben. Als Gegenleistung hatte er an den Wochenenden für kleine Schlosskonzerte zu sorgen, was ihm nicht schwer fiel. So konnte er sich auf das Studium an einer Musikhochschule, das er nach Ende der Internierung beginnen wollte, bestens vorbereiten. Aber noch war ein Ende nicht in Sicht. Obendrein kursierten Gerüchte, dass es schon bald erneut gegen die Russen ginge, was ihn sehr beunruhigte.

Eines Tages traute er seinen Augen kaum: Seine Schwester Lieselotte besuchte ihn im Schloss der von Frehses. Sie war zuletzt im Lazarett von Brieg eingesetzt und inzwischen als Arzthelferin nach Bayreuth verschlagen worden. »Sie kam mit meiner Konfirmationshose und einem bunten Hemd aus der Brieger Heimat. Es war schon ziemlich kalt damals, Anfang Dezember 1945. Wir haben überlegt, was zu tun sei. Da wurde ich ›kriminell‹. Mit Hilfe von Pewsumer Freunden und deren Schreibmaschine habe ich mir einen ›Pass‹ zusammengebastelt. Ich besaß noch ein Privatbild aus früherer Zeit. Das habe ich mir zurechtgeschnitten, aufgeklebt, mit dem passenden Datum versehen und mit dem Stempel des Kreistierzuchtamtes von Pewsum ›amtlich‹ gemacht. Diesen habe ich ein wenig verdreht, so dass keiner genau erkennen konnte, was da eigentlich zu lesen war. Aber es war ein Stempel. Ich glaube, die amerikanischen Soldaten, die da Wache standen, wollten keine Schwierigkeiten machen. Jedenfalls sah der Wachmann mein Milchbubengesicht, diesen frierenden langen Kerl in seiner Konfirmationshose mit dem Rucksack auf dem Rücken, und ließ mich durch.«

Die Flucht gelang. In Emden bestiegen Kurt Masur und seine Schwester den Zug in Richtung Harz. Nach einer Odyssee, teilweise in Loren, kamen sie am 8. Dezember völlig erschöpft in Oschersleben an. Der Vater hatte in dieser Kleinstadt an der Bode, am Westrand der Magdeburger

Börde, eine halb zerbombte Wohnung ausgebaut. Die Familie hatte endlich wieder ein gemeinsames Dach über dem Kopf. Anfang Juli hatten sich die westlichen Alliierten aus Mitteldeutschland zurückgezogen und das Gebiet der Roten Armee überlassen. Das entsprach den Festlegungen der Konferenz von Jalta. Die Oder-Neiße-Linie als neue deutsch-polnische Grenze bedeutete den endgültigen Verlust von Schlesien, Pommern und Ostpreußen. Mehr als zwölf Millionen Menschen wurden systematisch ausgesiedelt und suchten eine neue Heimat, viele davon in der sowjetischen Besatzungszone. Auch die Familie Masur gehörte dazu. Sie beklagte sich nicht, immerhin war keiner von ihnen ums Leben gekommen. Es hatte keinen Zweck, der Heimat nachzutrauern, auch wenn es wehtat, stellvertretend für die Schuld aller Deutschen büßen zu müssen. Es galt nun, den Alltag mit Lebensmittelkarten und Rationierungen zu bewältigen und in die Zukunft zu schauen. Als die Eltern die erste Postkarte ihres internierten Sohnes erhalten hatten, waren sie sofort auf die Suche nach einem Klavier gegangen, damit er gleich nach der Rückkehr wieder üben konnte.

Nach wie vor wollte Masur Dirigent werden. Durch Zufall lernte er in der Vorweihnachtszeit einen Kantor kennen, der ihn einen großen Schritt weiterbrachte. »Ich lief durch die Stadt, und aus einer Kirche hörte ich jemanden Bachs Weihnachtsoratorium üben. Ich ging hinein und saß dann lange ganz bewegt unten im Schiff. Nach der Probe erblickte mich der Kantor. Er kam auf mich zu und fragte: ›Können Sie singen?‹ Er war natürlich erpicht auf Männerstimmen, die durch den Krieg sehr rar geworden waren. ›Na ja, ich will Musik studieren‹, meinte ich zögernd. ›Na, dann müssen Sie mitsingen. Was ist denn Ihre Stimmlage?‹ – ›Ich denke, Tenor.‹ – ›Mein Gott, dann müssen Sie unbedingt mitsingen!‹« In den Chor eingetreten ist Kurt Masur zwar nicht, aber der Chordirigent wurde für kurze Zeit sein Klavierlehrer und hat ihn auf das Musikstudium vorbereitet. Unklar war nur noch, wo er studieren sollte.

Zunächst fuhr er nach Quedlinburg. An der dortigen Musikschule hätte er sich zum Schulmusiker ausbilden lassen können. Fachmethodik und Didaktik aber waren nicht das, was ihm vorschwebte. Das berühmte Leipziger Konservatorium schien ihm da schon geeigneter. Im Januar 1946 stellte er dort den Antrag, auf dem er vermerkte: »Bin Flüchtling und habe fast keine Noten. Ich bitte, wenn möglich, um Unterstützung.« Im Februar fand die Prüfung statt. Er trug am Klavier Schumanns »Faschingsschwank« vor, spielte vom Blatt ein Stück aus Lortzings »Waffenschmied«, wurde in Musiktheorie geprüft und einer Gehörprüfung unterzogen. Er bestand und wurde in die Dirigentenklasse aufgenommen.

Leipzig war für Kurt Masur ein Glücksfall. Diese Stadt mit ihren aufgeweckten Bürgern sollte sein ganzes Leben nachhaltig prägen. Zu Kriegszeiten noch etwa 700 000 Einwohner zählend, gehörte sie vor dem Krieg zu den führenden Großstädten Deutschlands. Ihr internationaler Ruf gründete sich auf eine bedeutende Universität, an der unter anderem Leibniz, Lessing, Fichte und Goethe, Wundt und Heisenberg studiert hatten, auf die seit Jahrhunderten stattfindenden Messen, insbesondere die Buchmesse, auf ein damals weltweit einzigartiges Verlagswesen mit einer hochmodernen polygraphischen Industrie und nicht zuletzt auf Musikinstitutionen wie den Thomanerchor, das Gewandhausorchester, das Konservatorium und die Leipziger Oper. Hier wirkten Komponisten wie Johann Sebastian Bach, Felix Mendelssohn Bartholdy, Robert Schumann, Richard Wagner, Albert Lortzing und Max Reger oder Dirigenten wie Arthur Nikisch, Wilhelm Furtwängler, Bruno Walter und Hermann Abendroth.

Im Krieg war die Stadt in weiten Teilen erheblich zerstört worden; zwar längst nicht so verheerend wie Dresden, doch mit der fast vollständigen Vernichtung der Druckindustrie und der großen Verlagshäuser war ein wesentlicher Nerv der Stadt empfindlich getroffen. Auch die Zentren des geistigen und musischen Lebens waren den Luftan-

griffen zum Opfer gefallen – die Universität, das Bildermuseum, das Gewandhaus und die Oper. Die Musikhochschule hatte noch im Februar 1945 mehrere Volltreffer erhalten. Der große Konzertsaal und die wertvolle
Bibliothek waren total zerstört worden. Das dreiflügelige
Gebäude im Neurenaissancestil bot ein Bild der Verwüs-
tung: die edle Fassade zur Hälfte weggerissen, dahinter
brandgeschwärztes Mauerwerk, davor Schuttberge. Nur
ein Seitenflügel ließ sich zu mehr oder minder provisori-
schem Unterricht nutzen.

Nicht alles war zerschlagen. Im Bewusstsein einer bedeutenden musikalischen Tradition durfte man sich nach dem
Ende der Nazidiktatur endlich wieder auf Felix Mendelssohn Bartholdy berufen. Er hatte 1843 in Leipzig das erste
deutsche »Conservatorium der Musik« ins Leben gerufen,
zunächst noch untergebracht in einem bescheidenen Seiten-
gebäude des alten Gewandhauses. Kunstsinnige und Musik
liebende Bürger stellten damals das erforderliche Kapital
bereit. Und Mendelssohn, seit 1835 Gewandhauskapellmeister, wurde schnell zur Lichtgestalt des Leipziger Musiklebens in der Mitte des 19. Jahrhunderts. Er vor allem
bewirkte den raschen Aufschwung des jungen Musikin-
stituts, das bald zum Modellfall für ganz Europa wurde.
Die Reihe bedeutender Lehrer und Schüler ist lang und kann
sich durchaus messen mit der Prominentenliste der Konservatorien von Paris und Wien. Die »Leipziger Schule«
entwickelte sich im 19. Jahrhundert vor allem für Nord-
und Osteuropa zum Inbegriff handwerklich solider Ausbildung, die sich am Ideal der musikalischen Klassik orientierte.
Doch die Lichtgestalt von einst war den Nationalsozialisten
ein Dorn im Auge gewesen: Mendelssohns Musik durfte weder studiert noch gespielt, sein Name nicht genannt werden,
und das Denkmal war im November 1936 entfernt worden.

Nach Kriegsende und der kurzen Übergangszeit unter
amerikanischer Administration regelten seit Juli 1945 die
Befehle der sowjetischen Militärkommandantur das öffentliche Leben der Stadt. Die Versorgung der Bevölkerung,

die »Entnazifizierung«, die Zulassung politischer Parteien und Verbände, die Enttrümmerung und der beginnende Wiederaufbau, Verkehr, Wirtschaft, Gesundheits- und Schulwesen – alles wurde durch Befehle geregelt, natürlich auch das kulturelle Leben.

Bereits im Juni 1945 führte Günther Ramin mit seinen Thomanern Bachs Matthäuspassion in der nur leicht beschädigten Thomaskirche auf, die auch dem sich wieder formierenden Leipziger Sinfonie-Orchester als Konzertsaal für die ersten Nachkriegskonzerte diente. Anfang Juli spielte das Gewandhausorchester unter Hermann Abendroth im Filmtheater »Capitol«, dem einzigen erhaltenen größeren Saal der Stadt, ein Sinfoniekonzert »zur Begrüßung der Roten Armee« – Werke von Beethoven und Tschaikowski. Ende des Monats kam bereits die erste Opernpremiere – Beethovens »Fidelio« – im ehemaligen Varieté »Dreilinden« zustande. Am Pult stand Generalmusikdirektor Paul Schmitz. Ab Mitte Oktober fanden sogar wieder regelmäßig die Gewandhauskonzerte statt, noch immer im »Capitol« oder in der Thomaskirche.

Hermann Abendroth, der in den schweren Jahren seit 1934 als Gewandhauskapellmeister wirkte, musste Ende 1945 sein Amt aufgeben und wechselte an das Nationaltheater Weimar. Nachfolger in Leipzig wurde Herbert Albert aus Stuttgart, ebenjener Dirigent, dem der junge Kurt Masur nicht nur seine erste Begegnung mit Beethovens »Neunter« in Breslau, sondern auch die ersten Musikerlebnisse nach der langen Durststrecke des Krieges in Leipzig zu verdanken hatte. Ab Juni 1946 konnte der Sender Leipzig des Mitteldeutschen Rundfunks mit der Ausstrahlung eines eigenen Programms beginnen. Gleichzeitig wurde das Leipziger Sinfonie-Orchester fest beim Sender angestellt und gab Ende August unter Gerhart Wiesenhütter sein erstes öffentliches Konzert.

Auch die Universität hatte ihren Lehrbetrieb im Wesentlichen wieder aufnehmen können. Der Hörsaal 40 in der Halbruine des Augusteums neben der Universitätskirche wurde zur Legende. Hier drängten sich Hunderte von Studenten auf engstem Raum und ließen sich vom Charisma ihrer Professoren faszinieren. In jenen Jahren lehrten hier der Philosoph Ernst Bloch, der Philologe Theodor Frings, der Goethe-Forscher Hermann-August Korff und der Germanist Hans Mayer.

Als Kurt Masur mit seinen achtzehn Jahren nach Leipzig kam, war es keine Liebe auf den ersten Blick: »Ich habe die Stadt am Anfang nicht geliebt, dann hörte ich erstmals eine Bach-Kantate in der Thomaskirche und ein Sinfoniekonzert im ›Capitol‹. Das Gewandhausorchester spielte unter Herbert Albert, und das Hauptwerk des Konzertes war Tschaikowskis Vierte Sinfonie. Von da an begann mir diese graue Stadt doch ans Herz zu wachsen – auch mit ihrem seltsamen Humor, den ich bis dahin nicht kannte. Ich war ja in eine Stadt gekommen, in der jahrhundertealter Handel die Menschen zu ›vigilanten‹ Bürgern gemacht hatte. Kluge, gewitzte Leute, die sich freuten, wenn sie entweder den anderen an der Nase herumführen oder ihm einen Gewinn abluchsen konnten. Hinzu kam, dass sie das wiedererlangen wollten, was sie einmal besessen hatten: die Weltoffenheit dieser Messestadt. Man erzählt, dass die Leipziger, um die erste Nachkriegsmesse zu ermöglichen, ihre Betten zur Verfügung gestellt und selber in der Badewanne geschlafen hätten. Das war eine regelrechte Volksbewegung für die Leipziger Messe, für die Wiedergewinnung der internationalen Bedeutung dieser Stadt. Messe und Musik waren eng verflochten. Jede Messe wurde mit dem Gewandhausorchester eröffnet. Jedenfalls gab es genügend Zeichen, dass diese Stadt in ihrer Dynamik ganz schnell wieder auf die Beine kommen würde. Und es gab die erstaunliche Fähigkeit der Leipziger, gemeinsam zu denken und zu handeln. Es war der Wille aller, die Stadt aufzubauen und die alte Reputation wiederzuerlangen.«

Leipzig besaß damals in der Person seines Oberbürgermeisters Erich Zeigner, seit 1919 SPD-Mitglied und 1923 kurzzeitig sogar sächsischer Ministerpräsident, ein politisch erfahrenes und handlungsfreudiges Stadtoberhaupt. Als Mitbegründer der Leipziger »Antifa«-Bewegung genoss er das Vertrauen des Leipziger Militärkommandanten Nikolai Trufanow. Zeigner kümmerte sich im Rahmen der ihm zugestandenen Kompetenzen um die Messe, die Krankenhäuser, Schulen und die Universität, um Straßenbahn und Energieversorgung, aber auch um Theater und Gewandhaus. Unentwegt fuhren Trümmerbahnen aus der Innenstadt in die Außenbezirke. Leipzig zählte damals bereits zu den am besten aufgeräumten deutschen Großstädten. Eine ungeheure Energie beflügelte die vom Krieg ausgezehrten Menschen, die meist kaum noch etwas besaßen. Überall sah man lange Schlangen, vor Lebensmittelgeschäften ebenso wie vor den Theaterkassen und Kinos.

Im September 1946 zogen die ersten neu immatrikulierten Studenten in die halbwegs hergerichteten Räume der Musikhochschule ein, unter ihnen Kurt Masur. Dreihundertneunundsechzig waren es in jenem Herbstsemester. Das Professorenkollegium war im Wesentlichen das alte geblieben; es stand unter der zunächst kommissarischen Leitung des Violinisten Heinrich Schachtebeck, der sein Bestes gab, die erheblichen Schwierigkeiten organisatorischer wie inhaltlicher Art zu bewältigen. Masur war der Jüngste in seiner Dirigentenklasse: »Ich glaube, ich habe ganz gut Klavier gespielt. Nur ›vom Blatt‹ – das war ganz mies. Aber sie haben mich trotzdem genommen, allerdings mit verschiedenen Hinweisen – ›Da musst du aber noch dies und da musst du das ...‹« Sein erster Klavierlehrer wurde Fritz Weitzmann, in dem er »einen feinsinnigen Musiker und guten Lehrer« kennen lernte. »Und dann hatte ich das Glück, zu Franz Langer zu kommen. Er hat mich wunderbar geführt, dieser hochgebildete und sehr ernste Mann. Seine Auffassungen der Beethovenschen Klaviersonaten haben mein eigenes Beethoven-Verständnis stark geprägt. Auch von Sigfrid Grundeis, dem Virtuosen und Liszt-Spezialisten, habe ich eine Menge gelernt. Das waren ausnahmslos starke Persönlichkeiten, und jeder von ihnen hat mir eine andere Sichtweise vermittelt.« Es war jedoch abzusehen, dass Kurt Masurs Klavierstudium wegen seines beeinträchtigten Fingers abgebrochen werden musste.

Seine eigentliche Dirigierausbildung begann bei Kurt Soldan. Noch heute schätzt Masur dessen Klavierauszüge klassischer Opern. Heinz Bongartz aber, sein nächster Lehrer, habe sie alle beflügelt mit seiner enormen Vitalität. »Er konnte es zum Beispiel überhaupt nicht akzeptieren, wenn wir jungen Leute uns über irgendetwas beklagten. ›Ihr könnt glücklich genug sein, dass ihr das hier machen könnt. Und jetzt legen wir mal los!‹ Das waren so etwa seine Worte. Er war Schüler von Elly Ney und spielte damals noch blendend Klavier.« Kurt Masurs Ehrgeiz bei den Proben war ihm allerdings anfangs nicht ganz geheuer: »›Wenn de so weijtermachst‹, sagte er eines Tages zu mir, ›dann fällste mal nach'm Tristan dot um!‹ Nun ja, ich habe mehrere Tristans überlebt ...«

Heinz Bongartz stammte aus Krefeld und hatte noch bei Fritz Steinbach Dirigieren studiert. Nach ersten Verpflichtungen im Ruhrgebiet kam er über das südthüringische Meiningen, über Gotha und Kassel nach Saarbrücken. Dort wirkte er als Generalmusikdirektor von 1937 bis 1944. Nach kurzem Zwischenspiel in Ludwigshafen folgte er dem Ruf an die Leipziger Musikhochschule und leitete die Dirigentenklasse und die Opernschule, wenngleich nur im Wintersemester 1946/47. Danach übernahm er die musikalische Leitung der Dresdner Philharmonie, die er dann in siebzehnjährigem Wirken zu einem ausgezeichneten Klangkörper entwickelt hat. Hier werden sich seine Wege mit denen seines Schülers erneut kreuzen. Wie schon Katharina Hartmann, Masurs Klavierlehrerin, war auch Heinz Bongartz' Musikverständnis beherrscht von der Ehrfurcht vor dem Kunstwerk. Er vermittelte seinen Studenten mehr als nur das Dirigierhandwerk. Stets machte er ihnen Mut und wirkte nie verletzend, selbst wenn er vor ihren hungrigen Blicken seine dick belegten Brote verzehrte.

Zu essen hatte auch Kurt Masur damals wenig. Die bescheidene finanzielle Unterstützung, die ihm seine Schwester zukommen ließ, reichte kaum aus. Obendrein musste er die damals noch üblichen Studiengebühren bezahlen. Er wohnte in der Königstraße in einer kalten Wohnung im Hinterhaus, gegenüber vom Wohn- und Sterbehaus Mendelssohn Bartholdys, doch das wusste er damals noch nicht. Das Glücksgefühl, Musik studieren zu dürfen, war so mächtig in ihm, dass er alle Beschwernisse leichten Herzens auf sich nahm. Um ihm behilflich zu sein, besorgte ihm sein Studienfreund Günter Schubert, der spätere Generalmusikdirektor in Gera, einen Aushilfsjob in der renommierten Leipziger Tanzschule Bäumer. »Dort spielte Günter Klavier. Wenn er keine Zeit hatte, sagte er: ›Ich schicke euch den Kurt, der macht das schon!‹ Ich bin natürlich gern eingesprungen, denn ich kannte ja die vielen Schlager von damals durch meine Schwestern.«

Dieser Job war fürs bescheidene Portemonnaie eine willkommene Stärkung, reichte aber bei weitem nicht aus. Nächtelang spielte Masur sich mit seinen Freunden in den Leipziger Tanzsälen »die Finger wund«. Zum Beispiel mit Ude Nissen, der ebenfalls Dirigieren studierte. Er kam später als Generalmusikdirektor nach Erfurt. »Wir waren damals außerhalb unseres Studiums und somit ›inoffiziell‹ eine verschworene Gemeinschaft, eine Art ›Band‹. Wir improvisierten alles nach Gehör und spielten meistens auf Zuruf. Die gewünschten Titel hatten wir im Kopf und alles andere in den Fingern. Wir haben uns wechselseitig die Tonarten zugerufen, und dann wurde einfach drauflosgespielt. Das hat unheimlich viel Spaß gemacht.« Noch heute begegnet man in Leipzig älteren Damen, die ihn als junge Mädchen erlebt haben und nun über das Spiel ihres »Kurtchen« ins Schwärmen geraten. Dem Studium waren die schlaflosen Nächte allerdings weniger zuträglich. Einmal wurde er sogar von Franz Langer nach dem missglückten Vorspiel einer Beethoven-Sonate aus dem Unterricht nach Hause geschickt. »Ich hatte mir die Finger derartig durchgespielt, dass ich überhaupt kein Tastengefühl mehr hatte.«

Die Liebe zum Jazz wird Kurt Masur ein Leben lang begleiten – von Ella Fitzgerald, Louis Armstrong und Stan Kenton, deren Platten er damals in Leipzig zu sammeln begann, bis zur Entdeckung von Dave McKenna, den er besonders liebte. »Das war einer von den klassischen Jazzpianisten, die unglaublich schön spielten. Sein Anschlag, sein Singen, der Ton waren so hinreißend, dass ich mit ihm und dem Boston Symphony Orchestra gern etwas machen wollte, vielleicht das Klavierkonzert von Gershwin. Als ich ihm den Vorschlag machte, sagte er jedoch ganz leise zu mir: ›Ich kann keine Noten lesen‹, woraufhin ich ihn fragte, wie er denn spielen gelernt habe? Und da sagte er: ›Na weißt du, meine Mutter war schon Jazzpianistin, und ich spiele einfach nur ihr nach.‹ Deswegen hat er so anrührend gespielt. Ich konnte ihm stundenlang zuhören, etwa vor dem Schlafengehen, allein an der Bar im Copley Plaza Hotel in Boston …« Vielleicht erinnerten Kurt Masur diese Stunden an seine Leipziger Jazz-Improvisationen.

Zu seinen damaligen Kommilitonen gehörten die Kirchenmusiker Diethard Hellmann und Karl Richter. Beide studierten bei Günther Ramin. Richter war dann kurze Zeit Organist an der Thomaskirche, ging 1951 nach München und begründete dort mit seinem Bach-Chor und Bach-Orchester die international bedeutsame Münchener Bach-Tradition. Die junge Ruth Oschatz begann ihr Kompositionsstudium noch vor Kriegsende bei Johann Nepomuk David und setzte es dann bei Wilhelm Weismann fort. Ruth Zechlin, wie sie später hieß, hat sich als eigenwillige Komponistin einen Namen gemacht. Bei dem Pianisten Hugo Steurer studierten Siegfried Stöckigt und Klaus Schilde (später Präsident der Münchener Musikhochschule). Viele kamen aus Sachsen. Der Komponist Joachim-Dietrich Link, der Hornist Erich Penzel, die aus Breslau stammende Altistin Eva Fleischer – sie alle haben über Jahrzehnte ihren festen Platz im deutschen Musikleben behauptet und zählten zu den Studierenden der »ersten Stunde« nach dem Krieg. Die Erinnerung an diese prägenden, gemeinsam verlebten Jahre, als »alle in einem Boot gesessen haben«, ist Masur nie verloren gegangen. In späteren Tagen hat sich immer wieder auch eine künstlerische Zusammenarbeit mit einstigen Kommilitonen ergeben. Einige seiner Lehrer am »Kon« – noch immer das liebevolle Kürzel für das alte Konservatorium, das nach dem Krieg für kurze Zeit sogar den Untertitel »Mendelssohn-Akademie« führte – sind ihm unvergessen: der gestrenge »Theoriepapst« Paul Schenk, der Vorlesungen in Formenlehre gab, oder Hermann Heyer, bei dem er Musikästhetik und Musikgeschichte hörte.

Allmählich normalisierte sich das Musikleben auch außerhalb der Hochschule. In der Thomaskirche fanden wieder die wöchentlichen Thomanermotetten statt. Das Neue Theater, einst Spielstätte der Oper, fand im »Dreilinden« in Lindenau eine neue Heimat, und das Gewandhausorchester spielte nun in der Kongresshalle am Zoo. Dieser im Krieg schwer beschädigte einstige Ballsaal war inzwischen notdürftig instand gesetzt und zugleich durch den Einbau von Seitenrängen grundlegend umgestaltet worden – für Konzerte eine durchaus akzeptable Interimslösung. Allerdings konnte damals niemand ahnen, dass dieser Saal für die nächsten fünfunddreißig Jahre, bis zur Einweihung des Neuen Gewandhauses im Oktober 1981 am damaligen Karl-Marx-Platz (heute wieder Augustusplatz), als Konzertsaal für das Gewandhausorchester und die Klangkörper des Rundfunks dienen musste.

In der Kongresshalle am Zoo hörte Kurt Masur systematisch die Meisterwerke der Orchestermusik, nahm die Sinfonik von Beethoven, Schumann und Mendelssohn, von Brahms und Bruckner, Tschaikowski und Dvořák, von Strauss, Mozart und Rachmaninow wie ein Schwamm in sich auf. Manches hatte er schon im Radio gehört – Konzerte unter Wilhelm Furtwängler und Bruno Walter, der nun auch wieder in Deutschland dirigieren durfte. Aber die unmittelbare Erfahrung von Musik, das unvermittelte physisch-psychische Erlebnis, erfuhr er nun »leibhaftig« in der Leipziger Kongresshalle.

Noch unter Hermann Abendroth und dann unter Herbert Albert hörte er hier Tschaikowskis »Vierte«, Paul Schmitz dirigierte Mahlers »Fünfte«, die Dresdner Staatskapelle gastierte unter Joseph Keilberth mit Hindemiths Violinkonzert und Regers »Hiller-Variationen«, und Herbert Albert leitete am 27. November 1947 die Uraufführung von Boris Blachers »Paganini-Variationen« für Orchester. Auch Wilhelm Furtwängler erlebte Masur damals. »Wir durften an seinen Proben teilnehmen. Und mir wurde zum ersten Mal bewusst: Wenn ein großer Dirigent vor einem Orchester steht, kann er alles verändern. Nicht den Charakter des Orchesters, nicht den spezifischen Orchesterklang, aber die Qualität, die das Publikum erwarten kann, denn es ist genauso wichtig für das Gelingen eines außerordentlichen Konzerts. Furtwängler ging mit dem Orchester um, als spielte er Klavier. Die Musiker folgten ihm in jeden Winkel. Jeder Übergang war ein Ereignis, jede Einführung eines neuen Themas verblüffend.«

Neben dem klassischen Repertoire standen, wenn auch noch vereinzelt, Werke von Béla Bartók, Igor Strawinsky und Dmitri Schostakowitsch auf den Programmen – es bestand nach den Jahren geistiger Isolation ein enormer Nachholbedarf. Kurt Masur nahm dies alles wie in einem Taumel wahr: »Die ganze Kriegszeit über befand ich mich quasi in halbwachem Zustand. Und wenn ich mich heute zurückerinnere, war dies auch noch in der Anfangszeit meines Studiums in Leipzig so.« Die »graue Stadt« war ihm ans Herz gewachsen, selbst der eigenwillige Dialekt, von dem es in Leipzig selbstironisch heißt: »S' gibd Sprachen un Dialeggde. Säch'sch aber is ne Gabe.«

Sprung ins kalte Wasser

Halle, Erfurt, Leipzig
1948–1955

Noch während seines Studiums kam die Sängerin Elfriede Albert zu Kurt Masur und meinte: »Die suchen in Halle einen Korrepetitor, vielleicht hast du ja Lust, da hinzugehen?« Sie hatte mit ihm studiert und war dort mittlerweile engagiert. Der Einundzwanzigjährige überlegte nicht lange. Der Krieg hatte bereits genug kostbare Lebenszeit gefordert. Er fuhr in die nur dreißig Kilometer von Leipzig entfernte Händel-Stadt, stellte sich vor – und erhielt die Stelle. Zwei Gründe seien für ihn entscheidend gewesen: »Das Geld – von den Lebensmittelkarten konnte ich ja auf die Dauer nicht leben – und die Gesundheit. Durch die nächtliche Tanzmusik war ich oft so gestresst, dass mein Herz zu flattern begann, schon damals. Das war ein Alarmsignal für mich, und als dann dieses Angebot kam, habe ich das einfach als Wink des Schicksals empfunden.« Dennoch hatte er Skrupel. War er zu leichtsinnig? Hatte er wirklich schon so viel gelernt, um den oft unkalkulierbaren Anforderungen der Theaterpraxis zu genügen? Beherrschte er das Opernrepertoire derart, um an einem immerhin renommierten Haus bestehen zu können? Doch für den Studenten und »Tanzmusiker« eröffnete sich mit dem Angebot als Repetitor mit Dirigierverpflichtung eine berufliche Perspektive, die er nicht auszuschlagen gewillt war.

Kurt Masur hat sein Studium nie beendet. »Ich bin völliger Amateur«, sagt er heute lachend. Er ist nicht der Einzige seiner Generation, der damals so jung in eine führende Position gelangte. Die Jahrgänge um die Mitte der Zwanziger waren schwach, ein Großteil der »Notabiturienten« hatte den Krieg nicht überlebt. Für diese so genannte skeptische Generation, die die extremen Grenzsituationen des Krieges frühzeitig abgehärtet hatten, war das eine große Chance, die sie auch nutzte. Hoch motiviert folgte sie dem Motto: Was wir anpacken, das schaffen wir auch. Es war die Gründergeneration, auf deren Schultern der Wiederaufbau Deutschlands weitgehend ruhte, die in Politik und Wirtschaft bald Spitzenpositionen einnahm und auch das geistige Leben prägte. Unter den Musikern gehören Theo Adam, Dietrich Fischer-Dieskau und Hans Werner Henze dazu, um nur einige zu nennen.

Das erste Stück, das Kurt Masur in Halle einzustudieren hatte, war Richard Strauss' »Rosenkavalier«. An dem habe er sich erst einmal die Zähne ausgebissen: »Es war ja erstaunlich, an diesem doch eher kleinen Theater den Versuch zu unternehmen, in so schweren Zeiten dieses komplexe Meisterwerk der Opernliteratur zu präsentieren. Das Orchester hatte kaum Platz und war natürlich auch personell reduziert. Aber es ging!« Es ging vor allem auch, weil auf der Bühne großartige Sänger standen: die unvergleichliche Sopranistin Irmgard Arnold etwa, die von Augsburg nach Halle gekommen war und wenige Jahre später zu einer der tragenden Säulen an Walter Felsensteins Komischer Oper in Berlin wurde, wo Kurt Masur ihr wieder begegnen wird; oder die blutjunge Anny Schlemm, ein Naturtalent. Auch sie war, von Erna Westenberger vorbereitet, damals »ins kalte Wasser gesprungen« und hat ihren »Weg allein gefunden«, wie sie selbst bekennt. Masur war die Begabung der Neunzehnjährigen »geradezu ungeheuer«. Der Ostpreuße Heinz Sauerbaum gehörte als Tenor seit 1938 zum Solistenstamm des Theaters; er ging dann nach Leipzig. Und der Bariton Kurt Seipt sang bis zu seinem Weggang 1952, ebenfalls an das Leipziger Opernhaus, nahezu alle tragenden Fachpartien und führte auch Regie. An profilierten Sängern mangelte es jedenfalls nicht in Halle. Kurt Masur war begeistert: »Das war eine Garde! Da konnte man nur lernen! Alle waren sie ausgereifte Sängerpersönlichkeiten, und die Anny in ihrer entwaffnenden Jugendfrische stand vor einer großen Karriere. Die Arbeit am Landestheater Halle hat mich damals fast überfordert. Ich spielte zwar ganz gut Klavier, war aber doch nicht so virtuos, dass ich das alles im Handumdrehen gemeistert hätte. Wir hatten so viele Operneinstudierungen. Ein Stück jagte das andere.«

Dennoch blieb Zeit für private Kammermusik, die ihm viel Freude machte. Die Anregung dazu kam aus den Reihen des Orchesters. Noch war er in der Lage, so anspruchsvolle Stücke wie Schumanns Es-Dur-Klavierquintett oder César Francks Violinsonate zu spielen. Bald jedoch verkrümmte sich sein kleiner Finger an der rechten Hand derart, dass er ganz mit dem professionellen Spiel aufhören musste.

Das Pensum, das Masur in den drei Jahren, die er in Halle tätig war, als Solorepetitor zu bewältigen hatte, war enorm: etwa dreißig Opern, darunter »Der Freischütz«, »Hänsel und Gretel«, »La Traviata«, »Jenufa«, »Cosi fan tutte«, »Tosca«, »Die Kluge«, »Orpheus und Eurydike«, »Rigoletto«, »Die Hochzeit des Figaro«, »Martha«, »Arabella«, »Troubadour«, »Cavalleria rusticana«, »Othello«, »Don Pasquale«, »Margarethe« und »Der Bajazzo«. Nahezu alles praktische Ersterfahrungen. Da blieb nicht viel Zeit zum Nachdenken, das war harte Tagesarbeit. Als Repetitor musste man die Noten »fressen« können, rasch und zugleich zuverlässig den Solisten die Partie »aufdrücken«. Die Premierentermine standen fest, die dafür vorgesehene Zeit zum Einstudieren war begrenzt. Von dem enormen Leistungsdruck im Zimmer des Repetitors erfährt das Publikum nichts. Er wirkt hinter den Kulissen. Wer aber dirigieren will, muss ins Rampenlicht. Und bald ergab sich für Kurt Masur eine Gelegenheit, sich zu bewähren.

Es begann mit einer Schauspielmusik. Weihnachten 1948 wurde er gebeten, die Musik zu dem Märchenspiel »Die Prinzessin und der Schweinehirt« von Rudolf Neuhaus zu dirigieren. Neuhaus stammte aus Köln, hatte bei Abendroth eine Dirigentenausbildung absolviert und wirkte damals, Anfang der fünfziger Jahre, als Generalmusikdirektor am Staatstheater in Schwerin. 1953 wechselte er an die Staatsoper Dresden. Mit dieser Aufführung, deren Hauptschlager »O du lieber Augustin« war, hatte Masur seine Feuerprobe bestanden. Das Orchester zeigte sich zufrieden.

Nur wenige Monate später, Ende März 1949, bot sich dem jungen Solorepetitor die nächste Gelegenheit, als Dirigent in Erscheinung zu treten: In einem kombinierten Ballett- und Opernabend hatten Modest Mussorgskis »Bilder einer Ausstellung« und Carl Orffs »Die Kluge« Premiere. Die »Bilder einer Ausstellung« durfte Kurt Masur dirigieren. Sie waren als Tanzszenen gestaltet, in der berühmten Instrumentierung von Maurice Ravel. Es grenzt an ein Wunder, dass es den Hallensern damals gelang, an das Aufführungsmaterial heranzukommen. Später, in den Konzertprogrammen der Dresdner und Leipziger Zeit, hat Masur allerdings die Orchesterfassung von Gortschakow bevorzugt. Seine Begründung: Sie entspreche dem damals gerade wiederentdeckten Original, dem ursprünglichen Klavierzyklus, am ehesten, sei »erdhafter«, »russischer«, nicht so artifiziell und raffiniert wie die Ravelsche Version.

Die Musikkritik bescheinigte dem Debütanten am nächsten Tag ein solides und umsichtiges Dirigat, was viel heißen will bei Ravels komplizierter Partitur. Während Orffs »Die Kluge«, dirigiert von Georg C. Winkler, hatte Kurt Masurs übrigens im Orchestergraben gesessen, und zwar am Schlagzeug! Es war nicht die einzige Aushilfe jenseits des Dirigierens. Noch heute denkt er »mit Entsetzen« an den Augenblick, als ihn der Intendant bat, für einen plötzlich erkrankten Kollegen einzuspringen, der in »Die Hochzeit des Figaro« den alten Gärtner zu singen hatte: »Musikalisch konnte mir zwar nicht viel passieren, aber das Kostüm passte mir absolut nicht, und auch die Schminke konnte meine einundzwanzig Jahre schlecht verheimlichen. Kurt

Seipt, der den Grafen sang und mich zuerst sah, führte mich sicherheitshalber vorher in alle Garderoben, um zu verhindern, dass auf der Bühne nur noch gelacht und nicht mehr gesungen würde … Dass es aber auch im Publikum keine Lachsalven gab, bleibt mir heute noch rätselhaft. Das schönste Kompliment bekam ich hinterher: ›Er hat ja nicht geschmissen, es war alles in Ordnung, bloß gehört hat man ihn nicht!‹ Immerhin, die Vorstellung war gerettet.«

Ein anderes Mal wurde Kurt Masur mittags gebeten, am selben Abend die Aufführung von Cimarosas »Heimlicher Ehe« für seinen erkrankten Chef Georg C. Winkler zu übernehmen. Er hatte das Stück mit einstudiert, kannte es genau und sagte zu. Auch dieses Mal lief alles gut. Für den jungen Dirigenten waren solche Aushilfen willkommene Gelegenheiten, um Erfahrungen zu sammeln, so auch, als ihn eines Tages der Generalmusikdirektor Horst-Tanu Margraf anrief: »Herr Masur, können Sie heute Abend für mich dirigieren? Ich habe gerade Besuch bekommen und bin nun nicht mehr dazu in der Lage!« Er konnte. Diesmal übernahm er von Mittag auf Abend den »Othello«. Zwar hatte er sich auch mit diesem Werk intensiv beschäftigt, aber dirigiert hatte er die Oper noch nicht. Nach der Vorstellung war der Abend noch nicht zu Ende. Weil Chor und Extrachor im »Othello« beschäftigt waren, hatte man gleich noch eine Probe »Meistersinger – Festwiese« angesetzt. Im durchgeschwitzten Frack saß Kurt Masur dann am Klavier und tat seine Pflicht. Seine Nerven waren anschließend so aufgeputscht, dass er kaum schlafen konnte.

Von da an ging es Schlag auf Schlag. »Rigoletto« war im September 1949 die nächste Bewährung, mit Irmgard Arnold als Gilda und Kurt Seipt als Rigoletto, Heinz Sauerbaum als Herzog, Gerhard Frei als Sparafucile und Erna Westenberger als Maddalena. »Das war eine Besetzung gestandener Sänger, die sich nicht gescheut haben, mit dem jungen, unerfahrenen Kapellmeister zu arbeiten. Noch heute flößt mir das Respekt ein. Aber in meiner Naivität hat mich das damals nicht einmal das Fürchten gelehrt.« Wie wichtig kritische Selbstwahrnehmung ist, erfuhr er bei einer der nächsten »Rigoletto«-Aufführungen. Er hatte sich während des Dirigierens ausgesprochen wohl gefühlt, sich sogar in einen Zustand der Euphorie hineingesteigert. »Anstatt mit hellwachen Sinnen das Geschehen auf der Bühne und im Graben zu steuern, schwelgte ich selbstvergessen in der Musik und fand mich großartig. Nach der Aufführung fragte mich Irmgard Arnold zu meiner größten Überraschung, ob es mir nicht gut gehe? Das hat mich sehr geschockt. Da habe ich zum ersten Mal begriffen, dass ›sich wohl fühlen‹ beim Dirigieren kein Maßstab für die Qualität einer Aufführung ist.«

Kurt Masur war froh, Kollegen zu haben, die ihn mit solchen Hinweisen und Ratschlägen nicht schonten. Er lernte aus der Kritik und fühlte sich ernst genommen. »Die Unterstützung gerade aus dem Orchester war enorm. Da hatte ich echte Helfer, zum Beispiel den Solobassisten Erich Weise. Er wurde zu meinem Berater und hat mich immer wieder ermuntert: ›Du bist zu freundlich, wenn wir schlecht spielen. Das darfst du nicht noch decken, du musst es uns sagen. Du bist noch zu scheu.‹ Solche Ratschläge waren ungeheuer wichtig für mich. Von Tag zu Tag stieg mein Selbstbewusstsein, einfach deshalb, weil ich Freunde hatte, die mich in dieser entscheidenden Lebensphase beraten und im positiven Sinne beeinflusst haben.«

Auch Klaus Tennstedt gehörte dazu. Er war damals im Hallenser Orchester Konzertmeister. Masur und er wurden bald enge Freunde, musizierten privat miteinander, hörten Platten und verbrachten so manchen Skatabend. »Das war eine wunderschöne Zeit. Klaus und ich, wir sind einfach zusammengewachsen in unserem Lerneifer. Es gab zwei Platten, die mir gehörten und die vom vielen Hören schon völlig zerkratzt waren: eine berühmte Aufnahme von ›Scheherazade‹, noch 78er Geschwindigkeit, mit dem Orchester des Moskauer Bolschoi-Theaters unter Nikolai Golowanow, dem legendären Chefdirigenten der Moskauer

Oper, und mit den Violinsoli von David Oistrach – eine großartige Aufnahme, die leider nicht wieder aufgelegt worden ist –, und eine der ersten verfügbaren Aufnahmen der Sechsten Sinfonie von Tschaikowski, mit Jewgeni Mrawinski und den Leningradern. Wir waren fasziniert! Nächtelang haben wir gesessen und diskutiert: Wieso macht er das so? Warum klingt das so? Dadurch lernten wir gemeinsam diese Musik kennen und lieben.« Lortzings »Waffenschmied« und Nicolais »Lustige Weiber von Windsor« waren weitere Einstudierungen des jungen Kapellmeisters. »Silberne Premierensporen« habe er sich verdient, wie es damals in einer Kritik hieß.

Die Dirigiererfahrungen erweiterten sich: Im Juli 1951 leitete Masur sein erstes Sinfoniekonzert. Er gastierte beim traditionsreichen Loh-Orchester Sondershausen und stellte sich mit Schumanns »Manfred«-Ouvertüre und Beethovens »Siebenter« vor. Seine erste Begegnung mit der Verwaltung des dortigen Orchesters ist ihm in besonders unangenehmer Erinnerung. Die Sekretärin des Intendanten habe ihn, als er ins Zimmer getreten sei, vollkommen ignoriert, da sie ihn, jung wie er war, überhaupt nicht als den erwarteten Gastdirigenten ernst genommen hatte. Generalmusikdirektor Margraf hingegen war froh, seinem begabten jungen Kapellmeister Aufgaben zu übertragen, die ihn selbst inzwischen zu sehr belasteten. Jedenfalls bekam der dreiundzwanzigjährige Masur fünfzehn Konzerte mit diesem sehr leistungsfähigen Orchester. »Diese Hilfen, die eben auch aus dem Orchester kamen, haben mich sehr vorangebracht. Ich hatte das Gefühl, hier ziehen alle an einem Strang und hier existiert untereinander noch eine Harmonie, wie ich sie immer gesucht habe.«

Am Theater in Halle aber wurde noch mehr erwartet. Masur hatte zunehmend auch im Schauspiel zu dirigieren. Mitunter enthalten die Stücke ja einen nicht unbeträchtlichen musikalischen Anteil, wie die Musiken zu Goethes »Egmont« von Beethoven und zu Shakespeares »Sommernachtstraum« von Mendelssohn. Das Schauspiel bietet ge-

56

wöhnlich ein breites Spektrum für den Einsatz von Musik: Lieder, Songs oder Instrumentalsätze, ausgeführt von kleinen Ensembles, nicht selten von den Kapellmeistern komponiert. Auch Masur hat darin einige Erfahrung. Als Lope de Vegas »Was kam denn da ins Haus?«, ein »Mantel-und-Degen-Stück«, wie Kurt Masur meint, musikalischer Untermalung bedurfte, schrieb er eine Art Musical für Schauspieler.

Premiere war im Juli 1950. Klaus Tennstedt spielte die Musik mit großem Vergnügen und ermunterte den Freund, eine Orchestersuite daraus zu machen. Aber Masur winkte ab: »So gut ist die Musik ja nun auch wieder nicht …« Auf diesem Gebiet Meriten zu erlangen, lag ihm fern. Anders als andere große Dirigenten hat er kompositorische Ambitionen eigentlich nie gehabt. Wenn es denn einmal dazu kam, waren es ganz praktische Anforderungen des Theateralltags: Wir brauchen da und dort etwas Musik. Kannst du da helfen, ist da etwas zu machen? Dann schreib doch etwas. Du kommst doch von der Hochschule. Da hast du's doch gelernt! Herausforderungen ist er nie ausgewichen. Im Gegenteil: Sie haben ihn immer gereizt. Der Sprung ins kalte Wasser liegt ihm. In Halle sammelte Kurt Masur nicht nur entscheidende Erfahrungen als Repetitor und Dirigent. Er hat vor allem den Theateralltag erfahren, wie man manchmal blitzschnell reagieren muss, weil es einfach darum geht, eine Vorstellung zu retten. Wer da an die nervliche Belastung denkt und zögert, hat etwas für die Kunst Entscheidendes nicht begriffen.

Inzwischen hatte Kurt Masur geheiratet. Brigitte Stütze, seine erste Liebe. Sie hatten sich bereits mit sechzehn in Brieg kennen gelernt, in einer Tanzgruppe, wo er seiner Cousine gelegentlich als zweiter Pianist aushalf. Für ihn war schnell klar, dass niemand anderes als dieses Mädchen seine Frau werden sollte. Während des Krieges verloren sie sich aus den Augen. Doch Kurt Masur hatte Brigitte nicht vergessen. Er ließ sie über das Rote Kreuz suchen und erfuhr, dass sie nach der Flucht inzwischen in der Nähe vom

Tegernsee, in Schaftlach bei Riedern, lebte und sich ihr Geld als Handweberin verdiente. Mehrmals ging er über die »grüne Grenze«, um sie besuchen: »Ich wollte klären, wie wir zueinander stehen.« 1948, kurz nach dem Beginn seines Engagements in Halle, heirateten sie. Für Brigitte Stütze war dies kein leichter Schritt. Immerhin wechselte sie aus der amerikanischen in die »Sowjetzone«, deren Besatzer sie an die Vertreibung aus ihrer Heimat und die damit verbundenen Schrecken erinnerten, und das zu einem Zeitpunkt, als das Marshall-Hilfsprogramm der USA die Lebensverhältnisse im Westen spürbar zu verbessern begann. Doch ihre Liebe war stärker als alle Bedenken.

Sie absolvierte eine Ausbildung als Weberin an der bekannten Kunsthandwerkschule Burg Giebichenstein. In dieser Zeit wurde der erste Sohn Michael geboren. Das Paar erhielt daraufhin von der Stadt eine bescheidene Wohnung, die zwar einen kleinen Balkon, aber auch »sehr viele Wanzen« hatte. Doch die Masurs waren froh, überhaupt über mehr als ein Zimmer zu verfügen. Das war bei weitem keine Selbstverständlichkeit damals. Große Ansprüche durften sie bei ihrem geringen Einkommen von netto 280 Mark monatlich ohnehin nicht stellen. Für Masur war es »eine Zeit, wo man sehr genügsam war. Ich erinnere mich eigentlich nur an köstliches Essen, wie zum Beispiel den ›Hefepastenbrotaufstrich mit Rauchfleischgeschmack‹.« Das Paar versuchte, den Gegebenheiten das Beste abzugewinnen. Mit Anfang zwanzig machten sie sich wenig Gedanken. Sie lebten ihre Liebe, und »wenn Michael schrie, wurde er auf den Balkon gestellt, bis die Nachbarn sich beschwerten«.

Nach drei Jahren in Halle spürte Kurt Masur, dass es Zeit war, an ein anderes Theater zu gehen. Er wollte weiterkommen, höhere Positionen anstreben. Da erreichte ihn ein Angebot aus Stralsund. Das kleine Theater der alten Hansestadt suchte einen neuen Chefdirigenten. An den Städtischen Bühnen Erfurt war gleichzeitig die Stelle des Ersten Kapellmeisters vakant. Masur interessierten beide Positionen. Zunächst fuhr er nach Stralsund und dirigierte »Tosca« – mit der Operettendiva in der Titelpartie, die ihre Sache »erstaunlich gut gemacht hat«. Er ist ihr dann, als sie später an der Staatsoperette Dresden sang, noch mehrmals begegnet. Die Aufführung in Stralsund empfand er als beglückend: »Ich hatte ›Tosca‹ zuvor noch nie dirigiert. Aber die realen Bedingungen im Orchester waren geradezu kriminell. Ich weiß es noch genau: Das Celloquartett war mit der ersten Bratsche besetzt, zwei Celli und dem Kontrabass als viertem Cello! Das waren Verhältnisse, die eigentlich nicht akzeptiert werden konnten. Aber gerade damals, in der Nachkriegszeit, musste auf jeden Fall der Vorhang aufgehen. Das war für die Menschen, die unten im Parkett saßen, wichtiger als eine ordentliche Orchesterbesetzung.«

Die Aufführung überzeugte die Theaterleitung, und man bot dem inzwischen Vierundzwanzigjährigen die Chefposition an. Das war verlockend, aber Masur zögerte, denn noch stand das Angebot in Erfurt aus. Wenig später legte er dort sein Probedirigat ab. »Es war ›Fidelio‹. Auch ihn dirigierte ich zum ersten Mal in meinem Leben! Es musste ohne Orchesterprobe gehen, nur eine kurze Verständigung mit den Sängern war möglich. Das funktionierte erstaunlicherweise ganz gut.« Auch hier wollte man ihn haben. Kurt Masur war im »siebten Himmel«. Die Vorstellung, mit vierundzwanzig Jahren Chef zu sein und machen zu können, was er wollte, hat ihn gereizt und zugleich erschreckt: »Mir wurde ganz heiß bei dem Gedanken, wie schnell man doch zu einer Chefposition kommen kann. Da wurde ich mit einem Schlag vernünftig und kam zu dem Entschluss: Nein! Du solltest noch ein Dienender sein und anderen die Leitung überlassen.«

Es war eine kluge Entscheidung. Das Hochgefühl über eine potentielle Chefposition in Stralsund hielt einer kritisch-sachlichen Abwägung nicht stand. Masur wusste, dass ihm in Erfurt ein sehr gutes Orchester zur Verfügung stand und dass mit dem dortigen Generalmusikdirektor Franz Jung, einem sehr erfahrenen und souveränen Chef, ein hohes Aufführungsniveau gewährleistet war. Hier würde er nicht frühzeitig überfordert und verbraucht werden. Und so nahm er das Angebot der Städtischen Bühnen Erfurt an: »Ich merkte, dass ich da in eine Welt hineingeriet, in der ich nicht Gefahr lief, zu verschludern. Und genau das war für mich dann das Entscheidende.«

Unter Franz Jungs Obhut fand Masur schnell in seine neue Aufgabe hinein. Er wollte kein »Senkrechtstarter« sein. Erster Kapellmeister zu sein war ein entscheidender Schritt, aber doch nicht so groß, dass falscher Ehrgeiz ihm dabei zum Verhängnis werden konnte. Sein selbstkritischer Verstand und seine natürliche Bescheidenheit haben ihn davor bewahrt. Er wollte künstlerisch überzeugen und ordentliche, immer höheren Ansprüchen genügende Aufführungen präsentieren. »Ich wollte einfach ein guter Dirigent sein«, sagt er dreißig Jahre später, als er schon zwölf Jahre als Gewandhauskapellmeister in Leipzig wirkte, ganz unprätentiös. Vielleicht liegt hier das »Geheimnis« seines Erfolges.

Mit Beginn der Spielzeit 1951/52 zog Kurt Masur mit seiner Familie nach Erfurt. Diesmal vermittelte ihm die Oper eine hübsche Wohnung in der Nähe der Gartenbauausstellung, wo er bald an den Wochenenden den Kinderwagen schob, denn mittlerweile war Tochter Angelika zur Welt gekommen. Das Leben wurde nun finanziell einfacher für die Masurs. Das Gehalt des Kapellmeisters hatte sich im Vergleich zu seiner früheren Position nahezu verdoppelt, und die Mieten in der DDR waren äußerst niedrig. Für Masur war es »eine Zeit, in der das Leben ganz normal schien«, in der ihm seine berufliche Entwicklung das Wichtigste und er überzeugt war, dass seine Ehe die Belastungen, die seine neue Position mit sich brachte, aushalten würde: »Wir waren nicht durch die Musik verbunden, sondern durch unsere Liebe.«

In Erfurt war er bald nicht nur als Kapellmeister, sondern nebenher auch als Konzertdirigent beim Loh-Orchester Sondershausen tätig. Diese zweifache Verankerung bedeutete einen Glücksfall, denn damit erweiterte sich sein künstlerisch-interpretatorischer Horizont ganz wesentlich. Noch immer hatte er viel zu studieren, sein Repertoire der Opern- und Konzertliteratur zu ergänzen. Er beschreibt jene Zeit als eine »sehr aufbauende Phase« in seinem Leben. In der Provinz war er nicht durch allzu viel Novitäten, Uraufführungen und dergleichen gefordert, die zusätzlichen Kraftaufwand und nicht zuletzt viel Vorbereitungszeit beanspruchen. Von den eigenen Einstudierungen war ihm Dvořáks »Rusalka« die liebste. Vielleicht deshalb, weil er sich Hals über Kopf in die Sängerin der Rusalka verliebt hatte: »Damals konnte ich noch nicht so ganz auseinander halten, was der Unterschied zwischen Annäherung in der musikalischen Partnerschaft und im Leben ist. Es führte dann ja auch zu einer ziemlichen Katastrophe.«

Es folgten Rossinis »Barbier von Sevilla«, Verdis »Macht des Schicksals«, Puccinis »Tosca«. Dass er Zoltán Kodálys Singspiel »Háry János« erstmals in der DDR auf die Bühne gebracht hat, war eine besondere Leistung. Auch Beethovens Schauspielmusik zu Goethes »Egmont« kam damals unter seiner musikalischen Leitung zur Aufführung. »Es war das einzige Mal, dass ich diese Musik im Schauspiel mit vollem Orchester dirigieren durfte«, sagt Masur heute etwas wehmütig. Er hat für den theatralischen Aspekt der Musik im Zwischenbereich von Schauspiel und Oper eine besondere Affinität. Im Leipziger Gewandhaus hat er zum Beispiel viel später, im September 1982, gemeinsam mit dem Schauspieler Friedhelm Eberle eine Konzertfassung von Edvard Griegs Musik zu Ibsens »Peer Gynt« erarbeitet und aufgeführt.

Franz Jung, seit über zwanzig Jahren am Erfurter Theater, hatte sein Orchester in hervorragender Weise erzogen. Da konnte sein Erster Kapellmeister in die Vollen gehen, was ganz seinem Temperament entsprach. Das Orchester hielt den fordernden Gesten des schlanken, hochgewachsenen jungen Mannes stand. Und Jung ließ beide gewähren, denn er konnte sich auf sie verlassen. Kurt Masur hatte in

61

seinem »General« einen ähnlichen Förderer zur Seite wie in Heinz Bongartz während der Studienzeit in Leipzig, wenngleich der etwas pedantische Jung weniger inspirierend war. Dafür konnte er von ihm anderes lernen: »Ich habe einmal eine Aufführung erlebt, wo der Sänger auf der Bühne sich um ein Viertel geirrt und zu spät eingesetzt hatte. Franz Jung hielt geistesgegenwärtig, dabei völlig gelassen, das ganze Orchester mitten im Takt an und gab erst dann die neue ›Eins‹, als der Sänger angelangt war. Man spürte immer die enorme Vertrautheit Jungs mit der Musikliteratur, mit der Praxis des Theaters.« Diesem heute weithin vergessenen und bescheidenen Dirigenten hat Masur viel zu verdanken: »Er gehörte zu jenen deutschen Dirigenten, die man nicht unbedingt als groß oder bedeutend bezeichnen kann, die aber hervorragend ausgestattet waren mit Wissen und Können und die für den Erhalt musikalischer Kultur sehr viel geleistet haben.«

Auch in Erfurt hatte er hin und wieder vom Mittag auf den Abend Aufführungen zu übernehmen, einmal sogar Wagners »Lohengrin«. Franz Jung, der dieses Werk sonst dirigierte, war krank geworden. Für Masur »war es eine Horrorvision, an jenem Abend ohne vorherige Möglichkeit der Verständigung mit den Sängern und dem Orchester das Ganze auf die Bühne zu bringen. Die Aufführung hat jedenfalls stattgefunden. Über das ›Wie‹ konnte ich mir kein Urteil geben. Ich wusste nur: Ich hatte alles, was ich damals schon an Erfahrung und Routine besaß, in die Waagschale geworfen, nur um den Abend zu retten. Mit gemischten Gefühlen ging ich langsam in mein Zimmer. Kurz darauf kam ein alter Schauspieler zu mir. Er umarmte mich und sagte für mich völlig überraschend: ›Das war mein schönstes Opernerlebnis!‹ Ich erwiderte: ›Um Gottes willen, diese schreckliche Aufführung! Ich hab's doch zum ersten Mal dirigiert!‹ Doch der Mann wurde richtig böse: ›Auch wenn Sie das so sehen, so haben Sie mir doch ein tiefes Erlebnis vermittelt, und Sie haben nicht das Recht, mir das kaputtzumachen!‹ Ich war betroffen und dachte: Was soll deine blöde Eitelkeit. Wenn ein Mensch ein solches Erlebnis hat, das immerhin mit deiner Mithilfe zustande kam, dann akzeptiere das einfach. Deine eigene Befindlichkeit ist eine andere Sache. Da prüfe dich selbst, aber berühre nicht die Gefühle anderer! Das war für mich eine Erfahrung fürs Leben.«

Masur dirigierte weiterhin Sinfoniekonzerte des Loh-Orchesters Sondershausen. Franz Jung legte ihm dabei keine Steine in den Weg. Dank dieser im Musikerjargon so genannten »Muggen«, die außerhalb seiner Dirigierverpflichtungen am Theater lagen, konnte er sein Repertoire der Konzertliteratur ausbauen. Sein Arbeitspensum war enorm, bis ihn eine schwere Hepatitis aus der Bahn warf. Mehrmals musste er wegen einer Herzverkrampfung mit dem Krankenwagen vom Theater nach Hause transportiert werden. Die während der Behandlung mit Spritzen notwendige Diät war zu DDR-Zeiten fast unmöglich. Aber er hatte Glück, und langsam besserte sich sein Zustand.

1953 wechselte Franz Jung zur Dresdner Philharmonie und wurde dort »Zweiter« bei Heinz Bongartz; zugleich hatte er, ebenfalls wie einst Bongartz, eine Professur an der Leipziger Musikhochschule angenommen. Masur fragte sich, ob er bleiben oder sich nach einer neuen Stelle umsehen sollte: »Es war mir durchaus bewusst, dass ich hier in Erfurt eine sehr gute und für mich nützliche Tätigkeit hatte. Es war immer eine wunderbare Arbeit mit den Sängern und mit dem Orchester gewesen. Und doch hatte ich das Gefühl, dass ich irgendwie weiter müsse.« Man war inzwischen auch außerhalb Erfurts auf den jungen Kapellmeister aufmerksam geworden. Aus Dresden kamen erste Angebote, mit der Staatsoper »Freischütz« und »Tosca« zu dirigieren. Die Position eines Ersten Kapellmeisters hätte ihm gefallen. Aber noch hieß es, er sei dafür viel zu jung.

Dann bekam er eines Tages einen Anruf: »Wollen Sie nicht mal nach Berlin kommen? Erich Kleiber ist gerade hier und dirigiert ›Rigoletto‹ und ›Don Giovanni‹.« Es war eine ehemalige Sekretärin aus Erfurt, die an die Berliner

Staatsoper gewechselt war. Der kleine, stämmige »exzentrische Egomane« mit den weit auseinander stehenden stahlblauen Augen war aus der Emigration in die DDR zurückgekehrt und wollte in der Staatsoper einen Modellfall wagen. Hier sollten Künstler aus Ost und West in einer Art »geheiligter Bruderschaft« nebeneinander arbeiten können, ohne Rücksicht auf die politischen Gegebenheiten der geteilten Stadt. Das Experiment scheiterte – im März 1955 trat Kleiber aus Protest von seinem Amt als musikalischer Oberleiter zurück.

Masur sah eine einmalige Chance, den rebellischen Meister seines Fachs kennen zu lernen, dessen Credo – »einer der wichtigsten Prüfsteine für jeden Dirigenten ist seine Fähigkeit, ein wirkliches Pianissimo zu erreichen und zu halten, ohne dabei an Vitalität einzubüßen« – er beherzigte. Er schwärmte für Kleibers 1951 erstmals auf die Bühne gebrachte »Rigoletto«-Aufführung, die ebenjenes besondere Pianissimo berühmt gemacht hatte. »Ich konnte mich für zwei Tage freimachen, fuhr nach Berlin und habe beide Aufführungen erlebt. Nach dem ›Rigoletto‹ sagte jene Sekretärin zu mir: ›Möchten Sie, dass ich Sie Professor Kleiber vorstelle?‹ Ich war damals gerade erst fünfundzwanzig und fand das natürlich phantastisch. Als ich ihn dann traf, war ich ziemlich schüchtern und brachte kaum ein Wort über die Lippen. Doch er fragte mich ganz freundlich: ›Sie sind also in Erfurt. Was machen Sie denn da im Augenblick?‹ Ich antwortete ihm mit typisch deutscher Betonung, dass ich gerade mit viel Freude Dvořáks ›Rusalka‹ einstudiere. Da legte er seine Hand auf meine Schulter und sagte: ›Lieber Freund, das heißt Rusalka. Das sollten Sie Ihren Sängern dort richtig beibringen!‹ Dann schwärmte er von dieser herrlichen Oper. Nachdem ich ihm für seine wunderbare ›Rigoletto‹-Aufführung gedankt hatte, verabschiedete er mich mit ›Auf Wiedersehen‹ und ›Alles Gute‹ und ging. Ich war glücklich und zugleich wie benommen, einem so bedeutenden Mann begegnet zu sein. Seine Ausstrahlung war für mich damals geradezu umwerfend. – Etwa eine Woche später bekam ich von ebenjener Sekretärin wieder einen Anruf: ›Herr Professor Kleiber lädt Sie ein, fünfmal ›La Traviata‹ an der Berliner Staatsoper zu dirigieren!‹ Ich war völlig überrascht: ›Ja, wieso denn, er kennt mich doch gar nicht!‹ Doch da meinte die Sekretärin: ›Wissen Sie, was er gesagt hat? Dieser junge Mann hat mich beeindruckt. Außerdem war er der erste Dirigent, der mich *nicht* gebeten hat, hier dirigieren zu dürfen.‹«

Kurze Zeit später wurde Kurt Masur in Leipzig eingeladen, an zwei Abenden hintereinander »Butterfly« und »Fidelio« zu dirigieren. Sieben Jahre war es her, dass er Leipzig verlassen hatte. Die Oper spielte noch immer draußen im Westen der Stadt, im »Dreilinden«. Aber inzwischen war der Zuschauerraum des Hauses modernisiert und die technische Ausrüstung der Bühne verbessert worden. Seit 1950 hielten Operndirektor Heinrich Voigt und seit 1951 Generalmusikdirektor Helmut Seydelmann die Geschicke des Hauses in ihren Händen. Max Elten wirkte seit Jahren als phantasievoller Bühnenbildner. Intendant war Max Burghardt. Im Vorfeld der notwendigen Neubesetzung hatte man sich auch um Walter Felsenstein bemüht. Mit einem leistungsstarken Sängerensemble auf der Bühne und dem Gewandhausorchester erreichte das Theater allabendlich ein recht hohes Niveau. Das klassische Repertoire hatte sich um moderne Werke wie Ottmar Gersters dramatische Oper »Enoch Arden« oder Leoš Janáčeks »Schlaues Füchslein« erweitert; die Oper »Wat Tylor« des Engländers Alan Bush erlebte hier 1953 ihre Uraufführung.

Die Gastdirigate des Erfurter Kapellmeisters hatten einen positiven Eindruck hinterlassen, und die Leipziger Intendanz entschied sich für ein Engagement. Kurt Masur erhielt die Position eines koordinierten Ersten Kapellmeisters, da Heinz Fricke bereits am Pult stand. Fricke stammte aus Halberstadt, hatte in Weimar bei Hermann Abendroth studiert und war ebenfalls von Erich Kleiber in Berlin gefördert worden. Die Berufswege der Gleichaltrigen werden sich später noch einmal berühren. Als Masur 1960 von

Schwerin an Felsensteins Komische Oper nach Berlin wechselte, übernahm Fricke dessen Nachfolge und trat schon ein Jahr später die Chefposition an der Berliner Staatsoper an.

Auch Masurs Studienfreund Ude Nissen kam nach einigen Kapellmeisterjahren in Weimar 1954 ans Leipziger Dreilindenhaus. Die Vertreter der jungen Dirigentengeneration, die gleich nach dem Krieg in Leipzig, Dresden oder Weimar ausgebildet worden waren, besetzten nach und nach alle führenden Positionen der DDR. Aus der ehemaligen sowjetischen Besatzungszone war 1949 die Deutsche Demokratische Republik hervorgegangen, während sich in den westlichen Besatzungszonen die Bundesrepublik Deutschland gebildet hatte. Die politische Zweiteilung sollte in den kommenden Jahren auch die Musikszene prägen.

Im Westen wurde das Musikleben im Wesentlichen durch den freien Markt geregelt, mit harten Konkurrenzkämpfen der Agenturen, Theater, Orchester und Solisten. Private Initiativen mit dem Mut zum Risiko waren gefragt. Dem stand in der DDR eine staatlich subventionierte Kulturpolitik gegenüber. Spitzenkünstler dienten als Prestigeobjekte des Staates. Kurt Masurs künstlerische wie politische Entwicklung scheint paradigmatisch für die Chancen wie die Grenzen dieser unterschiedlichen politischen Entwicklung. Die Tragweite der Gründung der DDR sei ihm damals nicht bewusst gewesen, und sein Vater war gegen die Zwangsvereinigung von SPD und KPD zur SED. Als Freimaurer konnte er sich mit der Idee der Sozialdemokratie identifizieren, mit dem Kommunismus weniger. Außerdem seien sie befangen gewesen in einem Russenhass, den man ihnen im Krieg beigebracht hatte. Dennoch war für Masur »alles, was damals geschah, hoffnungsvoll. Wir glaubten an das Ideal eines neuen Deutschlands jenseits von Krieg, das uns die Zeitungen – allen voran natürlich das *Neue Deutschland* – vermittelten. Direkt politisch engagiert habe ich mich allerdings nicht.«

Kurt Masur trat auch nie der SED bei. »Ich war ein Par-

teiengegner. Ich wäre auch in die Nazipartei nicht eingetreten. Ich konnte mich damit nicht identifizieren, wollte
meine Meinung generell nicht unterordnen. Die Unifor-
mierung war für mich immer suspekt. Ich habe Doktrinen
stets vermieden.« Konfrontiert wurde er dennoch mit ihnen,
wenn auch in jenen Anfangsjahren seiner Karriere selte-
ner. Kapellmeister, und nicht Dirigent oder Intendant zu sein
hatte den Vorteil, nicht allzu sehr von den dogmatischen
Vorstellungen der Kulturfunktionäre behelligt zu werden.
»Wenn man Zweiter war, blieb man verschont! Ich habe
eigentlich sehr bewusst die Rolle des Zweiten beibehalten,
so konnte ich musikalisch in Ruhe arbeiten.«

Als am 17. Juni 1953 sowjetische Panzer auf revoltie-
rende Arbeiter schossen, war Masur noch in Erfurt. Er
probte an jenem Tag. »Als ich nach Hause kam, war eigentlich schon alles vorbei. Erst in Leipzig habe ich von unserem Nachbarn in der Eitingonstraße gehört, dass er zusam-
mengeschlagen worden war, in der Nähe des Sportforums.
Die Hintergründe für diese Arbeiterrevolution hatte man
eigentlich gar nicht mitbekommen, da die Berichterstat-
tung in keiner Weise objektiv war. Wir wussten nicht wirklich, was den Aufstand ausgelöst hatte. Den Berlinern war
das sicherlich viel klarer. Es war ja immer noch möglich,
in Berlin über die Grenze zu fahren. Es gab noch nicht das
Eingesperrtsein wie später. Als dann die Mauer gebaut
wurde, war die Situation ganz anders.«

Nach den Aufständen, die erstmals die Regierung der
DDR grundsätzlich in Frage gestellt hatten, leitete die SED-
Führung unter Walter Ulbricht einen »Neuen Kurs« ein
und bemühte sich, den Lebensstandard zu verbessern. Die
desolate Versorgungslage entspannte sich etwas. Die täglichen Stromabschaltungen wurden aufgehoben, der Ben-
zinpreis fiel, und Lebensmitteltransporte aus der Sowjetunion rollten an, beladen mit Butter, Schmalz, Speiseöl,
Fischkonserven und Getreide. Der neue Kurs ermutigte nun
auch die Intellektuellen, Forderungen zu stellen. Sie erreichten, dass die schlimmste Zensurbehörde, die Staatliche

Kunstkommission, aufgelöst und 1954 durch das Ministerium für Kultur ersetzt wurde. Erster Kulturminister wurde Johannes R. Becher, bekannt mit herausragenden Künstlern seiner Zeit, unter ihnen Bertolt Brecht, Thomas Mann oder Hanns Eisler, früh berühmt geworden mit seinen kühnen expressionistischen Texten »Verfall und Triumph« und dem autobiographischen Roman »Abschied«. Er war nicht nur der Dichter der »Nationalhymne« der DDR, als der er allgemein ins Bewusstsein der Zeitgenossen drang und deren Text er selbst für ein schlechtes Gedicht hielt, ihm ist auch die Förderung von Brechts »Berliner Ensemble« und Felsensteins »Komischer Oper« zu verdanken. Er hat die Goethe-Gesellschaft vor der Spaltung bewahrt und schließlich an der Rückführung bedeutender Kunstschätze, wie des Pergamon-Altars oder Raffaels »Sixtinischer Madonna«, aus der Sowjetunion mitgewirkt. Während der kurzen Amtszeit Bechers konnten sich die Künste in der jungen DDR relativ unbehelligt entwickeln. Die Musik bot dabei am wenigsten Gelegenheit zu ideologischer Einflussnahme, vielleicht weil sie – nach Goethe – »keinen Stoff hat, der abgerechnet werden müsste«.

Kurz nach den Ereignissen des 17. Juni trat Kurt Masur seine neue Stelle als Erster Kapellmeister an den Städtischen Theatern in Leipzig an. Wieder hieß es für die Masurs umziehen, sich in neue Umgebungen eingewöhnen und neue soziale Beziehungen knüpfen. Masur konnte sich dabei auf die Fähigkeiten und die Kraft seiner Frau verlassen, die »alles sehr selbstbewusst« gemeistert habe. Für die Position als Erster Kapellmeister brachte er zwar Theatererfahrungen mit, aber mit seinen sechsundzwanzig Jahren war er noch immer sehr jung. Der Spielplan im »Dreilinden« repräsentierte das klassische Opernrepertoire von Glucks »Iphigenie auf Tauris« über Mozarts »Figaro«, Rossinis »Barbier von Sevilla«, Smetanas »Verkaufter Braut« und Glinkas »Iwan Sussanin« bis hin zu Wagner-Régenys »Der Günstling«. Lortzings Spielopern »Der Waffenschmied«, »Zar und Zimmermann« und »Der Wildschütz« zählten ebenso zum festen Bestand wie Verdis »Traviata«, »Troubadour«, »Aida«, »Othello« und »Maskenball«. Wagner war vertreten mit den »Meistersingern« und »Tannhäuser«, d'Albert mit »Tiefland«. Die Aufführungen der großen Opern leitete der »Chef«, das war damals Helmut Seydelmann. Heinz Fricke und Kurt Masur dirigierten einige Stücke nach, hatten aber auch Neueinstudierungen zu besorgen. Für Masur waren dies »Iphigenie«, »Figaro«, »Sly« und »Waffenschmied«.

Bei Mozarts »Figaro« standen Anfang 1954 erstklassige Sänger auf der Bühne: Kurt Seipt als Almaviva, Maria Lenz als Gräfin, Georg Hruschka als Figaro, Elfriede Götze als Susanna – ausnahmslos fest engagierte Ensemblemitglieder des Hauses. Gastsänger waren zu jener Zeit noch die absolute Ausnahme. Die Premiere von Albert Lortzings »Waffenschmied« fand am 7. Februar 1954 statt. Der Programmzettel vermerkt nicht – wie üblich – das Gewandhausorchester, sondern das »Große Rundfunkorchester Leipzig«. Grund: Der berühmte Klangkörper war unterwegs. Unter Franz Konwitschny, er war seit 1949 Gewandhauskapellmeister, hatte die internationale Reisetätigkeit des Orchesters begonnen. Der Kontakt mit den Klangkörpern des Leipziger Rundfunks trug noch andere Früchte. In einer Studioproduktion vom 23. November 1954 nahm der junge Operndirigent Masur Glucks »Orpheus und Eurydike« im Sendesaal des Mitteldeutschen Rundfunks auf. Den Orpheus sang Johanna Blatter, die Eurydike Tiana Lemnitz von der Berliner Staatsoper und Erna Roscher den Amor. Überhaupt Gluck: Am Opernhaus kam Kurt Masur mit »Iphigenie auf Tauris« in Berührung, einem Werk, das er seitdem besonders gern dirigiert. Diesmal führte Heinrich Voigt Regie. Maria Lenz sang die Iphigenie, Theodor Horand den Orest, Hermann Esser den Pylades. »Die Mitwirkenden leisten etwaigen Hervorrufen erst am Schluss der Vorstellung Folge«, steht fett gedruckt auf dem Programm-Einleger.

Im Februar 1955 wurde noch der Dreiakter »Sly« von

Ermanno Wolf-Ferrari herausgebracht. Die Oper stand selten auf dem Spielplan, weil zu viele Solisten darin beteiligt sind und zu oft jemand erkrankte. Einmal musste selbst Heinz Fricke singend einspringen, während Kurt Masur dirigierte. Nach der Aufführung sagte Fricke zu ihm: »Verdammt, ich war so nervös und habe viel geschmissen. Mein Sohn zu Hause kann die Partie inzwischen auswendig!« Die Titelpartie sang damals Leipzigs Heldentenor Ernst Gruber – er wechselte 1964 zur Berliner Staatsoper –, die Dolly war mit der jungen Maria Croonen besetzt. Das *Sächsische Tageblatt* würdigte am 23. Februar in seiner Rezension auch die Leistungen des Dirigenten: »Kurt Masur war in seiner beweglichen Orchesterführung sorgsam darauf bedacht, die Sänger zu begleiten, ohne sie zu gängeln oder sie zu übertönen. Dennoch kamen bis auf einige Klangmassierungen, die eine Auflichtung vertragen hätten, alle illustrativen Reize, alle kammermusikalischen Intimitäten und alle kleinen und großen dramatischen Ausdrucksschwellungen der Partitur ungeschmälert und wohlabgetönt zur Entfaltung.« Im Orchester saßen damals noch viele Musiker, die schon unter Wilhelm Furtwängler und Franz Konwitschny gespielt hatten. Einer von ihnen war der Violonist Willi Knoblauch, der nach der Aufführung von »Sly« »das Gefühl hatte: Dieser junge Mann könnte einmal eine schicksalhafte Entwicklung nehmen«. Masur sei dem Orchester immer »mit großem Respekt begegnet«. Ganz gewiss habe die Gewandhaustradition ihn mit geformt.

So nett sich später viele Erlebnisse am Theater erzählen lassen, der Alltag ist hart und oft von Intrigen belastet, für die man gute Nerven braucht. Es gab Situationen, wo Kurt Masur sich zu fragen begann, ob er ein echter Theatermann werden könne: »Einmal geriet ich in eine größere Intrige, weil ich mich über die mangelhafte Vorbereitung eines Sängers beklagt hatte. Ich hatte einen der führenden Tenöre des Hauses gebeten, sich doch die Partitur noch einmal gründlich anzusehen, ansonsten müsste noch eine zusätzliche Probe angesetzt werden für ein Stück, das er schon oft gesungen hatte. Der Sänger war so beleidigt, dass er anfing, gegen mich Stimmung zu machen, und ich dachte: Das überstehe ich wohl nicht. Da lud mich das Sängerehepaar Erna Westenberger und Georg Hruschka zum Nachmittagskaffee ein, um mir zu sagen: ›Pass mal auf: Wenn einer gegen dich intrigiert, so heißt das noch lange nicht, dass wir anderen dich nicht mögen! Und laufe jetzt nicht herum wie jemand, der glaubt, alle sind deine Feinde, sonst verlierst du deine Freunde!‹ In der Tat ist man schnell dabei, in einem Theaterbetrieb, wo es ja immer Eifersüchteleien und Neid auf den Erfolg des anderen gibt, sich von Feinden umringt zu sehen. Weil ich immer ein Selbstzweifler war, ging mir das natürlich besonders nahe. Nachdem ich schon vorher ernstlich überlegt hatte, ob ich nicht vielleicht lieber Tonmeister beim Rundfunk werden oder etwas ganz anderes im musikalischen Bereich anstreben sollte, hat mich der gute Rat meiner Freunde sehr darin bestärkt, meinen eingeschlagenen Weg weiterzugehen.«

Heinz Bongartz, zu jener Zeit Chefdirigent der Dresdner Philharmonie, hatte gelegentlich Aufführungen seines einstigen Schülers gehört. Im Frühjahr 1955 kam er auf ihn zu und sagte: »Masur, gehen Sie hier weg. Wir möchten, dass Sie bei uns Konzerte übernehmen, dass Sie vielleicht zweiter Dirigent werden!« Das Angebot kam im rechten Moment. Auf dem Gebiet der Oper hatte er mittlerweile genügend Erfahrungen gesammelt. Nun eröffnete sich ihm eine neue Perspektive – eine wesentliche Erweiterung des Repertoires hinsichtlich der Konzertliteratur. Er sagte sofort zu. Von Juni an pendelte er zwischen beiden sächsischen Städten.

Die Zusammenarbeit mit den Musikern der Dresdner Philharmonie war von Anfang an glücklich. Hier entwickelte sich für ihn in der künstlerischen Arbeit sehr schnell eine Art Heimatgefühl, ein musikalischer Einklang von beiden Seiten. Freilich ergaben sich nun andere Probleme. Vorerst hatte er die Verpflichtungen in Leipzig in vollem Umfang weiter zu erfüllen, für Gastdirigate mit den Dresdnern musste er jeweils Urlaub beantragen und Termine koordinieren. Manchmal waren kurzfristig Konzerte zu übernehmen, auch in der Provinz. Viel Probenzeit gab es dann nicht, oft nur eine Anspielprobe, selbst bei einem so anspruchsvollen Werk wie der »Dritten« von Brahms.

Das häufige Pendeln mit dem Zug raubte Zeit und Nerven. Masur brauchte ein Auto – für DDR-Verhältnisse in den fünfziger Jahren ein nahezu abenteuerliches Ansinnen. »Ich bekam das Angebot eines Gebrauchtwagens – Auto-Union, Baujahr 1934, ein Zweisitzer mit zwei Notsitzen. Ein Panoptikum! Es fuhr am besten mit Rückenwind und bergab, Spitzengeschwindigkeit neunzig Stundenkilometer. Die Reifen waren in einem kriminellen Zustand, ohne Profil. Bei Regen konnte man keine Kurve ohne Gefahr durchfahren. Aber es sah noch ganz schmuck aus, und ich dachte mir: Für diesen Zweck muss es reichen! Es kostete auch nicht so wahnsinnig viel. Ich habe mir zunächst das Geld geliehen und konnte es nach den Konzerten so nach und nach zurückzahlen.« Masur wurde ein leidenschaftlicher Autofahrer: »Ich liebe es zu fahren. In Schwerin hatte ich dann den Wartburg Cabriolet, später den großen silbergrauen Tatra 603, damals eine enorme tschechische Kiste mit einem ›Flugzeugmotor‹; wenn man zu viel Gas gab, dann ging der los wie ein nicht zugerittenes Pferd. Wahnsinn! Der nächste Wagen, das war dann schon der Mercedes 200, den ich gebraucht von Holland mitgebracht hatte. Der folgende große Mercedes wurde leider mein Unfallwagen. Danach bin ich nie mehr Mercedes gefahren, da war ich abergläubisch.«

Die sächsische Residenzstadt war Kurt Masur mit seinem knatternden Zweisitzer ein ganzes Stück näher gerückt.

»Ein wohl gefüttertes, geliebtes Baby«

Der Publikumsliebling
Dresden 1955–1958

Von der weltberühmten Silhouette Dresdens, die Canaletto in zahlreichen Bildern verewigt hat, war 1955, als der neue »Zweite Dirigent« seine Arbeit bei den Philharmonikern aufnahm, nicht mehr viel geblieben: Bomben hatten die ganze Innenstadt im Februar 1945 in eine Trümmerwüste verwandelt. Augustusbrücke, Brühlsche Terrasse, Frauenkirche, Fürstenberg-Palais, Katholische Hofkirche, Residenzschloss, Zwinger und Semperoper waren zerstört. Das Bild des Flammenmeers über der Stadt hatte sich Kurt Masur auf der Flucht nach Eisleben, als er an Dresden vorbeikam, unvergesslich eingeprägt. Der greise Gerhart Hauptmann, der 1946 im von den Russen besetzten schlesischen Agnetendorf starb, fand als einer der Ersten damals die Sprache wieder: »Wer das Weinen verlernt hat, der lernt es wieder beim Untergang Dresdens.«

Bis in die sechziger Jahre hinein türmten sich auf weiten Flächen Trümmer, ragten rußschwarze Steinskelette in den Himmel, und erst am Ende des Jahrhunderts begann man das Schloss und die Frauenkirche wiederaufzubauen. Yehudi Menuhin bekannte noch 1994 in einem Interview mit der britischen Wochenzeitung *The European*: »Es war die charmanteste Stadt gewesen mit ihrer wundervollen Architektur und Atmosphäre … Das Bild, das sofort in meiner Erinnerung aufsteigt, ist der Blick vom Hotel Belvedere, wo ich als Junge gewohnt hatte – die friedliche Elbe und die Weinberge dahinter. Und dann die Vorstellung, dass diese Stadt dem Erdboden gleichgemacht worden ist, ohne Grund, bis auf den, dass es so etwas gab wie Flugzeuge und Bomben!«

Nach dem Krieg war trotz der unbeschreiblichen Not das Verlangen der Dresdner nach Kunst, nach Musik groß. Da in der Innenstadt weder ein Opernhaus noch andere Konzertsäle die Bombardierung überstanden hatten, mussten Orchester und Publikum zunächst mit oftmals ungeheizten Kirchgemeindesälen, Tanzlokalen und Kinos der Vorstädte vorlieb nehmen. Bereits am 8. Juni 1945 gaben die Dresdner Philharmoniker ihr erstes Konzert im Gemeindesaal in Strehlen, am 1. Juli sang der Kreuzchor wieder, am 16. Juli folgte die Staatskapelle mit ihrem ersten Sinfoniekonzert im Kurhaus von Bühlau, draußen vor der Stadt. Dort fanden im August, reichlich improvisiert, auch wieder Opernaufführungen statt. Im Kurpark Weißer Hirsch erklangen die beliebten Sommerserenaden, die bald in den Schlosspark von Pillnitz verlegt wurden. Seit Dezember 1946 stand im Zentrum bereits wieder ein immerhin achthundert Personen fassender Saal zur Verfügung, der Festsaal des Deutschen Hygiene-Museums. Er diente zwölf Jahre lang, bis zum Wechsel in den größeren Kongresssaal mit mehr als eintausend Plätzen im selben Gebäude, als Domizil der Dresdner Philharmonie.

Dresden gelang es, sein Image als Musikstadt wiederzubeleben. Als Kurt Masur an die Dresdner Philharmonie kam, hatte sein musikalischer Ziehvater und Förderer Heinz Bongartz bereits acht Jahre unermüdliche Aufbauarbeit als Chefdirigent geleistet. Das Orchester war inzwischen zu einem leistungsstarken Klangkörper von hoher Spielkultur gereift. Die Konzerte boten ein breites Spektrum genau durchdachter Programme in drei Richtungen: die Philharmonischen Konzerte, die Zyklusreihen und die Außerordentlichen Konzerte. Von besonderem Reiz waren dabei die thematisch gebundenen Zyklen wie »Bach-Bruckner« (1948/49), »Musik der Völker« (1950/51), »Deutsche Romantiker« (1952/53) oder »Meisterwerke des 20. Jahrhunderts« (1953/54). Prominente Solisten und Dirigenten hatten längst wieder mit den Philharmonikern, deren Repertoire sich kontinuierlich erweiterte, musiziert, und die Dresdner strömten in die Konzertsäle. Bald mussten alle Konzerte zwei- bis dreimal gespielt werden.

Mit Betriebs- und Schulkonzerten im Rahmen so genannter Patenschaftsverträge bis hin zur Betreuung von Laienensembles durch Mitglieder der Philharmonie, damals obligatorische Forderungen der DDR-Kulturpolitik, waren neue Hörerkreise erschlossen worden. Das Erleben von Musik und Kunst beschränkte sich nicht mehr auf das klassische Bildungsbürgertum. Heinz Bongartz und seinem Orchester ging es dabei nicht nur um Besucherstatistiken oder um ausverkaufte Konzerte, sondern um hohe künstlerische Qualität. Die großzügige materielle Förderung durch den Staat kam dem Anliegen des Chefs entgegen, und es wäre töricht gewesen, diese Möglichkeiten nicht zu nutzen. So konnte das Dresdner musikalisch-philharmonische Leben von der hervorragenden künstlerischen Arbeit, der Erfahrung und dem diplomatischen Geschick ihres Chefdirigenten reichlich profitieren.

Aufgrund der ständig wachsenden Zahl der Konzerte und der Auffächerung der künstlerischen Aufgaben hatte sich die seit Bongartz' Amtsantritt existierende Position des »Zweiten Dirigenten« als unentbehrlich erwiesen. In der Spielzeit 1953/54 war Generalmusikdirektor Franz Jung »Zweiter« gewesen; er folgte dann einem Ruf als Professor für Dirigieren an die Leipziger Musikhochschule. Für Kurt Masur war es eine Ehre und Verpflichtung zugleich, nun die Aufgaben seines einstigen Erfurter Chefs zu übernehmen, und Bongartz konnte keine bessere Wahl für die Nachfolge treffen.

Heinz Bongartz förderte und forderte Kurt Masur von Anfang an und überließ ihm die Dirigate vieler großer Werke. Manchmal geschah dies recht kurzfristig, und da gab es kein »Kneifen«: »Eines Tages bat mich Bongartz, für ihn in Stendal die Zweite Sinfonie von Schumann zu dirigieren: ›Eine halbe Stunde Anspielprobe wird wohl reichen,

Sie haben die ja studiert!‹ Als ich ganz nervös wurde und sagte: ›Herr Professor, das muss ich ablehnen‹, antwortete er: ›Det kannste deiner Jroßmutter erzählen!‹« Heinz Bongartz konnte sich auf ihn verlassen. Eines Morgens allerdings bat er Masur um eine Unterredung: »›Lieber Masur‹, sagte er, Sie – nicht ich! – haben eine Einladung nach Kuba für Konzerte bekommen. Wissen Sie, ich war noch nie in Kuba, und Sie kennen ja meine Leidenschaft für gute Zigarren. Lassen Sie mich diese Einladung wahrnehmen. Sie werden in Ihrem Leben noch oft genug dahin reisen.‹ Ich ließ ihn fahren, und er bekam seine Zigarren. Nur: Ich bin bis heute nicht in Kuba gewesen. Aber ich rauche auch keine Zigarren.«

Die drei Dresdner Jahre haben Kurt Masur nachhaltig geprägt – in vielerlei Hinsicht. Die Zusammenarbeit mit den Philharmonikern erweiterte nicht nur sein Repertoire; sie gestaltete sich auch in menschlicher Hinsicht als sehr beglückend. Die Musiker merkten: Da war einer am Pult, der mit dem Herzen musizierte, dem – wie seinem Chef – in erster Linie das »Musikmachen« wichtig war. In gewisser Weise war Masur mit seinen knapp dreißig Jahren auf die Gunst eines Orchesters, das in seiner kollektiven Macht einen Dirigenten ebenso emportragen wie ihm das Leben schwer machen kann, noch angewiesen – eine alte Erfahrung.

Während Daniel Barenboim der Meinung ist: »Ein junger Dirigent darf nicht geliebt werden wollen«, antwortet Masur auf die Frage, wie er sich als Dirigent sehe, ob als Dompteur oder als Freund: »Ein Freund, aber ein unerbittlicher. Man muss zwar die Meinung sagen können, aber ich wollte nie ein Orchester dirigieren, das mich nicht mag. Und ob die Chemie stimmt, merkt man in den ersten zehn Minuten.« Als Peter Schreier zu dirigieren begann, musste er, wie er eingestand, »einige Schlappen einstecken, weil die Musiker halt nicht immer gewillt sind mitzumachen … Mir geht es eigentlich sehr darum, alle Musiker zum Musizieren anzuregen, und das ist nicht leicht … Das große

Dilemma der Orchester ist schließlich, dass Musiker sich unterdrückt fühlen und manchmal auch unterdrückt werden.« Auch Kurt Masur war in jenen Jahren, wie Kollegen bestätigen, sehr verbindlich; er habe immer großes Verständnis für seine Musiker gezeigt, sei nie aus der Haut gefahren.

Die Dresdner Philharmoniker haben ihren »Zweiten« nicht nur geschätzt oder geduldet: Sie haben ihn geliebt. Und diese Liebe hat gehalten. Für Masur ist diese Verbindung bis heute intakt geblieben: »Ich empfinde eine tiefe Freundschaft, eine tiefe Verehrung für die Moral dieses Orchesters und für seine Leistungsfähigkeit. Ich habe mit Heinz Bongartz gemeinsam eine Zeit erlebt, in der ich mein sinfonisches Repertoire ganz wesentlich erweitern konnte. Und als junger Dirigent wurde ich, wie das die Dresdner so an sich haben, irgendwie zum Liebling des Publikums, weil ich immer auch die Serenaden in Pillnitz dirigiert habe. Ich fühlte mich behandelt wie ein wohl gefüttertes, geliebtes Baby ... Vielleicht ist es die angeborene Liebe zur Kunst, die ohnehin in dieser Stadt ihre Wurzeln hat, und darüber hinaus eine Zuneigung zu denen, die sich bemühen, in diesem Sinne das Leben zu bereichern. Jedenfalls war es eine Atmosphäre, in der ich mich fast gefährlich wohl fühlte. Damals wusste ich schon sehr genau – auch von Gastspielen –, dass ein Dirigent manchmal mit Orchestern konfrontiert wird, die sich durchaus nicht immer so wohlwollend benehmen und versuchen, kleine Fallen zu stellen, oder doch zumindest ausprobieren: Na, wie gut ist der denn nun wirklich? Ich konnte jedenfalls in dieser Zeit in einer Weise an mir selbst wachsen, die mir heute im Rückblick tiefe Dankbarkeit gegenüber dem Dresdner Orchester abverlangt. Diese starke innere Bindung hat mich ja auch später als Chef zu den Philharmonikern zurückgeführt. Heinz Bongartz war natürlich ein starker Mann, aber wir waren ein Gespann.«

Während eines Gastdirigates mit den Dresdnern in Chemnitz, damals Karl-Marx-Stadt, bedankte sich ein Mann beim Dirigenten, der allen Grund hatte, sich in Erinnerung zu bringen: Günter Muck. Masur wusste sofort Bescheid: »Du bist der Erste! Ich habe keinen von damals wieder getroffen!« Seit ihrer Internierung in Pewsum hatten sie sich aus den Augen verloren. Sein alter Kamerad war inzwischen Musiklehrer geworden und hatte sogar eine Aufführung von Carl Orffs »Carmina burana« mit seinem Schulchor zustande gebracht. Das imponierte Masur, und der Kontakt riss nicht mehr ab. Als Muck 1965 Leiter des »Arbeitersinfonieorchesters Karl-Marx-Stadt« wurde, vermittelte Masur ihm für seine Konzerte Solisten und stand seinem alten Freund als Mentor zur Seite – trotz der wenigen Zeit, die er hatte. Er spürte die Hingabe, die Liebe und die Besessenheit dieses Mannes, der ganz in seiner Verantwortung als Leiter eines Laienorchesters aufging.

Als »Zweiter Dirigent« in Dresden wurde Kurt Masur nicht selten »zum Beichtbruder des Orchesters«. Für Bitten jedenfalls war er immer aufgeschlossen. »Ich gestehe heute, dass ich mich in diesem Wohlwollen, in diesem Vertrauen gesonnt und es auch genossen habe. Dem Chef waren ja aus Gründen der Autorität die Hände gebunden. Er musste in der Regel ›nein‹ sagen – ich aber durfte offene Ohren haben für alle Probleme. So bleibt mir jene Zeit unvergessen, weil ich spürte, dass ich nicht nur künstlerisch produktiv war, sondern auch das Vertrauen der Musiker gewonnen hatte.«

Nun gehörte Kurt Masur zum hoffnungsvollen Dirigentennachwuchs der DDR und durfte mit den Philharmonikern auch auf Reisen gehen. Die Tourneen der ostdeutschen Spitzenorchester führten selbstverständlich überwiegend in die Länder des Ostblocks. Die vorsichtige Öffnung in Richtung »nichtsozialistisches Ausland« war dagegen immer von widerstrebenden Gedanken beherrscht: Einerseits waren die DDR-Funktionäre daran interessiert, das hohe künstlerische Niveau ihrer Klangkörper, die sie hoch subventionierten, unter Beweis zu stellen; man wollte mitspielen und – wenn möglich – auch den Ton angeben im großen Konzert der Nationen. Andererseits ging bei den Verantwortlichen die permanente Angst um, jede »Westreise« könne zu personellen Verlusten führen. Die Möglichkeit der »Republikflucht« von Künstlern und anderen Spitzenkräften wurde zum Trauma, machte jede Reise in den freien Westen zu einem schwer kalkulierbaren Risiko.

Seit Heinz Bongartz' Amtsantritt unternahmen auch die Dresdner Philharmoniker regelmäßig Konzertreisen. Ihre Tourneen wurden nicht auf den Ostblock beschränkt. Fast jedes Jahr ging es nach Westdeutschland, in den fünfziger Jahren dann auch nach Frankreich, Italien, Spanien und in die Schweiz. Im Oktober/November 1957 gastierte das Orchester erstmals nach dem Krieg in Polen, konzertierte in Warschau, Krakau, Lódź, Kattowitz und Posen. Obwohl die benachbarte Volksrepublik zum sowjetischen Imperium gehörte, stand man doch vor einem recht sensiblen Unternehmen. Die schlimmen Erinnerungen aus Kriegstagen waren noch frisch. Bongartz hatte Masur mitgenommen und ihm die Leitung einiger Konzerte anvertraut. Neben Werken des klassischen Repertoires stand auch Zeitgenössisches auf den Programmen: Werke der Dresdner Komponisten Fidelio F. Finke, Otto Reinhold und Johannes Paul Thilman, durchweg Vertreter einer sehr gemäßigten »Moderne«. Musikalische Herausforderungen hatten die Philharmoniker nicht in ihrem Gepäck, obwohl seit 1956 immerhin das experimentierfreudige Festival »Warschauer Herbst« existierte.

Die Tournee wurde ein großer Erfolg. Kurt Masur resümierte im *Sächsischen Tageblatt:* »Das Warschauer Konzert fand in der neuerbauten Philharmonie statt. Ein herrlicher Saal, großzügig angelegt, mit eingebauter Konzertorgel. ... Das Publikum erzwang sich in fast südländischer Manier durch ›bis‹-Rufe noch die Tannhäuser-Ouvertüre als Zugabe. Unsere Betreuer erfüllten uns buchstäblich jeden Wunsch, wie überhaupt die Gastfreundschaft und Organisation dieser Reise vorbildlich waren. Auch die Konzerte in Kraków waren ein voller Erfolg, und wieder ging es – wie überall – nicht ohne Zugaben ab. Der Konzertsaal in Poznań war der schönste, den wir auf der ganzen Reise kennenlernten, auch akustisch ideal.«

Masur hatte während der Tournee auch seine schlesische Heimat besucht – mit sehr gemischten Gefühlen. Fast dreizehn Jahre waren vergangen, seit er und seine Eltern Brieg verlassen mussten. Wie in Trance sei er mit einer Schmalfilmkamera durch die Stadt gezogen, um die Orte seiner Kindheit und Jugend festzuhalten, woraufhin er sogar für einige Stunden auf die Polizeiwache kam: »Man hielt mich für einen Spion. Und nur, weil ich eine polnische Kritik zeigen konnte, die bewies, dass ich vorher dirigiert hatte, haben sie mich wieder rausgelassen.« Sein Elternhaus suchte er vergeblich, es war bei der Beschießung von Brieg zerstört worden. Einzig den Stromverteiler davor entdeckte er noch.

Die Auslandstourneen der DDR-Orchester wurden von der so genannten Künstleragentur organisiert. Dieses staatliche Instrument des Musikmanagements arbeitete eng mit dem Ministerium für Kultur zusammen und überließ nichts dem Zufall oder der Eigeninitiative. Die Mitarbeiter befolgten die Vorgaben der Kulturpolitik, und je nach politischer Wetterlage unterstützten oder bremsten sie die künstlerische Entwicklung eines Musikers oder Malers oder Schriftstellers. Die Abhängigkeit war oft demütigend. Kurt Masur und viele seiner Kollegen bekamen das im Laufe ihrer Karriere schmerzhaft zu spüren, unabhängig davon, wie berühmt sie bereits in der Welt waren. Als Zubin Mehta Mitte der achtziger Jahre Masur einlud, um sein Israel Philharmonic Orchestra zu dirigieren, löste das in der Künstleragentur einen Schock aus. Denn noch unterhielt die DDR keinerlei diplomatische Beziehungen zu Israel und folgte politisch eher dem damaligen sowjetischen Antizionismus.

Masur, der selbstverständlich großes Interesse daran hatte, dieses berühmte Orchester zu dirigieren, wandte sich an die

Künstleragentur: »Der damalige Leiter bezeichnete mich als politischen Utopisten. Ich sagte ihm: ›Entschuldigen Sie, aber Sie sind meine Agentur. Ich kann sie leider nicht wechseln, weil es hierzulande nur diese eine gibt. Also, ich bitte Sie, mich zu verstehen!‹ Doch mein Ansinnen wurde rundweg abgelehnt. Meine Reaktion: ›Gut, dann muss ich mich beim ZK selber anmelden, denn ich kann Ihre Ablehnung weder verstehen noch akzeptieren, und die Angelegenheit wird ja doch wohl woanders entschieden.‹«

Im Zentralkomitee sprach er bei Kurt Hager vor und appellierte an die Verantwortung der Deutschen den Juden gegenüber: »Ich glaube, dass Sie selbst politisch gut ermessen können, wie mir als Deutschem zumute ist, nach Israel eingeladen zu sein. Aber das ist doch, meine ich, eine gute Gelegenheit, Verbindungen zu schaffen zu Menschen, denen wir sehr viel Leid angetan haben. Für mich ist es eine sehr ehrenvolle Einladung, und ich muss Sie bitten zu überprüfen, ob das nicht irgendwie möglich ist.« Masur bekam dann tatsächlich relativ kurzfristig die Genehmigung, in Israel zu gastieren: »Man sei interessiert, dass der Masur da rüberfährt.« Das war eine kleine Sensation. »Wenn es politisch brisant wurde, geschah meist etwas ganz Kurioses. Man machte mich dann immer darauf aufmerksam, dass man mich doch nur ›beschützen und mir unliebsame Schwierigkeiten ersparen‹ wolle in Ländern, zu denen die DDR keine diplomatischen Beziehungen unterhielt.«

Aber auch mit westlichen Agenten machte Kurt Masur unangenehme Erfahrungen. Auf Empfehlung vom Orchestervorstand der Münchner Staatskapelle August Fauss traf er sich Mitte der fünfziger Jahre mit einem berühmten Manager einer Münchner Agentur, dessen Namen er lieber verschweigt, in Bayreuth, wo gerade die Festspiele vorbereitet wurden. Ob man etwas für ihn tun könne. Es wurde zu einer demütigenden Erfahrung: »›Ich bin Kurt Masur‹, sagte ich. ›August Fauss hat mit Ihnen gesprochen. Ich komme auf seine Empfehlung zu Ihnen. Er meinte, dass ich

Sie fragen solle, ob Sie bereit wären, mich zu vertreten.‹ Seine Antwort: ›Junger Mann, ich habe so viel zu arbeiten. Machen Sie sich erst einmal einen Namen, und dann werde ich Sie vielleicht vertreten.‹ Bei all meiner Bescheidenheit, die mir damals noch zu Gebote stand, fiel mir sogar eine Antwort ein: ›Wissen Sie, wenn ich mal einen Namen haben sollte, werde ich Sie nicht mehr brauchen.‹ Und bin gegangen.« Später hat er ihn nicht mehr gebraucht.

Vom musikalischen Chef der Münchner Staatsoper, Ferenc Fricsay, kam dann nach einer sehr erfolgreichen Aufführung von Puccinis »Tosca« ein erstes Angebot, dauerhaft im Westen Deutschlands zu arbeiten. Masur reizte diese Position schon. Aber noch stand er bei der Dresdner Philharmonie unter Vertrag, und so lehnte er ab. Der Ungar Fricsay hatte dafür wenig Verständnis. »Warum arbeiten Sie mit den Kommunisten zusammen?«, fragte er. »Ich arbeite nicht mit den Kommunisten zusammen, sondern mit den Musikern der Dresdner Philharmonie«, entgegnete ihm der ostdeutsche Dirigent. Solange er reisen durfte, ihm das Tor zur Welt nicht verschlossen blieb, störte ihn das politische System der DDR nicht.

In Dresden lernte Masur auch den belgischen Pianisten Alex de Vries kennen, dessen enorme Virtuosität wie politische Offenheit er sehr schätzte. Er soll ein geradezu besessener, fanatischer Lehrer gewesen sein. Vermutlich hat er sich später das Leben genommen, weil eine seiner Schülerinnen einen Wettbewerb zu Unrecht nicht gewonnen hatte. Mit ihm verband Masur eine enge Freundschaft. Alex de Vries nahm ihn einmal zu einer Aufführung von Brechts »Kaukasischem Kreidekreis« ins Berliner Ensemble mit, wo sie nach der Aufführung mit Ernst Busch zusammenkamen, der die Hauptrolle verkörperte. Im Laufe des Gesprächs lernte Masur Alex de Vries von einer anderen Seite kennen: »Er litt unter den für ihn unmenschlichen Zuständen in den belgischen Kolonien. Und Ernst Busch, dieser Kämpfer der internationalen Brigaden im spanischen Bürgerkrieg, zog ungeniert vom Leder und schimpfte über die DDR, immerhin das Land, in dem er lebte. Einer seiner bemerkenswertesten Sätze, die mir noch in den Ohren klingen, lautete: ›Für diese Art von Sozialismus haben wir nicht unser Leben eingesetzt!‹ Begegnungen solcher Art waren für mich immer Fingerzeige darauf, dass Menschen, die für ihre politische Überzeugung alles zu opfern bereit gewesen waren, sich nun mehr und mehr verraten fühlen mussten von einer gesellschaftlichen Wirklichkeit, die sich von den Idealen ihrer Jugend deutlich unterschied.«

Die »gesellschaftliche Wirklichkeit« damals waren die Enthüllungen über die Verbrechen Stalins nach dem XX. Parteitag der KPdSU im Februar 1956 und die Niederschlagung des Aufstands in Ungarn durch den Einmarsch der Sowjetarmee im darauf folgenden Herbst. Mit den humanistischen Idealen der DDR hat sich Kurt Masur identifizieren können. »Die Grundidee einer sozialistischen Gesellschaft finde ich absolut positiv, wenn auch in der veränderten Welt von heute kaum realisierbar«, wie er nach der Wende von 1989 einschränkend ergänzt. »Es gibt zu viele, die vergessen haben, dass politische Ideen dazu geschaffen wurden, das Leben zu verbessern.«

Auf zahlreichen Gastspielreisen in die Sowjetunion sah er sich bis in die achtziger Jahre hinein Situationen gegenüber, die in signifikanter Weise Allmacht und Ohnmacht eines politischen Systems offenbarten, das inzwischen Geschichte geworden ist. Solche Gastspiele organisierte auf DDR-Seite die Künstleragentur, auf russischer Seite die Agentur Goskonzert. Andere Möglichkeiten, etwa private Vermittlungen, gab es nicht. Die Künstler waren eingebunden in ein Netzwerk von Kulturabkommen und Freundschaftsverträgen, die zwischen den Staaten des Ostblocks ausgehandelt und immer wieder neu geschlossen wurden. Über Goskonzert kam Masur fast jedes Jahr nach Moskau und Leningrad, nach Kiew, Vilnius, Riga und Tallinn, nach Taschkent, Tiflis und Baku. Im Austausch gastierten entsprechende Ensembles in der DDR.

Kurt Masur haben diese »Ausflüge in entfernte Städte und Gegenden durchaus gereizt, allein schon um Erfahrungen zu sammeln«. Doch seine Eindrücke waren zwiespältig: »Ich traf nicht selten auf ein ziemlich desolates Kulturleben und gleichzeitig auf ganz wunderbare Menschen – Musikerkollegen, die unter oft sehr schwierigen Verhältnissen Hervorragendes leisteten. Zum Beispiel erinnere ich mich an Baku. Ich hatte es dort mit einem Orchester zu tun, das ganz wild und undiszipliniert spielte. Während der Proben unterhielt man sich ganz ungeniert, sobald Pausen in der Stimme standen. Übrigens wiederholte sich das auch während des Konzertes. Eigentlich hätte ich abbrechen müssen und wäre am liebsten nach Hause gefahren. Aber das war ja nicht möglich. Ich hielt also durch und tat mein Möglichstes. Da saßen zwei Solobratscher am ersten Pult, die hatten einmal in Moskau studiert und schon bessere Zeiten erlebt. Sie fielen aus dem Rahmen, weil sie sehr ambitioniert spielten. Offenbar tat ich ihnen leid, und sie bedeuteten mir so nach und nach, wie sehr sie sich schämten, in diesem Orchester zu sitzen. Das Konzert war überhaupt nicht plakatiert. Das erfuhr ich dann später von meinem Dolmetscher. Und wenn nicht eine Schulklasse von Pionieren da unten gesessen hätte und die Familie des Direktors, dann wären auf dem Podium mehr Leute gewesen als Zuhörer im Saal. An das Programm erinnere ich mich nicht mehr, aber an die hochtrabenden Worte jenes Funktionärs. Bei der Verabschiedung meinte er: ›Wenn wir gewusst hätten, was für ein großes Talent Sie sind, dann hätten wir natürlich auch Plakate gedruckt. Aber beim nächsten Mal geht das alles in Ordnung‹, worauf ich ihm erwiderte: ›Lieber Freund, ein nächstes Mal wird es nicht geben!‹«

Ähnliche Erfahrungen mit einem undiszipliniert spielenden Orchester machte Masur in Taschkent, der Hauptstadt von Usbekistan. Auf dem Programm standen Mozarts »Kleine Nachtmusik« und Schostakowitschs Erste Sinfonie. Nach dem Konzert war er verzweifelt: »Sicherlich war die Situation schlimm, was die Bezahlung und so weiter betraf. Ich weiß es nicht, und ich habe mich damals auch nicht erkundigen können. Der damalige Chefdirigent war in Moskau und Leningrad ausgebildet worden und kannte das hohe Niveau in diesen Städten. Aber er stammte aus Usbekistan und war in seine Heimat zurückgekehrt, um hier mit großem Engagement seine Aufgaben zu erfüllen. Ich wurde sehr warmherzig empfangen. Die Menschen dort sind ja überaus gastfreundlich. Das war wunderbar. Ich erhielt Geschenke, und man machte mir große Komplimente – nur die künstlerische Arbeit ließ zu wünschen übrig. Den Mozart habe ich in schlimmer Erinnerung, und bei Schostakowitsch fehlten viele Einsätze. Im Gespräch mit dem Orchesterchef nach dem Konzert suchte ich nach den rechten Worten: ›Ich bewundere Sie, wie ernsthaft Sie hier diese Arbeit machen.‹ Da sagte er mir einen Satz, den ich nie vergessen werde: ›In zweihundert Jahren wird dieses Orchester besser spielen. Aber wieso maßen Sie sich an, der Sie in Westeuropa leben und dort Bedingungen vorfinden, die hier nicht sein können, unsere Situation so zu beurteilen? Wir geben unser Bestes, ich stamme von hier, und ich werde hier auch weiterhin mit Befriedigung diese Arbeit fortführen!‹ Solche Bemerkungen haben mich schon sehr nachdenklich gemacht.«

In Estland, Lettland und Litauen hingegen, die unfreiwillig zum Sowjetimperium gehörten, waren die Konzerte gewöhnlich recht gut organisiert. Bei den dortigen Kulturtagen konnten die Orchester mit mehr zeitgenössischen Werken auftreten. Die Atmosphäre war dennoch gespannt. Die sowjetischen wie die deutschen Künstler standen praktisch unter Aufsicht. Goskonzert verhielt sich da nicht anders als die Künstleragentur der DDR. Masur hat das oft genug zu spüren bekommen. »Da ist viel manipuliert und reglementiert worden, aus politischen und natürlich auch wirtschaftlichen Gründen.« Die innere Anfälligkeit des sowjetischen Systems äußerte sich in einem permanenten Misstrauen. Mitte der sechziger Jahre, als Masur in Riga dirigierte, lernte er den damals noch blutjungen Geiger Oleg Kagan kennen. Er hatte am Lettischen Konservatorium und dann bei David Oistrach studiert. Nach dem Konzert bat Masur Kagan, ihm ein wenig Rigas Umgebung zu zeigen. In einem alten Lastwagen fuhren sie zusammen mit Kagans Freund Philipp Hirschhorn an die Küste, wo man eine Freilichtbühne mit einer erstaunlich guten Akustik errichtet hatte. Masurs Begleiter waren glücklich, ihm das vorführen zu können. Doch der Ausflug hatte ein unerfreuliches Nachspiel für die Letten: »Als wir wieder in Riga waren, wurde Kagan zum Direktor der Lettischen Philharmonie zitiert. Ihm wurde verboten, mit mir private Kontakte zu unterhalten. Ich sei Ausländer, und er wisse, dass solche Kontakte nicht gestattet seien. Mit der großen ›sozialistischen Völkerfamilie‹ der offiziellen Propaganda war es im täglichen Leben nicht weit her. Ich wurde bei diesem Direktor vorstellig und sagte ihm: ›Solange Sie hier sind, werde ich nie wieder in Riga gastieren!‹ Das habe ich wörtlich an Goskonzert weitergegeben. Doch diese Leute handelten alle auf höhere Weisung.«

Die seltsamsten Geschichten erlebte Masur mit seinen jeweiligen Begleitpersonen, die ständig wechselten. Tatjana Sergiewskaja, seine langjährige Dolmetscherin, eine hochgebildete Frau, die sich in der russischen Geschichte wie in der deutschen Kultur bestens auskannte, gehörte zu den wenigen Menschen, denen er vertrauen konnte. Für sie erwirkte er beim Außenministerium der DDR sogar eine Ausnahmeregelung, die dafür sorgte, dass er auch weiterhin von ihr betreut wurde. Das war durchaus nicht ungefährlich, denn sie stand damit im Verdacht, zu »westlich« orientiert zu sein. Schon ihre Mutter war während der Stalin-Ära als Wolgadeutsche in Schwierigkeiten geraten, ohne dass sie sich direkt antisowjetisch geäußert hätte. Tatjana Sergiewskaja lebt heute in München. Masur verdankt ihr viele Anregungen aus ihren Gesprächen, und er bedauert es sehr, »dass die hiesige Bürokratie ihr nicht die deutsche Staatsbürgerschaft zuerkannt hat … Ich weiß noch genau, wie wir zum ersten Mal in der Leningrader Isaaks-Kathedrale standen und ich ihr die Bedeutung der biblischen Darstellungen erklärte. Da fragte sie mich plötzlich ganz erschrocken: ›Glauben Sie denn an Gott?‹ Und ich sagte ihr: ›Ja, ich bin Christ, ich bin evangelisch. Und wenn ich die Geschichte richtig beurteile, so wäre für mich Jesus Christus das, was für Sie vielleicht Lenin ist. Sie wollten beide der Menschheit helfen, ein besseres Leben hier auf Erden zu führen.‹ Das hat sie völlig irritiert. Ich fragte sie dann, ob sie denn die Bibel nicht gelesen hätte. Da fänden sich doch Gleichnisse von großer Allgemeingültigkeit, ob man nun gläubig sei oder nicht. Sie würden die Menschheit weiterbringen und ihr helfen, das Leben nicht nur besser zu verstehen, sondern auch besser zu gestalten. Ich merkte, dass diese kluge Frau kaum eine Ahnung davon hatte. Da wurde mir das ganze Ausmaß atheistischer Erziehung bewusst. Natürlich begann sie danach die Bibel zu lesen. Es waren einfach gute Gespräche, die unserem gegenseitigen Vertrauensverhältnis zugute kamen. Durch sie bin ich dann Persönlichkeiten begegnet, die ich sonst wohl nicht getroffen hätte.«

Wie viele sowjetische Künstler gerieten auch Musiker in Zwangssituationen durch das politische System, selbst die ganz Großen, etwa vom Rang eines Swjatoslaw Richter oder Mstislaw Rostropowitsch oder seiner Meisterschülerin Natalja Gutman. Als Alexander Solschenizyn Anfang der siebziger Jahre von den sowjetischen Behörden zur Persona non grata erklärt worden war, stellte Rostropowitsch dem Literatur-Nobelpreisträger demonstrativ seine Datscha zur Verfügung. Daraufhin durfte der Musiker nicht mehr ins Ausland reisen. Schließlich erzwang Rostropowitsch 1974 in einem Brief an Leonid Breschnew persönlich die Ausreise für sich und seine Familie und konnte dann seine Weltkarriere fortsetzen. Vier Jahre später wurde er offiziell ausgebürgert – »weggeschmissen«, wie er es selbst einmal kommentiert hat.

Ein Erlebnis mit Rostropowitsch ist Kurt Masur noch in

lebhafter Erinnerung: »Es war die Ära der Jekaterina Fur-
zewa, die als Kulturministerin sich den politischen Schwankungen in der Sowjetunion immer sehr geschickt anzupassen verstand. (Felsenstein übrigens verstand sich mit
ihr bestens, und so inszenierte er damals ›Carmen‹ auch in
Moskau.) Rostropowitsch hatte längere Zeit nicht mehr
in der Hauptstadt gespielt. Ich hatte das Glück, in Moskau zu sein, als er wieder ein Konzert gab – mit dem Orchester des Konservatoriums im Großen Saal. Er spielte
meisterhaft vom Barock bis zur Klassik praktisch alle
wichtigen Cellokonzerte. Natascha Gutman, die neben
mir saß, sagte fast verzweifelt: ›Ich höre auf! Ich verbrenne
mein Cello!‹ Es brandete eine Begeisterung auf, die nicht
nur die großartige künstlerische Leistung betraf, sondern
durchaus auch eine politische Demonstration darstellte.
Das bleibt mir unvergesslich. Da war eine Sympathie für
den gemaßregelten Meister zu spüren und zugleich ein
Widerstand gegen das System – das hat mich tief beeindruckt.«

Einigen sowjetischen Künstlern hat Kurt Masur kraft
seiner wachsenden Autorität als Dirigent sogar helfen können. So Natalja Gutman, die ihr Cello zum Glück doch nicht
verbrannt hat. Er hat sie in den frühen sechziger Jahren
während ihrer DDR-Gastspiele kennen gelernt und danach ihre Entwicklung verfolgt: »Nach ihren ersten fulminanten Erfolgen in den USA hätte sie in ihrer Jugend bereits eine Weltkarriere aufbauen können. Doch das wurde
unterbunden, weil ihr damaliger Mann, ein Restaurator
von Ikonen, acht Jahre im Gefängnis saß.« Er hatte angeblich gegen das Devisengesetz verstoßen. Daraufhin erhielt Natalja Gutman ebenfalls für acht Jahre Auslandsverbot und durfte nur noch in der Sowjetunion auftreten.
Masur empörte es zutiefst, dass man dieses große Talent
in den entscheidenden Jahren ihrer Jugend festhielt. Wenn
er sie offiziell einlud, hieß es von Goskonzert stets: Sie hat
keine Zeit! Masur wusste, dass dies eine glatte Lüge war:
»Ich hatte das Glück, mit ihr befreundet zu sein. Sie hat

mir erzählt, dass sie immer wieder zu Goskonzert gelaufen ist: ›Man hat mich eingeladen, ich weiß es. Wieso erfahre ich das nicht?‹ Ja, das läge nicht an Goskonzert, sondern am Kulturministerium, erhielt sie zur Antwort.«

Bei einem der hochkarätigen Moskauer Empfänge nutzte Masur die Chance, sich für Natalja Gutman einzusetzen. »Es war auch Minister Kucharski anwesend. Ich bin – was ich sonst nie getan habe – kurzerhand auf ihn zugegangen und habe ihn gefragt: ›Was macht ihr mit Natalja Gutman? Sie ist eine große Künstlerin, und sie ist völlig verzweifelt!‹ Er schien gar nicht so genau informiert zu sein. Jedenfalls befragte er an Ort und Stelle seinen Sekretär, der ihm bestätigte, dass Natascha nicht ins Ausland fahren dürfe. Da bat ich ihn eindringlich: ›Bitte beenden Sie diesen Zustand! Sie ist keine Kriminelle, und sie darf doch nicht für die Handlungen ihres Mannes bestraft werden!‹ Sie durfte dann später tatsächlich wieder im Ausland konzertieren, das erste Mal mit mir und dem Gewandhausorchester beim Edinburgh-Festival 1980.«

Der Pianistin Elisabeth Leonskaja erging es ähnlich. Masur hatte sie in Dresden getroffen, als sie dort mit Oleg Kagan gastierte. 1969 lud er sie ins Gewandhaus ein. Doch sie konnte nicht kommen. Goskonzert vermittelte sie einfach nicht. Hätte Masur ihr nicht persönlich von seiner Absicht erzählt, so hätte sie nicht einmal etwas davon erfahren. Als er sie am Telefon fragte, warum sie nicht komme, und sein Bedauern zum Ausdruck brachte, war sie völlig überrascht. Ändern konnte sie es nicht. Goskonzert schickte als »Ersatz« Maria Grinberg nach Leipzig, die Masur zwar für eine »durchaus respektable Solistin« hielt, in der er aber doch mehr die Pädagogin sah. Elisabeth Leonskaja ertrug die Schikanen noch zehn Jahre; dann, es war kurz nach dem Tod ihrer Mutter, wanderte sie nach Österreich aus und lebt heute in Wien. Mit ihr spielte Masur alle Tschaikowski-Konzerte auf CD ein, und auch später musizierten sie weltweit häufig und gern zusammen.

Masur bewunderte den Mut und die Charakterstärke

der russischen Intellektuellen: »In der westlichen Welt war ja allgemein die Meinung verbreitet, dass die Menschen in der Sowjetunion immer geduckt gewesen wären und sich friedlich untergeordnet hätten. Das stimmt einfach so nicht. Der enorme politische Druck hat starke geistige und seelische Gegenkräfte mobilisiert, und der Lauf der Geschichte hat gezeigt, dass diese Kräfte auf Dauer nicht zu unterdrücken waren. Gerade Intellektuelle und Künstler mit ihren ausgeprägten starken Charakteren sind es doch gewesen, die bis zur Gorbatschow-Ära ihre Stimme immer wieder mutig erhoben haben, und dies oft aus purer Verzweiflung.«

Zu diesen mutigen Menschen gehörte auch Jewgeni Jewtuschenko, dem Kurt Masur zum ersten Mal 1958 in Tiflis begegnete. Der damals noch junge Dichter-Rebell hielt in der überfüllten Philharmonie, die mehr als zweitausend Plätze fasst, eine Lesung aus seinen Werken. Nicht allen war es geglückt, eine Karte zu erwerben; draußen vor der Tür standen weitere dreißig bis vierzig weinende junge Mädchen, die unbedingt ihren Schwarm erleben wollten. Masur, überrascht von so vielen jungen Leuten, war gespannt, was ihn erwartete: »Ich wusste nur, dass er ein sehr beliebter junger Dichter sei. Etwa zwei Stunden trug er Texte aus eigenen Werken vor – nicht etwa lesend, sondern auswendig und ungeheuer suggestiv. Am Schluss wurde seine Stimme provokant, und seine Zuhörer waren hingerissen von der Macht seiner Worte und seiner Stimme. Die jungen Leute im Saal gaben keine Ruhe und konnten gar nicht genug hören. Ich habe nicht viel verstanden, aber meine Dolmetscherin hat mir das Wesentliche übersetzt. Er improvisierte Zugaben, von denen ich noch zwei Sätze behalten habe: ›Wenn ich alle Mädchengesichter, die ich geliebt habe, in eins vereinen könnte – wie könnte ich küssen! Wenn ich alle die Gesichter, die ich hasse, in eins vereinen könnte – was bekäme ich für eine Faust!‹ Man hat ihn mit Majakowski verglichen, und irgendwie stimmt das auch. Jewtuschenko trat als überzeugter Kommunist auf, und deshalb brauchte er kein Blatt vor den Mund zu nehmen. Aber als sein liberalistischer Einfluss immer stärker wurde, bekam auch er den Boykott des politischen Machtapparates zu spüren.«

Während seiner vielen Konzertreisen in die Sowjetunion war Masur immer wieder fasziniert von der perfekten Spielweise insbesondere der Moskauer und Leningrader Orchester, von der Gewissenhaftigkeit, mit der sie sich vorbereiteten. Wenn irgendetwas in der Probe nicht gleich zur allgemeinen Zufriedenheit klappte, saßen die Musiker danach zusammen und übten die Stellen. So erlebte er, wie die Cellisten des Moskauer Staatlichen Sinfonieorchesters, nachdem er Debussys »La Mer« probiert hatte, eine Stunde später immer noch an der berühmten Stelle mit den vierfach geteilten Celli arbeiteten. Das beeindruckte ihn tief: »Donnerwetter! Die stehen doch nirgendwo im Konkurrenzkampf, die müssen doch hier nicht um Sein oder Nichtsein spielen! Sie werden staatlich unterstützt und haben alle ihre festen Positionen. Aber sie wollen höchsten Qualitätsansprüchen genügen und streben diese mit einer künstlerischen Besessenheit an, die sich nicht bezahlen lässt.«

Auch in technischer Hinsicht spürte er kaum Grenzen bei diesen Orchestern: »Da kamen manchmal geradezu unglaubliche Kunststücke zustande. Ich erinnere mich an eine Aufführung von Ravels Klavierkonzert und an die gefürchtete Oboenstelle mit den gebundenen Oktaven, die schon auf einem modernen Instrument kaum zu spielen sind. Und diese Stelle wurde von einer Oboistin auf einem ganz alten Instrument quasi ohne Klappen so hervorragend geblasen, dass ich es einfach nicht glauben wollte. Später bekamen die russischen Orchester öfter ganze Holz- und Blechbläsersätze von Amerika geschenkt, so dass sich die Musiker vervollkommnen konnten. Jedenfalls habe ich dort Leistungen erlebt, die ich nie vergessen werde. Für die oftmals noch jungen Musiker gab es ja auch kaum Ablenkungen. Sie wohnten nicht gerade luxuriös, weiß Gott nicht. So konzentrierten sie sich ganz auf ihr Instrument, das ihnen das Schönste auf der Welt bedeutete, und erzielten dann diese hervorragenden Ergebnisse.«

1957 dirigierte er das Radio-Sinfonieorchester Helsinki. Sein Solist war Claudio Arrau. Es war seine erste Begegnung mit dem weltberühmten Pianisten. »Wir hatten Beethovens Viertes Klavierkonzert auf dem Programm. Das Orchester befand sich damals in keinem besonders guten Zustand. Sie konnten zwar alles sicher spielen und waren auch gute Solisten, aber klanglich fehlte die Geschlossenheit. Jedenfalls das, was wir von Leipzig an Homogenität gewohnt waren, das gab es nicht. Mein Freund Paavo Berglund hatte dort bisher Violine gespielt und gerade erst das Orchester als Dirigent übernommen. Ich hatte damals ein Erlebnis, das mir später immer wieder zu denken gegeben hat. So gut ich es als junger Dirigent konnte, habe ich das Orchester für das Klavierkonzert vorbereitet. Der erste Einsatz des Orchesters, der Anfang des großen Tuttis, steht im Pianissimo, und es war uns in den Proben nie so geglückt, wie es mir vorschwebte. Dann kam Claudio Arrau und spielte die ersten Takte des Konzertes, das ja mit dem Soloklavier beginnt. Und da geschah das Wunder: Was dieser Mann mit seiner Ausstrahlung und seiner unvergleichlichen Fähigkeit, auf dem Klavier zu singen, ausgelöst hat, war frappierend. Ich hatte für einige Minuten das Gefühl, vor den Wiener Philharmonikern zu stehen, so schön hat das Orchester plötzlich gespielt. Ich konnte es nur staunend erfahren. Aber es hat mich damals gelehrt, immer den gemeinsamen Nenner zu suchen und innerlich aufeinander zuzugehen mit dem Ziel, die gleiche Empfindung, den gleichen Geist, die gleiche künstlerische Absicht zu finden. Erst dann können solche Wunder geschehen.«

Für die künstlerische Entwicklung des Dreißigjährigen waren diese Tourneen essentiell. Das Erspüren nationaler Mentalitäten und Gegebenheiten, das blitzschnelle Reagieren auf akustische Besonderheiten der verschiedenen Säle, der ökonomische Umgang mit der verfügbaren Probenzeit, das intuitive Erfassen der jeweiligen spezifischen Konzertatmosphäre am Abend, das Bewältigen oder einfach Ignorieren der ärgerlichen, aber unausbleiblichen Pannen im alltäglichen Organisationsgeschehen – all das empfand er nicht als physische oder psychische Belastung; er sah es als Herausforderung, als Stimulans zur eigenen Leistungssteigerung. Wer diese Gegebenheiten nicht in musikalische Energie umzumünzen versteht, mag vielleicht ein hochkünstlerischer Mensch sein – zum Überbringen von Botschaften reicht es nicht. Das sind notwendige Erfahrungen, an denen man entweder scheitert oder erstarkt.

Kurt Masur war nun ein sattelfester Mann. Er hatte vielfältige Anregungen empfangen – wie man kluge Programme »baut«, was ein Auslandsgastspiel abverlangt, wie man mit seinen Musikern umgeht, vor allem aber auch, wie man mit seinen Kräften und Energien haushaltet. Sollte er in Dresden bleiben, wo Publikum wie Orchester ihn außerordentlich mochten? Er sah darin auch die Gefahr, sich in Selbstzufriedenheit zu verlieren und zu meinen, die nächste Hürde sei vielleicht zu hoch: »Ich habe es immer wieder probiert. Das sind die eigentlichen Mutfragen gewesen, die ich mir schon als junger Mann gestellt habe: Was brauchst du, um weiter zu wachsen? Was brauchst du, um deine Scheu zu verlieren? Was brauchst du, um dein Repertoire, dein Wissen zu vergrößern? Du musst weiter.«

»FÜR EINE MUSISCHE ATMOSPHÄRE SORGEN«

Der Dirigent als Erzieher
Schwerin 1958–1960

Mecklenburgisches Staatstheater Schwerin, 2. Januar 1958. Die Intendanz hatte zu Probedirigaten eingeladen, denn die Position des Musikalischen Oberleiters war neu zu besetzen. Es war ein kalter, nebliger Morgen. Im Theater herrschte noch Katerstimmung von Silvester, und die Lust der Ensemblemitglieder, sich für Probeauftritte der geladenen Dirigenten zur Verfügung zu stellen, hielt sich in Grenzen. Als musikalische Bewährungsprobe lag der zweite Akt vom »Rosenkavalier« auf dem Dirigentenpult. Ein kniffliges Stück mit zahlreichen »Fallen«, mit Szenen- und Tempowechseln und einem großen Orchesterapparat: eine Partitur für gestandene Opernkapellmeister. Zuerst dirigierte Fritz Müller aus Rostock. Als Generalmusikdirektor stand er in der Nachfolge von Gerhard Pflüger. Müller probierte den zweiten Akt – gediegenes, erfahrenes Musizieren. Das Schweriner Ensemble spielte routiniert, aber lustlos, denn es war noch kalt und unwirtlich auf der Bühne und im Orchestergraben. Die Sophie stand in Skihosen da, die Sänger schonten sich, Gesten und Gänge wurden nur angedeutet. Als silberne Rose diente eine übergroße Chrysantheme aus Papier.

Dann hieß es: Das Ganze noch einmal von vorn für den zweiten Kandidaten. Die allgemeine Stimmung hatte ihren Tiefpunkt erreicht. Kurt Masur trat vor und wusste genau, welchen atmosphärischen Schwierigkeiten er nun gegenüberstand. Hinzu kam, dass er zwar den »Rosenkavalier« bestens kannte, weil er ihn seinerzeit in Halle als Solorepetitor einstudieren musste, aber das Werk noch nie dirigiert hatte. Er hatte sehr gemischte Gefühle, als er den Taktstock hob. Nach einigen Minuten aber wurden die Akteure munter. Zögernd erst, sangen sie bald alle aus – mit voller Stimme: Faninal, der Ochs von Lerchenau, Oktavian und die Sophie, die beiden Intriganten. Sie sangen und spielten mit zunehmender Freude. Und wenn es mal einen »Hänger« gab, sang Masur in die Lücken hinein. »Bei dem werden wir nichts zu lachen haben, aber der kann was«, war die einhellige Meinung des Orchesters nach der Probe. Noch bevor bei den Vorständen des Theaters eine Entscheidung gefallen war, trat Fritz Müller als nobler Verlierer auf Masur zu und gratulierte ihm. Er ging dann nach Gotha und übernahm die Leitung des Landes-Sinfonieorchesters Thüringen.

Diese Episode steht gleichsam wie ein gelungenes Fanal am Beginn einer künstlerisch produktiven und glücklichen Zeit. Dem frisch berufenen Dirigenten, der bereits am 1. Juni, also noch vor der offiziellen Übernahme des neuen Amtes, sich mit einem Sinfonie-Sonderkonzert der Mecklenburgischen Staatskapelle dem Schweriner Publikum vorstellte, schlug eine Welle der Sympathie entgegen. Das Programm enthielt Carl Maria von Webers »Oberon«-Ouvertüre, Franz Schuberts Dritte Sinfonie und Dmitri Schostakowitschs Erste Sinfonie. »Schon bei der Vorbereitung seiner Schweriner Tätigkeit hat Kurt Masur eine erfreuliche Initiative entwickelt, und so dürfen wir dem Schweriner Wirken dieses Dirigenten mit berechtigten Erwartungen entgegensehen«, hieß es im Programmheft. Und der kurze biographische Text schloss mit dem Satz: »Hoffen wir, dass Kurt Masur in Schwerin recht lange wirken wird.« Es sollten nur zwei Jahre sein.

Die aber waren randvoll ausgefüllt. Kurt Masur war einer der jüngsten Generalmusikdirektoren der DDR. Und er wurde konfrontiert mit Aufgaben, die er in diesem Maße bis dahin noch nicht gekannt hatte. Sie gingen über das nur Musikalische hinaus. Er spürte, dass er zu befördern habe, was für die Stadt, die Region, die Menschen im Norden der Republik als kultureller Gewinn empfunden werden konnte, und er musste nein sagen lernen, wenn es die Situation erforderte. »Das trug nicht immer zu größerer Beliebtheit bei. Ich wollte versuchen, eine produktive Beziehung herzustellen zwischen dem Sängerensemble und dem Orchester. Da sollte eine Harmonie entstehen. Das war mein Bestreben.«

Intendant Edgar Bennert unterstützte seine Intentionen. Er war ein Mann, dem als Antifaschist in der Nazizeit schwer zugesetzt worden war. Vielleicht zeigte er deshalb so viel Verständnis für alles, was um ihn herum geschah. Von den Musikern wurde er »Papa Bennert« genannt und wegen seiner Integrität und Güte wie ein Vater verehrt. Er verstand es, die kleinen Streitereien zu schlichten, die unter Theaterleuten schnell aus Neid oder Eifersucht entstehen. Vor allem aber kam es ihm darauf an, die Fähigkeiten jedes Einzelnen herauszustellen. Masur erinnert sich voller Hochachtung: »Von ihm lernte ich, tolerant zu sein. Andererseits musste ich natürlich auch im Musiktheater durchsetzen, was durchsetzbar war. Mit ihm konnte ich über alle Probleme sprechen. Er bestärkte mich dabei in meiner Überzeugung, durch Offenheit und Vertrauen die Sänger, das Orchester und die Mitarbeiter des Hauses zu gewinnen. Ich glaube, das haben wir damals geschafft. Wir wurden eine Familie. Mein Arbeiten blieb eigentlich stets auf das Verständnis beim Publikum, bei den Menschen gerichtet, die dort lebten.«

Ein besonderer Kraftakt dieser zwei Schweriner Jahre war der Aufbau eines Opernrepertoires: »Ob man es glaubt oder nicht: Es waren etwa zwanzig musikalische Einstudierungen, die wir gemacht haben. Wenn ich sage ›wir‹, dann meine ich vor allem meinen inzwischen verstorbenen Ersten Kapellmeister Günter Blumhagen, dem wir wunderbare, mit großer Einfühlung und enormer Akribie geglückte Aufführungen zu verdanken hatten, aber auch Erwin Bugge, den Regisseur, Kurt Froese, den Bühnenbildner und nicht

1 Der vierjährige Kurt mit Großmutter, Mutter und den beiden Schwestern Lieselotte und Elfriede im Stadtpark von Brieg, 1932
2 Mit Mutter und Schwestern in Brieg, um 1940

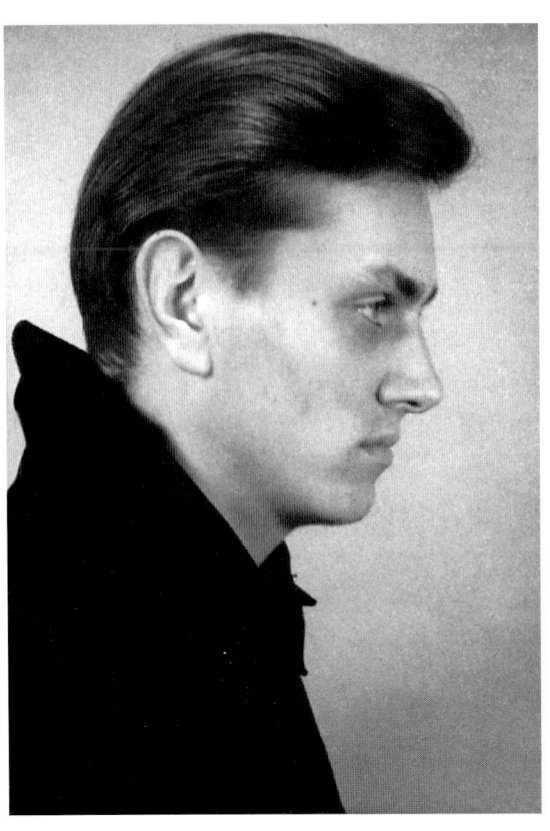

3 Der Musikstudent, 1947

4 Erste Kapellmeister-
jahre am Theater in
Halle/Saale, 1949

5 Im ersten Auto mit Tochter Angelika und Sohn Michael, 1956

6 Musikfestival »Prager Frühling«, 1958

7 Mit Walter Felsenstein während einer Probenpause in der Komischen Oper
Berlin, 1961
8 Mit dem Regisseur Wolfgang Kersten und dem Komponisten Rudolf
Wagner-Régeny in Berlin, Mitte der sechziger Jahre

9 Nach der »Lohengrin«- Premiere im Teatro La Fenice in Venedig, März 1967; links Sándor Kónya (Lohengrin), rechts Celestina Casapietra (Elsa)

10 Mit dem Geiger Henryk Szeryng, Dresden 1967

11 Im Gespräch mit Walter Felsenstein während der Tonaufnahme für den »Othello«-Film, 1968; im Hintergrund Christa Noack (Desdemona)
12 Während einer Probe mit der Pianistin Annerose Schmidt in der Dresdner Philharmonie, 1968; im Hintergrund Konzertmeister Walter Hartwich

13 Mit Swjatoslaw Richter in Baalbek im Libanon, 1969

14 Mit Irmgard Kaul nach der Eheschließung, 1971

15 Gewandhausprobe mit der Geigerin Liana Issakadse, 1973

zuletzt meinen Chordirektor Andreas Pieske. Und wir hatten das Glück, die große Hanne-Lore Kuhse bei uns zu haben, leider nur noch für ein Jahr.« Die Kuhse stammte aus Schwaan in Mecklenburg, hatte zunächst in Rostock, dann am Sternschen Konservatorium in Berlin studiert und war nach ihrem Debüt in Gera als Leonore im »Fidelio« 1952 nach Schwerin gekommen. Auch hier sang sie die Leonore in Beethovens Oper – eine Wiederaufnahme, die Masur gleich zu Beginn der neuen Spielzeit zu übernehmen hatte. In Glucks »Iphigenie auf Tauris« stand sie als Titelheldin auf der Bühne, ebenso später in Puccinis »Turandot«. 1959 wechselte sie an das Leipziger Opernhaus und gehörte später als Hochdramatische zum Ensemble der Berliner Staatsoper Unter den Linden.

Die erste Neueinstudierung, die Masur gleich Ende September 1958 im Schweriner Opernhaus präsentierte, war »Don Carlos« von Giuseppe Verdi – für Schwerin die Erstaufführung. Hanne-Lore Kuhse sang die Elisabeth, Hajo Müller den Philipp – eine Idealbesetzung, ergänzt von Ingeborg Nerius (Eboli), Hans Ziehnert (Carlos) und Dietrich Musch (Posa). Insgesamt wurden hervorragende Einzelleistungen geboten, die Fachkritik war des Lobes voll. Über den musikalischen Leiter der Aufführung hieß es: »Am Dirigentenpult steht ein neuer Mann für die große Oper – Kurt Masur. Der Generalmusikdirektor wählte sich diesen Verdi-Carlos als Einführung in Schwerin. Haben wir schon die Qualitäten des neuen GMD als Konzertdirigent mit Freude feststellen können und ihn auch bei der Wiederaufnahme von Beethovens ›Fidelio‹ begrüßt, so war doch die Einstudierung einer Opernneuheit für Schwerin maßgebend ... Während der Aufführung löst sich Kurt Masur völlig von der Partitur, es entsteht dadurch eine wunderbare Harmonie zwischen ihm, dem Orchester und der Bühne, das heißt, mit den knappsten Zeichengebungen wird der ganze musikalische Apparat zur plastischen Einheit, das Wort wird so verständlich wie die Sprache des Orchesters.«

Es war schon erstaunlich: Das Schweriner Haus mit siebenhundertdreißig Plätzen konnte es ermöglichen, den Opernspielplan gleichsam »zweigleisig« anzulegen. Es gab ein Ensemble für die dramatischeren Opern und eins für die lyrischen und Spielopern. Auf diese Weise konnte umschichtig gearbeitet werden. So manches war zwar in den Augen Kurt Masurs »mit heißer Nadel gestrickt«, denn viel Probenzeit stand gewöhnlich nicht zur Verfügung. »Aber wir konnten es verantworten. Wir konnten ein leistungsstarkes Ensemble aufbauen, und nach zwei Jahren stand in Schwerin ein Opernrepertoire, das es so vorher nicht gegeben hatte.« Für das kleine Haus bedeutete dies, dass ungefähr zehn Werke auf dem laufenden Spielplan standen. Dazu gehörten auch Ballettinszenierungen wie Orffs »Carmina burana«, choreographiert von Wiga Schade, die später nach Los Angeles ging.

Der neue Generalmusikdirektor beschritt in vielerlei Hinsicht neue Wege – beruflich wie privat. Unter seiner Leitung erklang Heinrich Sutermeisters Oper »Romeo und Julia« – nach der sehr erfolgreichen Dresdner Uraufführung 1940 mit der legendären Maria Cebotari als Julia unter Karl Böhm – nun erstmals auch in der DDR; ebenso Leoš Janáčeks letztes Bühnenwerk »Aus einem Totenhaus« nach Dostojewski. Eine deutsche Erstaufführung war hingegen Joseph Haydns »La vera costanza« (»Die wahre Beständigkeit«), die 1959 unter dem Titel »List und Liebe« über die Schweriner Bühne ging und auch als Aufnahme des Deutschlandsenders die breitere Öffentlichkeit erreichte. Händels »Radamisto« als Beitrag zum Händel-Gedenkjahr 1959, Mussorgskis »Boris Godunow« in der Fassung von Nikolai Rimski-Korsakow, Richard Strauss' »Arabella« und – wie schon erwähnt – Carl Orffs »Carmina burana« als Ballett mögen als Höhepunkte die Spannweite der Spielplangestaltung andeuten.

Die intensive, Leistung fordernde Probenarbeit des neuen Chefs verschaffte ihm Respekt im Ensemble der Sänger und im Orchester. Das hat er gespürt und sicher auch genossen.

Generalmusikdirektor-Allüren kannte er nicht. »Meine Herren«, pflegte er in der Erinnerung Dieter Härtwigs, seines Dramaturgen, zu sagen, »tun Sie mir den einzigen Gefallen: Sagen Sie nicht immer General oder gar Generalmusikdirektor zu mir. Nennen Sie mich bei meinem Familiennamen. Ich rede Sie ja auch nicht mit Herr Orchesterwart, Herr Trompeter oder Herr Inspizient an.« Der freundliche, aber zugleich sehr bestimmte Umgang mit seinen Musikern und die offene, kollegiale Arbeitsatmosphäre führten auf ganz natürliche Weise zu künstlerischen Resultaten, die nicht zu überhören waren.

Die Mecklenburgische Staatskapelle zeigte künstlerischen Ehrgeiz. Die Musiker ließen sich von ihrem jungen Chef gern zu Höchstleistungen herausfordern, und Kurt Masur, gleichermaßen ehrgeizig, konnte daher dem Orchester einiges abverlangen. Das zeigte sich vor allem in den Sinfoniekonzerten, dem zweiten großen Aufgabengebiet von Dirigent und Orchester. Hier brauchten kaum Rücksichten auf das komplizierte Gefüge des laufenden Opernspielplanes genommen zu werden, hier konnte der Generalmusikdirektor seine künstlerischen Programmabsichten in eigener Verantwortung umsetzen. Einiges galt es dennoch zu bedenken. Er musste die Hörgewohnheiten und Erwartungen seines Abonnement-Publikums kennen, um von da aus die richtige Programmpolitik umzusetzen. Das hieß, bei der Planung die richtige Proportion von Vertrautem und noch weitgehend Unbekanntem zu finden, aber so, dass dem durchaus aufgeschlossenen Publikum auch das eine oder andere Werk des zeitgenössischen Musikschaffens vorgestellt werden sollte. War das Schweriner Orchester dem gewachsen? Was konnte er ihm zumuten? Ließe sich da vielleicht noch mehr herausholen? Welche Solisten konnten für die Konzertabende verpflichtet werden? Genügten die traditionellen Programmhefte oder ließen sich zusätzliche Formen der Vermittlung der musikalischen Inhalte entwickeln, um die Konzertbesucher neugierig zu machen und zugleich »zu bilden«? Was konnte für die Jugend getan werden, um sie möglichst frühzeitig heranzuführen an die Meisterwerke der Musik?

Gerade Letzteres war für Masur von essentieller Bedeutung: »In erster Linie muss man für eine musische Atmosphäre sorgen. Das beginnt mit dem Singen zu Hause. Ich habe noch die Lieder meiner Mutter im Ohr. Um Musik erleben zu lernen, um die Rezeptionsfähigkeit zu schulen, genügt es, wenn man einem Kind die Liebe zum Volkslied einpflanzt. Wenn wir in der Schule eine Mathematikarbeit schrieben, dann sagte unser Lehrer: ›So, jetzt singen wir erst mal ein Lied.‹ Damit verloren wir unsere Anspannung.« Eines Tages wird sich ein Blumenverkäufer an Masurs Schülerkonzerte erinnern, in denen er mit den Kindern auch Volkslieder sang. »Am Brunnen vor dem Tore« habe ihm die Welt der Musik eröffnet. »Dieses selbstverständliche Singen ist heute durch Radio und Walkman leider ziemlich verloren gegangen«, bedauert Masur.

In Schwerin sah er die Chance, mit den Schulen zusammenzuarbeiten, und er wandte sich an den Stadtschulrat. Doch der erklärte ihm, »dass er kein Interesse daran habe, die vorwiegend bürgerlichen Kinder in den Genuss eines Schulkonzertes zu bringen«. Masur ging darauf zur Bezirksleitung der Partei und beschwerte sich über die Ignoranz dieser Person: »Der Stadtschulrat denkt, wir wollen hier nur die bürgerlichen Kreise befriedigen. Ich möchte aber, dass alle Schüler mit ihren Lehrern in die Schulkonzerte kommen und dass die Schule das organisiert. Denn wenn wir die Karten verkaufen, kommen ja wieder nur die Bürgerlichen. Wir wollen aber alle drin haben.« Der Stadtschulrat wurde nach einem halben Jahr versetzt, und Masur konnte seine Pläne in die Tat umsetzen: »Für das Lehrerbildungsinstitut haben wir Schulkonzerte organisiert und Schüleraufführungen gemacht. Einmal spielten wir eine Händel-Oper, ein sehr ernstes Stück. Die jungen Mädchen waren ganz ungezwungen. In der Pause guckten sie über die Brüstung und unterhielten sich mit uns unten im Orchestergraben, und ich fragte sie: ›Na, wie gefällt euch das?‹ – ›Schick!‹, antworteten sie. Also, es gab ja auch Tote, aber es war schick! Wir hatten eine wunderbare Beziehung zu den Jugendlichen.«

Ein wesentlicher Aspekt seiner musikalischen Erziehung des Schweriner Publikums waren Kurt Masurs Einführungsvorträge. Sie zu halten kostete ihn nicht wenig Überwindung: »Ich war vorher einfach zu scheu, um das zu können. Ich vertraute meinem Wissen nicht genug, um ganz frei sprechen zu können. Das würde mir heute keiner mehr glauben. Aber das habe ich in Schwerin, in meiner neuen Position, gelernt.«

Seine Vorträge sprachen sich schnell herum und wurden so beliebt, dass immer mehr Besucher in die Konzerte drängten und sie bald wiederholt werden mussten. Anhand von Tonbandbeispielen, die ihm der Tonmeister bei der Generalprobe mitgeschnitten hatte, erklärte er dem Publikum die Stellen des Stückes, die gewöhnungsbedürftig waren, denn »das Geheimnis der Musik liegt in der Wiederholung«. Einen fulminanten Erfolg hatte er mit dem Violinkonzert von Alban Berg und dem Geiger André Gertler, der noch mit Béla Bartók befreundet gewesen war.

Die bis auf Hans von Bülow zurückreichende gelegentlich geübte Praxis, das Publikum mit dem gesprochenen Wort auf das bevorstehende Konzerterlebnis auch intellektuell vorzubereiten, wurde hier in Schwerin zur festen Gepflogenheit. Die gedruckte Rückschau auf die Spielzeit 1958/59 enthält hierzu zwei aufschlussreiche Hinweise: »Es gibt durchaus Konzertbesucher, für die das musikalische Erlebnis in erster Linie ein rauschhaftes Aufnehmen der vom Komponisten musikalisch gestalteten Gefühle bedeutet. Ein anderer Teil der Hörer strebt nach einem gedanklichen Erfassen und Erkennen der musikalischen Linien, Klangbildungen und Formen und der historischen Bedingtheiten eines jeden Werkes; diesen Konzertbesuchern wird eine dem Musikerlebnis vorausgehende Einführung Wesentliches zu geben vermögen.«

Erstmals bot sich Masur reichlich Gelegenheit, seine organisatorischen Fähigkeiten in vollem Maße zu erproben. Die Dresdner Erfahrungen kamen ihm dabei zugute. Zwischen September und Mai fanden an jeweils acht Abenden die Konzerte statt – vor stets fast ausverkauftem Haus. Neben bekannten Werken von Mozart, Beethoven, Schumann, Brahms, Dvořák und Tschaikowski fand sich auch Bruckners Neunte Sinfonie auf dem Programm – für Schwerin gewiss ein harter Brocken. Sie wurde zu einem »ergreifenden Erlebnis«, wie im Rückblick auf die Spielzeit 1958/59 nachzulesen ist. Die Programmzettel vermerken für Schwerin allein viermal »Erstaufführung« – das Violinkonzert des Weimarer Komponisten Johann Cilenšek, gespielt von dem Berliner Geiger und Oistrach-Schüler Gustav Schmahl, die Kleine Sinfonie op. 29 von Hanns Eisler, das Divertimento für Streichorchester von Béla Bartók und das Violinkonzert op. 35 von Karol Szymanowski mit der polnischen Virtuosin Wanda Wilkomirska. Die Solisten der beiden Spielzeiten zählten zu jener Spitzenklasse, die nach der beginnenden Abschottung der DDR-Kulturpolitik von der internationalen Musikszene verfügbar war: hervorragende Musiker des eigenen Landes, des Ostblocks und vereinzelt des »Westens«. Genannt seien die Pianisten Dieter Zechlin aus Ostberlin, Valentin Georghiu aus Bukarest, Siegfried Rapp aus Weimar, Alex de Vries aus Antwerpen, Gerhard Puchelt und Helmut Roloff aus Westberlin; die Geiger György Garay aus Budapest – er wurde 1960 Erster Konzertmeister des Rundfunk-Sinfonieorchesters Leipzig – und André Gertler aus Brüssel.

Allen Orchester- und Theaterleitern wurde schon damals die besondere Förderung der Gegenwartsmusik nahe gelegt. Für Masur war dies keine auferlegte Pflicht. Auch wenn er seine künstlerischen Wurzeln in der Musik des 19. Jahrhunderts sah, war er immer aufgeschlossen für Neues, und er hat es nach Kräften gefördert. Nur: Das Neue musste Qualität, musste Substanz besitzen und kompositionstechnisch auf hohem Niveau stehen. Stets hinterfragte er die Ernsthaftigkeit und Aufrichtigkeit des künstlerischen

Anliegens. Hier ist er zu keiner Zeit Kompromisse eingegangen oder hat sich gar zum willfährigen Vollstrecker
irgendwelcher staatlicher Vorgaben missbrauchen lassen.

Das »Triptychon« (1954) des Dresdner Komponisten
Otto Reinhold und das schon erwähnte Violinkonzert
(1953) von Johann Cilenšek waren die Beiträge aus dem
Musikschaffen der DDR in der ersten Schweriner Spielzeit. In der zweiten gelangten das Concertino für Oboe
und Streichorchester (1957) von Gerhard Wohlgemuth –
seine vorwiegend musikantisch-freundlichen Kompositionen standen damals häufig auf den Programmen – und das
auch später viel gespielte Trompetenkonzert (1954) von
Siegfried Kurz zur Aufführung. Das waren nun keinesfalls
Werke von gewagter Experimentierhaltung. Sie liefen,
wenn auch in unterschiedlichem Maße, durchaus konform
mit der inzwischen entfachten »Realismus-Diskussion«,
bei der es den DDR-Kulturpäpsten in erster Linie um das
strikte Einhalten von »Parteilichkeit« und »Volksverbundenheit« ging. Das eine war nichts anderes als ideologisch
verbrämter Obrigkeitsgehorsam, das andere lief unweigerlich auf kleinbürgerliches Mittelmaß hinaus.

In diesem Dilemma befanden sich nicht nur die Komponisten, sondern auch die Interpreten. Sie standen am Ende
der fünfziger Jahre vor der dringlichen Aufgabe, Kompositionen von Benjamin Britten, Igor Strawinsky, Alban Berg
und Béla Bartók, von Paul Hindemith, Sergej Prokofjew
und Dmitri Schostakowitsch, die im »Dritten Reich« nicht
gespielt werden durften, bekannt zu machen. Zumal noch
immer die Beschaffung des Aufführungsmaterials nicht
ohne Probleme verlief. Waren diese Hürden überwunden,
begann die eigentliche Arbeit – die sorgfältige Einstudierung und die nicht weniger verantwortungsvolle Propa-
gierung der Meisterwerke dieser Künstler. Die Werke der
westlichen Avantgarde hingegen fehlten noch für lange Zeit
auf den Musikprogrammen der DDR. Der 1956 in Polen
gestartete Versuch, mit dem »Warschauer Herbst« – als
östliche Ergänzung zu den Darmstädter Musiktagen – et-

was Eigenes zu etablieren, war den Kulturverantwortlichen der SED ein Dorn im Auge. Deren Angst vor »bourgeoisem Formalismus« hemmte das Musikleben in der DDR erheblich.

In Warschau hatten sich die Polen einen Freiraum erkämpft, von dem man in den anderen Ostblockländern kaum zu träumen wagte. Luigi Nono, Pierre Boulez, György Ligeti oder Karlheinz Stockhausen waren schon Ende der fünfziger Jahre dort keine Unbekannten mehr. Wer aber in der DDR den »Warschauer Herbst« befürwortete und versuchte, mit moderner Musik einen Bogen über Europa zu spannen, der hatte mit persönlicher Verfolgung, Reiseverbot und beruflichen Schikanen zu rechnen. Der Musikwissenschaftler Eberhardt Klemm hat dies für seine Person später, im Februar 1991, nur wenige Monate vor seinem frühen Tod, mit erschütternden Worten zu Protokoll gegeben: »Der Komponistenverband zum Beispiel – allen voran Notowicz – hat sämtlichen Mitgliedern verboten, zum Warschauer Herbst zu fahren. Er wusste, Warschau setzt das fort, was bei den Darmstädter Ferienkursen für Neue Musik seit 1946 begonnen wurde. ... Einmal durfte ich fahren – als Einziger! Als ich zurückkam, hat das Institut ein Verhör mit mir abgehalten, ... wie es in der ›Maßnahme‹ von Brecht geschildert wird. Es ging eigentlich auf Leben und Tod. Das kann man sich überhaupt nicht vorstellen. Alles, was wir gesagt haben über die Warschauer, über die polnische Musik, war also Strafsache.«

Sicher hat auch dieses repressive Verhalten der staatlichen Organe verhindert, dass die internationale Avantgarde in der DDR rezipiert wurde. Masur fühlte sich damals noch nicht sonderlich geneigt, die Moderne in Warschau kennen zu lernen. Er zog den »Prager Frühling«, ein bedeutendes internationales Musikfest, vor.

Während Kurt Masur im Theater in Hochform glänzte, begann es privat immer mehr zu kriseln. Brigitte war anfangs mit den Kindern in Dresden geblieben, weil es in Schwerin noch keine Wohnung, noch nicht einmal ein Zimmer gab. Masur schlief in seinem Büro auf einer Matte, die ihm der Intendant geliehen hatte. Der Dauerbetrieb im Theater, auch an den Wochenenden, forderte bald seinen Tribut. Zum ersten Mal hatte er mit der Position des Generalmusikdirektors die Verantwortung für den gesamten musikalischen Apparat, in künstlerischen und auch in Personalfragen. Das hatte er bis dahin nicht gekannt, und diese Arbeit kostete ihn mehr Zeit, als ihm und vor allem seiner Familie lieb war. »Ich befand mich in einem Sog, den jeder kennt, der eine Aufgabe ernst nimmt. Die ganze Situation war für Brigitte sicherlich wahnsinnig schwer geworden. Dass zu wenig Zeit für die Familie blieb, bedauerte ich und spürte es auch, aber ich konnte es damals einfach nicht ändern, weil die Anforderungen gnadenlos waren. Man konnte nur entweder mit Erfolg ein solches Institut leiten oder eine Position annehmen, bei der man nicht so viel Verantwortung hat. Partnerin eines Dirigenten zu sein verlangt viel Opferbereitschaft. Aber dennoch darf das Privatleben nicht zu kurz kommen. Die Balance zwischen Beruf und Familie ist entscheidend.«

Noch bevor Masur in Schwerin angetreten war, hatte es Vorgespräche mit dem Vorstand der Dresdner Staatskapelle gegeben. Die Dresdner, die seine Qualitäten kannten, waren an ihm interessiert. Doch sollte er erst einmal in Schwerin die erforderlichen Cheferfahrungen sammeln, bevor an die Leitung der Staatskapelle zu denken war. Immerhin galt es, eine lange Tradition bedeutender Dirigenten weiterzuführen – Ernst von Schuch, Fritz Busch, Karl Böhm, Joseph Keilberth, Rudolf Kempe, Franz Konwitschny, Lovro von Matačić. Masur reizte dieses Ziel, doch lag ihm auch Schwerin am Herzen: »Ich glaube, ich könnte heute noch in Schwerin leben und kämpfen für das Orchester und für das Haus.«

Eines Tages kam dann tatsächlich das Angebot der Staatskapelle. Masur sollte zur Entscheidung ein Richard-Strauss-Programm dirigieren, mit dem Cellisten Paul Tortelier für den Solopart in »Don Quixote«. Doch er wusste bereits, dass das nur noch eine Höflichkeitsgeste war, denn es gab Verhandlungen mit einem Dirigenten, den er bis dahin noch nicht kannte – mit Otmar Suitner. Der gebürtige Österreicher und Schüler von Clemens Kraus leitete nach Stationen in Remscheid und Innsbruck seit 1957 als Generalmusikdirektor das Ludwigshafener Pfalzorchester. Er hatte schon mehrfach in Dresden mit großem Erfolg gastiert. »Sie wollten Suitner und nicht mich. Aber da gab es eben noch das Versprechen, und man gab mir das Konzert aus Höflichkeit, sozusagen. Ich begegnete damals einem Orchester, das es sehr bewusst vermied, mich gut zu finden. Ich erinnere mich, eine Probe unterbrochen und gesagt zu haben: ›Meine Herren, ich weiß inzwischen, dass Sie mich nicht mehr haben wollen als Chef. Das ist eine Entscheidung, die ich akzeptiere. Aber seien Sie so anständig und spielen Sie mit mir ein gutes Konzert und probieren Sie jetzt offen und fair. Ich kann Ihnen versprechen, ich komme nicht, wenn Sie mich nicht mögen, und ich werde Ihnen beweisen, dass ich auch ohne Dresdner Staatskapelle meinen Weg gehe. Sie wiederum werden mir beweisen, dass Sie auch ohne Masur auskommen!‹ Das war dann auch das Ende unserer Zusammenarbeit.«

Wenig später fand ein Gespräch mit dem damaligen Orchesterdirektor Arthur Tröber und dem Orchestervorstand statt. Tröber, ein mutiger Mann, befand sich in keiner sehr angenehmen Lage. Er hatte sich nach dem Krieg große Verdienste damit erworben, das Orchester zu altem Glanz zu führen, knüpfte erste internationale Verbindungen und konnte Karl Böhm für Gastdirigate gewinnen. Er verstand es auch, der (Ost-)Berliner Orchesterdominanz die herausragende Bedeutung dieses sächsischen Spitzenorchesters entgegenzusetzen. In jener Situation spürte Kurt Masur eine ihm unerklärliche Ambivalenz im Verhalten Tröbers: »Ich weiß es noch genau, es war der 13. Februar, die Glocken Dresdens läuteten und erinnerten an die Vernichtung der Stadt im Jahr 1945. Wir saßen zusammen, und ich sagte: ›Meine Herren, ich verstehe eines nicht. Ich war immer ehrlich zu Ihnen. Warum habe ich von Ihrer Seite aus nicht so viel Offenheit erfahren, dass Sie mir gleich gesagt haben: Masur, wir haben einen neuen Mann für die Chefstelle gefunden? Warum dieses Versteckspiel? Da sagte Tröber wörtlich zu mir: ›Masur, Sie haben den Nagel auf den Kopf getroffen. Sie sind zu ehrlich, und deshalb passen Sie nicht zu uns!‹

Das war schon ziemlich seltsam. Möglicherweise gab es einen politischen Hintergrund. Ich war in der DDR aufgewachsen, hatte hier studiert und alle bisherigen Positionen auch hier bekleidet. Für ein Spitzenorchester war diese Vergangenheit in damaliger Zeit eigentlich kaum akzeptabel. Vielleicht befürchteten die Dresdner, dass sie in unerwünschte Abhängigkeiten geraten und in eine staatsgelenkte Rolle gedrängt werden könnten. Mit Otmar Suitner aus Österreich, der kein DDR-Bürger war, konnte man sich da in größerer Sicherheit wiegen. Die Dresdner Staatskapelle hat immer darum gekämpft, ihre künstlerische und auch politische Unabhängigkeit zu bewahren. Das war großartig und sehr sympathisch, gerade in schwierigen Zeiten.«

Otmar Suitner blieb bis 1964 in Dresden. Anschließend ging er nach Berlin, sehr zum Unmut der Dresdner. Masur schätzte seine hohe Professionalität und liebte beispielsweise seine Dresdner »Figaro«-Aufführung, sagt aber auch: »Er ist ein Dirigententyp, der mir nicht nahe steht.« 1967 vertrat er ihn in London und leitete damit seinen internationalen Aufstieg ein: »Damals trat der kuriose Fall ein, dass ihm sein Manager verbot, in England Konzerte der Berliner Staatskapelle zu dirigieren, weil gewisse Forderungen der Gage nicht erfüllt wurden. Daraufhin bat mich die Künstleragentur in Berlin – damals war ich ja ohne Orchester –, die Leitung zu übernehmen. Und dann habe ich mit der Berliner Staatskapelle diese Englandtournee gemacht. Die Proben verliefen sehr aufgeschlossen und harmonisch. Karl Suske war der Erste Konzertmeister. Seine Autorität und die sensible und großartige Führung des Orchesters haben mir sehr geholfen. Während einer der Proben hatte ich große Mühe mit dem Einsatz der Posaunen. Bis einer der Posaunisten – es war Vogt, der mich sehr mochte – aufstand und sagte: ›Lieber Masur, wenn ich Sie so angucke mit Ihrem falsch geknöpften Hemd, können wir gar nicht zusammenkommen!‹ Ich hatte tatsächlich die Knöpfe verwechselt. Ich knöpfte also mein Hemd zu, gab den Einsatz, und wir waren zusammen! Otmar Suitner, der sicher unglücklich war, dass er die Tournee abgeben musste, hat sich anschließend formell bei mir bedankt. Vogt berichtete mir später, dass er ihn in seinem breiten Österreichisch gefragt habe: ›Jo, Vogt, wie woas denn?‹, worauf er, im schnoddrigsten Berlinerisch, geantwortet habe: ›Na ja, Suitner, det war leider ziemlich – jut!‹« Das Berliner Orchester mochte Masurs »unkomplizierte Art zu probieren und überhaupt sein frisches Musizieren«, wie sich Karl Suske erinnert. Ihn holte Masur später an das Gewandhausorchester zurück, dem er vor seiner Berliner Zeit bereits angehört hatte. Er ist noch heute dankbar für die Jahre gemeinsamen musikalischen Wirkens, in denen sie sich freundschaftlich sehr nahe gekommen waren.

Trotz der Absage aus Dresden blieb Kurt Masur nicht in Schwerin. Er hatte in Berlin ein Rundfunkkonzert mit Beethovens »Fünfter« dirigiert, und ein Mann wurde auf ihn aufmerksam, der sein weiteres Leben nachhaltig beeinflussen und prägen sollte: Walter Felsenstein. Unmittelbar nach dem Konzert kam er auf ihn zu und sagte ihm rundheraus, dass er daran interessiert sei, ihn als Chefdirigenten an der Komischen Oper zu engagieren. In musikalischen Kreisen stand die Komische Oper in dem Ruf, als Regietheater der Musik nicht genügend Raum zu geben. Masur aber war seit jeher ein Bewunderer Felsensteins. Die Glaubwürdigkeit der Darstellung, die er bei ihm so oft erlebte, hatte ihn immer wieder in den Bann gezogen: »Ich erinnere mich, dass ich Aufführungen vom ›Schlauen Füchslein‹ mindestens fünfundzwanzig Mal besucht habe – ich konnte es einfach nicht lassen. Und wenn ich wusste, dass das Stück gegeben wurde, und ich es irgendwie einrichten konnte, ging ich hin. Das waren so faszinierende Theaterabende voller musikalischer Schönheit, dass ich, als er mich fragte, sehr deutlich spürte: Das könnte eine Zusammenarbeit werden! Sie würde dich mit einem Mann zusammenführen, von dem du weißt, dass du da unheimlich viel lernen, zu dessen Arbeit du aber auch etwas beisteuern kannst, weil du an seine Konzeption glaubst, und weil du dich stark genug fühlst, das musikalische Niveau so hoch zu halten, dass es der Regie nicht nachstehen würde. Das hat mich damals natürlich sehr gereizt, obwohl der Ruf des Orchesters nicht der beste war. Aber viele Leute meinten: ›Die Komische Oper ist sehr gut, aber du musst dort kämpfen.‹« Masur zögerte nicht lange und sagte zu.

Am 3. Juli 1960 verabschiedete er sich im Großen Haus des Schweriner Staatstheaters mit einem Sonderkonzert. Auf dem Programm standen die »Dritte« von Brahms – eines seiner Lieblingswerke – und die »Dritte« von Beethoven. Im Orchester saß der finnische Dirigent und linkshändige Geiger Paavo Berglund. Die Schweriner sahen Kurt Masur mit Wehmut gehen, und auch für ihn war der Entschluss nicht ohne innere Bewegung gefallen. Es waren zwei ungemein produktive Jahre gewesen. Doch ihn zog es nach Berlin, an das damals spannendste Opernhaus Deutschlands, vielleicht der Welt.

»Ein Pakt auf Gedeih und Verderb«

Mit Walter Felsenstein an der Komischen Oper Berlin 1960–1964

»Eines aber will und muss ich in dieser Stunde versprechen: Es wird nur das gespielt werden, was so gespielt werden kann, wie es gespielt werden muss« – ein programmatischer Satz aus Walter Felsensteins Antrittsrede an der »Komischen Oper« in Berlin am 5. Juni 1947. Dieser ungewöhnliche Mann war am Ziel – das für ihn nur der Anfang war, um endlich den Traum seines Lebens zu verwirklichen. Der gebürtige Wiener, Jahrgang 1901, erlangte nach ersten Engagements als Schauspieler in den dreißiger und frühen vierziger Jahren rasch Spielleiterpositionen an Theatern in Beuthen, Basel, Freiburg, Köln, Frankfurt am Main, Zürich und am Berliner Schiller-Theater, wurde im letzten Kriegsjahr noch zu Siemens dienstverpflichtet und brachte sich 1945 als Spielleiter am Hebbel-Theater mit ganzer Kraft in die Aufbauarbeit des Berliner Theaterlebens ein. Bereits in seiner Anfangszeit an den Städtischen Bühnen im oberschlesischen Beuthen stand neben Arthur Schnitzlers Schauspiel »Liebelei« Giacomo Puccinis Oper »La Bohème« (beides 1926) auf dem Programm. Der junge Schauspieler und Regisseur kannte keine Barriere zwischen Sprech- und Musiktheater: »Es gibt nur Theater oder Nichttheater.« Sein Theater war total: »Ich höre immer wieder von dem Dualismus zwischen Wort und Musik, zwischen Dirigent und Regisseur. Das sind aber keine Gesetze, sondern das Eingeständnis von Schwächen.« Musiker war Walter Felsenstein nicht, aber im besten Sinne musikalisch. Musik als konstruiertes Kunstmittel, »um rein als Klang genossen zu werden, oder – wie manche Musiker behaupten – als fast mathematische Form«, lehnte er ab.

Bevor Felsenstein nach Berlin kam, konnte er eine lange Liste von Inszenierungen an deutschen und schweizerischen Bühnen vorweisen. Das Schwergewicht seiner Theaterarbeit hatte er aber seit 1940 in Richtung Oper beziehungsweise Operette verlagert. Selbst Richard Wagner – um ihn hat er später ganz bewusst einen Bogen gemacht – fehlte anfangs nicht. Nach dem Krieg erhielt Felsenstein von der »Sowjetischen Militär-Verwaltung in Deutschland« die Lizenz für die Leitung des städtischen Operettentheaters in der Berliner Behrenstraße, des einstigen Metropoltheaters, unter dem neuen Namen »Komische Oper«. Sein Debüt gab er Weihnachten 1947 mit Johann Strauß' »Fledermaus«.

Die Inszenierung wurde zur Initialzündung. Mit ihr begann eine in der internationalen Theatergeschichte einzig dastehende Ära, geknüpft an einen Begriff, der heute nicht mehr wegzudenken ist: »realistisches Musik-Theater«. Als Gründungsintendant legte Felsenstein von Anfang an großen Wert auf die Parität beider Wortteile. Sein Konzept: »Der dramatische Einfall schafft die Situation, in der die Musik unentbehrlich und der Gesang zur einzig möglichen Aussage des Darstellers wird.« Das war Felsensteins Credo. Ihm blieb er treu bis zuletzt mit einer für einen phantasievollen Künstler geradezu wissenschaftlichen Akribie. Er forderte den »Sänger-Darsteller«, mit dem er sein musikdramatisches Konzept umsetzen konnte. Er wollte einfach Komödie spielen, heiteres Musiktheater machen, eine Art deutsche »Opéra comique« schaffen, den theatralischen Spaß evozieren – ob nun »Fledermaus« oder »Falstaff«, »Die Kluge« oder »Die verkaufte Braut« –, jedenfalls keine Weltanschauungskunst zelebrieren, denn damit hatte man in jüngster Vergangenheit genug schlechte Erfahrungen machen müssen. Hier war erst einmal heilender Abstand gefragt.

Felsenstein wollte von einem breiten, sozial möglichst weit gefächerten Publikum verstanden werden, deshalb brachte er alle Werke in deutscher Sprache heraus. Das blieb ein Markenzeichen der Komischen Oper auch in späteren Zeiten. Er wollte sich dabei auf ein Ensemble stützen, das ihm bedingungslos folgte und das nicht nur zur Premiere Höchstleistungen vollbrachte, sondern in der Lage war, das Niveau auch noch in der letzten Vorstellung zu halten – ein weiteres künstlerisch unverzichtbares Kriterium. In den fünfziger und sechziger Jahren hatte er damit sehr klare Maßstäbe gesetzt, die der Komischen Oper ihr unverwechselbares Eigenprofil als drittes Opernhaus in Berlin gegeben haben. So war er damals den meisten deutschen Bühnen weit voraus. Sein Konzept fand begeisterte Zustimmung ebenso wie Ablehnung – an ihm schieden sich die Geister.

Eigenwillig und mitunter jähzornig, hasste dieser große Regisseur Bequemlichkeit und Selbstzufriedenheit. Er kannte nur ein Mittel, um mit Problemen fertig zu werden, wie er einmal an den Intendanten des Deutschen Theaters Wolfgang Heinz schrieb: »Nach vorn schauen, immer nur nach vorn!« Politisch war Walter Felsenstein überzeugter Sozialist, aber keinesfalls ein opportunistischer Parteigänger. Deshalb geriet er auch nicht selten in Dissens mit den Kulturverantwortlichen – ein Schicksal, das er übrigens mit Bertolt Brecht und Hanns Eisler teilte. Dennoch: Für die DDR wurde Felsensteins Komische Oper ebenso zum Vorzeigeobjekt wie Brechts Berliner Ensemble.

Masur trat seine neue Position als musikalischer Oberleiter an der Komischen Oper zur Herbstsaison 1960 an. Seit 1956 hatte Felsenstein mit Václav Neumann als Chefdirigenten zusammengearbeitet. Mit ihm hatte er gleich im ersten Jahr Leoš Janáčeks Oper »Das schlaue Füchslein« mit der unvergessenen Irmgard Arnold zu sensationellem Erfolg verholfen. Aber Neumann ging 1960 zurück in seine tschechische Heimat. Zwei Jahre später wurde er Generalmusikdirektor am Leipziger Opernhaus und dann Gewandhauskapellmeister. Auch hierin sollte der schlesische Kollege seinem Vorgänger folgen. Masur hatte seinen

112

Vertrag kurioserweise in Moskau unterzeichnet. Die Komische Oper gastierte damals am Stanislawski-Theater, während er gerade das Moskauer Staatsorchester dirigierte. Er war froh, dass er im Ensemble auf einige Gesichter traf, die ihm aus seiner Hallenser Zeit vertraut waren, wie Irmgard Arnold, Anny Schlemm und Gerhard Frei. »Irmgard Arnold kam in eine meiner Proben mit dem Moskauer Staatsorchester. Sie kannte mich ja damals nur als Nesthäkchen, als lächerlichen Gärtner in ›Figaros Hochzeit‹, und war dann ganz offensichtlich doch überrascht.«

Trotz seiner bisherigen Chefposition am Schweriner Theater sah sich Masur unter Felsensteins Leitung in erster Linie als Lernender. Andererseits kam der erfahrene Theatermann gewiss nicht ohne tieferen Grund auf ihn zu. In ihrer Ehrfurcht vor dem Kunstwerk und in ihrer Besessenheit, seinen wahren Kern den Menschen zu vermitteln, waren sie zwei innerlich sehr verwandte Naturen. Ihr Idealismus machte sie zu Verbündeten. Sie schöpften aus einer Quelle und wussten: Nur aus der Treue gegenüber dem Werk wird enthüllende Ehrlichkeit möglich, und nur mit Kreativität, künstlerischer Phantasie und persönlich empfundener Verantwortung ist dieses Vorhaben zu lösen. Masur stürzte sich mit Vehemenz in die Arbeit, denn das erste gemeinsame Projekt war längst geplant: Giuseppe Verdis »La Traviata«. Mit Verdis Werk war er musikalisch vertraut – zehn Jahre zuvor hatte er diese Oper als Korrepetitor in Halle in allen Details kennen gelernt. Doch jetzt ging es um eine völlig neue Sicht der Handlung. In Felsensteins Konzeption war alle Rührseligkeit ausgemerzt. Er ließ die menschliche Tragödie der schwindsüchtigen Kurtisane Violetta aus einer morbiden, nur auf Lebensgenuss gerichteten Gesellschaft erstehen. Wahre Liebe, wie sie sich durch die Begegnung mit Alfred ergab, musste am Ende an ebenjener Gesellschaft scheitern. Für den Dirigenten brachte dies musikalische Konsequenzen mit sich: zunächst Abschied von einer nur kulinarischen Melodienseligkeit. Dann musste Verdis Musik von dem Vorurteil einer »Leierkastenoper« befreit und die menschliche Tragödie der Violetta auch musikalisch auf neue Weise vermittelt werden.

Die Zeit drängte, denn die Premiere war für den 16. Oktober angesetzt. Sie wurde zur Sensation. Irmgard Arnold als Violetta, Hermin Esser als Alfred, Ernst Gutstein als der alte Germont, die kleineren Rollen exzellent besetzt mit Rudolf Asmus, Erich Blasberg und Werner Enders. Alle waren sie »Sänger-Darsteller« im besten Sinne. Die Presse jubelte. In einem Rückblick schreibt der Theaterkritiker Dieter Kranz: »Jede Note der genialen Partitur Verdis wurde dabei in Aktion und Emotion umgesetzt, und durch die Gestaltung erhielt die Aufführung fast die Dimensionen eines antiken Dramas … Und Verdis Musik erwies in der Interpretation von Kurt Masur durch emotionale Intensität und dynamischen Reichtum eine Qualität, die den theatralischen Entwurf vollauf stützte und rechtfertigte.« Auch das Bühnenbild und die Ausstattung von Rudolf Heinrich, den die Kritik einen »Dichter des Bühnenbildes« nannte, wurden gelobt.

Kurt Masurs Einstand war geglückt. Walter Felsenstein hatte sich nicht getäuscht, er war sogar ein wenig überrascht von den Qualitäten seines neuen musikalischen Chefs und erhöhte ihm sogleich die Gage. In einem Dankesbrief gesteht er ein: »Ich schäme mich. Ich habe Sie unterbezahlt!« Das kam einer Art Liebeserklärung gleich. Masur schätzte »die sensible Wachheit und die Fähigkeit Felsensteins, mit der er Menschen, mit denen er zusammenarbeitete, eine Freude zu bereiten wusste. So streng und unerbittlich er in künstlerischen Fragen war, so weich und persönlich konnte er auch sein.«

Nur ein reichlich halbes Jahr später stand die nächste Premiere ins Haus: Benjamin Brittens »Sommernachtstraum«. Sie hatte allerdings mehrmals verschoben werden müssen. Zuerst lag Felsenstein nach einem Unfall längere Zeit im Krankenhaus, und die Probenarbeit nach den vorhandenen Klavierauszügen stagnierte. Obendrein irritierte eine von Britten revidierte Partiturfassung, die der Londoner Musikverlag Boosey & Hawkes nachgeliefert hatte. Felsensteins Inszenierungskonzept geriet ins Wanken. Als im April 1961 die szenischen Arbeiten schon weit gediehen waren, schrieb er einen verzweifelten Brief an den Komponisten. Aus Felsensteins Sicht waren »nicht nur der Premierentermin, sondern die Inszenierung überhaupt in ernste Gefahr« geraten.

Was war geschehen? Die Handwerkerszene im dritten Akt hatte Felsenstein durchaus ernst angelegt. Die »liebenswerten sechs ›Laienspieler‹« hatten es ihm besonders angetan. Nun aber stand da in der neuen Partitur eine hinzukomponierte »Quasi-Polka«, »die nicht nur einen Fremdkörper in der Rolle des Schnock darstellt, sondern der Gruppe der Handwerker nach meiner Meinung überhaupt jeden ›Ernst‹ ihres Charakters nimmt (der ja auch dann zu bemerken ist, wenn sie in ein parodistisches Gewand gekleidet sind).« Dabei ging es um ganze achtzehn Takte in nur dreißig Sekunden – das Regiekonzept schien durchkreuzt, für Felsenstein ein Grund von »Sein oder Nichtsein«. Weiter heißt es dann im Brief: »Wir alle, die wir an der Vorbereitung der Berliner Erstaufführung Ihres geschätzten Werkes arbeiten – neben mir auch Herr Generalmusikdirektor Kurt Masur, der musikalische Oberleiter unseres Hauses –, können nur hoffen, dass Sie sich nach genauer Prüfung und Überlegung diesem Argument anzuschließen vermögen.« Darauf folgte die dringende Bitte an den Komponisten, die Realisierung der ursprünglichen Fassung, also ohne Polka, an der Komischen Oper zu gestatten. Britten und der Verlag zeigten schließlich Entgegenkommen, wenn auch nur zögernd.

Wenn Walter Felsenstein von der Richtigkeit seines künstlerischen Tuns überzeugt war – und er war es eigentlich immer, weil er nie »drauflos«inszenierte, sondern zuvor ganz präzis und durchdacht die Fundamente seiner Regiegebäude setzte –, konnte ihn niemand vom Weg abbringen. Er ging vor wie ein Architekt, der sich auch nicht verrechnen darf, wenn er ein Bauwerk entwirft, dann aber seine Phantasie spielen lassen kann. Es hätte durchaus in Felsensteins Natur gelegen, den »Sommernachtstraum« ad acta zu legen, wären seine Bedingungen damals nicht akzeptiert worden – Bedingungen, die ja nicht aus Star-Eitelkeiten, sondern aus seiner künstlerischen Überzeugung erwachsen waren.

So aber kam es schließlich am 4. Juli 1961 doch noch zu einer Premiere, die – vergleichbar dem »Schlauen Füchslein« von 1956 – zu einem großen Ereignis der Theatergeschichte wurde. Die Fachkritiken rühmten den unvergleichlichen inszenatorischen Zauber, die Poesie der Bühnenbilder und Kostüme Rudolf Heinrichs, aber auch die adäquat feinsinnige musikalische Umsetzung der Partitur durch Kurt Masur. Die beiden Hauptdarsteller, Oberon und Titania, waren mit farbigen Sänger-Darstellern besetzt: William Ray und Ella Lee. Mit Gabriele Schubert (Hermia), Ingrid Czerny (Helena), Manfred Hopp (Lysander), Uwe Kreyssig (Demetrius), Rudolf Asmus (Zettel) und Werner Enders (Flaut) versprühte ein hochmotiviertes Ensemble theatralisches Feuerwerk – sensibel und deftig, geheimnisvoll und polternd –, wie es der Gang der Handlung verlangte. Bis in den letzten Winkel wurden die Charaktere ausgeleuchtet, und die Zauberkraft der ersten beiden Akte fand mit zwingender Logik in der ausgelassenen Festlichkeit des dritten Aktes und seiner geradezu atemberaubenden Dichte ihre diesseitige und doch auch wieder zauberische Erfüllung. »Dem Theater unsrer Zeit ist mit dieser Aufführung eine große Herrlichkeit zugewachsen«, schrieb damals Siegfried Melchinger im Augustheft von *Theater heute*.

Das hohe künstlerisch-intellektuelle Niveau Walter Felsensteins hat auch Kurt Masur überzeugt: »Er konnte immer beweisen, warum etwas so und nicht anders sein kann.« In einem Fernsehinterview wurde ihm einmal die Frage gestellt, ob Felsenstein vielleicht nicht doch so etwas wie ein Diktator gewesen sei. Seine Antwort ist bezeichnend für ihn selbst: »Er war es nur bei den Menschen, die nicht mit derselben Leidenschaft an den Dingen arbeiteten.« Wer nicht mit ihm diesen Pakt auf Gedeih und Verderb zu schließen vermochte, hatte es nicht nur schwer, sondern war im Grunde ungeeignet, seinen kompromisslosen Weg mitzugehen. Die Mitglieder des Ensembles besaßen jedoch – bei aller Individualität – diese Eignung zur Gefolgschaft. Wer die zahllosen »Kritikbriefe« Felsensteins an seine Mitstreiter liest – sie sind in einer Auswahl 1986 veröffentlicht worden –, erfährt viel vom menschlich-persönlichen Umgang des Chefs mit seinen Akteuren. Da stehen Lob neben Forderung, gute Wünsche neben ungeschminkter Kritik, Herzlichkeit neben appellierender Härte, wenn es um dringende Verbesserungen ging.

»Wenn Felsenstein Sänger hatte, die zwar über eine wunderschöne Stimme verfügten (er liebte schöne Stimmen!), die aber in ihrer Aussagefähigkeit sehr begrenzt waren, weil sie sich ganz einfach nicht mit einer Rolle identifizieren konnten und dafür ihre Sängereitelkeit zur Schau stellten, dann nannte er sie entweder ›Stimmbesitzer‹ oder ›Vokalidioten‹«, erinnert sich Masur. »Das war natürlich sehr spitz, aber nicht eigentlich abfällig. Er wollte nur die Abgrenzung gegenüber jenen Künstlern verdeutlichen, mit denen er wirklich richtig arbeiten konnte.« Manchmal waren das blutige Anfänger, die er glaubte entdecken zu müssen, und er hatte oft Glück mit seinen Entdeckungen. Die Mühe, die er sich gab, junge Sängerinnen und Sänger heranzuführen an die Fähigkeit, Sinn und Tiefe einer Rolle gleichsam am eigenen Leib zu erfahren, und zwar so, dass die Zuhörer gar nicht anders konnten, als dies mitzuerleben, beeindruckten Masur tief, ebenso seine Offenheit gegenüber guten Argumenten seiner jungen Mitstreiter. »Nie zeigte er sich da verschlossen. Er führte keine Machtkämpfe. Wenn ein Sänger ihm geistig vielleicht unterlegen war, aber über eine ›sängerische Intelligenz‹ verfügte und die Fähigkeit besaß, eine Rolle glaubwürdig darzustellen, dann behandelte er ihn genauso als Partner wie diejenigen, die man als seine Protagonisten bezeichnen kann, die ihm auch geistig oftmals Paroli bieten konnten. Eine Irmgard Arnold oder ein Rudolf Asmus waren dazu absolut in der Lage. Mich haben solche schöpferischen Diskussionen außerordentlich bereichert. Da gab es eben Sänger, die um Felsensteins Philosophie der Darstellungskunst ganz genau Bescheid wussten und ihn gelegentlich auch mal einer Inkonsequenz überführen konnten. Es gab Diskussionen, die in einem normalen Theaterbetrieb überhaupt nicht denkbar waren, weil dafür in der Regel keine Zeit vorhanden ist.«

Wie sehr sich Felsenstein für seine Mitstreiter einsetzte, macht eine Episode deutlich, die Kurt Masur persönlich betraf. Er hatte eine Vorstellung von Brittens »Sommernachtstraum« zu dirigieren. Ein hoher Gast wohnte dieser Aufführung bei: Dmitri Schostakowitsch. Masur, der schon damals unter Nierensteinen litt, bekam wenige Minuten vor dem Ende die gefürchteten Schmerzen und hat mit letzter Konzentration noch den Schlussakkord dirigieren können. Dann wurde er von ein paar Musikern nahezu ohnmächtig in seine Garderobe gebracht. Als Felsenstein kam, um ihn zum verabredeten Treffen mit Schostakowitsch abzuholen, und seinen Dirigenten gekrümmt vor Schmerzen am Boden liegen sah, war er schockiert und handelte sofort. Er ließ Schostakowitsch warten und brachte Masur in seinem Wagen zur Charité. »Er sorgte dafür, dass ich sofort Morphium bekam, um die Schmerzen loszuwerden. Erst nachdem er im Krankenhaus alles geregelt hatte, fuhr er zurück und widmete sich seinem internationalen Gast. Wenn es jemandem im Ensemble nicht gut ging, hat er sich immer persönlich gekümmert. Einen Menschen von solch innerer Größe und gleichzeitiger Natürlichkeit habe ich später kaum noch einmal getroffen.«

Wie unerbittlich Felsenstein andererseits in künstlerischen Dingen sein konnte, belegt eine andere Episode. Masur erinnert sich, dass vielleicht nach der zweihundertsten Vorstellung vom »Schlauen Füchslein« die große Irmgard Arnold einmal nicht ganz in Hochform gewesen war. »Sie musste ja trainieren wie eine Tänzerin, um sängerisch-darstellerisch alles minutiös umsetzen zu können. Prompt sagte er ihr am nächsten Tag auf der Probe: ›Arnold, du wirst alt!‹ Dass sie dann für die nächsten fünfundzwanzig Vorstellungen wieder jung wurde und es blieb, das ist etwas Ungeheuerliches.« Auch die Darstellerin der Helena in Brittens »Sommernachtstraum« erhielt während späterer Proben einen der berüchtigten Kritikbriefe: »Hüten Sie sich vor Fleiß und Überintensität und kommen Sie mit einem vollen Bauch auf die Bühne. Was da drin sein muss, wissen Sie, so glaube ich, genau … Ihre Blicke zu Masur hatten mitunter freilich eine Schamlosigkeit, die sonst nur Blasberg erreicht.«

Kurt Masur hat nie Kritikbriefe erhalten, mit ihm setzte sich Felsenstein verbal auseinander, und das heftig. Aus sicherem Abstand weiß Masur heute: »Er hat brüskiert und schockiert, zugleich aber auch Liebe und Hingabe, ja Verehrung erzeugt.« Doch gab es auch Grenzen der Gefolgschaft. Mozarts »Zauberflöte« stand 1963 auf dem Programm der Wiederaufnahmeproben. Man befand sich in der Szene der Feuer- und Wasserprobe im zweiten Aufzug: Die beiden geharnischten Männer weisen Tamino in tiefem Ernst auf die bevorstehenden Prüfungen hin, die er mit Pamina bestehen muss, wenn sich ihre Liebe erfüllen soll. Musikalisch erinnert das in seiner Strenge an ein Bachsches Choralvorspiel: Ein Cantus firmus – »Der, welcher wandert diese Straße voll Beschwerden« – wird in kontrapuntischer Setzart vom Orchester auf eindringliche Weise getragen und geführt. Es ist eine der großartigsten Eingebungen Mozarts. Bevor aber der einstimmige Gesang der Geharnischten einsetzt, hat im Orchester schon zehn Takte vorher diese hochsensible polyphone Musik eingesetzt – ein ganz und gar zwingender musikalischer Vorgang. Masur kam zur Klavierprobe und musste erleben, wie genau in diese bewegende und tiefe Musik der Abschiedsdialog zwischen Sarastro und Tamino melodramatisch hineingesprochen wird: »Ich war entsetzt und fragte erregt, was das denn soll. Da wurde Felsenstein sehr böse und entgegnete mir: ›Was wollen Sie denn? Sollen Ihnen die Leute die ganze Zeit zuhören, und auf der Bühne geschieht nichts?‹ Das ging mir zu weit. Ich erwiderte: ›Herr Felsenstein! Die Leute sollen nicht *mir* zuhören, sondern Mozart. Und was hier geschieht, ist zwar inhaltlich mit dem gesprochenen Dialog verwandt, aber es hat mit der Tiefe von Mozarts Empfindung, mit der Todesangst und dieser Unabdingbarkeit der Prüfungen nichts zu tun! Das andere ist nur ein Dialog, den man als Zuhörer einfach akzeptiert als einen Abschied, mehr nicht.‹ So etwa waren meine Worte. Daraufhin unterbrach er die Arbeit und sagte eisig: ›Die Probe ist beendet!‹ – Nach drei Tagen bestellte er mich in sein Büro. Er saß mir gegenüber, schweigend, immer noch gereizt und sicher auch noch böse. Dann fragte er mich: ›Bitte, können Sie mir jetzt erklären, wie *Sie* diese Stelle inszenieren würden?‹ Ich hatte mit einer solchen Frage gerechnet und war darauf vorbereitet. Ich blieb ganz ruhig und entgegnete: ›Es wird doch einem Felsenstein gelingen, über dieser großen Musik den Abschied zwischen Sarastro und Tamino auch ohne Worte so zu gestalten, dass die Zuhörer genau empfinden, was da vor sich geht. Und gleichzeitig erfahren sie durch Mozarts Musik, welche Bedeutung dieser Abschied hat.‹ – Am nächsten Tag hat er wieder probiert.«

Auch beim »Othello« rangen sie miteinander. Im dritten Akt begegnet Othello, nachdem es Jago gelungen ist, ihn mit dem Gift der Eifersucht zu infizieren, wieder Desdemona. Ahnungslos kommt sie auf ihn zu. Othello ist erneut gefangen von ihrer Schönheit und singt: »Reicht mir die schönste aller Hände.« Felsenstein wollte den Othello-Darsteller Hanns Nocker dazu bringen, diese beseelte Kantilene mit zynischem Gestus zu singen. Masur sah, dass er hier aus musikalischen Gründen eingreifen musste, und wandte ein: »Othello ist doch dieser Frau, die er liebt, wieder verfallen!« Sie fanden eine Lösung.

Es war nicht ihre einzige Auseinandersetzung in Bezug auf diese »Othello«-Inszenierung. Die Zusammenarbeit an dieser Oper offenbarte einen Dissens in der Frage der letzten künstlerischen Verantwortung im musikalischen Bereich zwischen Regisseur und Dirigent, der sich im Laufe der Jahre auswachsen sollte. Letztendlich war es auch eine Machtfrage, die sich in der folgenden Episode besonders signifikant äußerte: »Ich probte gerade den Feuerchor aus dem ›Othello‹, als sich Felsenstein über die Brüstung beugte und mir das Metronom vor die Augen hielt, um mir zu beweisen, dass mein Tempo nicht genau mit dem übereinstimmte, das Verdi hier vorgibt. Da habe ich aufgehört zu dirigieren und gesagt: ›Was wollen Sie, einen Sklaven oder einen Dirigenten?‹ Felsenstein reagierte verdutzt und betroffen. Er wollte ja eigentlich nie jemandem wehtun, aber die Situation war absolut desavouierend für mich. Ich dirigierte also weiter und behielt natürlich das Tempo bei.«

Als das Werk beim Rundfunk aufgenommen werden sollte, gab es erneut heftige Kontroversen, die Masur sogar so weit führten, am 14. September 1962 einen – später dann zurückgenommenen – Kündigungsbrief an Felsenstein zu schreiben: »Nachdem ich mehrere Beweise Ihres Misstrauens gegenüber meiner künstlerischen Arbeit an Ihrem Hause erhielt, ist für mich das letzte Vorkommnis von sehr schwerwiegender Bedeutung. Sie haben dem Rundfunk durch Ihre Sekretärin erklären lassen, dass Aufnahmen aus der Oper ›Othello‹ von Verdi unter meiner Leitung mit Sängern der Komischen Oper und Ihren Texten nur unter Ihrer Aufsicht stattfinden könnten. Sie haben damit auch in der Öffentlichkeit eindeutig das Misstrauen gegen mich ausgesprochen, und ich teile Ihnen hierdurch mit, dass mein Vertrag mit der Komischen Oper mit Ablauf dieser Spielzeit als beendet anzusehen ist. Ich bedaure sehr, dass meine Kraft und meine künstlerische Leistung nicht ausgereicht haben, um Ihnen ein vollwertiger Mitarbeiter zu sein.«

So heftig die Auseinandersetzungen zwischen dem unnachgiebigen Österreicher und dem »schlesischen Dickschädel« scheinen mögen, sie waren enorm produktiv für beide. Und letztlich führten auch ihre Kämpfe um Verdis »Othello« zu einer herausragenden Inszenierung, die 1969 für den Deutschen Fernsehfunk Berlin und die DEFA als Film dokumentarisch festgehalten wurde. Dem vitalen Regie-Arbeiter, begabt mit unglaublicher Phantasie und untrüglichem Gespür für das Geschehen auf der Bühne, stand ein kongenialer Dirigent gegenüber, der beseelt war von der Elementarkraft und Eindeutigkeit der musikalischen Aussage. Er hatte »der Anwalt für die allabendliche Gültigkeit und Verständlichkeit der Konzeption« zu sein, wie es Felsenstein formulierte. Die zwei in der Umsetzung ihrer Vorstellungen unerbittlichen Perfektionisten wussten, was sie aneinander hatten. Die Waffe, die Felsenstein zu Gebote stand, war die Sprache, der präzise Umgang mit ihr. Das forderte Masur heraus und disziplinierte ihn: »Ohne mich vordergründig erziehen zu wollen, hat er es dennoch getan, gerade im Gebrauch der Worte. Wenn wir diskutierten, ging es ja immer um Feinheiten der Interpretation, um ›Millimeter‹. Und ich fand anfangs nicht immer den richtigen Ausdruck, die treffende, erhellende Formulierung gegenüber diesem wortgewaltigen Mann, um deutlich zu machen, was *ich* dazu meinte. Da halfen nicht tausend umschreibende Worte, da musste man ganz schnell auf den Punkt kommen. Wir haben um Dinge gekämpft, wovon man sich heute überhaupt keine Vorstellung mehr machen kann.«

Je mehr Kurt Masur in der Arbeit an der Komischen Oper aufging, desto stärker drängte es ihn, eigene Intentionen einzubringen. Entsprechende Möglichkeiten boten ihm die Sinfoniekonzerte mit dem Orchester der Oper. Felsensteins Grundeinstellung, das Wahrhaftige der künstlerischen Aussage einzig aus dem Kunstwerk zu schöpfen, suchte Masur auf die sinfonische Literatur zu übertragen. Dort, im eigenverantwortlichen Umgang mit dem Orchester, sah er das

Feld, auf dem er ohne die Allmacht des Intendanten und ohne die Unerbittlichkeit seiner Regieführung die eigenen interpretatorischen Vorstellungen vermitteln konnte. Diese Sinfoniekonzerte trugen seine Handschrift. Da gab es ein Gebiet, das dem Orchesterchef allein gehörte – und er hat es genutzt: »Das Wichtigste war mir dabei, eine klar verständliche Botschaft zu versenden – ob nun mit der Opernbühne oder auf dem Konzertpodium.«

Diese Unabdingbarkeit hat ihn in Berlin geformt und ihn auch in gewisser Weise streng gemacht gegenüber einem Orchester, das sich bis dahin immer nur in der zweiten Reihe sah. In zahlreichen Konzerten verschaffte Masur ihm die Möglichkeit, als Sinfonieorchester »oben« zu spielen – nicht mehr nur hörbar im Graben, sondern für jedermann sichtbar auf der Bühne. Das bedeutete eine gewaltige Herausforderung angesichts der hochkarätigen Berliner Orchesterlandschaft und führte unvermeidlich zu großen Spannungen zwischen Masur und den Musikern: »Die Berliner waren sehr selbstbewusst, und sie meinten, sie spielten schon sehr gut. Wenn ich sie dann kritisierte, habe ich ihnen immer wieder gesagt: ›Freunde, was da oben auf der Bühne passiert, geschieht mit einem solchen Niveau, dass wir uns hier unten mit unserer Leistung nicht abfinden können!‹ Um eine solche Qualität, wie ich sie mir angesichts der Meisterschaft oben auf der Bühne vorstellte, zu erreichen, bedurfte es jedes Mal eines Riesenschrittes. Ich erinnere mich, dass einmal ein Posaunist von der Staatskapelle, der kurzfristig beim ›Othello‹ eingesprungen war, nach der Vorstellung ganz erstaunt fragte: ›Bei euch ist wohl jeden Abend Premiere?‹« Diese Unerbittlichkeit hat sich schließlich ausgezahlt, und die Musiker spielten zu seiner Beglückung immer klangschöner und technisch perfekter.

Masur lebte gern in Berlin. Das Tempo der Stadt, die Offenheit und der respektlose Humor der Berliner lagen ihm. Einmal habe er bei der Post am Schalter einen großen, etwas arrogant wirkenden Mann erlebt, der ein Paket in den

Westen schicken wollte: »Sorgfältig hatte er auf das Paket, wie es damals verlangt wurde, geschrieben: ›Geschenksendung! Keine Handelsware‹. Als der Postbeamte das Vorzeigen des Personalausweises verlangte, hielt er ihm einen Ausweis vor, den der Beamte jedoch brüsk zurückwies. ›Sehen Sie denn nicht‹, erregte sich der Mann daraufhin, ›dass dies ein besonderer Ausweis ist? Ich bin vom Zentralkomitee!‹ – ›Und ick bin der Kaiser von China!‹ parierte prompt ein kleiner Berliner hinter ihm.«

Berlin war nach wie vor geteilt, realpolitisch wie in den Köpfen der Menschen. Keine Stadt bekam die Auswirkungen des Kalten Krieges, die Konfrontation der Supermächte und die Überlebensmaßnahmen des DDR-Regimes unmittelbarer zu spüren. Als am 13. August 1961 die Mauer, der so genannte antifaschistische Schutzwall, gebaut wurde, löste das weltweit einen Schock aus. Walter Ulbricht hatte mit dem Segen der Sowjetunion die Notbremse gezogen. Für zahllose DDR-Bürger war damit der zwar streng kontrollierte, aber immerhin doch mögliche Fluchtweg aus dem Machtbereich des Ostblocks in die Westsektoren abgeschnitten. Auch die künstlerische und sportliche Elite verlor vorerst ihre Reiseprivilegien.

Kurt Masur kann sich noch sehr genau an diesen Tag erinnern: »Ich ging mit dem Regisseur Wolfgang Kersten – er war damals engster Mitarbeiter Felsensteins – Unter den Linden in Richtung Brandenburger Tor entlang, um diesen schrecklichen Mauerbau, die gesperrte Grenze nach Westberlin, zu sehen. Aus Neugier liefen wir weiter zum Checkpoint Charlie in der Friedrichstraße. Auf dem Rückweg zur Komischen Oper pöbelte uns plötzlich ein Mann ziemlich heftig an: ›Wir werden es euch schon zeigen!‹ Er hielt uns offenbar für Westberliner oder Westdeutsche. Kersten und ich schauten uns nur an. Wir hatten sofort den Verdacht: ›Der Mann ist bestimmt von der Stasi.‹ Und ich machte mir den Spaß, zu einem der vielen herumstehenden Polizisten zu gehen und ihm zu sagen: ›Dieser Mann da belästigt uns!‹ Der Vopo musste sich wohl oder übel mit jenem

Herrn in Zivil unterhalten, was uns bei aller Tragik der Situation amüsierte.«

Viele der Westberliner Musiker – sie machten etwa die Hälfte des Orchesters der Komischen Oper aus – hatten nun Angst, ihre Arbeit zu verlieren. Walter Felsenstein, der damals ebenfalls noch in Westberlin wohnte, setzte jedoch durch, dass sie täglich ihren »Brieffahrschein« bekamen und sogar zum Teil in Westgeld bezahlt wurden, obwohl Devisen knapp waren. Das führte zu Spannungen zwischen den Ost- und den Westmusikern, die Masur nachempfinden konnte: »Das Umtauschverhältnis zwischen Ost- und Westmark war grotesk geworden.« Er selbst hatte noch für einige Zeit eine Sondergenehmigung für Westberlin.

Masur hätte bei einem seiner Besuche dort bleiben können, doch diese Frage stellte sich ihm nicht wirklich. »Meine Mutter, meine Familie lebten hier, ich hätte das überhaupt nicht fertig gebracht.« So blieb ihm nichts anderes übrig, als sich mit der neuen Situation in der DDR abzufinden. »Ich habe – naiv ausgedrückt – versucht, so zu leben, als gäbe es keine Grenze.« Solange er reisen durfte, war das sicher kein Problem. Aber es sollte eine Zeit kommen, in der er die Existenz des Eisernen Vorhangs schmerzhaft spüren würde.

In jenen Berliner Jahren bewältigte Kurt Masur ein gewaltiges Arbeitspensum, das ihn fast überforderte: »Mit den wachsenden Aufgaben wuchsen die Ansprüche und Erwartungen der anderen. Ich wurde zum Getriebenen, um diese Erwartungen erfüllen zu können.« Zum Getriebenen wurde er auch in seinem Privatleben. Er wusste, dass er den ehelichen Schwebezustand nicht länger aufrechterhalten konnte und eine Entscheidung treffen musste. Die Spannungen waren unerträglich geworden. Er zog aus dem gemeinsamen Haus in Berlin-Grünau, das er und Brigitte inzwischen erworben hatten, aus – vorerst in ein Hotel. Für die Kinder wollte er jedoch – soweit ihm dies zeitlich möglich war – da sein. Inzwischen war sein zweiter Sohn Matthias geboren worden, ein Versöhnungskind. »Das Ende

meiner ersten Liebe war für mich bewegend und auch mit
Schuldgefühlen belastet, aber ich konnte es nicht mehr steuern, auch meine damalige Frau Brigitte nicht. Doch ich bin
dankbar für diese Jahre, die mich natürlich mitgeprägt haben. Ich bin dankbar, dass meine erste Frau heute die Ob-
jektivität besitzt, auch für sich diese Jahre als etwas Wert-
volles zu empfinden, und dass mein Verhältnis zu den
Kindern aus dieser Ehe zwar unterschiedlich, aber doch
von Respekt und auch von Liebe getragen ist.« Michael und
Angelika sahen ihren Vater nun am ehesten bei der Arbeit
in der Komischen Oper. Sie sangen im Kinderchor mit und
durften auch in Benjamin Brittens »Sommernachtstraum«
auftreten. »Ich glaube, die elfjährige Angelika war der ›Senf-
samen‹, und der zwölfjährige Michael trommelte.«

Auch in der Alltagsarbeit mit dem Orchester kam es
bald immer häufiger zu Konflikten, die das Vertrauensverhältnis zwischen Dirigent und Musikern zu zersetzen
begannen. Masur hatte ehrgeizige Pläne mit dem Orchester. Die Erfolge der Sinfoniekonzerte, seine dort ausgelebte
Unabhängigkeit, ließen in ihm ein Unbehagen wachsen,
wenn es um die tägliche Opernarbeit ging: »Es gab enorme
Spannungen. Bei der Aufnahme einer Komposition von
Wolfram Heiking sind sie zur Entladung gekommen. Er
hatte ein Stück für das Orchester geschrieben, das ein bisschen puzzelig war, und es lief nicht so gut. Als ich die Aufnahme noch einmal wiederholen wollte, weigerte sich der
Konzertmeister: ›Wir spielen nicht mehr!‹ Ich sagte: ›Aber
das können wir doch nicht so stehen lassen, das war doch
nicht gut.‹ Doch er meinte nur: ›Tja, da kann man nichts
machen, die Zeit ist um.‹ Und da habe ich gesagt: ›Freunde,
wenn wir uns mit solchen Stücken nicht anders identifizieren, als das jetzt im Augenblick der Fall ist, dann habt
ihr ’nen falschen Dirigenten, dann werde ich gehen müssen.‹«

Als Masur eine Versammlung einberief, um den Heiking-
Vorfall auszuwerten, schwieg das Orchester seinen Chef
regelrecht aus: »Wir wollen nicht mit Ihnen reden«, war

der einzige Satz, den er zu hören bekam. Masur spürte, dass die Zeit gekommen war zu gehen, denn auch in der Arbeit mit Felsenstein fühlte er sich bei aller Gemeinsamkeit zu stark und vor allem zu einseitig eingebunden. Er bat Walter Felsenstein um eine Unterredung, in der er dem Intendanten seine Situation klar zu machen versuchte: »Ich sagte ihm, dass es ja keinerlei Improvisationsmöglichkeit gäbe. Alles war genau festgelegt, alles musste minutiös ablaufen. Ich spürte die Gefahr, dass ich meine Spontaneität als Dirigent verlor, dass ich nicht mehr wirklich kreativ sein konnte, sondern nur noch als Vollstrecker auf etwas Vorgefertigtes zu reagieren hatte. Ich sagte ihm das, und er verstand mich nicht. Wir haben drei mehrstündige Gespräche geführt und einige Briefe gewechselt, und er verstand mich noch immer nicht. Er konnte nicht nachvollziehen, dass ich mich in dieser bedingungslosen Einbindung als Persönlichkeit nicht wirklich entfalten konnte. Er unterstellte mir in seiner unnachahmlichen drastischen Art, ich wolle also ein ›Pulthengst‹ werden. Natürlich wollte ich das nicht! Mein Bekenntnis zu seiner Art von Musiktheater hat das überhaupt nicht berührt. Nur kam eben auch die Erkenntnis, dass mich das auf die Dauer zerstören würde. Auch das habe ich ihm gesagt. Schließlich war der Punkt erreicht, es ging nicht mehr, und er sagte nur kurz: ›Masur, ich sehe, Sie müssen gehen!‹«

Felsenstein sah in diesem Schritt in erster Linie einen Verrat an ihm und an der Idee seiner Komischen Oper. Masur aber stand am Scheideweg: Ein »Weiter so« konnte er für sich persönlich nicht mehr akzeptieren; andererseits litt er unter der Vorstellung, gewachsene Bindungen aufgeben zu müssen: »Ich habe diesen Mann tief verehrt. Ich bin an die Komische Oper gegangen mit dem Gefühl: Es ist genau das, was ich immer gewollt und im Stillen ersehnt habe, ohne es genau zu wissen. Aber er wusste es: Die Wahrhaftigkeit, die Ehrlichkeit, die Überzeugungskraft der singenden, spielenden Künstler – sie bringen das wirkliche Leben auf die Bühne. Und die Menschen unten im Parkett verstehen das. Genau diese Kunstauffassung hat mich immer beflügelt und beglückt. Nur der Preis war letztlich zu hoch für mich. Die Trennung musste sein.«

Masurs Entscheidung war gefallen: Anfang 1964 reichte er seine Kündigung zum Ende der Spielzeit ein, verband allerdings diesen Schritt mit dem Angebot zurückzukehren, wenn es die Verhältnisse zuließen. Eine Hintertür wollte er sich offen lassen, denn zum ersten Mal in seiner bisherigen Karriere winkte ihm keine neue Aufgabe. Er hatte eine Spitzenposition im Musikleben der DDR erreicht, und er setzte sie aufs Spiel. Das war sein Risiko, und er war sich dessen bewusst. Felsenstein nahm den Rücktritt an, nicht ohne Bedauern. Einen Gastvertrag schloss er allerdings aus. »Wenn Sie zwingende Gründe haben, eine feste Bindung überhaupt abzulehnen, dann gelten diese Gründe gleicherweise innerhalb einer Gasttätigkeit«, teilte er ihm brieflich am 12. Februar 1964 mit. Das klang schroff, und sicher saß der Stachel tief. Aber eine endgültige Trennung bedeutete es dennoch nicht.

Masur hatte viel gelernt: »Es war die wichtigste Zeit meines bisherigen Lebens. Die Tiefe dieser Zusammenarbeit und das ausgeprägte Verantwortungsbewusstsein jedes Einzelnen, nichts falsch zu machen, führten zu einer Beglückung, die mich bis zum heutigen Tag nicht verlassen hat. Ich habe bei ihm gelernt, dass es keine Kompromisse gibt im musikalischen, künstlerischen Bereich.« Auch Walter Felsenstein sieht zehn Jahre später in den gemeinsamen Produktionen die »gültigsten Leistungen des Musiktheaters«.

DIE MACHTPROBE

Ohne Orchester
1964–1967

Im Frühjahr 1964 war Kurt Masur um viele Erfahrungen
reicher, aber ohne Orchester. Er stand sozusagen auf der
Straße. Innerhalb der DDR gab es keine ihm entsprechende
Position. Wie sollte es weitergehen? Da kam ein Angebot
aus Westdeutschland. Er hätte als Chef nach Bremen gehen können. Es war zwar keine besonders lukrative Of-
ferte – immerhin hatte er 1956 schon einmal die Münchner
Oper ausgeschlagen –, doch Bremen war ein gut geführtes
Theater. Masur wandte sich an das Ostberliner Kulturministerium: »Ich bin bereit, DDR-Bürger zu bleiben, aber
lasst mich diesen Dreijahresvertrag mit Bremen abschlie-
ßen. Ihr habt doch hier im Augenblick keine Position für
mich.« Er hatte keine Chance. Die Kulturfunktionäre ließen ihn nicht gehen. Inmitten des Kalten Krieges obsiegte
das Misstrauen. Auch ein Kurt Masur könnte ja vielleicht
»drüben bleiben«. Man hätte den politischen Schaden,
den Hohn des Westens und für die DDR-Musikszene
einen substantiellen Verlust, der nicht – wie oft üblich – zu
bagatellisieren oder gar zu verheimlichen wäre.

Masur war verzweifelt. Überall gab es Spannungen. »Ich
hatte keinen ruhenden Pol mehr, ich fühlte mich eigentlich
nirgendwo mehr zu Hause. Als ich einen Arzt konsultierte,
sagte er mir nur knapp: ›Für das, was Sie mir schildern, gibt
es keine Pillen. Da müssen Sie Ihr Leben in Ordnung bringen.‹ Ich war mir im Klaren darüber, dass die Vorstellung,
aus Liebe zu den Kindern die Ehe zu erhalten, mehr und
mehr wirkungslos war. Ich liebte die Kinder, aber es war

ein gespaltenes Bewusstsein, weil sie ja weiter von der Mutter betreut und erzogen wurden. Ich bat meine erste Frau um die Scheidung. Sie willigte nicht ein – unter Hinweis auf die Familie. Der Schein einer intakten Beziehung sollte wenigstens nach außen gewahrt bleiben.« Die damaligen DDR-Gesetze machten damit die Scheidung unmöglich, eine Lösung war vorerst nicht in Sicht.

In einer alten Freundschaft fand Masur damals »mehr und mehr eine Art zu Hause, das Gefühl von Wärme und bedingungsloser Liebe – das war meine spätere Frau Irmgard. Wir waren uns schon begegnet, als sie noch Tänzerin in Schwerin war. Ich hatte mich eines Nachmittags etwas hinlegen wollen, da hörte ich jemanden im Nachbarraum kleine Beethoven-Sonatinen spielen. Ich war überrascht und sah nach, wer da wohl musizierte. Ein junges Mädchen saß am Klavier, dessen versunkenes Lächeln mich tief berührte. Sie hatte eine Liebenswürdigkeit an sich, die nicht nur mich bewegte – viele mochten sie. Sie kam aus einfachen Verhältnissen und war ein sehr ernstes, lebenskluges Mädchen, bereits sehr reif für ihr Alter. Weil sie oft allein war und sehr zurückgezogen lebte, luden Brigitte und ich sie ab und zu ein. Das waren heitere, zwanglose Nachmittage, bis meiner Frau auffiel, wie glücklich ich immer war, wenn sie da war, und wie unglücklich, wenn sie nicht da war. Zu jener Zeit bestand absolut keine Gefährdung, denn Irmgard hatte viel zu viel Respekt vor meiner Ehe und liebte auch die Kinder sehr. Später ging sie dann von Schwerin nach Chemnitz, damals Karl-Marx-Stadt, wo sie lange Zeit an einer Beininfektion litt. Zu Beginn meiner Berliner Zeit verloren wir uns etwas aus den Augen. Dann bekam sie plötzlich ein Engagement als Tänzerin an der Berliner Staatsoper, und wir sahen uns wieder. Es begann eine bedingungslose Liebe, die für mich immer wertvoller wurde. Zu der Zeit war ich bereits zu Hause ausgezogen. Was mich an ihr fasziniert hat, waren die Poesie und die Wärme, die sie ausstrahlte. «

Im Frühjahr 1964 war klar, dass sich der Eiserne Vorhang auch vor Kurt Masur gesenkt hatte: »Wenn ich heute zurückblicke, dann waren die drei Jahre, nachdem ich die Komische Oper verlassen hatte, die schwierigste Zeit meines Lebens. Ich wurde von der staatlichen Agentur – sagen wir es bescheiden – ›geschnitten‹, ja boykottiert.« Ein Generalmusikdirektor ohne Orchester – das war ein König ohne Land. Das Angebot, zu politischen Feierstunden zu dirigieren – es gab sie in Fülle! –, empfand er als demütigend.

Dass er »in Ungnade zu fallen« begann, merkte er zuerst an der Presse. Im Herbst 1963 hatte er mit dem Orchester der Komischen Oper ein Konzert im Rahmen der alljährlich stattfindenden (Ost-)Berliner Festtage geleitet mit einer originellen Verdi-Hommage, wobei vier zeitgenössische Komponisten – Gerhard Wohlgemuth, Jan Cikker, Siegfried Matthus und Paul Dessau – Orchestervariationen über das Quintett »È scherzo od è follia« aus dem ersten Akt vom »Maskenball« beigesteuert hatten. Hansjürgen Schaefer, Chefredakteur von *Musik und Gesellschaft* und Musikkritiker beim *Neuen Deutschland*, dem Zentralorgan der SED, schrieb da noch von »herzlichem Erfolg«. Doch an der Interpretation von Haydns Paukenschlag-Sinfonie ließ er kein gutes Haar. Sie sei nicht gründlich einstudiert worden, habe keine Nuancen, keine Differenzierungen, eine falsche Phrasierung im Finale und überhaupt: »Hier wurde an Haydn gesündigt«, und man hätte lieber ganz auf die Aufführung verzichten sollen. Der Ton und die Art der Kritik hatten wenig mit einer Sachauseinandersetzung gemein. Man wollte ihn offensichtlich provozieren.

Und Kurt Masur fühlte sich tatsächlich herausgefordert. Er schrieb im Märzheft eine Entgegnung und widerlegte detailliert die von »HJS« erhobenen Vorwürfe. Sein Ton war scharf, aber sachlich. Dem Rezensenten stellte er schließlich die Frage nach dem »Ethos und der Aufgabe unserer Musikkritik«. Die Unterschrift lautete: »Das Orchester der Komischen Oper, Kurt Masur, Generalmusikdirektor«. Noch war er es. Der Abdruck dieser Erwiderung ließ eine Stellungnahme Schaefers erwarten, die auch prompt erfolgte: »Ich bekenne mich schuldig«, hieß es da zynisch, ohne dass der Schuldige etwas zurückzunehmen bereit war. Schaefer aber war keine Privatperson – hier sprach die Staatspartei, die bekanntlich immer Recht hatte. Masurs Name tauchte dabei kein einziges Mal auf, es war lediglich vom »zornigen Kritiker der Komischen Oper« die Rede.

Der Vorfall, eigentlich eine Bagatelle, war doch symptomatisch für die angespannte Situation, in die Masur als Dirigentenpersönlichkeit geraten war. Der Nervenkrieg hatte nun eine öffentliche Dimension erreicht, und das war nicht ungefährlich. Kurze Zeit später wurde er ins Ministerium für Kultur, Abteilung Musik, gebeten. »Der damalige Leiter bat mich zu sich und legte mir eine Stellungnahme zu Fragen der Musikkultur in der DDR vor, die ich geschrieben, er aber ›verbessert‹ hatte. All die obligatorischen Schlagwörter vom ›Sozialismus‹, von der ›Arbeiterklasse‹ und so weiter hatte ich nämlich umgangen, und jetzt fand ich sie plötzlich in meinem Text. Er gab mir zu bedenken, dass es doch in meiner Situation ratsam wäre, diese Neufassung zu akzeptieren.« Masur empfand dieses Ansinnen als eine Prüfung seiner Standfestigkeit und lehnte es brüsk ab. Mit seiner Verweigerung riskierte er viel, die Staatsmacht hatte einen langen Arm.

Eine neue Position wurde ihm nicht angeboten. Der Absturz war schmerzhaft. Er fühlte sich bewusst übergangen, ausgegrenzt, auf bedeutungslose Nebengleise abgeschoben. Ohne Orchester und mit einem – wenngleich unausgesprochenen – Auslandsverbot geriet er auch finanziell bald in Bedrängnis. Seinen geliebten Tatra 603 »mit dem Flugzeugmotor« musste er verkaufen, um die Familie über Wasser zu halten. Das fiel dem passionierten Autofahrer nicht leicht. Zunehmend war er nun auf Freunde angewiesen. Oft fuhr ihn Siegfried Matthus durch Berlin. Nur wenige Menschen standen ihm damals helfend zur Seite.

Neben Matthus war es auch Kurt Sanderling. Fast zwanzig Jahre hatte der 1936 aus Deutschland emigrierte Dirigent bei den Leningrader Philharmonikern gewirkt und dort zusammen mit dem Chefdirigenten Jewgeni Mrawinski das Orchester in die internationale Spitzenklasse geführt. 1960 kehrte er zurück und wurde Chef des neu gegründeten Städtischen Berliner Sinfonie-Orchesters. Vier Jahre später übernahm er als Nachfolger Otmar Suitners zusätzlich die Leitung der Dresdner Staatskapelle. Masur hatte Sanderling 1959 im Theater in Leningrad kennen gelernt. Gustaf Gründgens gastierte dort mit der Hamburger Aufführung des »Faust«. Er ließ sich die einmalige Gelegenheit, diesen grandiosen Schauspieler und Regisseur, dem wie ihm selbst die Werktreue das Wichtigste an einer Inszenierung war, nicht entgehen: »Also setzte ich mich in die deutsche ›Faust‹-Aufführung und erlebte ein russisches Publikum, das das Stück auf eine Art und Weise verstand, wie ich es bei einem deutschen Publikum bisher nicht erlebt hatte.« In der Pause tippte ihm ein Mann auf die Schulter: »Sie sind Kurt Masur? Ich bin Kurt Sanderling, guten Tag.« Sie trafen sich in Berlin wieder, als Sanderling auf allerhöchsten Ukas von Nikita Chruschtschow endlich hatte in die Heimat zurückkehren dürfen.

Sanderling wusste, wie Masur zumute war, und versuchte, ihm zu helfen. Einmal im Monat überließ er ihm ein Konzert mit dem Berliner Sinfonie-Orchester – das war mehr als eine noble kollegiale Geste. Masur empfindet »große Verehrung für diesen wunderbaren Mann«, der ihm eines Tages am Rande einer Kulturkonferenz – leidgeprüft im Umgang mit Diktaturen – einen guten Rat gegeben hatte: »Irgendein hochrangiger Parteifunktionär hielt uns einen geharnischten Vortrag über die große politische Verantwortung des Künstlers im Sozialismus mit der Quintessenz, dass wir in dieser Richtung viel zu wenig tun, dass die Partei einfach mehr von uns erwartet und wir uns in weit größerem Maße zu engagieren hätten. Dann rief der Redner zur Diskussion auf. Doch es herrschte betretene

Stille, man kann auch sagen: eisiges Schweigen. Niemand meldete sich. Da gingen die Beschimpfungen weiter: Ja, nicht einmal zum Diskutieren reiche der Mut, oder so ähnlich. Da stand ich auf und sagte: ›Nach diesen Darlegungen kann man nicht mehr diskutieren!‹ Und habe mich wieder gesetzt. Felsenstein, der neben mir saß, murmelte: ›Bravo!‹ Nach dieser bedrückenden Veranstaltung kam Kurt Sanderling ganz ruhig auf mich zu und fragte: ›Haben Sie etwas Zeit?‹ Er nahm mich mit in seine nahe gelegene Wohnung, zeigte auf ein Bild an der Wand – es stellte Don Quichote dar – und sagte: ›Masur, man kämpft nicht gegen Windmühlen!‹«

Zu den Freunden, die ihn in jenen Jahren der Ungnade unterstützten, gehörte auch der Komponist Rudolf Wagner-Régeny. Aus Siebenbürgen stammend, hatte er Anfang der zwanziger Jahre bei Stephan Krehl und Robert Teichmüller am Leipziger Konservatorium studiert. Später traf er mit Caspar Neher zusammen. Er lieferte ihm die Texte zu seinen Opern, die ihm internationale Anerkennung eintrugen, vor allem der »Günstling«, den Karl Böhm 1935 in Dresden aus der Taufe gehoben hatte. Seit 1950 gehörte Wagner-Régeny zu den berufenen Professoren an der neu gegründeten Ostberliner »Deutschen Hochschule für Musik«, der späteren »Hanns-Eisler«-Hochschule. Kurt Masur mochte den feinsinnigen, sehr ernsten, über sechzigjährigen Mann, der ihm während eines Spaziergangs in Grünau, südöstlich von Berlin, sagte, dass man im Augenblick nicht mit Erfolg kämpfen, sondern nur überleben könne: »Er war ein Mann, der sehr genau meine verzweifelte Lage sah. Und er versuchte mir klar zu machen: Es gibt hier eine Macht, die kannst du im Moment nicht bezwingen.« Dieser erfahrene, vierundzwanzig Jahre ältere Freund wollte ihn vor spontanen Handlungen bewahren.

Masur stand tatsächlich am Scheideweg. Wahrscheinlich hätte er nur einzulenken und ein wenig die Sozialismushymne mitzusingen brauchen, wie es ja viele in der DDR damals taten. Aber das kam für ihn nicht in Frage.

Als »Oppositioneller«, wie ein Reiner Kunze oder ein Wolf Biermann, fühlte er sich dabei nicht. Er war durchaus innerlich verbunden mit seiner Nachkriegs-Wahlheimat. Hier, »im Osten«, hatte er nicht nur studiert, seine ersten Engagements erhalten und mit Künstlern wie Heinz Bongartz, Walter Felsenstein oder Irmgard Arnold zusammengearbeitet; hier lebte seine Familie, hier hatte er seine Freunde.

Das »Auslandsverbot« für Kurt Masur bezog sich vor allem auf die westliche Hemisphäre, aber auch die Auftritte in den Ostblockländern hielten sich in Grenzen. Anfang 1964 musizierte er mit dem russischen Violoncellisten Daniil Schafran und der Polnischen Nationalphilharmonie in Warschau. Später dirigierte er das Radio-Sinfonieorchester Kattowitz in zwei Festkonzerten aus Anlass des 15. Jahrestages der DDR-Gründung im Warschauer Kulturpalast, dann in Moskau ein Beethoven-Debussy-Strauss-Programm mit dem Großen Sinfonieorchester des Allunionsrundfunks und -fernsehens. Er wurde nicht völlig außen vor gelassen, insgesamt aber war er selbst im »befreundeten Ausland« deutlich unterrepräsentiert. Offiziell gab es diese Reisesperre selbstverständlich nicht. Wenn ein Künstler in Ungnade gefallen war, wurden die Mitarbeiter der Künstleragentur angewiesen, bei Anfragen aus dem Ausland zu antworten: ›Tut uns sehr leid, aber Herr XY ist sehr beschäftigt, er hat keine freien Termine mehr.‹ Masur kannte dieses Vorgehen von seinen sowjetischen Kollegen. Auch er erfuhr von vielen Einladungen aus dem Ausland einfach nichts. Eine Mitarbeiterin der Künstleragentur gestand ihm eines Tages ganz offen, dass dieses Reiseverbot tatsächlich für ihn bestünde. Wenige Wochen später verlor sie ihre Arbeitsstelle. Solche Erfahrungen haben Masur sehr betroffen gemacht: »So erklärt es sich vielleicht, dass ich nach dem Bau der Mauer 1961 um jeden Musiker gekämpft habe, der Schwierigkeiten hatte, aus familiären oder anderen Gründen in den Westen reisen zu können. Einfach weil ich wusste, wie einem zumute ist in solcher Lage.«

Es wurde merklich ruhiger um ihn. Die Furcht, in Verdacht zu geraten, mit einem politisch fragwürdig gewordenen Mann Kontakt zu halten, war für viele stärker als das Verlangen nach Sympathiebekundungen. Dennoch wahrte man zumindest nach außen hin den Schein der Loyalität. Als sich im Herbst 1964 ein neuer Zentralvorstand des Verbandes Deutscher Komponisten und Musikwissenschaftler in Berlin konstituierte, stand Masurs Name ebenso auf der Liste wie beispielsweise der von Ruth und Dieter Zechlin, von Gerhard Bosse und Günter Kootz, Johannes-Ernst Köhler oder Rudolf Eller – alles hervorragende Vertreter ihres Fachs. Dominiert wurde das Gremium allerdings von ideologischen Gewährsleuten wie Nathan Notowicz, Ernst Hermann Meyer, Hansjürgen Schaefer oder Werner Felix. Im Sommer darauf wurde Masur beauftragt, beim Internationalen Weimarer Musikseminar zusammen mit Götz Friedrich, Uwe Kreißig und Gert Bahner den Kurs »Szenenstudium des Opernsängers« zu leiten. Solche pädagogischen Aufgaben reizten ihn zwar, und gerade nach Weimar kam er auch später immer wieder gern, ausgefüllt haben sie ihn nicht.

Umso höher rechnete er es Walter Felsenstein an, als dieser ihm die Leitung der Wiederaufnahme des »Othello« für das im Sommer 1965 stattfindende Moskau-Gastspiel übertrug: »Es war ihm nach unserer Trennung nicht leicht gefallen. Aber er sagte am Telefon: ›Das ist Ihr und mein Othello. Es geht nicht ohne Sie.‹« Die Aufführung wurde ein grandioser Erfolg und sollte die Wende in Kurt Masurs Boykott-Zeit bringen.

Zwei Jahre später lud das Internationale Theaterinstitut, dem auch Felsenstein als einer der beiden Präsidenten des Musiktheater-Komitees angehörte, zu einem »Internationalen Kolloquium über zeitgenössische Operninterpretation« nach Leipzig ein. Intendanten, Regisseure, Dirigenten, Sänger, Theaterleiter – auch aus westlichen Ländern – sahen und diskutierten herausragende Inszenierungen. Felsensteins »Othello« stand ebenso auf dem Programm wie die umstrittene »Lohengrin«-Inszenierung von Joachim Herz, dem einstigen Assistenten von Felsenstein, der seit 1959 Operndirektor in Leipzig war. Felsenstein hielt das Hauptreferat zum Thema »Methodische Grundfragen des Musiktheaters« und musste danach lange Lobreden auf den Meister des Regietheaters über sich ergehen lassen, bis er plötzlich aufsprang: »Was macht ihr hier! Ich weiß genau, wie kritisch ihr sonst meine Arbeit verfolgt. Und jetzt stellt ihr mich auf einen Denkmalssockel und wollt mich bereits ins Abseits drängen. Ich arbeite noch!«

Kurt Masur, der im Publikum saß, hat das ungeheuer imponiert. Dann war er plötzlich selbst Mittelpunkt der Diskussion. Ein Teilnehmer stand auf und sagte: »Sie haben in Kurt Masur einen hervorragenden Dirigenten, aber man stelle sich einmal vor, was sich ereignet hätte, wenn es möglich gewesen wäre, einen so ausgereiften Regisseur wie Walter Felsenstein mit einem so grandiosen Dirigenten wie Arturo Toscanini zusammenzubringen!« Er wurde daraufhin von einem Franzosen mit starkem Akzent unterbrochen: »Ich bin Sänger und Regisseur. Welcher Übermensch hätte diese beiden Persönlichkeiten ertragen können! Ich glaube nicht, dass in der gemeinsamen Arbeit alle Stars sein müssen – sie würden sich gegenseitig zerstören. Einer muss die Führung innehaben, und es muss die Bereitwilligkeit von starken Persönlichkeiten geben, sich anzupassen und sich mit den Vorstellungen des anderen zu identifizieren.« Nach der Aufführung des »Othello« während der Festtage geschah für Masur etwas völlig Überraschendes: Der Intendant, der Studienleiter und der Chefregisseur des berühmten Opernhauses La Fenice in Venedig fragten ihn, ob er nicht für einige Wochen nach Venedig kommen und am La Fenice den »Lohengrin« einstudieren wolle. Obwohl er wusste, dass er Auslandsverbot hatte, sagte er ohne zu zögern zu. Es war die Chance seines Lebens.

Kurt Masur stand vor einer Machtprobe. Unverzüglich fuhr er nach Berlin zum stellvertretenden Minister für Kultur und eröffnete ihm, dass er bereits seine Zusage gegeben hatte. Er wusste, was ihn erwartete. Die Reaktion des Ministers war vorauszusehen: »Sie wissen genau, dass Sie nicht fahren können!« Masur bezwang seine Erregung und antwortete so ruhig wie nur möglich: »Aber ich habe zugesagt, und ich werde fahren. Wenn ich mit einem gültigen Pass fahre, ist es natürlich besser für mich, aber ich fahre auch ohne Pass. Und wenn mir dabei irgend etwas zustoßen sollte, dann tragen auch Sie Verantwortung.« Er stand auf, um zu gehen, und war schon an der Tür, als ihn der Minister zurückrief: »Rufen Sie morgen Mittag an!« Am nächsten Tag erhielt Masur die Reiseerlaubnis – sie wurde ihm nie wieder entzogen.

Sein Akt der Verzweiflung war der Durchbruch. Masur hatte den gordischen Knoten zerschlagen. Aber er ahnte auch, dass er erneut einen Pakt einging – diesmal jedoch keinen künstlerischen wie den mit Felsenstein: »Auf der einen Seite hatte mich diese Einladung sehr glücklich gemacht, auf der anderen Seite fühlte ich mich einem Machtapparat ausgeliefert, der zwar meine künstlerische Leistung durchaus anzuerkennen bereit war, doch nicht über die Grenzen des eigenen Landes hinaus. Mir wurde damals schmerzlich bewusst, dass ein Dirigent, der sich selbst aufgeben musste auf Grund der bestehenden Machtverhältnisse, auch vor einem Orchester letztlich nicht mehr überzeugend sein kann. Die Entscheidung, die ich damals herbeigezwungen habe, war zwar durch das Angebot des Venedig-Gastspiels ausgelöst, hatte aber zugleich eine prinzipielle Bedeutung. Es war eine Entscheidung für mein weiteres Leben.«

Venedig im März 1967: Kurt Masur stand auf dem Markusplatz und konnte es noch immer nicht fassen. Er hatte es geschafft! Nach all der Demütigung, die hinter ihm lag, fühlte er sich unglaublich befreit. Wie immer, wenn er in ihm unbekannte Städte kam, schlenderte er ziellos umher, besuchte lieber Märkte als Museen und schwätzte mit den

Einheimischen. Die Venezianer wunderten sich über sein etwas seltsames Italienisch. Er hatte es in Leipzig von einem polnischen Mönch gelernt, der einst mit einer Nonne nach Deutschland geflohen war. Wie ungeheuer bunt das Leben doch sein konnte! Masur wohnte in der Taverne »La Fenice« in der Nähe des gleichnamigen Theaters. Das berühmte Haus, in dem unter anderem Verdis »Rigoletto« und »La Traviata« uraufgeführt wurden, brannte 1996 bis auf die Grundmauern nieder. Es war ein architektonisches Wunderwerk, wenn auch die Akustik in den Ohren der Musiker etwas »trocken« war.

Die Proben für den »Lohengrin« dauerten vier Wochen. Masur stand ein exzellentes Sängerensemble zur Verfügung: neben vielen jungen Künstlern von der Mailänder Scala insbesondere Sándor Kónya – »der berühmteste Lohengrin seiner Zeit«, wie der Dirigent findet – und die damals noch sehr junge Celestina Casapietra als Elsa. Die Oper wurde auf Italienisch gesungen, was durchaus Tradition hatte. Als erste italienische Aufführung einer Wagner-Oper war »Lohengrin« schon 1871 in Bologna über die Bühne gegangen und wurde damals sehr kontrovers diskutiert. Kurt Masur fand das dennoch kurios: »Ich merkte plötzlich, welchen Einfluss die Sprache auf den Charakter der Musik hat. Das deutsche Original hat ja gelegentlich etwas Gespreiztes, etwas künstlich Überhöhtes, was wir heute in der Weise nicht mehr unbedingt nachempfinden wollen oder können. Und nun, hier in Venedig, das Ganze plötzlich auf Italienisch! Die Oper klang völlig anders, alles sang sich so weich und geradezu liebenswürdig. Es ergab sich eine gänzlich andere Diktion. Dazu kam, dass das Orchester in Bezug auf Wagner nicht gerade erfahren und auch sonst ein bisschen salopp war. Ich bekam jedenfalls achtzehn Proben zugestanden und musste tatsächlich auch viel probieren. Das Orchester hat dann erstaunlich gut gespielt. Die Holzbläser haben alles ganz leicht genommen. Das Blech war ohne Gewicht, selbst wenn Posaunen dazukamen. Das mutete manchmal ganz seltsam an. Das Werk verlor plötzlich sein deutsches Pathos, das heldische Ringen um Ehre und Liebe. Ich konnte nicht verhindern, dass die Liebesszenen, die Duette, alle wunderschön und sehr poetisch klangen. Aber wenn es heldisch wurde, blieb es ziemlich harmlos.«

Der Erfolg der Aufführung war durchschlagend. Die Zeitung *Il Gazzetino* feierte Masur als »großartige Entdeckung« für die Italiener: »Er zeigte sich mit der Sicherheit, Autorität und Überzeugungskraft des großen Dirigenten. Das Orchester besaß unter seiner Leitung strahlende Leuchtkraft, ausdrucksvolle Kantabilität und mitreißenden Schwung.« Kurt Masur besitzt von damals noch Aufnahmen, die ihn glücklich machen, nicht nur musikalisch. Sie erinnern ihn auch privat an eine glückliche Zeit: »Nachts bin ich mit Celestina Gondel gefahren, oder wir saßen ewig in einem wunderbaren Fischrestaurant in der Nähe der Rialto-Brücke.«

Der »Lohengrin« war nicht sein letztes Gastspiel in Venedig. Vier Jahre später wurde ihm der »Tristan« anvertraut. Da den Italienern, wie er gemerkt hatte, Wagners Musik schwerer fällt als den Deutschen, bat er dieses Mal um sagenhafte einundzwanzig Proben – und er bekam sie. »Seit dem ›Lohengrin‹ hatte das Orchester mehr von der Bedeutung dieser Musik verstanden, von der schicksalhaften Begegnung Tristans und Isoldes, von einer großen Liebe, die unabdingbar den Tod enthielt. Da sah das künstlerische Resultat schon anders aus. Es war ein wundervolles Arbeiten: Die Orchestermusiker waren glücklich darüber, wie gut sie gespielt haben, und die Solisten gehörten zur internationalen Spitze. Ich hatte in Hermin Esser einen wunderbaren Tristan, Sigrid Kehl vom Leipziger Opernhaus gastierte als Brangäne. Als Esser krank wurde, hat sich kurzfristig Wolfgang Windgassen entschlossen, uns zu helfen und noch einmal den Tristan zu singen. Das Zusammenwachsen auf internationaler Bühne war großartig, auch mit Künstlern, von denen ich früher nur zu träumen gewagt hatte. Celibidache meinte einmal, bei diesem Orches-

140

ter sei es wie bei einer Lotterie – entweder man zieht eine Niete oder den Hauptgewinn! Aber das stimmt nicht. Diese Musiker konnten wie die Götter spielen, wenn sie nur den Dirigenten mochten. Donizetti und Rossini bis hin zu Verdi: Das war die eigentliche Welt dieses Opernorchesters. Bei Beethoven- und Brahms-Sinfonien blieb es letztlich in einem gewissen Leichtgewicht.«

Nach dem Venedig-Gastspiel hatte Masur wieder viel Zeit. Er nutzte sie für die Auseinandersetzung mit einem Komponisten, der ihm einst den Weg gewiesen hatte: Ludwig van Beethoven. Im Sommer 1967 ging er in die Berliner Staatsbibliothek und befasste sich intensiv mit der Partitur von Beethovens Neunter Sinfonie. Ihm waren Unstimmigkeiten aufgefallen. Beim Vergleich der Faksimileausgabe des Autographs mit der Abschrift des Dedikationsexemplars für König Wilhelm III. und der gedruckten, damit weithin verbreiteten Partitur der Edition Peters fand er gravierende Abweichungen. In einem Artikel für die Zeitschrift *Musik und Gesellschaft,* der im April 1968 erschien, trug er seine Forschungsergebnisse zusammen, diskutierte unter anderem Tempofragen und die Deutung bestimmter Zeichen im Notentext. Wie ist diese Stelle gemeint, was hat Beethoven an jener Stelle beabsichtigt? Was ist nun richtig, wenn Urschrift, Abschrift und gedruckte Ausgaben voneinander abweichen? Fragen, die ein Interpret stellte und kein Musikwissenschaftler. Aber sein Appell war an die Musikforschung, an die Herausgeber, an die Verantwortlichen der Verlage gerichtet, »Aufführungsmaterialien zur Verfügung zu stellen, die stets dem neuesten Stand der wissenschaftlichen Forschung entsprechen«.

Masurs Aufruf blieb nicht ungehört. Auf dem Berliner Beethoven-Kongress 1970 wurde er diskutiert und die wissenschaftlich-kritische Auseinandersetzung mit den Quellen als eine wichtige Aufgabe der Beethoven-Forschung erkannt. In den nächsten Jahren sollte sich eine fruchtbare Zusammenarbeit mit dem Leipziger Peters-Verlag ergeben. Masur fand damals in Peter Gülke einen hochkompetenten Musikwissenschaftler als Mitstreiter. Dessen Neuausgabe der Fünften Sinfonie im Jahr 1977 sollte in der Musikwelt ein breites Echo finden. Im Eröffnungskonzert der Festwoche in Berlin anlässlich der Beethoven-Ehrung im März 1977 stellte Masur mit dem Gewandhausorchester diese Neuausgabe der Öffentlichkeit vor. Eine Fülle von aufführungspraktischen Veränderungen, vor allem die musikalische Artikulation betreffend, wurde hörbar. Gülke hatte aus gewissen Hinweisen in der Partitur des dritten Satzes den Schluss gezogen, dass es Beethovens Absicht war, das ganze Scherzo samt Trio zu wiederholen, was die Gesamtform beträchtlich verändert. Durch die konsequente Umsetzung des revidierten Notentextes klang die Sinfonie gespannter und zugleich transparenter als gewohnt. Diese Wiedergabe wurde damals als verheißungsvoller Auftakt eines neuen Kapitels der Interpretationsgeschichte empfunden. Masurs Ausflug in die Musikforschung hatte sich gelohnt.

Inzwischen gibt es drei Neuausgaben der Sinfonien. Peter Gülke und später dann Peter Hauschild haben die neue Peters-Ausgabe aus wirtschaftlichen Gründen nicht zu Ende bringen können. Heute musiziert Masur nach der Neuausgabe von Breitkopf & Härtel. Schallplattenaufnahmen zeugen davon, wie sich die Interpretationen im Laufe der Jahre wandelten. Reimar Bluth, Musikregisseur beim damaligen VEB Deutsche Schallplatten, hat es unmittelbar nachvollziehen können: »Wir haben zwei Serien der Beethoven-Sinfonien mit Masur produziert – die alte quadrophonische zusammen mit den Japanern und dann Ende der achtziger Jahre eine digitale Neuaufnahme, die im Neuen Gewandhaus gemacht wurde. Da kann man direkt am Werk, an Temponahmen und Übergängen erkennen, wie er sich verändert hat. Das Grundprinzip, sein Gestus zu Beethovens Sinfonik, ist doch relativ stabil geblieben. Natürlich versucht er in der digitalen Serie die Erkenntnisse von Peter Gülke einzubeziehen, nach der Neuausgabe, die bei Peters ja geplant war, aber die Substanz kommt aus dem eigenen Verständnis, diese Musik darzustellen.«

Bemerkenswert sind Masurs jüngste Äußerungen beispielsweise zur »Neunten«. Er nennt sie »die avantgardistischste unter den Beethoven-Sinfonien, so vorausweisend, dass ohne deren ersten Satz Gustav Mahler niemals das hätte ausdrücken können, was er letztlich beabsichtigt hat«. Schon bei den ersten Takten öffne sich für ihn das Universum: »Das ist nicht mehr auf der Erde, was da vor sich geht! Wie Beethoven den Umgang mit den Pauken verändert hat, ist unglaublich. Das war niemals zuvor so zu hören – das war wie ein Erdbeben. Der Mensch, ausgeliefert den Mächten. Anstatt den Fehler zu machen, ungeduldig auf das Finale ›Freude schöner Götterfunken‹ zu warten, sollten wir viel mehr Aufmerksamkeit darauf verwenden, was davor geschieht. Es ist wie die Erschaffung der Welt, des Universums. Im zweiten Satz, dem Scherzo – Beethoven hat die klassische Reihenfolge umgestellt und zieht das Scherzo vor –, benutzt er die Pauke wie ein Teufelsinstrument, das in den Tanzcharakter des Satzes hineinfährt. Allein der Beginn, der Anfang des Scherzos, weist bereits darauf hin, dass dies kein heiterer Satz wird. Zwar spielen hier heitere Elemente eine Rolle, aber die Macht, die elementare Kraft der Pauken, durchbricht das scheinbar harmlose Spiel der Streicher oder der Holzbläser. Es ist so elementar, dass bei allem Seufzen, bei allen melancholischen Stellen, die zum Beispiel das Trio hat, dieser Satz dann doch in einer ganz abrupten Form beendet wird. Alsdann bleibt für den dritten Satz vielleicht das Menschlichste, was Beethoven je geschrieben hat. Dieser langsame Satz ist kaum zu beschreiben. Er ist eine Ode an die Menschheit, und wir müssen sie, glaube ich, doppelt werten: unter dem Aspekt, dass Beethoven zu dieser Zeit bereits total taub war, es ihm also körperlich sehr schlecht ging, und dass er einsam war. Er hat nie eine Partnerin gefunden wie Leonore zum Beispiel. Dieser Satz ist ein Dokument, ist das Testament eines Lebens, vor dem man sich einfach verneigen muss. Jede Interpretation, die nur auf Wirkung aus ist, kann der Tiefe und der Philosophie dieser Musik nicht nahe kommen. Der menschliche Gesang, die Variationen über das erste Thema, dieses *sotto voce*, also mit halber Stimme, leise und schwebend von den Streichern vorgetragen: Alle diese Variationen laufen im Prinzip auf eine immer größere Schönheit und menschliche Aussage hinaus, bis kurz vor Schluss des Satzes Beethoven wieder etwas tut, was er bereits bei der Missa solemnis getan hatte: Plötzlich bringt der Aufruf von Trompeten wieder eine neue, konfliktreichere Stimmung. Und das ist eigentlich schon der Hinweis darauf, mit welch unglaublich aggressiven und dissonanten Tönen er das Finale beginnt. In der damaligen Zeit muss es für die Ohren der Musikliebhaber erschreckend gewesen sein. Der Bassist löst mit ›O Freunde, nicht diese Töne! sondern lasst uns angenehmere anstimmen und freudenvollere‹ ein musikalisches Ereignis aus, das wir bis heute als beglückend empfinden, das uns Hoffnung gibt und bis heute überzeugt. All die Varianten, mit denen Beethoven Schillers Texte umsetzt, sind von einer solchen Überzeugungskraft, geschrieben in einem solchen Fieber, es konnte Beethoven gar nicht schnell genug gehen! Die Sinfonie war ja längst in seinem Kopf fertig. Auch mich ergriff eine Art Fieber, als ich die Faksimile-Partitur vor mir hatte. Und da entdeckte ich, dass sich das in der Interpretation einfach niederschlagen muss. Dabei muss man sich davor hüten, durch Hast den Begriff der Freude zu verflachen. Man könnte viele Beispiele dafür bringen, wie Beethoven dieselben Texte immer wieder variiert hat – allein das ›Seid umschlungen, Millionen!‹, das erst im Adagio erscheint, dann dringender in der Fuge, bis es kurz vor Schluss in ein wahnwitzig schnelles Tempo mündet, so als ob darüber jemand den Verstand verliert. ›Seid umschlungen ...‹ wäre die Lösung für Frieden auf der Welt, es wäre die Lösung für Hoffnung für alle Menschen, es wäre die Lösung – die leider utopisch ist! Beethoven wusste genau, wie er diese Spannung aufbauen muss, um dann am Ende der Menschheit die Botschaft zu geben: Da ist kein Sieg, nirgends! Er lässt es wie eine Frage einfach im Raum stehen – wie eine Bot-

144

schaft für die Zukunft. Und bis heute haben wir es nicht verstanden, leider, er hat nach wie vor Recht.«

Wahrscheinlich steht Kurt Masur kein Komponist so nahe wie Beethoven. Das Gastspiel in Venedig im Frühjahr 1967 hatte ihm ein Tor aufgestoßen. Im Teatro la Fenice war ihm bewusst geworden, dass er auf internationalem Parkett mitspielen kann. Doch das Ohnmachtsgefühl gegenüber einer Staatsmacht, die ihn nach Belieben förderte, bevormundete oder gängelte, bestand nach wie vor. Kurzzeitig hatte er überlegt, ob er nicht für immer in den Westen gehen sollte: »Es gab ein seltsames Gefühl des Ausgeliefertseins an eine Agentur, die sich Entscheidungen von oben diktieren lässt, selbst gegen die menschlichen Überzeugungen der einzelnen Mitarbeiter. Mir wurde damals klar, dass Agenturen durchaus in der Lage sein können, über Erfolg oder Nichterfolg eines Künstlers zu bestimmen.« Masur entschied sich für das Bleiben in der DDR. Doch das hieß für ihn nicht, dass er sich als Dirigent willfährig und kritiklos einer kulturpolitisch vorgegebenen Marschrichtung anschließen würde, wenn er sie für falsch hielt.

Gegen Ende der sechziger Jahre nahmen die von der Künstleragentur genehmigten Einladungen zu Gastdirigaten im Ausland deutlich zu. Die Agentur sah sich nun doch veranlasst, die Dinge etwas liberaler zu handhaben. Angebote kamen nicht nur aus den Ostblockstaaten, sondern auch aus Finnland, Belgien, England oder Holland, darunter Konzerte mit dem Orchestre National de Belgique und dem Residenzorchester Den Haag. Das seit 1946 bestehende internationale Musikfestival »Prager Frühling« konnte ihn zum dritten Mal begrüßen. Dort gab man sich weltoffen und wollte die Kontinente verbinden. Leonard Bernstein war schon früh als einer der ersten westlichen Dirigenten nach Prag gekommen.

In Moskau, Leningrad, Warschau, Budapest und Helsinki war Masur willkommen. Die Zeit der Isolation schien überwunden, wenn auch die Ausflüge ins Ausland immer einer Gratwanderung glichen. Jede Regung wurde beobachtet und registriert. Selbst Künstler vom Range eines Swjatoslaw Richter, Emil Gilels oder David Oistrach hatten ihre anonymen »Begleiter«, wenn sie im »nichtsozialistischen Ausland« konzertierten – eine seelische Belastung, die den Kollegen aus der freien Welt unbekannt war.

Masurs Erfolge, insbesondere im westlichen Ausland, hatten zu einem Umdenken im DDR-Staatsapparat geführt. Der Dirigent war zu einem hochkarätigen Aushängeschild für dessen kulturpolitische Ziele geworden, und er schien nicht die Absicht zu haben, die DDR zu verlassen. Dieses Umdenken der Kulturfunktionäre nahm teilweise kuriose Züge an: »Da gab es plötzlich drei, vier Direktoren und Mitarbeiter, die unabhängig voneinander beteuerten: ›Ich habe dafür plädiert, dass Sie dieses Gastspiel dirigieren!‹ Eine seltsame Feststellung, wenn man weiß, dass es dieselben Leute waren, die vorher ebenso einmütig meinten, mich fast aushungern zu müssen.« Damit begann ein neues Kapitel seines Aufstiegs: eingebunden in das Musikleben der DDR mit »internationaler Zulassung«.

Seit Oktober 1966 waren die Dresdner Philharmoniker ohne Chefdirigenten. Horst Förster, der Nachfolger von Heinz Bongartz, hatte schon nach anderthalb Jahren aus gesundheitlichen Gründen sein Amt zurückgeben müssen. Für Kurt Masur bedeutete dies die Chance, nach drei schwierigen anstellungslosen Jahren endlich wieder an die Spitze eines Orchesters zu treten – eines zumal, mit dem er sich seit vielen Jahren künstlerisch und menschlich aufs engste verbunden fühlte.

»JUNG UND AMBITIONIERT«

Die Dresdner Philharmonie
1967–1972

»Wenn in Dresden in einem Haus fünf Familien zusammen wohnen, und eine von ihnen geht weder in Konzerte noch in Museen, dann spricht man über sie. Das ist dann jemand, der nicht ›dazugehört‹. Wenn in Berlin in einem Haus, in dem fünf Familien wohnen, eine in Konzerte geht und in Museen, dann sagt man über sie: ›Die wolln wat Bessres sein!‹« – so charakterisierte Kurt Masur einmal den Unterschied zwischen der preußischen Metropole und der alten sächsischen Residenzstadt. Die Rückkehr dorthin fiel ihm nicht schwer. Er wusste, was ihn erwartete. Neun Jahre war es her, seit er zu Heinz Bongartz gesagt hatte: »Die Fortsetzung der Verlobungszeit ist weder für das Orchester noch für mich gut. Das Orchester will auch mal ein neues Gesicht sehen.«

Als er 1958 nach Schwerin gegangen war, hatte man ihm das in Dresden übel genommen. Bongartz hatte in ihm seinen Kronprinzen gesehen, und die Philharmoniker waren an einer weiteren festen Bindung interessiert gewesen. Doch Masur hatte richtig daran getan, Dresden zu verlassen. Bongartz blieb noch weitere sieben Jahre Chef, und Masur wäre »Zweiter« geblieben. Das »neue Gesicht« war also doch ein vertrautes, und es wurde ohne Nachtragen oder Verstimmung empfangen. Als Kurt Masur am 1. August 1967 sein neues Amt als Chefdirigent der Dresdner Philharmonie antrat, endete für die Philharmoniker eine anderthalbjährige Interimszeit, in der sie ausschließlich mit Gastdirigenten musiziert hatten – selbst der »Zweite Dirigent« fehlte ihnen damals. Dieser Zustand hatte jetzt ein Ende. Lothar Seyfarth, bis 1967 Chefdirigent des DEFA-Sinfonieorchesters in Potsdam-Babelsberg, wurde zeitgleich als »Zweiter« verpflichtet.

»Dresdner Philharmonie – ein Name, der in mir immer die Empfindung der Vertrautheit, ja der künstlerischen Verwandtschaft wachrief, seit ich dieses Orchester vor neun Jahren verließ.« Dieser Satz, mit dem Masur das Konzertprogramm der Spielzeit 1967/68 eröffnete, klingt wie eine Liebeserklärung. »Jetzt, da ich mit den Philharmonikern einen gemeinsamen Weg gehen werde, weiß ich, warum diese Verbundenheit geblieben ist. Immer von neuem beglückte mich die ehrliche Hingabe dieser Musiker an das Werk. Nie bemerkte ich eitle Selbstgefälligkeit oder gar Überschätzung der eigenen Leistung. Diese Aufrichtigkeit ist in der Kunst mehr wert als jede noch so hochstehende Virtuosität, weil sie den Weg zu dem Geist eines Werkes erschließt und nicht allein durch schillernde Farben die äußere Schönheit eines Kunstwerkes erstehen lässt. Es wird unser Ziel sein, diese besonderen Eigenschaften des Orchesters der Dresdner Philharmonie weiter zu pflegen, denn nur so können wir die uns selbst gestellte Aufgabe lösen: jeden Konzertabend der Philharmonie zu einem Erlebnis für die Zuhörer werden zu lassen.«

Die Handschrift des neuen Chefs zeigte sich gleich im Antrittskonzert Anfang September: Beethovens »Neunte« diente ihm als klingendes Fanal für die kommende Dresdner Zeit. Heinz Bongartz hatte das Werk bisher immer unter freiem Himmel aufgeführt. Masur verlegte die Wiedergabe in den Saal – damals noch in den Kongresssaal des Hygiene-Museums. Seine Erkenntnisse aus den vergleichenden Studien, die er kurz zuvor in der Berliner Staatsbibliothek gewonnen hatte, konnte er jetzt in seiner Interpretation konsequent umsetzen. Der Kritiker der *Sächsischen Neuesten Nachrichten* war des Lobes voll: »Ich erinnere mich nicht, das Gesamtwerk in der letzten Zeit von so unerhörter Vitalität erfüllt, so spannungsgeladen und atemberaubend gesteigert, den Schluss in solch dithyrambischen Jubel ausmündend gehört zu haben. Für die Leistungen des Orchesters wie der Chöre drängen sich Superlative förmlich auf. Der spontane Applaus, den Kurt Masur mit allen seinen Helfern am Schluss entgegennehmen durfte, entsprach dem ungewöhnlichen Format dieses musikalischen Ereignisses.« Mit dem neu gegründeten Philharmonischen Chor konnten nun auch Aufführungen großer chorsinfonischer Werke langfristig geplant werden. Immerhin standen zweihundertfünfzig Erwachsene und hundertzwanzig Kinder diesem Laienensemble zur Verfügung. Auf Chordirektor Wolfgang Berger, ein wichtiger Partner für Masur, aus der Schule von Kreuzkantor Martin Flämig und Helmut Koch kommend, war absoluter Verlass.

Die Philharmoniker wurden stets an den Leistungen der Staatskapelle gemessen. Das war ein permanentes Spannungsfeld, wurzelnd in Herkunft, Tradition, Anspruch und Eigenart der Dresdner Orchester. Die Anfänge der Sächsische Staatskapelle als eines der ältesten Orchester Deutschlands lassen sich bis ins 16. Jahrhundert zurückverfolgen, die Gründung der Dresdner Philharmonie dagegen fand erst im späten 19. Jahrhundert statt. Die »Kapelle« kann sich auf eine jahrhundertealte höfische Musiktradition berufen, die Philharmonie auf den bürgerlichen Aufschwung der Gründerzeit. Die Philharmoniker sahen sich immer herausgefordert durch die Staatskapelle. Für den neuen Chef war dies eine willkommene Chance, sein Orchester zu Höchstleistungen zu motivieren, denn Rivalität kann durchaus eine aktivierende Wirkung haben. Diese Chance hat Masur vom ersten Tag an gesehen und genutzt, als »unerbittlicher Freund«, der er ja schon als »Zweiter« bei den Dresdnern gewesen war. »Wir wussten genau, dass uns die Staatskapelle ›vor der Nase saß‹. Sie hatte auch bei Bewerbungen die größere Auswahl. Die begabtesten Leute der Philharmonie hat sie zu sich herüber geholt. Die Philharmonie war für die Kapelle immer ein Reservoir, eine Art Nachwuchsorchester. Aber sie blieb jung und ambitioniert.

Die Philharmoniker sind fast immer über sich hinausgewachsen. Es ist uns gelungen, überzeugende Interpretationen zu erreichen, auch wenn hier und da Schwächen zu spüren waren. Aber der große Enthusiasmus dieser Leute war für mich beglückend.«

Ein Dirigent mag noch so gute Absichten haben – er ist immer auf sein Orchester angewiesen, das ihm entweder bereitwillig folgt oder ihm das Leben schwer macht. Die Rolle eines »Primus inter pares« hat Masur in Dresden verwirklichen können, weil zwischen ihm und dem Orchester die Ziele klar waren. Er war fordernd, aber kein Diktator. Im Grunde erwarten die Orchestermusiker diesen Kraftstrom, den sie in Klang umzusetzen haben. Doch ohne gegenseitiges Vertrauen steht ein Dirigent auf verlorenem Posten. Dann versagt ihm mit der Zeit sein Orchester die Gefolgschaft. Die Musikgeschichte kennt hingegen wunderbare Beispiele des erreichten Einklangs – Arthur Nikisch, Bruno Walter oder Leonard Bernstein. Befragt, welchem Dirigenten sich Kurt Masur am nächsten fühlt, antwortet er spontan: »Bruno Walter. Er war für mich ein Vorbild, in seiner menschlichen Grundhaltung, seiner uneitlen Art. Mir gefiel seine Direktheit, wenn er zum Beispiel in seinem Deutschenglisch zu den Musikern sagte: ›Friends, you play it very wrong.‹ Er war nie unhöflich, aber zielstrebig, er hat nie aufgegeben, verbunden aber mit einer Freundlichkeit gegenüber dem Orchester, bei der man das Gefühl hatte, er liebte und verehrte es.« Bruno Walter ist sein Idol. »Ich hörte 1946 im Radio, wie er die g-Moll-Sinfonie von Mozart und die Eroica von Beethoven dirigierte. Das war atemberaubend. Ich erinnere mich daran, dass das Orchester frei und voller Schönheit spielte.«

Mit den Dresdner Philharmonikern schlug Masur eine Glücksstunde. »Das Orchester war mit mir einer Meinung, denn wir hatten gemeinsame Ziele. Wir konnten uns über alles unterhalten und haben immer nur eines versucht: so gut wie nur irgend möglich zu musizieren. Das hat uns alle sehr glücklich gemacht, und die Ergebnisse haben das auch

gezeigt.« In sehr kurzer Zeit gelang es ihm, ein leistungsstarkes und hoch motiviertes Orchester zu formen, das seine
Stärken wie seine Schwächen gut kannte. Das ist nicht jedem Orchester gegeben. Jewgeni Mrawinski, der Chef der
berühmten Leningrader Philharmonie, entgegnete einmal
auf Masurs Lob, nachdem er zum ersten Mal vor »diesem
Wunderorchester stand, das mir ein musikalisches Erlebnis allererstens Ranges verschafft hat«: »Ja, natürlich haben
Sie Recht. Aber dieses Orchester neigt dazu, sehr genau zu
wissen, wie gut es ist. Es spielt manchmal mit einer Herab-
lassung, die mich wütend macht. Da ist mir jedes Provinz-
orchester lieber, das mit vielen Schwächen und Fehlern be-
haftet ist, aber besser spielen will, als es eigentlich kann.«

Mit dem Zyklus »Dresdner Musik aus fünf Jahrhunderten« verlangte Masur gleich zu Beginn seines Amtes dem
Orchester eine große Herausforderung ab. Einerseits führte
er damit die Tradition der philharmonischen Zyklus-Kon-
zerte fort, andererseits öffnete er erstmals mit viel Gespür
für die reiche Historie der Stadt die Schatztruhe der Dresdner Musikgeschichte. Vom frühen Hofkapellmeister und
Luther-Vertrauten Johann Walter bis zum damals noch jungen (inzwischen verstorbenen) Dresdner Komponisten Rainer Kunad spannte sich der Bogen über ein halbes Jahr-
tausend. Bisher ungehobene Schätze oder Raritäten aus der
Sächsischen Landesbibliothek wurden zutage gefördert –
darunter Werke von Johann David Heinichen, Johann Adolf
Hasse, von Wilhelm Friedemann Bach bis hin zu E. T. A.
Hoffmann und Sergej Rachmaninow. Dresdner Komponisten der Gegenwart waren repräsentativ vertreten, unter
ihnen Fidelio F. Finke, Johannes Paul Thilman, Manfred
Weiss – auch Heinz Bongartz fehlte nicht. Der Dresdner
Kreuzchor beendete den Zyklus mit Werken von Heinrich
Schütz und Vokalmusik des Kreuzkantors Rudolf Mauers-
berger.

Bei der Zusammenstellung der Zyklus-Programme und
der musikwissenschaftlichen Beratung arbeitete Masur
eng mit seinem Chefdramaturgen Dieter Härtwig zusam-

men. Er kannte ihn bereits aus der Schweriner Zeit. Als stellvertretender künstlerischer Leiter der Philharmonie wurde er jetzt für ihn zum wichtigsten Partner in allen künstlerischen Fragen. Noch heute erinnert er sich gern und mit Dankbarkeit an diese Partnerschaft, die von beiden als Glücksfall empfunden wurde: »Sie war von Beginn an sehr inspirierend für mich. Sein Wissen, seine Besessenheit, seine Begeisterungsfähigkeit kannten keine Grenzen. Wenn wir zusammensaßen, war es immer ein gemeinsames Ringen um Programme, die für die Zuhörer sinnvoll sind. Dieter Härtwig war nicht nur beim Publikum sehr beliebt, auch das Orchester schätzte ihn außerordentlich und machte ihn für die Zeit meiner Abwesenheit zum stellvertretenden künstlerischen Leiter. Ich habe später mehrfach versucht, ihn zu bewegen, ans Gewandhaus zu kommen, vergeblich. Er ist überzeugter Dresdener geblieben, eng verbunden mit der Dresdner Philharmonie. Es ist ein Geschenk, Mitarbeiter zu haben, die inspirierend und gleichzeitig freundschaftlich und dienend sein können.«

In Dresden konnte Masur erstmals in vollem Umfang seine künstlerischen Intentionen umsetzen. Hier schlug ihm uneingeschränkt die Sympathie des Publikums entgegen, weil es spürte, dass er sich eins wusste mit dem Orchester. So konnten die musikalischen Botschaften glaubhaft vermittelt werden. Die nächste Spielzeit – 1968/69 – stand unter dem Thema »Musik und Idee«, wobei außermusikalische, programmatische Einflüsse ins Blickfeld rückten; auch das ergab interessante Programme. Zur Feier von Beethovens zweihundertstem Geburtstag, 1970, behielt sich Masur gleich zwei Spielzeiten vor. 1969/70 kombinierte er Beethoven mit Sergej Prokofjew, in der Konzertsaison darauf mit Béla Bartók, an dessen fünfundzwanzigsten Todestag gleichzeitig erinnert werden sollte. Mit seiner konzeptionellen Arbeit setzte er in Dresden eine Linie seiner Dirigententätigkeit fort, die er in Schwerin begonnen hatte: musikalische Aufklärungsarbeit, nicht schulmeisternd »von oben herab«, sondern aus der Lust heraus, Altes neu zu sehen und Neues bekannt zu machen. Außerdem entstanden auf seine Anregung hin zahlreiche Werke junger Komponisten, die in Dresden oder Leipzig uraufgeführt wurden.

Das Repertoire der Dresdner Philharmoniker umfasste bald die gesamte sinfonische Literatur bis hin zur Gegenwart. Wichtige Uraufführungen wie das Violinkonzert von Siegfried Matthus mit Manfred Scherzer (1969), die Kantate für Alt und Orchester »An die Sonne« von Rudolf Wagner-Régeny mit Hertha Töpper (1970), die »Goethe-Briefe« für Bariton, Chor und Orchester des polnischen Komponisten Tadeusz Baird (1970) oder auch die Schallplatteneinspielung sämtlicher Klavierkonzerte von Mozart mit Annerose Schmidt zählen zu den herausragenden Ereignissen in der Geschichte des Orchesters, die Kurt Masur mitgeschrieben hat. Immer häufiger kamen große Solisten nach Dresden. Er musizierte mit Ruggiero Ricci, dem amerikanischen Violinvirtuosen italienischer Herkunft, mit Geigern wie Ricardo Odnoposoff und Henryk Szeryng und mit Wilhelm Kempff, Ehrenmitglied der Philharmonie seit 1960. Masur schätzte diesen »stillen, bescheidenen Pianisten« ganz besonders: »Er war kein ›Klaviertiger‹ wie viele andere und würde heute wahrscheinlich gar nicht mehr dieselbe Wirkung hervorrufen; ein Mann mit einer ganz feinen Palette, mit sehr sensiblem Spiel.«

Die internationale Reisetätigkeit, die für Kurt Masur und das Orchester schon in seiner ersten Dresdner Zeit sehr fruchtbar gewesen war, setzte er in seiner neuen Position fort. Gastspiele führten nach Prag, nach Bulgarien und auch zum XIII. »Warschauer Herbst« nach Polen. Das Programm enthielt unter anderem den Liederzyklus »Es wird ein großer Stern in meinen Schoß fallen« von Siegfried Matthus mit der Leipziger Sopranistin Elisabeth Breul und Rainer Kunads »Concerto per archi«. Die Auftritte der Dresdner Philharmonie waren ein großer Erfolg. Die »Bostoner Sinfonie« von Paul Hindemith musste teilweise sogar wiederholt werden.

1969 erhielt Masur eine Einladung von Herbert von Karajan nach Paris. Der Pariser Manager Michel Glotz, der damals zugleich Aufnahmeleiter der Dresdner Produktionen von Karajan war, hatte ihn in einem Konzert mit dem mexikanischen Geiger polnischer Abstammung Henryk Szeryng gehört und sofort an das Orchestre de Paris als Gast vermittelt. Masur machte damals ambivalente Erfahrungen, aus denen er viel lernte: »Ende der sechziger Jahre befand sich das Orchestre de Paris in einem wirklich wunderbaren Zustand. Die Orchesterdisziplin und das stilistische Vermögen der Musiker waren sehr hoch entwickelt, aber man bekam – ähnlich wie in Italien – nie den warmen Klang, den wir von den großen deutschen Orchestern gewohnt sind. Ich erinnere mich, als ich dann Jahre später mit dem Orchestre national, bei Radio France, ein ganzes Schumann-Programm vorbereitete und die Musiker zunächst einfach aus sozialen Gründen streikten. So, wie sie Schumann spielten, war es mir fast unmöglich, ohne große dynamische Retuschen auszukommen. Und da wurde mir wieder klar, dass ein so spezifischer Orchesterklang, wie ihn etwa das Leipziger Gewandhaus besitzt, das seit Schumanns Zeiten mit dessen Musik gleichsam verwachsen ist, nicht einfach vorhanden sein kann. Bei den romanischen Orchestern eigentlich am allerwenigsten. Das musste ich damals erfahren, und ich habe natürlich daraus meine Lehren gezogen. Diese Erfahrung gab mir die Erklärung, warum Dirigenten überall Retuschen eingetragen haben, indem sie Themen, die auf verschiedene Instrumentengruppen aufgeteilt sind, einfach durchspielen lassen, um überhaupt erst einen Streicherklang zu erzeugen. Es ist schon beglückend, wenn man dann ein Orchester vor sich hat, das eben in der Lage ist, trotz der Unterteilungen einen runden und voluminösen Streicherklang zu erzeugen. Da spürt man plötzlich, dass Schumanns Instrumentation absolut übereinstimmt mit dem, was er aussagen wollte. Die innere Unruhe seines Wesens – oder sagen wir es etwas poetischer: die ›romantische Zerrissenheit‹ – kommt dadurch erst zur Geltung.«

Seine eigene emotionale Zerrissenheit fand 1970 mit der Scheidung von Brigitte ein Ende. Dennoch gestaltete sich sein Privatleben kompliziert, denn Irmgard wohnte mit ihrer gemeinsamen, 1966 geborenen Tochter Carolin noch in Berlin. Kurt Masur besuchte sie, so oft er konnte. Hin und wieder kam Irmgard auch nach Dresden in sein kleines Appartement in der Prager Straße. Für beide war es keine einfache Beziehung. Doch sie hatten sich mit diesem Pendelleben abgefunden. Irmgard arbeitete weiter als Tänzerin in Berlin. Es war eine gleichberechtigte Partnerschaft. Er musste ihre Pläne respektieren, sie die seinen, und sie konnten nur zusammen sein, wenn es gerade passte. »Wir spürten, wie sehr wir uns brauchten, aber wir klammerten uns nicht ängstlich aneinander, sondern ließen uns Freiräume.« Irmgards Glaube daran, dass sie füreinander geschaffen waren und einander vertrauen konnten, auch wenn sie nicht immer zusammen waren, verblüffte Masur. Auf die Frage, ob sie nie Angst gehabt habe, ihn zu verlieren, habe sie zu seiner Überraschung selbstbewusst geantwortet: »›Ich wusste, dass du immer wiederkommen würdest.‹ Das war keine Arroganz, auch nicht der Glaube an ihre Unwiderstehlichkeit, sondern einfach das tiefe Gefühl, dass sie wusste, wir gehören in einer Weise zusammen, die es selten gibt.«

Die Konzerte der Philharmoniker fanden seit 1958 im Kongresssaal des Deutschen Hygiene-Museums am Eingang zum Großen Garten statt. Das war zwar eine deutliche Verbesserung gegenüber dem alten Festsaal, doch Dresden brauchte einen Konzertsaal, der den gewachsenen Ansprüchen und auch den ständig steigenden Besucherzahlen gerecht werden konnte. Am 13. Februar 1967, zweiundzwanzig Jahre nach der Zerstörung Dresdens, war inmitten der Trümmerwüste zwischen Altmarkt und dem Schlossviertel der Grundstein für einen neuen Konzertsaal gelegt worden. Am 7. Oktober 1969 – dem 20. Jahrestag der DDR-Gründung – wurde der »Kulturpalast« nach knapp dreijähriger Bauzeit eröffnet. Er ist ein für damalige Verhältnisse moderner Mehrzwecksaal aus Stahl, Beton und Glas, im Innern mit Teakholz ausgekleidet. Die linke Außenwand ziert ein Fries des Dresdner Künstlers Gerhard Bondzin, »Der Weg der roten Fahne«, das nach der Wende verhängt wurde. In dem mit Klimaanlage und moderner Bühnen-technik ausgestatteten Festsaal, einem unregelmäßigen Sechseck mit ansteigendem Parkett, Mittel- und Seiten-rängen und einer über dreißig Meter breiten Bühne, finden fast zweieinhalbtausend Zuhörer Platz. Die akustischen Resultate können indes nicht restlos überzeugen. Allerdings sind gerade in diesem sensiblen Bereich bei einem Mehr-zwecksaal Kompromisse nicht zu vermeiden. Zwölf Jahre später wird Kurt Masur beim Bau des Neuen Gewandhau-ses in Leipzig diese Kompromisse nicht mehr eingehen.

Zum Richtfest hatten die Philharmoniker für die am Bau Beteiligten ein Sonderkonzert veranstaltet. Zu Beginn hielt ihr Chefdirigent eine Rede, in der er das Orchester auffor-derte, »die großen Dresdner Traditionen nicht nur fortzu-setzen, sondern daran zu arbeiten, dass der Ruf der Stadt Dresden und seiner Kunstinstitute weiterhin zu Recht be-steht ... und über unsere Stadt und über unsere Republik hinausgehen wird«. Masur hatte durchgesetzt, dass das Orchester um zwanzig Stellen erweitert und nun mit einer Gesamtstärke von hundertzwanzig Musikern auftreten konnte. Zur Eröffnung des Kulturpalastes erklangen Beet-hovens Ouvertüre »Weihe des Hauses« und die Neunte Sinfonie. Ein hervorragendes Solistenensemble stand zur Verfügung – Sylvia Geszty, Annelies Burmeister, Peter Schreier und Theo Adam, dazu der Philharmonische Chor mit seinen dreihundertfünfzig Sängerinnen und Sängern. Nach diesem Konzert, das von in- und ausländischen Rund-funkstationen in die Welt getragen wurde, sprach die Kritik von einer Interpretation, die neue Maßstäbe setzte. Im Jahr darauf feierte die Philharmonie mit einer Festwoche ihr hundertjähriges Jubiläum. Das Eröffnungskonzert – Ri-chard Strauss' »Festliches Präludium« op. 91 – dirigierte

Heinz Bongartz. Der Sechsundsiebzigjährige war inzwischen Ehrenmitglied des Orchesters. Gastkonzerte des Dresdner Kreuzchores unter Rudolf Mauersberger und der Berliner Staatskapelle unter Otmar Suitner folgten. Das Ende der Jubiläumsfeierlichkeiten krönte Masur wiederum mit Beethovens »Neunter«, diesmal mit Elisabeth Breul, Annelies Burmeister, Günter Neumann und Siegfried Vogel als Solisten. Davor war Johannes Paul Thilmans »Ode für Orchester« uraufgeführt worden.

Der neue Saal offenbarte bald eine gewisse Janusköpfigkeit für den ehrgeizigen Chefdirigenten: »Schon nach relativ kurzer Zeit stellten sich erste Komplikationen ein. Einmal war die Klimaanlage auf einen bestimmten Ton fixiert, und ich musste das Pult verlassen, um hinter der Bühne das Abschalten der Anlage anzuordnen, weil dieser penetrante Ton nicht zur Tonart des Werkes – ich glaube, es war die Siebente Sinfonie von Bruckner – passen wollte. Nun gut, das war zwar ärgerlich und eine unliebsame Störung, aber doch auch eine erheiternde Episode. Was dann später geschah, fand ich weniger harmlos. Ich glaube, es ging um die Vorbereitung eines der SED-Parteitage, auf dem wichtige Beschlüsse gefasst werden sollten, und dazu mussten in den einzelnen Bezirken der DDR große Parteiversammlungen stattfinden. Der Kulturpalast war nach Ansicht der Partei der geeignete Saal für die Veranstaltungen und wurde zu diesem Zweck an den Wochenenden von den Genossen belegt. Wir mussten drei Wochen hintereinander unsere Abonnement-Konzerte ausfallen lassen, alle meine Vorsprachen bei den staatlichen Stellen waren wirkungslos geblieben. Was mich aber wütend machte, war die offizielle Mitteilung in der Presse, der Saal stünde ›aus technischen Gründen‹ nicht zur Verfügung. Da hatte man nicht den Mut zu sagen, die Philharmonischen Konzerte müssten ausfallen, weil die Partei ihre Versammlungen durchführen will. Ich war der Meinung, man sei es dem Publikum schuldig, den wahren Grund zu nennen. Also verfasste ich einen entsprechenden Rundbrief an alle Abonnenten, den meine

Sekretärin, Frau Langer, dann auch getippt hat. Es fiel ihr sicher nicht ganz leicht, weil sie selbst Genossin war, aber sie hat es getan und bekannte sich auch dazu. Der Brief wurde tatsächlich abgeschickt und flatterte allen Konzertfreunden, die ein Abonnement besaßen, ins Haus. Bei den SED-Oberen Dresdens löste das natürlich großes Entsetzen aus. Meine Sekretärin wurde scharf gerügt, und ich wurde zur Bezirksleitung der Partei einbestellt. Es war keine erfreuliche Aussprache, aber ich habe ganz offen gefragt: ›Warum belügen Sie die Menschen hier?‹ Der damalige Dresdner Parteichef antwortete mir darauf wütend: ›Wir belügen niemanden, aber wir haben unsere eigene Art der Bekanntgabe!‹ Ich glaube, dieser Mann hat später eingesehen, dass das einfach falsch gewesen war. Wir sind damals einigermaßen glimpflich davongekommen. Aber ich hatte danach den Eindruck, dass man den Masur in Dresden schnell wieder loswerden wollte.«

Bereits im Mai 1969 hatte sich erneut eine Wende in der Dirigentenlaufbahn Kurt Masurs angebahnt. Aus Leipzig erhielt er eine Anfrage, ob er an der Position des Gewandhauskapellmeisters interessiert sei. Sieben Jahre zuvor, nach Franz Konwitschnys Tod, hatte sich der damals Fünfunddreißigjährige schon einmal beworben: »Ich schrieb damals, dass ich das Gewandhausorchester seit meiner Studienzeit verehre und dass ich sicher noch viel zu jung und unerfahren sei, ein solches Orchester zu führen, es aber für mich eine große Ehre wäre, es leiten zu dürfen. Ich hab's einfach versucht und bekam einen freundlichen, aber ziemlich lakonischen Brief zurück, dass man sich anderweitig umsehen werde. Damit war für mich die Angelegenheit erledigt.« Nun sollte es doch wahr werden. Inzwischen war Masur erfahren genug für die Herausforderung, die eine solche Position bedeutete. Die Zusammenarbeit mit den Dresdner Philharmonikern hatte ihm bestätigt, dass er in der Lage war, ein Orchester nicht nur für ein Konzert zu motivieren, sondern ihm eine Zukunftsperspektive zu geben.

Bevor Masur seine Stelle in Leipzig antrat, sammelte er – sozusagen zur Probe – mit dem Gewandhausorchester erste Erfahrungen mit Konzerten im In- und Ausland. Zunächst reiste er Anfang August 1969 in den Libanon und nach Zypern. Diese Tournee ist ihm in ganz besonderer Erinnerung: Sie war nicht nur der Beginn einer fast dreißigjährigen »Orchester-Ehe«. In Baalbek musizierte er auch zum ersten Mal mit Swjatoslaw Richter und Mstislaw Rostropowitsch. Die Konzerte fanden während des Baalbek-Festivals in den fast zweitausend Jahre alten Mauern des Tempelbezirks statt, die eine hervorragende Akustik haben. Swjatoslaw Richter und das Orchester mit Kurt Masur trafen als Erste zu den vereinbarten Proben ein. Es gibt ein schönes Foto, auf dem Masur und Richter, ins Gespräch vertieft, auf der Treppe des Jupitertempels sitzen: »Wir haben dort das Zweite Brahms-Klavierkonzert, das er spielen sollte, besprochen, insbesondere die Frage, wie er sich den Orchesterpart vorstellt. Er wollte keine großen Änderungen. Meine erste Aufführung dieses Konzertes hatte ich übrigens mit Elly Ney in Dresden. Sie war damals zweiundsiebzig und ich siebenundzwanzig. Die alte Dame spielte hinreißend und nahm mich musikalisch an die Hand. Das war eine gute Vorarbeit für die Begegnung mit Swjatoslaw. Dadurch war mir seine Vorstellung von Brahms so nahe, dass ich mich eigentlich gar nicht groß umstellen musste. Diesen Brahms werde ich jedenfalls nie vergessen. Richter war ein wunderbarer Partner, ein Mann, der genau wusste, was er wollte. Mit seinen riesigen Pranken spielte er nicht eigentlich virtuos, aber erregend und poetisch zugleich. Das Faszinierende an ihm war ja, wie er einen glauben machte, dass es sich um alles andere als ein totes Instrument handelte. Er konnte ein Crescendo spielen, bei dem man genau wusste, dass das eigentlich gar nicht geht auf dem Klavier. Daran war nichts Künstliches. Ich empfand ihn als ungeheuer sensibel und aufgeschlossen. Er reagierte auf jedes Detail mit großer Akribie und freute sich wahnsinnig, wenn das Orchester alle seine Nuancen nachspielte.«

Während Masur mit Richter und dem Orchester schon probte, ließ Mstislaw Rostropowitsch, der Starsolist des Cellokonzertes von Dvořák, auf sich warten. Einen Tag vor der Generalprobe sah man plötzlich eine riesige Staubwolke über dem Jupitertempel, und mit Höllenlärm senkte sich ein Helikopter herab. Zweitausend Jahre Staub wirbelten auf. Die Tür des Hubschraubers öffnete sich, eine Leiter wurde ausgefahren, und Rostropowitsch stieg herab, als wäre er Jupiter persönlich. Doch dann schien er sich zu besinnen und kletterte wieder zurück. Er hatte sein Cello vergessen. Masur und die Musiker waren erleichtert, dass der Starcellist nun endlich eingetroffen war, und nannten ihn fortan »Heliokoptowitsch«. Am nächsten Morgen war Generalprobe mit Richter. Masur wartete und wartete und fing schließlich mit der Probe an. Nach einer Stunde kam er und entschuldigte sich bleich beim Dirigenten: »Ich weiß nicht, ob ich spielen kann; immer, wenn dieser Rostropowitsch aufkreuzt, gerate ich unter seinen Einfluss.« Richter und Rostropowitsch hatten nicht allzu oft Gelegenheit, sich zu sehen. Die wenigen Male nutzten sie dann gern zu ausgiebigen Trinkgelagen. Sobald Richter zu spielen anfing, war zum Erstaunen Masurs »alle Müdigkeit verflogen«.

»Am nächsten Tag«, erinnert sich Masur, »arbeitete Rostropowitsch mit uns wie ein Besessener und spielte am Abend hinreißend. Einunddreißig Jahre später, nun mit New York Philharmonic, sagte er nach dem Dvořák-Konzert, bei dem er wieder unglaublich gut gespielt hatte, auf Deutsch zu mir: ›Mensch, habt ihr phantastisch begleitet, weißt du, wenn ich schlecht begleitet werde, spiele ich wie ein Schwein.‹« Der Erfolg in den Tempelruinen von Baalbek war sensationell, ebenso im Amphitheater von Curium auf Zypern. In Nicosia empfing der griechisch-orthodoxe Erzbischof und Staatspräsident Makarios die Musiker aus Leipzig. Im Mai 1970 folgte ein Gastspiel beim »Prager Frühling« mit Bruckners »Siebenter Sinfonie«. Die Musiker wussten um die Bedeutung solcher Auftritte und zeigten ihr ganzes Können – mit Erfolg. Kurt

Masur und sein Orchester wurden vom internationalen Publikum gefeiert. Die Leipziger hatten schnell begriffen, dass sie bei diesem Dirigenten auf solchen Reisen gut aufgehoben waren. Allein schon die souveräne Art seines Auftretens erwies sich als günstige Voraussetzung für Gastspiele.

Seit frühester DDR-Zeit war es das Privileg der Leipziger Musiker, auch im westlichen Ausland zu gastieren. Den Eisernen Vorhang zu überfliegen in dem Bewusstsein, zu den wenigen Auserwählten zu gehören, denen dies zugestanden wurde, und zwar nicht wegen politischer Linientreue, sondern auf Grund herausragender künstlerischer Leistungen – das hatte sich das Gewandhausorchester seit 1951 gesichert. Zehn Jahre später war man unter Franz Konwitschny sogar bis Japan gekommen. Sein Nachfolger Václav Neumann konnte die Reisetätigkeit weiter ausbauen – Österreich, England, die Schweiz und Holland, Frankreich, Skandinavien und natürlich Westdeutschland. Doch Neumann war nicht mehr da, ein neuer künstlerischer Leiter noch nicht gefunden. Es stand viel auf dem Spiel. Nach den Gastspielen jedoch war klar: Das Gewandhausorchester wollte weiterhin unter dem neuen Dirigenten spielen. Damit war die Nachfolge geklärt. Kurt Masur wurde neuer Gewandhauskapellmeister. Allerdings bat der neue Chef darum, die Dresdner Philharmonie nicht gleich verlassen zu müssen. Zwei Jahre, bis zum Sommer 1972, leitete er beide Orchester gleichzeitig.

In jener Zeit sammelte Masur noch ganz neuartige Erfahrungen mit einem anderen internationalen Orchester. Der Musikmanager Ferdinand Visser hatte ihm zum 200. Geburtstag Ludwig van Beethovens ein Gastdirigat mit dem Orquestra Sinfonica Brasileira in Rio de Janeiro vermittelt. Er verschaffte ihm damals auch Gastspiele bei der Philharmonie Rotterdam, beim Orchestre National de Belgique und beim Residenzorchester Den Haag. Für Masur war Visser nicht nur einer der ersten Manager, mit denen er zusammenarbeitete; er schätzte besonders an ihm, dass er

161

sich noch »als Mäzen wie aus alten Zeiten verstand«. Beide sind Freunde geworden, und diese Freundschaft hat Masur »beflügelt und meine Energien gebündelt«. Wenn er nach Den Haag kam, hatte Visser stets ein »Kulturprogramm« vorbereitet. Er wusste dann, in welches Theater, welches Kino Kurt Masur gehen, welche Aufführungen er sich ansehen sollte. Die zahllosen Anregungen sog der ostdeutsche Dirigent wie ein Schwamm in sich auf.

In Rio de Janeiro sollte Masur einen Zyklus aller neun Beethoven-Sinfonien dirigieren, obwohl man ihn bis dahin bestenfalls dem Namen nach kannte. In der Arbeit mit dem Orquestra Sinfonica Brasileira lernte er Probleme kennen, mit denen er bis dahin nicht konfrontiert worden war. Viele Musiker hatten Existenzsorgen. Zu Beginn der ersten Probe fehlten etwa zwanzig Orchestermitglieder, vor allem die ersten Bläser. Masur war ratlos: »Was sollte ich machen? Mir blieb nichts anderes übrig, als zu warten. Ich blieb also ruhig sitzen und wartete gemeinsam mit den anwesenden und allmählich wütend werdenden Orchestermitgliedern. Jeden der nach und nach eintreffenden Musiker begrüßte ich mit einem freundlichen ›Guten Morgen‹. Am nächsten Tag erschien das komplette Orchester pünktlich. Ich war froh, dass ich mich am Vortag beherrscht hatte und nicht böse geworden war, denn erst jetzt erfuhr ich Genaueres über die Lebensbedingungen einzelner Musiker. Es gab keinen, der nicht einen zweiten Beruf ausübte. Einer der Bratscher war Dentist, der erste Trompeter, ein Farbiger, blies die ganze Nacht Samba und kam dann am Morgen völlig übernächtigt zur Probe und konnte einfach nicht besser spielen. Mir wurde damals sehr geholfen vom Konzertmeister der zweiten Violinen, einem wunderbaren polnischen Musiker namens Waschicz. Wir sind echte Freunde geworden.« Als einer der wenigen, die deutsch sprechen konnten, übersetzte er dem Orchester Masurs Hinweise. Er genoss unter seinen Kollegen großes Ansehen und war ein verlässlicher Mittler und menschlich wichtiger Partner für den Dirigenten.

Von Waschicz erfuhr Kurt Masur viel von einzelnen Musikerschicksalen, von ihrer miserablen Bezahlung und den existentiellen Nöten: »Gleich am Anfang meiner Arbeit in Rio sagte er mir: ›Maestro, in den Proben ist das hier immer so. Aber warten Sie auf den Abend. Da gibt sich jeder die größte Mühe.‹ Und es war tatsächlich so. All jene, die am Morgen verschlafen und unkonzentriert in der Probe saßen, entwickelten am Abend im Konzert eine solche Wachheit und Lebendigkeit, ein solches Feuer beim Musizieren, dass man die kleinen Fehler vom Vormittag vergessen konnte. Als ich im Sommer 1971 zum zweiten Mal nach Rio eingeladen worden war, hatte ich auch ›La Valse‹ von Ravel vorgesehen. Aber als ich nach ungefähr zehn Minuten Probe das Stück immer noch nicht wiedererkannte, habe ich gesagt: ›Spielen wir doch lieber etwas anderes.‹ Sie konnten sich einfach nicht genügend vorbereiten, sie hatten keine Zeit. 1974 – in dem Jahr, als ich dort meine Frau Tomoko kennen lernte – fragte ich diesen Waschicz: ›Geht's euch jetzt besser?‹ Da antwortete er mir mit seinem polnisch-jüdischen Charme: ›Ach, ich glaube, es geht besser. Jeden Morgen muss ich durch eine Bettlergegend zur Probe laufen. Wenn ich früher mit meinem Geigenkasten kam, hat mich keiner beachtet, weil sie wussten: Das ist auch so ein armer Schlucker. Aber vorige Woche hat mich hier einer angebettelt. Ich glaube, es geht uns besser!‹«

Während seines Gastdirigats in Rio begegnete Kurt Masur erstmalig dem »Denker mit der Geige«, Isaac Stern. Er war mit seinem berühmten Trio Eugene Istomin (Klavier) und Leonard Rose (Violoncello) für Beethovens Violinkonzert, Tripelkonzert und Klaviertrios verpflichtet worden. Die beiden Werke mit Orchester sollten unter Masurs Leitung mit dem Orquestra Sinfonica Brasileira aufgeführt werden. Der berühmte Geiger kannte den ostdeutschen Dirigenten bisher nicht. »Nach meinem Namen zu urteilen, vermutete er wohl, ich käme aus Polen«, meint Masur rückblickend. »Vielleicht hätte ich auch ein deutscher Jude sein können. Jedenfalls hat er sich offenbar nicht viel Gedanken darüber gemacht, mit wem er da engagiert war. Als er in Rio eintraf und erfuhr, dass ich ein deutscher Dirigent sei, änderte sich für ihn schlagartig die Lage. Er hatte als Jude einen Schwur getan, nie mehr in Deutschland aufzutreten und auch im Ausland nie mehr mit einem Deutschen gemeinsam zu musizieren. Das führte zu einer langen Unterredung im Foyer des Hotels Copacabana Palace. Sie gipfelte in seiner Bekundung, dass es ihm persönlich sehr leid täte, aber er könne den geleisteten Eid nicht brechen.«

Die Situation war sehr angespannt – nicht nur für Masur, auch für die Veranstalter. Der deutsche Dirigent hatte mit den vorangegangenen Konzerten großen Erfolg gehabt und die Sympathie des Publikums gewonnen. Schließlich trat er zurück und überließ die Konzerte mit Stern Isaac Karabtchevsky, dem Chefdirigenten des Orchesters, mit dem er befreundet war. Masur »war die delikate Situation durchaus bewusst, denn in Rio gab es Gegenden, in denen deutsche Einwanderer Bürgermeister waren. Sie hatten sogar einen deutschen Minister damals. Von einer Diskriminierung der Deutschen nach den schrecklichen Geschehnissen der Judenverfolgung in der Hitler-Zeit war hier nichts zu spüren. Ich weiß noch, dass ich mich, als es im Saal dunkel wurde, in die Loge begab. Das Publikum erkannte mich und begann zu klatschen, bevor noch jemand aufs Podium kam. Ich gebe zu: Ich habe bewusst das Konzert besucht. Ich wollte damit demonstrieren, dass ich Isaac Sterns Entscheidung respektiere. Natürlich tat mir der Applaus wohl, aber ich war auch sehr traurig bei dem Gedanken, dass solche Spannungen überhaupt entstanden waren. Denn ich verehrte Isaac Stern und auch die beiden anderen Musiker und wusste, dass sie zu den ganz großen Interpreten unserer Zeit gehören.«

Isaac Stern hat die Geste imponiert. In einem Brief vom 15. Februar 1972 schrieb er Masur: »Ich wünschte, es wäre mir möglich …, dass ich meine Entscheidung, nicht auf deutschem Boden aufzutreten, zurücknehmen könnte. Unglücklicherweise ist diese Zeit noch nicht gekommen. Außerdem kompliziert das Problem Ostdeutschland die Sache auf subtile politische Weise.« Er betonte gegenüber Masur, dass »*nie* etwas Persönliches in diesen Angelegenheiten« sei. »Es geht nur um ein lange vertretenes und tief verwurzeltes Prinzip, das nichts mit Hass oder Groll auf einen Einzelnen zu tun hat ... Herzlichst, Ihr I. S.« Zehn Jahre später führten beide auf ausdrücklichen Wunsch des Geigers in San Francisco fünfmal das Beethoven-Violinkonzert auf. Inzwischen waren sie befreundet, denn sie standen sich nicht nur in der künstlerischen Auffassung, sondern auch menschlich sehr nahe. Isaac Stern habe »mit seiner Kunst so unendlich viel getan für die ›Verbrüderung der Völker, trotz allem Krieg und Hader‹, wie es einmal Béla Bartók formuliert hat«. Er sei ein »Botschafter der Musik und der Versöhnung über Ländergrenzen und Kontinente hinweg« gewesen.

Als Kurt Masur im Sommer 1970 von seiner Reise nach Südamerika zurückkam, war er um viele Erfahrungen reicher. Die Aussicht auf seine neue Stelle als Gewandhauskapellmeister beflügelte ihn. Er war einen großen Schritt vorangekommen. Nie hatte er zu denen gehört, die von Anfang an glauben, dass sie eine Riesenkarriere machen würden: »Jede Arbeit mit einem Orchester, ob das in Halle, Schwerin, Berlin, Dresden oder in Leipzig war, habe ich immer so ernst genommen, dass sie die Endstation hätte bedeuten können. Das hat für mich etwas ganz Wesentliches gebracht. Zu diesen Orchestern besteht auch heute noch ein tiefes und freundschaftliches Verhältnis, weil die Musiker gespürt haben, dass ich mit ihnen gemeinsam die künstlerischen Ziele zu erreichen suchte.«

ZWEITER TEIL
DER MAESTRO

Auslastung hundert Prozent

Der Gewandhauskapellmeister
Leipzig 1970–1997

Am 24. August 1970 wird im Plenarsaal des Neuen Rathauses verkündet: »Der Rat der Stadt Leipzig beruft Herrn Generalmusikdirektor Kurt Masur mit Wirkung vom 1. August 1970 zum Beginn der Spielzeit 1970/71 des Gewandhauses zu Leipzig zum Gewandhauskapellmeister der Stadt Leipzig.« Stolz lächelnd blickt Masur auf die aufgeschlagene Mappe. Soeben hat der Dreiundvierzigjährige von Oberbürgermeister Karl-Heinz Müller die Berufungsurkunde erhalten. Ein neues Lebenskapitel nahm seinen Anfang. Seine künstlerischen Erfahrungen und ein vielfältiges kulturpolitisches Engagement – beide Elemente waren stets miteinander verknüpft – hatten ihn für das verantwortungsvolle Leipziger Amt favorisiert. Für das Gewandhausorchester endete damit ein zweijähriges Interregnum. Václav Neumann, der in Leipzig bei Orchester und Publikum sehr beliebt gewesen war, hatte nach der Besetzung seiner tschechischen Heimat durch Truppen des Warschauer Paktes im August 1968 die DDR unter Protest verlassen. Er löste seinen Vertrag mit dem Rat der Stadt Leipzig und kehrte nach Prag zurück. Während ihn die SED-Parteiführung als »musikalischen Abenteurer« beschimpfte, wählte ihn die Tschechische Philharmonie zu ihrem Chefdirigenten. In den kommenden anderthalb Jahren standen bei den Leipzigern Gastdirigenten am Pult – für ein hochkarätiges Ensemble einerseits reizvoll, andererseits auf die Dauer nicht ungefährlich. Jetzt war dieser Schwebezustand beendet, und einer kontinuierlichen Arbeit stand nichts mehr im Wege.

169

»Viele mögen glauben«, sagte Kurt Masur in seiner Antrittsrede, »dass eine solche Berufung bedeutet, ein wichtiges Ziel erreicht zu haben. Mir hat die Berufung zum Gewandhauskapellmeister nur klar gemacht, dass es viele Menschen gibt, die das Vertrauen in mich setzen, eine solche Aufgabe meistern zu können. Dieses Vertrauen zu rechtfertigen wird das Ziel der nächsten Jahre sein. Meine erste Begegnung mit dem Gewandhausorchester hatte ich als Student der Musikhochschule Leipzig, der ich den Hauptteil meiner Ausbildung verdanke. Musiker des Gewandhausorchesters waren auch zum Teil meine Lehrer. Von diesem Orchester hörte ich viele bedeutende Werke zum ersten Male. Jahre später durfte ich als Operndirigent vor das Orchester treten. Selten gibt es Orchester mit so großem internationalem Ruf, die bereit sind, auch unerfahrenen jungen Dirigenten Gefolgschaft und Hilfe zu leisten. In den zurückliegenden anderthalb Jahren hatten das Orchester und ich Gelegenheit, in vielen Konzerten und auf Konzertreisen – nach Baalbek, Zypern, in die Sowjetunion und in die ČSSR – einander näher zu kommen. Es entstand keine ›Liebe auf den ersten Blick‹, sondern ein mit Ernst und Verantwortungsbewusstsein erworbenes Vertrauen, eine gemeinsame Aufgabe meistern zu können. Diese Aufgabe wird heißen: Bewahren der großen Tradition des Orchesters und zugleich Belebung eines Kreislaufs im Musikleben der Stadt Leipzig, der alle Schichten der Bevölkerung erfasst. Wir werden alles tun, das Musikleben der Stadt weiter zu verjüngen, um damit die Erlebnisfähigkeit für die sinfonische Musik von Generation zu Generation weiterzutragen. Dann wird das Gewandhausorchester auch im Ausland immer das Bewusstsein haben, nicht nur Sendbote seines Staates zu sein, sondern auch einer Heimatstadt, in der die musikalischen Traditionen lebendiger sind als je zuvor.«

In der langen Geschichte des Gewandhausorchesters gibt es bis heute keinen zweiten Fall, wo ein Dirigent mit dieser Stadt und ihren Musikern aufgewachsen und groß geworden ist. Masurs berühmte Vorgänger haben hier bedeutende

Leistungen vollbracht und Traditionen begründet, allen voran Felix Mendelssohn Bartholdy und Arthur Nikisch, und doch waren sie Zugereiste gewesen, auch Wilhelm Furtwängler und Bruno Walter, Hermann Abendroth und Franz Konwitschny. In Kurt Masurs Biographie hingegen hat die Stadt Leipzig einen wirklich einzigartigen Stellenwert eingenommen: erst das Studium, dann das Wirken als Opernkapellmeister und nun das höchste Amt, das die Stadt innerhalb ihrer musikalischen Hochkultur zu vergeben hat. Die Amtsbezeichnungen »Gewandhauskapellmeister« und »Thomaskantor« sind allein an Leipzigs Musiktradition gebunden, befrachtet mit den Namen von Persönlichkeiten, die musikalische Weltgeschichte geschrieben haben. Hinter diesen durch nichts zu ersetzenden Begriffen steht der Stolz einer Bürgerschaft, die sich den Schatz ihrer Traditionen nicht nehmen lässt. Wenn jemand diese Einmaligkeit einer Stadt und eines Landes verinnerlicht hat, dann ist es Kurt Masur. Seine Rede macht das deutlich. Jeder Taxifahrer weiß heute mit dem Wort »Gewandhaus« etwas anzufangen, auch wenn er vielleicht noch nie in einem Konzert gewesen ist. Und er weiß vielleicht auch, dass der Chefdirigent »Gewandhauskapellmeister« heißt. Auf jeden Fall aber hat er den Namen Kurt Masur gehört oder gelesen. Eine solche Präsenz im allgemeinen Bewusstsein der Menschen fällt nicht vom Himmel. Sie ist das Ergebnis beharrlichen Wirkens über mehr als ein Vierteljahrhundert hinweg, das sich nicht nur auf das Dirigieren beschränken lässt.

Seinen Einstand beim Gewandhaus als Konzertdirigent hatte Masur eigentlich schon 1959 gegeben. Damals, am 16. September, leitete er als Gast aus Schwerin sein erstes Konzert in der Kongresshalle. Heute mag es wie ein Symbol erscheinen, dass am Anfang eine der frühen Streichersinfonien von Mendelssohn erklang. Dem kompositorischen Schaffen des bedeutendsten Amtsvorgängers wird er sich in den kommenden Jahren mit besonderer Hingabe widmen. Es folgte das seinerzeit oft und gern gespielte Trompetenkonzert des DDR-Komponisten Siegfried Kurz, und beschlossen wurde der Abend mit Bruckners Erster Sinfonie. Das war noch zu jener Zeit, als Franz Konwitschny an der Spitze des Orchesters stand. Erst im April 1967 stand Masurs Name wieder auf dem Leipziger Programmheft mit Werken von Johann Christian Bach, Dvořák und Schumann, gleich einen Monat später noch einmal – zusammen mit dem westdeutschen Pianisten Hans Richter-Haaser, der drei Klavierkonzerte – von Mozart, Chopin und Tschaikowski – spielte. In der Jubiläumsspielzeit 1967/68, die – noch unter der Ägide Václav Neumanns – unter dem Motto »225 Jahre Gewandhaus-Orchester« stand und in der neben heimischen Künstlern verstärkt Interpreten von internationalem Ruf nach Leipzig kamen – darunter die Geiger Leonid Kogan, Wolfgang Schneiderhan und Henryk Szeryng, die Pianisten Wilhelm Kempff und die junge Japanerin Yaeko Yamane sowie die polnische Sopranistin Stefania Woytowicz –, trat auch Masur neben Dirigenten wie Rudolf Kempe, Otmar Suitner, Juri Temirkanow und Klaus Tennstedt auf. Am 9. September 1970 dann dirigierte er sein Antrittskonzert als neuer Gewandhauskapellmeister – ein Beethoven-Programm mit der »Leonoren-Ouvertüre Nr. 2«, der Szene und Arie »Ah! perfido« und der Musik zu Goethes »Egmont«. Solistin war die junge Anna Tomowa-Sintow, der aufgehende Stern am Opernhimmel; die Goethe-Texte sprach Gert Gütschow, Mitglied des Leipziger Schauspielensembles.

Die Stadt hatte sich in der Vergangenheit glücklich schätzen können, eines der schönsten Konzerthäuser Europas zu besitzen. Der für seine legendäre Akustik berühmt gewordene zweite Gewandhausbau von 1884 war nach Plänen der Berliner Architekten Martin Gropius und Heino Schmieden errichtet worden und ließ Einflüsse von Schinkels Berliner Schauspielhaus erkennen. Für ein reichliches halbes Jahrhundert wurde der Konzertsaal zu einem Mekka internationaler Musikkultur. Die Weltelite gastierte hier ebenso selbstverständlich wie in Wien und Paris, New York und London. Nach dem »Neuen Gewandhaus«, wie es genannt wurde, hieß der noble Stadtteil mit Reichsgericht, Konservatorium, Universitätsbibliothek und Kunstakademie bald »Musikviertel«. Am 20. Februar 1944 verwandelten Brandbomben dieses Kleinod in eine Ruine. Ob es je wieder aufgebaut werden würde, lag lange in der Schwebe. Die DDR-Regierung war unentschlossen. Bis zum erhofften Wiederaufbau schützte ein Notdach vor weiterem Verfall. Mit Nachdruck setzten sich jahrelang Denkmalpfleger für den Erhalt der noch vorhandenen Bausubstanz ein – doch vergebens. Am 29. März 1968, nur wenige Tage nach den Festwochen zum 225. Orchesterjubiläum, wurde die Ruine trotz zahlreicher Proteste – auch von Prominenten – gesprengt, die Mauerreste wurden mit der Abrissbirne beseitigt. Es war wie ein Generalauftakt für die vielen Leipzigern noch heute unfassbare Sprengung der im Krieg nahezu unversehrt gebliebenen Universitätskirche zwei Monate später. Heimstatt des Gewandhausorchesters blieb bis zum Neubau die Kongresshalle des Zoo.

Als Kurt Masur sein neues Amt antrat, sah er sich einem frisch gekürten Intendanten, Werner Felix, und einem ziemlich kaltgestellten Gewandhausdirektor, Karl Zumpe, gegenüber. In den letzten Jahren unter Václav Neumann und in der Interimszeit hatten Machtkämpfe das Gewandhaus erschüttert. Karl Zumpe war seit 1958 dem Orchester aufs engste verbunden. Zunächst als Direktor der Gewandhauskanzlei, dann als Gewandhausdirektor hatte er die Konwitschny- und Neumann-Ära mitgeprägt. Ohne ihn wäre sicherlich manches aus dem Ruder gelaufen, denn er verfügte über entscheidende Fähigkeiten: ein großes Organisationstalent, einen ausgeprägten Realitätssinn und die Fähigkeit zur Integration. Vor allem aber besaß er das Vertrauen des Orchesters. Dabei hat er sich immer als ein Mann in der zweiten Reihe empfunden. Er war ein Pragmatiker mit gesundem Menschenverstand, gewürzt mit einer gehörigen Portion sächsischen Humors. Vor kleingeistigen Ansinnen der Parteifunktionäre schirmte er seinen

Chef ab. Als SED-Mitglied war er keineswegs ein bequemer Partner für die Parteispitze. Mit Neumann hatte er sich glänzend verstanden. Die Arbeitsteilung war klar: Den Künstler Neumann ließ man gewähren. Er war laut Vertrag zwar »staatlicher Leiter« des Gewandhauses, aber das drang nicht so recht ins Bewusstsein des Prager Dirigenten. Er verließ sich auf Karl Zumpe, den »Manager ohne Parteiauftrag«, der praktisch die Geschäfte führte.

Schon zu Neumanns Zeiten war an die Einrichtung einer »Gewandhaus-Intendanz« gedacht worden – eine Art Wiederbelebung der einstigen »Gewandhaus-Konzertdirektion« unter sozialistischen Bedingungen. Václav Neumann hatte dies strikt zurückgewiesen: So etwas brauche man nicht, es funktioniere auch so! Obwohl Karl Zumpe die organisatorische Leitung fest im Griff hatte, wurde es in der »cheflosen Zeit« eng für ihn, denn Werner Felix, der langjährige Rektor der Weimarer Musikhochschule, interessierte sich für die Intendanz am Gewandhaus. Unterstützt von obersten Kreisen der Parteiführung, wurde er im Oktober 1968, also nur wenige Wochen nach dem Ausscheiden Neumanns und in politisch sehr angespannter Zeit, vom Rat der Stadt Leipzig zum Intendanten berufen. In seiner neuen Funktion setzte er sich für Kurt Masur als neuen Chefdirigenten ein, schob aber gleichzeitig den beliebten Zumpe als »Beauftragten für den Neubau des Gewandhauses« auf ein Nebengleis ab. Dass dies ein Fehler war, sollte er bald merken.

Der entscheidungsfreudige, voller Ideen steckende neue Chef und der bedächtige Werner Felix, dessen starkem Repräsentationsbedürfnis die Aufgaben eines so vielseitig beschäftigten Orchesters eher im Wege standen, waren kein gutes Gespann. Masur sah sich schon bei seiner ersten Probe als Gewandhauskapellmeister chaotischen Verhältnissen gegenüber: Er kam aus Dresden angereist, und das Orchester war nicht da. Dann wieder wurde das Orchester zu einer Probe bestellt, ohne dass man ihn verständigt hatte. Die Dresdner Pianistin Annerose Schmidt – ihr hatte er

174

sich wohl zuerst anvertraut – sagte ihm: »Du hast doch den Zumpe in Leipzig, was willst du dir da einen anderen Mann holen!« Als auch auf den Reisen so manches schief lief und die Musiker im Bus schon sangen: »Wir wollen unseren Karli Zumpe wieder haben!«, reichte es Masur. Er wollte mit dem fähigen Gewandhausdirektor zusammenarbeiten und seine ehrgeizigen Ziele nicht von Beginn an durch Missmanagement torpedieren lassen. Nach einigem »Kräftemessen« schaffte man mit Beginn der Spielzeit 1971/72 die Gewandhaus-Intendanz wieder ab. Karl Zumpe wurde als Gewandhausdirektor aufs Neue bestätigt. Werner Felix hingegen leitete zunächst das Sekretariat des »Johann-Sebastian-Bach-Komitees der DDR« und war ab 1979 Generaldirektor der »Nationalen Forschungs- und Gedenkstätten Johann Sebastian Bach der DDR«.

Mit dem Doppelengagement in Leipzig und Dresden bewältigte Kurt Masur zwei Jahre lang ein enormes Arbeitspensum. Doch das entsprach durchaus seinem robusten Naturell. 1972 sollte sein Vertrag bei den Dresdner Philharmonikern auslaufen, und er hätte es gern gesehen, auch weiterhin die Chefposition bei beiden Orchestern zu bekleiden. Mit der Dresdner Philharmonie fühlte er sich nach wie vor sehr eng verbunden, und was das Gewandhausorchester betraf, so bewegten ihn kühne Pläne einer aufbauenden Zusammenarbeit. Im Berliner Kulturministerium sah man das allerdings anders: Masur wurde kurzerhand die künstlerische Leitung zweier Orchester untersagt. Doch kaum war klar, dass er die Dresdner Philharmoniker verlassen würde, kam von der Berliner Staatskapelle die Anfrage, ob er nicht neben dem Gewandhausorchester die Berliner Staatsoper leiten könne. Wiederum stellte sich das Ministerium quer: »Man brauche keinen ›Musikpapst‹ in der DDR«, wurde ihm vom stellvertretenden Minister bedeutet. Das brüskierte den Dirigenten, dem ein solches Ansinnen fernlag. Das gleichzeitige Führen zweier Orchester war keineswegs ungewöhnlich. Man denke an Arthur Nikisch oder Wilhelm Furtwängler. Franz Konwitschny hielt zeitweise sogar drei Positionen besetzt: Gewandhaus, Dresdner Staatskapelle und Berliner Staatsoper. Eine Neuauflage mit Kurt Masur sollte jedoch unter allen Umständen vermieden werden. Gegen die Macht der Kulturbürokratie hatte auch ein Spitzendirigent in der DDR nur begrenzt eine Chance: »Ich musste damals lernen, dass es Leute gibt, gegen deren Entscheidung man nichts ausrichten kann. Und wenn ich heute zurückdenke, so waren das sehr oft politische Gründe oder doch zumindest Gründe, die nicht unbedingt mit künstlerischen Fragen zusammenhingen.«

Masurs Wirkungskreis sollte sich also in Zukunft auf Leipzig beschränken. Zu tun gab es genug. Als »staatlicher Leiter« hielt er allein alle Fäden in der Hand und trug die Verantwortung für die künstlerischen, wirtschaftlichen und administrativen Belange. Die Gewandhauskapellmeister der Vergangenheit hatten seit Mendelssohns Zeit außerdem eine Art Musikdirektorposition für die ganze Stadt zu bekleiden. Die Pflichten waren nicht geteilt. Alte Tätigkeitsfelder des Orchesters blieben bestehen, und neue, auch für den Kapellmeister, kamen hinzu. Das war eine nicht ungefährliche Machtkonzentration. Die Musiker sahen darin kein Problem. Sie hatten endlich wieder einen Chef, der die Leipziger Traditionen nicht nur respektierte, sondern mit neuen, eigenen Ideen bereicherte und in der Lage war, das Ansehen des Orchesters jenseits des Eisernen Vorhangs lebendig zu halten und womöglich zu mehren. Außerdem spürten sie bald, dass er jederzeit ein offenes Ohr für ihre persönlichen Nöte hatte.

Die absolute Verlässlichkeit des Gewandhausdirektors, des »zweiten Mannes«, in allen Fragen der Organisation war die Voraussetzung für das tägliche Funktionieren der Orchesterdienste. Mit Karl Zumpe bildete Masur ein exzellentes Team. Das Orchester spielte täglich in der Oper bei einem Repertoire von weit über dreißig Werken. Mitunter musste der Spielplan von einem Tag auf den anderen geändert werden. Da konnte es heißen, statt »Wildschütz« heute

Abend »Lohengrin«, eine Oper vielleicht, welche die Musiker seit Wochen oder Monaten nicht mehr probiert hatten. Nicht immer konnte das Ergebnis befriedigen, aber die Dienststruktur enthielt keine Alternativlösungen. Hinzu kamen das wöchentliche Kantatenspiel in der Thomaskirche, die gestiegene Zahl der Abonnement- und Sonderkonzerte, die Schallplattenaufnahmen, die vielen Konzertreisen, nicht selten über vier, fünf Wochen.

1970 wurde auf der ganzen Welt Beethovens 200. Geburtstag gefeiert. Auch die DDR hatte Anteil an den internationalen Aktivitäten. Im Dezember traten auf einem groß angelegten, einwöchigen Beethoven-Kongress alle namhaften ostdeutschen Orchester und die Leningrader Philharmoniker auf. Zum Ärger der Sachsen fand die Festwoche weder in Leipzig noch in Dresden, sondern in Ostberlin, der mittlerweile offiziellen »Hauptstadt der DDR«, statt. Noch stand Kurt Masur sowohl am Pult der Dresdner Philharmoniker als auch des Gewandhausorchesters. Das Leipziger Gewandhaus ehrte den Komponisten auf seine Weise. Immerhin konnte es auf eine lange Beethoven-Tradition verweisen. Die Leipziger Spielzeit 1970/71 stand ganz im Zeichen des Wiener Meisters. Da zum Zeitpunkt der Berufung Masurs die Planung der neuen Spielzeit längst unter Dach und Fach war, die Verträge mit den Dirigenten und Solisten längst abgeschlossen waren, oblag dem neuen Gewandhauskapellmeister nur die traditionelle Silvesteraufführung der »Neunten«. Alle anderen Konzerte wurden von Gastdirigenten geleitet: Peter Maag, Kurt Sanderling, Günther Herbig, Herbert Blomstedt, Arvid Jansons, Lothar Seyfarth, Norman Del Mar und Kurt Wöss; sogar die Leningrader Philharmoniker unter Jewgeni Mrawinski kamen nach Leipzig. Sie spielten am 15. Dezember die Vierte und die Fünfte Sinfonie.

Masur stand bei anderen Orchestern unter Vertrag: Mit der Berliner Staatskapelle spielte er die neun Sinfonien Beethovens für das Fernsehen ein. An der Staatsoper Dresden trat er mit Einstudierungen von »Don Giovanni« und

»Fidelio« hervor. Mit dem Orchestre Philharmonique de l'O.R.T.F., dem Orchestre de Paris, mit Gastdirigaten in Moskau und Venedig, in Den Haag und Budapest, in Rio de Janeiro und London, in Helsinki und Salzburg hatte sich sein Terminkalender bis zum Rand gefüllt. So konnte er sich erst ab der Saison 1971/72 der Umsetzung neuer Ideen widmen. Im Jahresheft wird ein »Leipziger Zyklus« angekündigt – Werke enthaltend, die entweder in Leipzig ur- oder erstaufgeführt wurden, deren Komponisten mit dem Gewandhaus oder der Stadt Leipzig in Verbindung standen oder die als gelungene Beiträge zum zeitgenössischen Musikschaffen gelten durften.

Das berührte einen neuralgischen Punkt – das allerorten bekannte und leidige Problem der angemessenen Einbindung zeitgenössischer Musik in die Programme der großen europäischen Traditionsorchester. Dies war keineswegs nur ein Dilemma des »Ostblocks«, wo Aufführungen moderner Werke oft zusätzlich ideologisch belastet waren. Die großen europäischen Orchester hatten aber gerade dadurch Berühmtheit erlangt, dass sie in ihrer Frühgeschichte, und das war in der Regel das 19. Jahrhundert, kaum anderes spielten als zeitgenössische Musik. Daraus hat sich ihr Repertoire gebildet – die Wiener Klassiker mit Beethoven obenan, dann Brahms und Bruckner, vielleicht noch Schumann und Mendelssohn. Tschaikowski und Dvořák folgten nach. Von da an gehörten die Werke dieser Komponisten zum festen Repertoire des Leipziger Gewandhausorchesters. Dies war sein historischer Standort. Seit Carl Reinecke hat keiner der nachfolgenden Kapellmeister von Nikisch über Furtwängler und Walter, Abendroth und Konwitschny bis zu Neumann an diesen klassisch-romantischen Grundfesten gerüttelt. Dennoch brachten sie selbstverständlich Neues ein und hatten ihre Vorlieben: Nikisch hat Anton Bruckner in Leipzig heimisch gemacht und ihm sogar einen ganzen Zyklus seiner Sinfonien gewidmet (1919/20), aber auch Richard Strauss und Claude Debussy eingeführt. Neumanns besondere Liebe galt dem

Werk Gustav Mahlers. Und immer gab es »Novitäten« – Uraufführungen, Erstaufführungen –, und wie zu allen Zeiten war auch viel Vergängliches darunter. Aus heutiger Rückschau spiegeln sich darin Zeitgeist und Zeitgeschmack. Die Avantgarde des 20. Jahrhunderts blieb in der DDR lange Zeit weitgehend ausgegrenzt. Zwar haben die Klangkörper des Leipziger Rundfunks mutig so manches Tor aufgestoßen. Gewandhaussache war das nicht. Aber auch hier durfte das musikalische Gegenwartsschaffen nicht gänzlich übergangen werden, wobei die Komponisten möglichst aus dem eigenen Land stammen sollten, im Sinne einer neu zu entwickelnden DDR-»Nationalkultur«. Das betraf die musikalischen Ausdrucksmittel wie die Wahl der vertonten Texte gleichermaßen.

Auch wenn so manches dieser Werke über die Grenzen des Landes bekannt wurde, entwickelte sich in der DDR nur eine sehr gemäßigte Moderne. Die Forderung nach »Verständlichkeit«, »Volksverbundenheit« und »sozialistischem Realismus« – wenngleich niemand wirklich sagen konnte, was damit gemeint war – dämpfte die Experimentierlust einiger Komponisten erheblich. Ebenso die Auseinandersetzung mit engstirnigen Funktionären der Musikkultur, denen schon Witold Lutosławski und Krzysztof Penderecki als zu »westlich beeinflusst« verdächtig schienen. Sogar Dmitri Schostakowitsch wurde beargwöhnt. Masur entgegnete einmal auf den Vorwurf, zu wenig DDR-Komponisten in den Gewandhausprogrammen zu berücksichtigen: »Aber wir führen doch gerade über zwei Spielzeiten (1976–78) einen Beethoven-Schostakowitsch-Zyklus durch mit der Aufführung aller fünfzehn Sinfonien und zahlreicher anderer wichtiger Werke des größten lebenden sowjetischen Komponisten. Das hat bisher noch niemand getan. Ist das etwa nichts?« Er bekam damals vom Vorsitzenden des DDR-Komponistenverbandes, Wolfgang Lesser, zur Antwort: »Schostakowitsch ist nicht *unser* Komponist!« Mit solch borniertem Denken in den Spitzengremien der Kulturpolitik musste sich der Gewandhauskapellmeister auseinander setzen. Das Ergebnis dieser Musikpolitik war im Grunde ein zeitgenössisches Angebot ohne den Mut zu wirklich Neuem, weitgehend abgeschottet gegenüber westlichen Einflüssen.

Eine ähnliche Arroganz schlug Masur bei der konzeptionellen Vorbereitung der »Mendelssohn-Festtage der DDR 1972« zum hundertfünfundzwanzigsten Todestag des Komponisten entgegen. Für die Festveranstaltung plante das Gewandhaus eine Aufführung des »Elias«. Sie wurde zunächst den Klangkörpern des Rundfunks versprochen, dann zurückgezogen. Als Masur Johanna Rudolph – sie war damals als Mitarbeiterin im Kulturministerium maßgeblich für die Programmkonzeption verantwortlich und gehörte zum orthodoxen Flügel der marxistischen Musikwissenschaft – nach dem Festival fragte, warum der »Elias« überhaupt nicht zur Aufführung gelangt sei, sagte sie allen Ernstes: »›Zwischen den Oratorien von Georg Friedrich Händel und dem ›Mansfelder Oratorium‹ (1950) von Ernst Hermann Meyer ist auf oratorischem Gebiet nichts Bedeutendes komponiert worden.‹ Ich konnte darauf nur antworten: ›Ja, dann verstehe ich wohl nichts von Musik!‹«

Eine seiner vordringlichsten Aufgaben sah Masur in der Wiederbelebung der Abonnementkonzerte. Die wenig attraktive Programmgestaltung der letzten Jahre hatte im Gewandhaus zu einem spürbaren Rückgang der Abonnements geführt. Traditionell waren diese sehr begehrt. Zu Furtwänglers Zeiten blieben sie in den Leipziger Familien und wurden auf die nachfolgende Generation »vererbt«. Noch 1962, unter Franz Konwitschny, gab es über dreitausend Abonnenten. Als Václav Neumann 1968 die Stadt verließ, war die Zahl auf fast die Hälfte gesunken. Die Kongresshalle am Zoo mit ihren eintausendachthundert Plätzen stand häufig zur Hälfte leer. In den neuen Chef waren deshalb alle Hoffnungen gesetzt, dieser alarmierenden Entwicklung ein Ende zu setzen. Und er vermochte tatsächlich nicht nur den Abwärtstrend zu stoppen, sondern neue Abonnenten zu gewinnen, nicht zuletzt über Betriebsanrechte auf der Basis von »Freundschaftsverträgen« mit Großbetrieben. Das war zwar quasi staatlich verordneter Musikgenuss, aber immerhin betraf er Menschen, die bis dahin oftmals noch nie ein Sinfoniekonzert erlebt hatten.

Für Masur war das nicht Vollzug einer »von oben« verordneten Kulturpolitik. Er sah das Hinführen aller sozialen Schichten an die Musik vor allem als ein gesellschaftliches Grundanliegen, das ihn spätestens seit seiner Schweriner Zeit nicht mehr losließ. Hier in Leipzig konnte er endlich ein breites Spektrum musikalischer Bildung und Aufklärung entwickeln. Die Machtbefugnisse hierfür waren ihm gegeben. Schon nach drei Jahren, in der Spielzeit 1973/74, gab es in der Kongresshalle keinen freien Platz mehr. Die Abonnements der verschiedenen Reihen vom traditionellen »Gewandhauskonzert« bis hin zu den Kammermusiken – Konzerte des Gewandhausquartetts und des Gewandhaus-Bläserquintetts –, die Sonderkonzerte mit dem Thomanerchor (traditionell die Bach-Passionen und das Weihnachts-Oratorium in der Thomaskirche), die drei Aufführungen der »Neunten« zu Silvester und am Neujahrstag, die Konzerte des Bachorchesters unter Leitung des Ersten Konzertmeisters Gerhard Bosse – alles war »ausgebucht«. Allein die Abonnements waren auf fast sechstausend gestiegen. Nicht ohne Stolz verkündete die Pressestelle des Gewandhauses: Auslastung hundert Prozent! Nach der Talsohle der sechziger Jahre waren die »Anrechte« wieder heiß begehrt.

Gewandhaus-Konzerttag war seit eh und je der Donnerstag. Bis 1955 fand mittwochs am Vormittag die öffentliche Hauptprobe statt. Studenten und Musikfreunde nutzten diese unentgeltliche Gelegenheit. Dann aber stieg die Nachfrage, und ein zweiter Konzertabend wurde eingerichtet – der Mittwochabend. Publikum zur Wochenmitte? Warum nicht aufs Wochenende verlegen? Da klingt der Arbeitsalltag ab, da wächst die Bereitschaft für einen kulturvoll verbrachten Abend. Masur erkannte schnell die Zeichen der Zeit und initiierte ab September 1972 einen neuen

Rhythmus. Die öffentliche Hauptprobe entfiel, und die Konzerte fanden jetzt donnerstags und freitags statt. Für Insider stellte sich bald heraus, dass das Freitagspublikum sich offener verhielt gegenüber Novitäten und überhaupt gegenüber den Programminhalten. Der neue Chef hatte eine richtige Entscheidung getroffen. An diesem Grundkonzept hat sich bis heute nichts geändert.

Mit der Ankündigung des »Leipziger Zyklus« trug die Saison 1971/72 erstmals unverkennbar die Handschrift des neuen Kapellmeisters. In zehn von damals zwanzig Abonnementkonzerten stellte er dem bisherigen Vielerlei sein Konzept der Thematisierung von Konzertabenden entgegen. Das war keineswegs eine neue Idee. Bereits 1825/26 standen in fast chronologischer Reihenfolge sämtliche Beethoven-Sinfonien auf dem Programm des Gewandhausorchesters, darunter die »Neunte« als Leipziger Erstaufführung. Außerhalb von Wien gab es keine Musikstadt von Ruf, in der Beethovens Werke mit solcher Intensität gespielt und vom Publikum ebenso begeistert aufgenommen wurden wie in der Messestadt, die tonangebend war im musikalischen Europa des 19. Jahrhunderts. Kaum fand eine Wiener Uraufführung statt, da spielte man das Werk in Leipzig nach. Beethovens Fünftes Klavierkonzert in Es-Dur wurde sogar am 28. November 1811 im Gewandhaus zum ersten Mal gespielt, ebenso im Mai 1808 das Tripelkonzert op. 56. Der Leipziger Musikverlag Breitkopf & Härtel, bei dem Beethoven viele seiner Werke drucken ließ, hatte sicher ein Interesse daran.

Dann rief Felix Mendelssohn Bartholdy die »Historischen Konzerte« ins Leben, die er von 1837 an fest in die Abonnementkonzerte eingliederte. Bach wurde am häufigsten gespielt, Händel und Gluck, Haydn und Mozart, Beethoven, Cimarosa und Méhul, Salieri und viele andere folgten – und alles war schon »historisch« damals. Mendelssohn wollte sein Leipziger Publikum bilden, es erinnern an große Leistungen der Vergangenheit. Ein Dreivierteljahrhundert später kam ein neuer, kräftiger Impuls von Arthur Nikisch.

Er veranstaltete ab 1912 Beethoven- und Brahms-Zyklen und setzte mit seinem Bruckner-Zyklus 1919/20 ein weithin beachtetes Zeichen. In der folgenden Saison stellte er sieben sinfonische Dichtungen von Richard Strauss vor. Damit wagte er zugleich den Schritt in die musikalische Gegenwart. Bei seinen Nachfolgern standen zwar gelegentliche Beethoven-, Schubert- und Brahms-Abende auf dem Programm, aber die Zyklusidee schien begraben.

Mit Kurt Masur änderte sich das grundlegend. Er wollte mit seinen thematischen Konzerten vor allem Mendelssohns Absicht eines inhaltlichen Leitgedankens über eine ganze Spielzeit hinweg wiederbeleben: Musikgenuss mit historischer Bildung zu verbinden, ein bewusst erlebendes Publikum zu erziehen. Der erste »Leipziger Zyklus« umfasste Konzertabende mit Mendelssohn, Brahms, Mozart und Tschaikowski reine Schumann- beziehungsweise Mahler-Programme; ein Gedenkkonzert zum fünfzigsten Todestag von Arthur Nikisch mit Schuberts »Unvollendeter« und Bruckners »Siebenter« – letztere war von Nikisch 1884 in Leipzig in Anwesenheit des Komponisten uraufgeführt worden, die große C-Dur-Sinfonie von Schubert, die Schumann 1839 in Wien entdeckt hatte und die von Mendelssohn noch im selben Jahr in Leipzig aus der Taufe gehoben worden war, außerdem Schostakowitschs Erste Sinfonie, die Bruno Walter 1929 als Novität dem Leipziger Publikum vorgestellt hatte, Max Regers Mozart-Variationen, die Brahmsschen Klavierkonzerte und »Ein deutsches Requiem« – alles Werke mit Gewandhaustradition.

Das DDR-Musikschaffen fand angemessene Berücksichtigung mit der Uraufführung von Fritz Geißlers Konzertanter Sinfonie für Bläserquintett und Streichorchester gleich im ersten Leipziger Konzert am 1. September 1971 sowie mit Kompositionen von Paul Dessau, Paul-Heinz Dittrich und Rainer Kunad. Im Sonderkonzert zur Frühjahrsmesse im März 1972 erklang unter Leitung von Arvid Jansons das bereits neun Jahre zuvor erfolgreich uraufgeführte interessante Bratschenkonzert von Hans-Christian

Bartel, Mitglied des Orchesters. Masur erfüllte damit auch die Auflagen der offiziellen Kulturpolitik und ging Einmischungen aus dem Wege.

Die erste Saison war ein deutliches Bekenntnis zur Musiktradition Leipzigs. Die Programme gefielen, das Publikum kehrte zurück. Man spürte allgemein: Die Geschicke des Gewandhauses lagen wieder in festen Händen. Da stand ein Mann auf dem Podium, groß und imposant, der einen immensen Willen ausstrahlte, fast ein wenig furchterregend. Und doch war er kein Pultstar oder Oberzeremonienmeister. Er empfand sich als Gestalter – aus dem Geist des jeweiligen Werkes heraus das Orchester fordernd: »Ich will nicht als Künstler meine Fähigkeiten zur Schau stellen, sondern die Komponisten wirklich ernst nehmen.« Mit langem Atem spannte er große Bögen, temperamentvoll arbeitete er die Pointen heraus, ließ aber auch ganz sensibel musizieren.

Wenn es Not tat, führte er ein strenges Regime, arbeitete hart in den Proben und schloss bei Generalproben die Öffentlichkeit aus. Karl Suske, der nach seiner Berliner Zeit an der Staatskapelle 1975 ans Pult des Ersten Konzertmeisters ins Gewandhaus wechselte, erlebte hautnah alle Proben und Aufführungen mit: »Kurt Masurs Qualitäten und Vorzüge stehen außer Frage. Aber es gab schon hin und wieder auch Probleme mit ihm. Zum Beispiel in den Proben. Nach der ersten Probe war er meist begeistert. ›Großartig, wie ihr das macht!‹ oder so ähnlich lautete sein Kommentar. In der zweiten Probe klang das schon nicht mehr so euphorisch. Noch weniger zufrieden war er dann in der dritten Probe. Dabei hatten wir uns natürlich alle sehr bemüht. Ich denke, solche Situationen kamen dadurch zustande, dass er beim Erarbeiten die Probleme im Detail herausfand, die beim ersten Durchspielen noch verdeckt waren. Er war auch manchmal so engagiert, dass er die angesetzte Probenzeit überschritt. Nun geht es da natürlich nicht um Minuten. Aber wenn er dann gar kein Ende finden konnte, musste ich ihn schon höflich daran erinnern, dass es eigentlich nun so weit wäre, zum Ende zu kommen. Da hat er dann entweder resigniert aufgehört oder auch darum gebeten, etwas länger zu machen, und wir haben das selbstverständlich akzeptiert. Vielleicht hätte er manches von Anfang an auch anders anlegen können – aber das sind Fachsimpeleien. Er konnte schon mal die Beherrschung verlieren und ausfällig werden, wenn es nicht so klappen wollte, wie er sich das gedacht hat. Mich persönlich hat Masur nie kritisiert. Und wenn etwas von meiner Seite falsch gelaufen war, dann tat er so, als ob es andere waren. Das war dann die andere Seite. Ich sagte dann schon: Halt, das lag jetzt an mir!«

In den Proben habe man ihm sein Ausfälligwerden nicht so verübelt, erinnert sich Suske, »aber wenn er im Konzert zumindest die ersten Reihen des Publikums spüren ließ, dass da was falsch gewesen war im Orchester, dann fanden wir das nicht so gut. Dann wurde hinter dem Podium, in den Stimmzimmern, mächtig geschimpft. Aber eigentlich sind solche Dinge ganz normal und kommen im Zusammenleben von Dirigent und Orchester überall auf der Welt vor. Nervös konnte er schon werden, wenn ganz exponierte Konzerte – sagen wir in Wien oder München oder dann eben auch in New York – zu spielen waren. Diese sehr verständliche gesteigerte Erregung wirkte sich dann mitunter so aus, dass er von den Gruppen des Orchesters Dinge verlangt hat, die zwar von den meisten ohnehin schon gemacht wurden, aber eben nicht von jedem Einzelnen. Dann verhielt er sich so, als ob wir alle eigentlich unzulänglich spielen. Das hat wiederum diejenigen, die sich die größte Mühe gaben, ziemlich verärgert. Dem gemeinsamen Musizieren war das nicht immer dienlich. Ich erinnere mich noch an ein Konzert im Wiener Musikvereinssaal 1985. Auf dem Programm stand Brahms' Doppelkonzert für Violine und Violoncello mit sehr berühmten Solisten – Gidon Kremer und Yo-Yo Ma. Da hat er in die ersten Violinen hineingefuchtelt, dass es uns da vorn zu viel wurde. Das Ergebnis war, dass auch ich nur noch gekratzt habe aus lauter Wut.

Offensichtlich musste er etwas loswerden – vielleicht weil da zwei Weltstars spielten. So etwas kam eben vor. Wir hatten manchmal das Gefühl, dass er nicht immer so richtig – wie soll ich sagen – ›in sich‹ war. Seine künstlerische Besessenheit hat ihn gelegentlich so mitgerissen, dass er die Selbstkontrolle zu verlieren schien. Aber Grundspannungen zwischen ihm und dem Orchester gab es eigentlich selten.«

Masur gibt Suske recht: »Meine manchmal sehr spontanen Reaktionen waren oft zu explosiv. Wir sind zwar verwandte Naturen, aber während er auf Unzulänglichkeiten still und introvertiert reagiert, musste ich mir mit Blick auf das Resultat angewöhnen zu kritisieren. Unserem guten Verhältnis zueinander hat das nie Abbruch getan.« Die Orchestermusiker spürten seinen starken Willen, seine interpretatorische Absicht, die jedoch frei war von diktatorischer Gängelei. Sie sind in der Vergangenheit mit jenen Kapellmeistern immer am besten zurechtgekommen, die bei aller Gründlichkeit in den Proben immer noch einen gewissen Spiel-Raum am Konzertabend gewährten. Das war besonders bei Nikisch so, bei Furtwängler und Konwitschny, und auch für Kurt Masur trifft dies zu. Ihm bedeuten Erarbeiten und Einstudieren viel, aber eben doch nicht alles.

»In den Proben versuche ich, den gesamten Arbeitsprozess darauf auszurichten, dass das Orchester und ich am Abend wissen, was wir gemeinsam wollen. Es geht mir dabei natürlich prinzipiell um Präzision, aber ich vermeide es, Einzelheiten so festzulegen, dass das Musizieren am Abend einem technisch perfektionierten Ablauf gleichkommt. Der Probenprozess ist für mich dann abgeschlossen, wenn ich spüre, dass auch die feinsten Regungen von allen gemeinsam erfasst werden. Das gibt dann am Abend ein sicheres Miteinandermusizieren, aber gleichzeitig auch die Möglichkeit, Feinheiten im Moment gleichsam neu erstehen zu lassen.«

Mit den Gewandhausmusikern sah Masur die Chance, eine Beziehung zum Publikum aufzubauen, wie sie nur mit wenigen Orchestern möglich ist: »Für mich gehört es zu den wahrhaftesten und ehrlichsten Orchestern, weil es sich identifiziert mit dem, was es im Augenblick spielt. Und ich glaube, der Funken, der dann überspringt, ist eine menschliche Verbindung zu den Zuhörern, die nicht vielen brillanten Orchestern der Welt eigen ist.« Um den Kontakt zum Publikum zu intensivieren, Anregungen wie Kritik aufnehmen zu können, gründete er einen Besucherrat. Außerdem beauftragte er Musikwissenschaftler und Dramaturgen, unmittelbar vor den Anrechtskonzerten Einführungsvorträge zu halten. In der Kongresshalle stand hierfür das »Goethe-Zimmer« im Turm zur Verfügung. Er veranstaltete Schüler- und Jugendkonzerte, in denen er die Jüngsten selbst in die Meisterwerke der Musik einführte. Er wusste, dass es an ihm lag, hier potentielle zukünftige Abonnenten zu begeistern. Mit einem ganzen Bündel solcher Initiativen, die er bereits in Schwerin und Dresden erfolgreich erprobt hatte, ging Masur auf die Bürger Leipzigs zu und war bald eine stadtbekannte Persönlichkeit.

Aber nicht allen Initiativen war eine lange Lebensdauer beschieden. 1973 hatte er die Idee, ein Gesangsquartett fest an das Gewandhaus zu binden, um solistische Aufgaben in den Konzerten, aber auch bei den wöchentlichen Aufführungen von Bach-Kantaten in der Thomaskirche zu übernehmen. Im September wurde zunächst der Bariton Siegfried Lorenz verpflichtet, ein Jahr später kamen die Sopranistin Regina Werner und der Tenor Dieter Weimann hinzu. Gisela Pohl (Alt) vervollständigte schließlich 1975 das Solistenensemble. Doch das Unternehmen stand unter keinem guten Stern. Noch ehe sich das Quartett richtig etablieren konnte, fiel es wieder auseinander: 1976 verstarb ganz plötzlich Dieter Weimann, und Gisela Pohl stellte wenig später einen Ausreiseantrag in die Bundesrepublik und durfte daraufhin nicht mehr in Gewandhauskonzerten auftreten. 1978 schied Siegfried Lorenz aus. Und so verblieb einzig Regina Werner am Gewandhaus – bis 1987. Masur musste seine Idee begraben, mit vier Sängern ein Spezifikum für Leipzig zu schaffen. Das Projekt war zwar gescheitert, nicht aber die »Solistenidee«. Im September 1976 engagierte er den renommierten Pianisten Peter Rösel aus Dresden, der in den folgenden Jahren bis 1991 häufig und sehr erfolgreich das Orchester auf den Konzertreisen begleitet hat mit Werken von Tschaikowski, Prokofjew und Rachmaninow, auch Mozart und Beethoven. Peter Rösel und Kurt Masur schätzen einander sehr. Sie liegen weitgehend »auf einer musikalischen Wellenlänge«. »Wir sind zwei Leute«, meint der Pianist, »die eine gewisse zupackende Art des Musizierens nicht verschmähen.«

Die Messestadt wurde zu Masurs zweiter Heimat, nicht nur in künstlerischer Hinsicht. Auch privat wendete sich alles zum Guten. 1971 hatten er und Irmgard Kaul geheiratet, und seine Frau wollte zu ihm nach Leipzig ziehen. Die Zeit der Turbulenzen schien vorüber, doch das Glück war nur von kurzer Dauer. Am Abend des 26. April 1972 lauschten die Leipziger im 16. Anrechtskonzert dem österreichischen Gastdirigenten Ernst Märzendorfer. Auf dem Programm standen »Don Quixote« von Richard Strauss und Anton Bruckners Zweite Sinfonie. Niemand konnte ahnen, dass sich da bereits eine menschliche Tragödie ereignet hatte, die mit elementarer Wucht in das Leben Kurt Masurs hereinbrach – und nicht nur in sein Leben.

Am späten Nachmittag befand er sich mit seiner Frau Irmgard und der fünfjährigen Carolin auf der Fahrt von Berlin nach Leipzig. Plötzlich – in der Nähe von Brück – geriet sein weißer Mercedes auf die Gegenfahrbahn und stieß mit einem Trabant zusammen. Die Autobahn hatte an dieser Stelle keine Leitplanke. Die Ursache für den Unfall blieb ungeklärt. In solchen Situationen kommen gewöhnlich mehrere Faktoren zusammen, die in ihrer unseligen Ballung die Katastrophe auslösen. Alkohol jedenfalls war nicht im Spiel, das ist aktenkundig. Auch überhöhte Geschwindigkeit war es erwiesenermaßen nicht. Die Staatsanwaltschaft vertrat die Auffassung, Masur sei beim Überholen eines Lastwagens abgedrängt worden und auf diese

Weise auf die Gegenfahrbahn geraten. Der Trabant hatte keine Chance: Er kollidierte mit der rechten Seite des Mercedes. Irmgard war auf der Stelle tot, die beiden jungen Männer im Trabant kamen gleichfalls ums Leben. Masur selbst erlitt schwere Verletzungen, nur Carolin hatte Glück und blieb nahezu unversehrt.

»Media vita in morte sumus – Mitten wir im Leben sind mit dem Tod umfangen ... Wen suchen wir, der Hilfe tu, dass wir Gnad erlangen? Das bist du, Herr, alleine. Uns reuet unser Missetat, die dich, Herr, erzürnet hat.« Von Martin Luther stammt die Nachdichtung der altkirchlichen Weise aus dem Mittelalter. – Was damals geschah, hat das Leben dreier Familien mit einem Schlag verändert. Nichts war mehr so, wie es vorher war. Das Geschehene bleibt unumkehrbar, und jeder, den es traf, musste versuchen, damit zu leben. Kurt Masur kam nicht vor Gericht. Die Erklärung des Staatsanwaltes zu dieser Entscheidung hieß: »Der Mann ist genug bestraft mit dem Tod seiner Frau.« Dass er nicht ins Gefängnis kam, blieb dennoch für viele Menschen unverständlich.

Nach der Wende wurde das Thema gierig von der Regenbogenpresse aufgegriffen, um aus journalistischer Sicht eine Verurteilung Masurs zu versuchen. Man wollte ihm sogar nachweisen, dass er der Stasi angehört haben müsse, weil er straffrei blieb. Die Kampagne fiel in jenes Frühjahr 1991, als publik wurde, Masur habe im Vorjahr für das Amt des DDR-Staatspräsidenten, dann sogar des Bundespräsidenten kandidieren sollen. Bis nach New York brodelte die Gerüchteküche. Eine Berliner Korrespondentin, die ihn zu dem Unfall befragt hatte, schrieb einen süffisanten Artikel, der in Amerika veröffentlicht wurde. Auf Masurs Berufung zum Musikdirektor der New Yorker Philharmoniker im April 1991 hatte er keinen Einfluss. Die Musiker sahen das gelassen: »Verkehrsunfälle sind für uns in Amerika keine Delikte.« Masur, den der Artikel sehr verletzt hatte, rief die Korrespondentin später noch einmal an: »Frau Rosenbaum, ich möchte Ihnen nur eines sagen: Ich wünsche Ihnen nicht, dass Ihnen in Ihrem Leben dasselbe passiert wie mir, dass Sie einen Menschen, der ihnen nahe steht, auf diese schreckliche Weise verlieren.« Ohne eine Antwort abzuwarten, legte er auf. Er hatte eine Frau verloren, der er bis heute in Liebe verbunden ist. Dass die Entscheidung der Staatsanwaltschaft »juristisch anfechtbar« war, gab er in einem Interview gegenüber dem Leipziger *Express* zu. Dennoch sei es keine Frage, dass sie »zumindest menschlich eine richtige war«.

Das erste Orchester, das ihm damals ein Beileidstelegramm schickte, war das Orquestra Sinfonica Brasileira aus Rio de Janeiro. Masur hatte ein Jahr zuvor Irmgard mit nach Brasilien genommen, und die Musiker hatten sie sehr gemocht. Das Telegramm erreichte ihn im Krankenhaus, wo er mehrere Wochen lag. Er hatte sieben Rippenbrüche, und ein Wirbelsäulenknochen war angebrochen. Die Hände konnte er zwar noch bewegen, aber nicht alle Finger. Vor allem konnte er keinen Taktstock mehr halten. Doch am schlimmsten waren die seelischen Schmerzen. Masur war verzweifelt. Wie sollte es weitergehen? Hatte das Leben überhaupt noch einen Sinn? Es sei die großartige Haltung des Gewandhausorchesters gewesen, die ihn damals innerlich weitergetragen und ihm über das Schlimmste hinweggeholfen habe. Die Musiker waren voller Verständnis und Anteilnahme und wussten, dass nur die Musik ihn aus der Krise führen konnte. Vor allem Karl Zumpe verdankt Masur viel: »Er kam zu mir, um mir – eigentlich völlig unrealistisch – klar zu machen, dass das Orchester ohne mich nicht weitermachen könne. Er hat alle Überredungskünste angewandt und mich am Krankenbett zu motivieren versucht, wieder zu dirigieren, sobald es irgendwie ging. Er spürte sehr genau, dass ich in einer Situation war, in der mich eigentlich nur die Verantwortung und Liebe zu meinem Kind vor einem Schritt bewahrt hat, den ich in meinen Gedanken hatte. Und da sagte er: ›Masur, Sie wissen doch, dass wir mit Ihnen in sechs Wochen Bachs h-Moll-Messe geplant haben. Das wäre ja genau das Stück, mit dem Sie wieder anfangen könnten.‹ Er hatte das so sachlich und zugleich aufbauend gesagt ...«

Kurze Zeit später besuchte ihn sein Freund Siegfried Matthus. Mit Beruhigungsmitteln betäubt habe Masur ihm zugeflüstert: »Nur noch einmal werde ich dirigieren. Bachs h-moll-Messe zum Gedenken an meine Frau – und dann nie wieder.« Im erzgebirgischen Lengefeld pflegten ihn seine Schwester Lieselotte und ihr Mann Hans Harbort gesund. Am 7. und 8. Juni stand Masur dann tatsächlich mit der h-Moll-Messe wieder am Dirigentenpult. Adele Stolte, Annelies Burmeister, Hans-Joachim Rotzsch – beziehungsweise Günter Neumann – und Theo Adam sangen die Soli. Für den Chorpart war der Prager Rundfunkchor verpflichtet worden. Dieses Konzert hat ihn in die Welt der Musik zurückgeholt.

Die Gewandhaus-Spielzeit indes war weitergegangen. Für den 4. Mai war Brahms' »Ein deutsches Requiem« angekündigt. Chordirektor Andreas Pieske, der die chorische Einstudierung vorbereitet hatte, leitete nun auch die Aufführung. Das 17. Anrechtskonzert am 17. Mai, ursprünglich auch ein Masur-Programm mit Gustav Mahlers »Lieder eines fahrenden Gesellen« und der Ersten Sinfonie, konnte kurzfristig vom Generalmusikdirektor der Leipziger Oper, Rolf Reuter, übernommen werden. Mit der h-moll-Messe klang die Spielzeit 1971/72 aus.

Das Leipziger Publikum hatte das Programmkonzept seines neuen Kapellmeisters angenommen, und in kurzer Zeit war eine deutliche Belebung eingetreten. Für Kurt Masur aber hatte das Jahr den schwersten Schicksalsschlag seines Lebens gebracht. Die psychische Bewältigung des tragischen Ereignisses vom April konnte ihm niemand abnehmen. Er musste allein versuchen, sein Inneres neu zu ordnen, Wege zu finden, die ihn heraustrugen aus der Lähmung seiner seelischen Kräfte.

Brisant, innovativ, versöhnend

Leipziger Konzerte

Es gab nur eine Lösung: Arbeit! Geradezu besessen stürzte sich Kurt Masur in seine Aufgaben. Als Erstes musste er die Konzertprogramme der neuen Saison planen: die inhaltliche Gestaltung der verschiedenen Abonnementsreihen, die Auswahl der Werke, die Verpflichtung von Solisten, die weitsichtige Vergabe von Aufträgen für neue Werke und die Terminkoordination des Gewandhausorchesters mit der Leipziger Oper und dem Thomanerchor. Gerade hier waren Organisationstalent und Improvisation gefragt, da die mehrwöchigen Konzertreisen des Orchesters oft im Opernhaus abendliche Besetzungsprobleme aufwarfen. Seit 1963 existierte außerdem das Bachorchester des Gewandhauses, eine Kammermusikvereinigung, die jedes Jahr eigene, zum Teil sehr ausgedehnte Konzertreisen unternahm. Das Bachorchester war eine Art Sonderunternehmung, wie sie die Berliner Philharmoniker mit ihren berühmten Zwölf Cellisten hatten. Auch dies musste berücksichtigt werden. Schließlich weitete sich der Bereich der Schallplattenproduktionen immer mehr aus.

In den Tonstudios Deutsche Schallplatten waren neben dem Gewandhausorchester auch die Berliner und die Dresdner Staatskapelle häufig zu Gast. Der damalige Musikregisseur Reimar Bluth stellte dabei interessante Vergleiche, den Klang der Orchester betreffend, an: »Wir hatten ja das große Glück, dass wir vor unseren ›Flinten‹, also vor den Mikrofonen, ständig wechselnd die Dresdner und die Berliner Staatskapelle und das Gewandhaus hatten –

16 Tomoko Sakurai als Bratscherin – so lernte Kurt Masur sie 1974 in Rio de
Janeiro kennen

17 Probe mit Emil Gilels in der Leipziger Kongresshalle, Februar 1975
18 Mit Yehudi und Diana Menuhin auf dem Leipziger Flughafen, 1981

19 Rudolf Skoda, Chefarchitekt des Neuen Gewandhauses, im Akustik-
modell des Großen Saales, 1979

20 Eröffnungskonzert des Neuen Gewandhauses Leipzig mit Siegfried Thieles
»Gesängen an die Sonne« und Beethovens Neunter Sinfonie, 8. Oktober 1981

21 Mit Herbert von Karajan anlässlich seines Gastspiels mit den Berliner Philharmonikern während der Gewandhaus-Festtage, 1981
22 Mit Václav Neumann während der Gewandhaus-Festtage im Oktober 1983; nach fünfzehn Jahren Boykott durfte Neumann erstmals wieder in Leipzig gastieren

23 Mit Claudio Arrau in San Francisco, 1983

24 Mit dem Komponisten Siegfried Matthus auf dem Internationalen
Brahms-Symposium des Gewandhauses, 1983

25 Mit Ehefrau Tomoko und Sohn Ken in Tokio, um 1984

26 Mit den Kindern
Michael, Angelika,
Matthias, Carolin und
Ken, 1988

27 Mit Carolin, Ken,
Tomoko und Hund
»Caesar« auf Rügen,
Anfang der neunziger
Jahre

28 Mit der persönlichen Referentin Christa Heyner in Leipzig, um 1985
29 Mit Jessye Norman beim Empfang der Ehrendoktorwürde der Universität
Ann Arbor, 1987

manchmal sogar im selben Raum. Wir nahmen Beethoven-Sinfonien mit Masur und dem Gewandhaus auf und gleich danach die Dresdner Staatskapelle mit einer Strauß-Walzer-Produktion unter Otmar Suitner, wenn ich mich richtig erinnere. Claus Strüben von der Tonregie sagte damals: ›Wir lassen mal für die Staatskapelle die Reglerstellungen und Mikrofonaufbauten alle so stehen, wie wir sie fürs Gewandhaus hatten. Mal sehen, was dabei herauskommt.‹ Es war unglaublich und total anders! Das Gewandhausorchester hat einen satten, voluminösen Streicherklang. Die Dresdner sind dagegen viel seidiger, ätherischer, nerviger, aber bei weitem nicht so ausladend. Vom Gewandhaus den Anfang eines Bruckner-Satzes auf der tiefen g-Saite zu hören, das ist einfach unglaublich, das geht unter die Haut.« Schallplattenaufnahmen waren für die Leipziger ein Prestigeobjekt, denn das volkseigene Ostberliner Unternehmen kooperierte mit großen Plattenfirmen wie Philips oder Decca, und hierfür standen vertraglich Solisten von Weltruf zur Verfügung.

Wie kann ein Orchester diese Aufgabenvielfalt bewältigen, dabei sein spezifisches Klangbild bewahren und sein künstlerisches Niveau halten, es womöglich noch steigern? Seit 1966, also bereits seit Václav Neumanns Zeiten, gehörten fast einhundertachtzig Musiker dem Orchester an. Man konnte demnach mit großem sinfonischem Repertoire nach Japan reisen und trotzdem zu Hause den »Rosenkavalier« am Opernhaus personell absichern. Aber Gratwanderungen waren es allemal. Das eigentliche Spannungsfeld lag in der doppelten Aufgabe, in Leipzig der verpflichtenden großen Tradition des Orchesters gerecht zu werden und neue Akzente zu setzen, zugleich aber die Chance zu nutzen, den Eisernen Vorhang, so gut es eben möglich war, durchlässig zu machen.

Bei Auslandsgastspielen bezogen sich die Programmwünsche aus der freien Welt auf die allgemein bekannten Stärken des Orchesters. Die Konkurrenz schläft nicht, man suchte nach dem Besonderen, dem Spezifischen. Für die

Künstleragentur der DDR waren das Gewandhausorchester wie auch die Dresdner Staatskapelle ein begehrtes Prestigeobjekt, und so wurden die Wünsche nach Möglichkeit erfüllt. Ob Japan, Amerika oder Westeuropa: Vom Leipziger Gewandhaus wollte man vor allem und immer wieder Beethoven, Brahms und Bruckner hören, denn hier gab es ein Gütesiegel im internationalen Vergleich. Mit der Zeit wurde die Palette vielfarbiger: Mendelssohn, Schumann, Dvořák, Tschaikowski und Reger fehlten nicht, auch Zeitgenössisches erklang gelegentlich. Aber die Domäne und Erfolgsgarantie der Leipziger war die große Sinfonik des 19. Jahrhunderts. Die Programme für die Gastspiele mussten immer wieder geprobt werden und waren zumeist vor einer Reise bei den Abonnementskonzerten in der Kongresshalle zu erleben. Andererseits wollte der Gewandhauskapellmeister gerade diesen Konzerten ein inhaltlich eigenes Profil geben, in das die Werke für die Auslandsreisen nicht immer hineinpassten. Immer aufs Neue waren diese Balanceakte zu vollbringen.

Von den Konzertzyklen haben einige Geschichte geschrieben, etwa der Bruckner-Zyklus 1974/75 anlässlich des hundertfünfzigsten Geburtstags des großen österreichischen Sinfonikers. Alle neun Sinfonien und das »Te Deum« erklangen, aber nicht in chronologischer Folge wie 1919/20 unter Arthur Nikisch, sondern in beziehungsreichen Zuordnungen mit Werken von Bach, Haydn, Mozart, Beethoven, Schubert, Brahms, Wagner, Mahler, aber auch Hindemith, Schostakowitsch und Alfred Schnittke. Allein an sieben Abenden stand Kurt Masur am Pult. Die restlichen Konzerte dirigierten Herbert Blomstedt, Hiroyuki Iwaki und Hans Swarowsky. Der junge Gidon Kremer spielte Schnittkes Zweites Violinkonzert, Oleg Kagan, erster Bachpreisträger von 1968, kam mit Bachs a-Moll-Konzert nach Leipzig und Liana Issakadse mit dem Brahms-Konzert – sie alle waren Absolventen aus der Meisterklasse von David Oistrach.

Mit dem in seiner Virtuosität geradezu schwindelerregenden Gidon Kremer musizierte Masur besonders gern. Ihr erstes gemeinsames Gewandhauskonzert hatten sie am 8. Februar 1973 mit dem Sibelius-Konzert gehabt. Bei aller Unterschiedlichkeit ihrer Temperamente verstehen sich beide als Dienende am Werk. Zeitweise kehrte Kremer dem klassischen Konzertbetrieb den Rücken, um sich dem Jazz, der Filmmusik, auch der Tangomusik Astor Piazzollas zuzuwenden. Nachdem er 1981 in den Westen emigriert war, versuchte das Kulturministerium, jegliche Auftritte ostdeutscher Musiker mit ihm zu verhindern. Als 1985 das Gewandhaus zu den Wiener Festwochen eingeladen war, wo das Orchester unter Masurs Leitung mit Gidon Kremer und Yo-Yo Ma Brahms' Konzert für Violine und Violoncello aufführen sollte, legte Kulturminister Hans-Joachim Hoffmann dem Gewandhauschef beim Einholen der Reisegenehmigung nahe, er solle sich offiziell weigern, mit Gidon Kremer zu spielen. Das ging Masur zu weit, und er intervenierte: »Herr Minister, Sie können das Gastspiel absagen, aber ich werde mich nicht weigern, mit meinem Freund Gidon Kremer zu spielen!« Hoffmann war ein vernünftiger Mann, und er verstand die Botschaft. »Ich habe dann einige Zeit später nachgefragt, ob er die Genehmigung geben kann. Als wir auch nach nochmaligem Nachfragen keine Antwort erhielten, sind wir nach Wien gefahren und haben ganz einfach mit Gidon Kremer und Yo-Ya Ma gespielt.«

Die Konzertzyklen der siebziger und achtziger Jahre – es waren immer zehn von zwanzig, später von vierundzwanzig Abonnementkonzerten – stellten Schubert und Dvořák, Mozart, Brahms, Mendelssohn, Mahler, Liszt, auch Debussy und Ravel, Strauss, Tschaikowski und Prokofjew in Beziehung. Diese »Komponistenporträts« standen meist – wie schon bei Anton Bruckner – mit Gedenktagen in Verbindung, so dass eine Art klingende Musikgeschichte präsentiert wurde, die über den reinen Musikgenuss hinaus immer wieder die bildende Absicht verriet. Es gab aber auch Spielzeiten mit übergreifender Thematik: »Internationale Meisterwerke«, »Heitere Werke großer Meister«, »30 Jahre DDR – 500 Jahre Musikstadt Leipzig« oder »Uraufführungen im Gewandhaus«.

Die Abonnements für die Konzerte waren restlos vergeben. Es gab lange Wartelisten. Wer in der glücklichen Lage war, ein »Anrecht« auf eine der zwei, dann drei Reihen zu besitzen, hielt daran fest. Eine dieser Reihen betraf den thematisch gebundenen Zyklus. Nicht immer stieß das beim Publikum auf Gegenliebe. Aber Masur ließ sich nicht beirren. Im Gegenteil: Er ging an die Verwirklichung eines Projektes, für das es in der Geschichte der großen Konzertinstitute der Welt keinen Vergleich gab. Über zwei Spielzeiten hinweg, 1976 bis 1978, sollten alle fünfzehn Sinfonien Dmitri Schostakowitschs mit dem sinfonischen Gesamtwerk Ludwig van Beethovens gekoppelt werden, ergänzt durch Instrumentalkonzerte, chorsinfonische und andere Werke. Auch hier lieferten Gedenkdaten den äußeren Anlass: Schostakowitschs siebzigster Geburtstag am 25. September 1976 und Beethovens hundertfünfzigster Todestag am 26. März 1977. Doch selbst im engsten Kreis seiner Mitstreiter gab es Bedenken, ob man ein solches Projekt dem angestammten Gewandhauspublikum zumuten könne. Immerhin hatte es in der Geschichte des Gewandhauses bisher keine auch nur annähernd vergleichbare Unternehmung gegeben.

Aber nichts konnte Masur von seinem Vorhaben abbringen. Wenn er von einer Idee erfasst ist und auf Widerstände stößt, wachsen seine inneren Kräfte derartig an, dass er hart wie Granitgestein alle Attacken an sich abprallen lässt und allem Wenn und Aber zum Trotz sein Ziel verfolgt. Da wird er zum Kämpfer, zum »Durchsetzer« um der Idee willen. Wer da gegensteuern will, muss sich auf einen sehr unbequemen und hartnäckigen Kontrahenten einstellen. Masur war in seiner Position als Gewandhauskapellmeister viel Macht gegeben. Und unter den speziellen kulturpolitischen Verhältnissen der DDR hatte er unvergleichbar mehr Spielraum, als es in einem demokratischen Orchesterbetrieb möglich ist. Er wusste um diese einmalige Chance, und er nutzte sie.

Die komplette Präsentation der Sinfonien Schostakowitschs und Beethovens war eine solche Idee. Sie enthielt durchaus politisches Dynamit, weil vor allem Schostakowitschs Früh- und Spätwerk starke gesellschaftskritische Aussagen beinhalten, die sowohl in der Sowjetunion als auch in der DDR von offizieller Seite beargwöhnt und lange verschwiegen wurden. Das betraf beispielsweise die Vierte Sinfonie, deren Entstehung in die Zeit der politischen Schauprozesse und »Säuberungen« fiel, als Freunde und Vertraute Schostakowitschs, darunter viele Künstler und Wissenschaftler, kostbare Lebens- und Schaffenszeit im Gulag verbrachten oder ermordet wurden. Schostakowitsch selbst schlief nach seiner offiziellen Verdammung monatelang in voller Kleidung, neben sich einen gepackten Koffer, weil er befürchtete, nachts von der »schwarzen Marusja« abgeholt zu werden. Dennoch schrieb er in den Jahren 1935/36, verzweifelt und geplagt von Selbstmordgedanken, seine Vierte Sinfonie, deren Uraufführung in Moskau erst 1961, also nach fünfundzwanzig Jahren, unter Kyrill Kondraschin begeistert aufgenommen werden konnte. Auch die Dreizehnte Sinfonie barg Zündstoff. Sie entstand Anfang der sechziger Jahre und war in erster Linie ein chorsinfonisches Werk. Wie die Vierte Sinfonie blieb auch sie zunächst ungespielt. Das lag nicht zuletzt an den brisanten Texten des Lyrikers Jewgeni Jewtuschenko – umschwärmt und geliebt von der russischen Jugend, argwöhnisch verfolgt von Staat und Partei –, die sich kritisch mit den Zuständen in der Sowjetunion auseinander setzten.

Kurt Masur scheute das Wagnis keineswegs, mitten im Kalten Krieg ein solches auch für die DDR »heißes Eisen« anzupacken. Da wird der Humor gepriesen, der über die befohlenen Paraden der Mächtigen siegt und schon bei der Erstürmung des Winterpalais mit leichtem Spott dabei war; da werden die russischen Frauen gelobt, die geduldig im Laden anstehen, um mit dem schwer verdienten Geld für ihre Familien einzukaufen, und die man nicht schamlos täuschen darf; da werden Ängste benannt – jene alten, durch Denunziation verfolgt zu werden, und die neuen, unehrlich und kritiklos Phrasen nachzubeten; da werden die »Karrieristen« gebrandmarkt. Die Sinfonie endet mit dem Satz: »Nur dadurch mache ich Karriere, indem ich keine machen will!« Welcher Politfunktionär hätte dies reinen Gewissens unterschreiben können? Später erhielt die Sinfonie den Beinamen »Babi Jar«. Der Titel geht zurück auf ein Gedicht Jewtuschenkos, das 1961 erschienen und vom Dichter in ungezählten Lesungen im ganzen Sowjetreich verbreitet worden war. Es erinnert an die Massenexekution von Juden durch die SS im September 1941 in der Babi-Jar-Schlucht bei Kiew, zielt aber versteckt auch auf antisemitische Vorgänge in der Sowjetunion. Gerade dieser Punkt, die so genannte Judenfrage, interessierte Kurt Masur an der Sinfonie besonders: »Jeglicher Antisemitismus beruht auf einer aus Vorurteilen bestehenden, verhängnisvollen Konstruktion der Politiker, die es zu durchbrechen gilt. Jewtuschenko und Schostakowitsch wollten das russische Volk darauf aufmerksam machen und dafür sensibilisieren. Dieses in alle Welt zerstreute fleißige und hochbegabte Volk hat sicher auch den Neid vieler Russen hervorgerufen. An die von uns Deutschen an den Juden begangenen Verbrechen wage ich dabei gar nicht zu denken. Die enormen Talente, die dieses Volk hervorgebracht hat und immer wieder aufs Neue hervorbringt, fordern heraus. Und das ist gut so, weil hier Maßstäbe gesetzt werden.«

Wieder war es Kondraschin gewesen, dem Ende 1962 eine triumphale Uraufführung unter geradezu dramatischen Umständen beim Moskauer Publikum zu danken war. Schon zuvor waren einige der brisanten Gedichte Jewtuschenkos in den Tageszeitungen abgedruckt worden. Die sowjetische Öffentlichkeit hatte so Schritt für Schritt die geballte Ladung der Kritik am Staat zur Kenntnis genommen. Bis zuletzt schien unklar, ob es überhaupt zu einer

Aufführung kommen würde. Auch die Besetzung des Bass-Solos machte Schwierigkeiten. Für die Musiker war es ein nicht weniger großes Risiko. Die Staatspartei und das sowjetische Fernsehen ignorierten die Uraufführung. Nur das Publikum im Moskauer Konservatorium erlebte diese Provokation durch ein Kunstwerk. Schostakowitsch und Jewtuschenko wurden frenetisch umjubelt. Die Menschen hatten die Botschaft sehr genau verstanden.

Kondraschins Frau war es gelungen, mit einem Aufnahmegerät auf den Knien das Ereignis heimlich mitzuschneiden. Davon wurde später von einer brasilianischen Plattenfirma eine Raubpressung gemacht. Kurt Masur ist im glücklichen Besitz dieser Schallplatte. Das erste Mal hörte er den Mitschnitt der Dreizehnten Sinfonie in Berlin: »Als uns Kondraschin Ende 1962 in Berlin besuchte (Felsenstein war anwesend), haben wir das Tonband abgehört. Man muss sich die damalige Situation in der DDR vergegenwärtigen: Im August 1961 war die Berliner Mauer errichtet worden, und wir alle befanden uns in einer sehr deprimierten Verfassung. Als wir das Band gehört hatten, erging es uns ganz seltsam. Wir hatten das Gefühl: Da wird ein Tor aufgestoßen! Es war ja auch der Beginn einer Entwicklung, die mit der Chruschtschow-Ära einsetzte und später in machtvoller Weise von Gorbatschow fortgeführt wurde. Was Gorbatschow dann Ende der achtziger Jahre an Thesen aufgestellt hat für das russische Volk, was er an Zielen und Kritik formulierte, das kannte ich aus privaten und – wenn man so will – aus geheimen Gesprächen mit den russischen Menschen schon zwei Jahrzehnte früher, das spürte ich schon damals in den Reaktionen des Publikums. Und deshalb ist für mich Gorbatschow der legitime Vertreter des russischen Volkswillens, auch wenn er in seinem Land dann kritisch gesehen wurde. Nach dem Anhören des Tonbandes konnte ich damals nur sagen: ›Wenn wir solche Werke bei uns spielen dürfen, dann können sie von mir aus drei Mauern bauen, dann sind wir trotzdem frei!‹ Von diesem Moment an stand es für mich fest: Ich werde alles unternehmen, um eine Aufführung dieser Sinfonie zu erreichen.«

Die Schwierigkeiten begannen schon mit der Textfassung. Eine vorliegende Rohfassung wurde gemeinsam mit Gisela Holán auf die Partitur übertragen. Um diese Version mit Jewtuschenko und Schostakowitsch zu besprechen, flog Masur nach Moskau. Seine inzwischen sechsjährige Tochter Carolin, für die er nun allein verantwortlich war, nahm er mit. Keiner seiner Schritte blieb unbeobachtet, er und die sowjetischen Künstler wurden sowohl vom KGB als auch von der Stasi überwacht. Mitten in der Nacht musste sich Jewtuschenko in das Hotel des Gewandhauskapellmeisters schleichen, weil inzwischen auch ihm untersagt war, mit Ausländern zu sprechen, ganz gleich, ob sie aus dem Osten oder aus dem Westen kamen. Während sie auf Englisch über die Übersetzung und die Lage in Russland diskutierten, saß Carolin todmüde, aber staunend auf dem Bettrand. Masur war froh, dass sie nichts verstand.

An Dmitri Schostakowitsch heranzukommen gestaltete sich noch schwieriger. Er war ein gebranntes Kind, scheu und distanziert, und misstraute zunächst jedem, der zu ihm kam. Er erbat sich eine Begleitperson seines Vertrauens. Schließlich vermittelte und dolmetschte die charmante Oistrach-Schülerin Liana Issakadse die Begegnung in der Wohnung des Komponisten. Masur traf auf einen von Krankheit gezeichneten Mann: »Doch ich registrierte erfreut, dass er sich unglaublich engagierte, als er hörte, dass es um die ›Babi-Jar‹-Sinfonie ging. Es existierten damals zwei Versionen – eine mit dem ursprünglichen Text und eine abgeänderte, politisch entschärfte Version. In dem Gedicht gab es eine Stelle, die nach der Uraufführung der staatlichen Zensur zum Opfer fiel, obwohl Jewtuschenkos Originaltext längst überall bekannt war. Darin hatte es der Dichter offen gelassen, ob es damals nur die Nazis gewesen waren, die sich schuldig gemacht hatten. Jetzt hieß es: ›Hier, in Babi Jar, liegen Russen und Ukrainer mit Juden in demselben Grab.‹ Und auch die Originalstelle ›Mir ist, als wär ich selbst ein Jude‹ wurde umgedichtet. Ich fragte Schostakowitsch, welche der beiden Versionen er vorziehen würde. Da sagte er, ohne zu zögern: ›Natürlich die Originalfassung!‹ Im letzten Satz der Sinfonie, ›Karriere‹, werden große Persönlichkeiten der Menschheitsgeschichte gepriesen, die zu Weltruhm gelangten – Galilei, Newton, Shakespeare, auch Tolstoi. Der Solist fragt: ›Lew?‹ Und der Chor antwortet: ›Lew!‹ Auch diese Stelle war nicht ohne Brisanz, denn es sollte eben nicht die Parteikarriere des anderen Tolstoi, Alexej mit Vornamen, gemeint sein. Ich erklärte Schostakowitsch, dass ›Lew‹ in der deutschen Literatur nicht gebräuchlich sei und wir ›Leo Tolstoi‹ sagen. Was sei da zu machen, da er für die eine Silbe auch nur einen Ton in der Partitur stehen habe? ›Keine Änderung – das geht nicht anders, das geht nicht anders!‹ Er, der bis dahin ganz ruhig gewesen war, explodierte wie eine Granate. Als ich nach dem Grund fragte, sagte er messerscharf: ›Das muss sein wie ein tödlicher Schuss!‹ Beim einsilbigen ›Lew‹ blieb es dann auch in der Leipziger Aufführung.«

In der erarbeiteten deutschen Textfassung, die genau der musikalischen Diktion entsprach, blieb der kritische Unterton erhalten. Im Satz »Angst« zum Beispiel singt der Bassist: »Neue Ängste seh nun ich entstehen:/Angst, nicht ehrlich zu sein mit dem Land,/Angst, durch Lüge Ideen zu verfälschen,/die allein nur aus Wahrheit bestehen;/Angst, mit andern ins gleiche Horn zu blasen./Angst, nur fremde Gedanken nachzubeten./Angst, durch Misstrauen andern zu schaden/und im Übermaß sich selbst zu vertrau'n.« Verse dieser Art verstand das Publikum sehr gut.

Mit der Dreizehnten Sinfonie eröffnete Kurt Masur am 23. September 1974 die »4. Musiktage des Bezirkes Leipzig« im Opernhaus, genau zwei Jahre vor Beginn des großen Beethoven-Schostakowitsch-Zyklus. Das »Publikum« setzte sich überwiegend aus geladenen Leuten zusammen, denn es war eine »Protokollveranstaltung« – der Rat des Bezirkes, die Gewerkschaft, der Kulturbund, der Kompo-

nistenverband. Es gab keinen Skandal, vielleicht haben die
Funktionäre auch nicht alles verstanden. Die öffentliche
Resonanz blieb seltsam indifferent. Einerseits war man des
Lobes voll für die Aufführung – die Bass-Soli sang der renommierte Leipziger Oratoriensänger Hermann Christian
Polster, unterstützt von den Männerstimmen des Rund-
funkchores und des Opernchores Leipzig. Doch die Fachkritik vermied geflissentlich jede Inhaltsanalyse und be-
gnügte sich mit den üblichen Allgemeinplätzen. Der Kritiker
der *Union*, des Presseorgans der Ost-CDU, wagte zumindest die Frage, warum diese Sinfonie erst zwölf Jahre nach
ihrer Entstehung in Leipzig zu hören sei, und kam zu der
schlichten Feststellung, dies läge »im Text begründet«,
denn die Gedichte »wenden sich in sehr direkter Weise an
sowjetisches Publikum«. Damit war die Sache entschärft
und abgetan.

Kurt Masur wollte es nicht bei der Aufführung der Dreizehnten belassen. Im Jahr darauf schrieb er an Schostakowitsch und bat um sein Einverständnis zu einem Zyklus
seines sinfonischen Gesamtwerkes in Gegenüberstellung
mit allen Beethoven-Sinfonien. Am 23. April 1975 antwortete ihm der große Komponist: »Tiefverehrter, lieber
Kurt Masur! Recht herzlichen Dank für Ihren Brief und
dann für die 13. Sinfonie. Ich würde mich freuen, Sie während Ihres Aufenthaltes in Moskau zu treffen. Trotzdem
möchte ich Sie auch darauf hinweisen, dass ich am 10. Juni
nicht in Moskau sein werde. Mir ist es sehr angenehm, dass
Sie die Absicht haben, mit dem Gewandhausorchester alle
meine Sinfonien zu spielen. Nehmen Sie bitte meine besten
Wünsche entgegen.«

Masurs Plan fiel in eine deutschlandpolitisch äußerst
sensible Zeit. Im April 1974 war Günter Guillaume als
Spion enttarnt worden, was zum Rücktritt Willy Brandts
als Bundeskanzler geführt hatte. Mit Helmut Schmidt und
Hans-Dietrich Genscher wurde die sozialliberale Koalition
zwar fortgeführt, aber auf die Angebote der neuen Bonner
Regierung im Hinblick auf Kooperationen im Rahmen einer

nüchtern-realistischen Ostpolitik reagierte das Honecker-Regime mit Verhärtungen. Im Oktober 1974 wurde der Begriff »Deutsche Nation« aus der DDR-Verfassung gestrichen, und auch die Nationalhymne der DDR durfte nur noch gespielt, nicht aber gesungen werden, weil die Textstelle »Deutschland, einig Vaterland« der Ostberliner Abgrenzungspolitik inzwischen widersprach. Schon immer ließen sich aus dem Verhältnis der beiden deutschen Staaten Rückschlüsse auf die weltpolitische Großwetterlage ablesen, weil an der innerdeutschen Grenze zugleich die Machtbereiche der beiden Weltsysteme unmittelbar aufeinander stießen. In jenem Herbst ging es den Ländern des Ostblocks innenpolitisch vor allem um die Sicherung des ideologischen Besitzstandes. Geringste Anzeichen von Versuchen, Verkrustungen aufzubrechen, wurden argwöhnisch überwacht und im Keim erstickt.

Als am 9. August 1975 die Nachricht vom Tode Schostakowitschs um die Welt ging, stand es endgültig fest: Der Gewandhauschef wird den Plan eines Zweijahreszyklus in die Tat umsetzen. Nur drei Tage später veröffentlichte er in der *Leipziger Volkszeitung* einen Nachruf auf den russischen Komponisten:

»Nie hätte man dem scheuen, zurückhaltenden Dmitri Schostakowitsch von seiner Größe oder gar Unsterblichkeit sprechen dürfen ... Wenige Wochen sind es nur noch bis zu unserem verabredeten Treffen, bei welchem wir das Gewandhausvorhaben eines Beethoven-Schostakowitsch-Zyklus gemeinsam beraten wollten. Jetzt, da Dmitri Schostakowitsch nur noch durch seine Werke zu uns sprechen kann, wird mir bewusst, dass die Klarheit, Aufrichtigkeit und Menschlichkeit dieser Musik unser Vorhaben erleichtern wird. Ich glaube, dass der Vergleich der Musikerpersönlichkeiten Beethovens und Schostakowitschs aus einem ganz bestimmten Grund sehr nahe liegt: Beide versuchten, mit ihren Werken die Menschen zu erinnern, zu ermahnen, zu bessern und Wege in die Zukunft zu weisen. Ich bin sicher, dass wir feststellen werden, dass die Kühnheit und revolutionäre Kraft der 1. Sinfonie des 19jährigen Schostakowitsch der Kühnheit der Ideen des jungen Beethoven in nichts nachsteht. Es wird sich auch erweisen, dass die Einsamkeit (die bei Beethoven andere Ursachen hatte als bei Schostakowitsch) in beiden Fällen zu keiner Isolation geführt hat, sondern zu einer Anteilnahme und doch Überschau der Geschehnisse ihrer Zeit.

Wir, die wir Schostakowitschs Werke kennen, lieben und mit denen wir uns eng verbunden fühlen, sind leicht versucht, an einen scheinbar glatten Erfolgsweg zu glauben, und doch wissen wir, wie viele Zweifel, harte Selbstkritik und auch ungerechte Kritik sein Leben und Schaffen verdüsterten. Trotz aller inneren Konflikte und sein Leben erschütternden Ereignisse (z. B. das Leid seiner geliebten Heimatstadt Leningrad, deren heldenhaften Kampf er in der 7. Sinfonie schildert) wurde sein Werk stets Dokument seiner Liebe zum Menschen. Diese Liebe zum Menschen verband ihn zutiefst mit der Idee des Sozialismus.

Was anderes konnte ihn bereits bei Lebzeiten die Liebe der Menschen sichern, als dass sein Werk von vielen als Widerspiegelung ihrer Gedanken und Empfindungen begriffen wurde. ... Die zyklische Aufführung des sinfonischen Werkes von Schostakowitsch wurde geplant, um seinen 70. Geburtstag festlich zu begehen. Es wird uns Verpflichtung bleiben, diesen Tag wie einen Geburtstag zu gestalten, auch wenn wir von ihm Abschied nehmen mussten.

Wir werden ihm unsere Liebe bewahren.

Kurt Masur, Gewandhauskapellmeister«

Anders als beim Bruckner-Zyklus war diesmal an eine chronologische Präsentation gedacht. Sie konnte im Wesentlichen auch eingehalten werden. So wurde der lange und kurvenreiche Entwicklungsweg von der Ersten Sinfonie, die Schostakowitsch 1925 als Diplomarbeit am Leningrader Konservatorium eingereicht hatte und die ihn mit einem Schlag weit über die Grenzen hinaus bekannt machte, bis hin zur Ironie und erschütternden Tragik der vielschichtigen »Fünfzehnten« von 1971 nachgezeichnet. Mit den Gewichten Beethovenscher Musik sollten beide Waagschalen möglichst zum Ausgleich gebracht werden. Einige dieser Zuordnungen seien genannt: Den Auftakt bildete Beethovens »Erste«, der im zweiten Teil Schostakowitschs »Erste« gegenübergestellt wurde. Als daraufhin am ersten Abend ein Drittel des Publikums in der Pause ging, trat Masur am nächsten Tag vor die Konzertbesucher und teilte mit, dass »aus technischen Gründen« die Schostakowitsch-Sinfonie zuerst gespielt werde. Das Leipziger Publikum verstand die Absicht des Gewandhauskapellmeisters. Von da an wurde Schostakowitschs Musik zunehmend angenommen. Weitere Zusammenstellungen: Beethovens »Eroica« und Schostakowitschs »Fünfte«, die beiden Sechsten Sinfonien, Beethovens Erstes Klavierkonzert und Vierte Sinfonie gepaart mit Schostakowitschs heiterer »Neunten« von 1945. Vor der »Dreizehnten« erklangen die »Zweite Leonoren-Ouvertüre« und die dramatische Szene »Ah! perfido«, gesungen von der Spanierin Enriqueta Tarres. Der »Leningrader Sinfonie« ging Beethovens Fünftes Klavierkonzert mit Nikita Magaloff voraus. Auch die Chorsinfonik war vertreten: die C-Dur-Messe, die Neunte Sinfonie und die »Missa solemnis«. Mit ihr fand dann auch der Zyklus von insgesamt zwanzig Konzerten am 26. Mai 1978 seinen Abschluss. Der gesangliche Part fiel vor allem dem Gewandhauschor zu, von Chordirektor Andreas Pieske zuverlässig einstudiert. Allein siebzehn Programme hat Kurt Masur dirigiert. Die restlichen drei übernahmen Dmitri Kitajenko, damals Chefdirigent der Moskauer Philharmonie, Rolf Reuter, Generalmusikdirektor an der Leipziger Oper, und der Japaner Hiroyuki Iwaki, Chefdirigent des NHK (Nippon-Hōsō-Kyōkai) Symphony Orchestra in Tokio. Bedeutende Solisten konnten gewonnen werden, unter ihnen Dmitri Baschkirow und Annerose Schmidt (Klavier), Salvatore Accardo und Tatjana Grindenko (Violine).

In den siebziger Jahren war der Versuch, Schostakowitschs Musik in dieser Komplexität aufzuführen, ein kühnes Unterfangen. Die Gewandhausmusiker hatten es nie leicht gehabt, neue Musik vorzustellen. Als Masur ihr Kapellmeister wurde, entsprach das Stilempfinden der Zuhörer etwa dem, das Arthur Nikisch bereits um 1920 erreicht hatte. Das Leipziger Rundfunk-Sinfonieorchester, das ebenfalls in der Kongresshalle seine Konzerte gab, war da deutlich weiter. Hier hatte seit 1960 Herbert Kegel ein progressives Programmkonzept verwirklicht: mit Werken von Paul Dessau, Luigi Nono, Hans Werner Henze, Krzysztof Penderecki, Fritz Geißler, Friedrich Schenker, Udo Zimmermann und vielen avantgardistischen Komponisten. Anders als bei den Gewandhauskonzerten sah man hier viel mehr junge Gesichter, ein übrigens durchaus kritisches Publikum, das sich gegenüber dem Gegenwartsschaffen, ganz gleich welcher Couleur, deutlich offener verhielt. Das war allerdings nur möglich, weil der DDR-Rundfunk die Konzerte stets aufnahm.

Das Gewandhauspublikum stand Experimenten und Wagnissen in der Programmgestaltung deutlich skeptischer gegenüber. Kurt Masur, der schon immer gern »Un-Erhörtes« in die Programme aufnahm, musste die konservative Einstellung seines Publikums als Herausforderung empfinden. Er nahm sie an und vergab Aufträge an Komponisten, von denen zu erwarten war, dass sie mit ihren neuen Werken zur Bereicherung des Repertoires beitragen konnten. Denn Masur hat, wenn es nur irgendwie gerechtfertigt schien, immer auch Reprisen seiner Uraufführungen angestrebt. Nichts war ihm mehr zuwider als die Pflichtübung des Dirigenten, die Konzertabende ab und zu mit dem Feigenblatt eines zeitgenössischen, möglichst kurzen Stückes zu eröffnen, um dann zum »Eigentlichen« zu gelangen. Dass die Komponisten – sowohl junge, aufstrebende als auch bereits renommierte Leute – vorwiegend aus der DDR kamen, lag an den bereits erwähnten politischen Gegebenheiten, denn die Fördergelder stellten der dortige Komponistenverband oder der Rat des Bezirkes

Leipzig zur Verfügung. Eine Öffnung nach Westen war nach
wie vor kaum möglich – aus ideologischen wie aus Gründen fehlender Devisen.

Mit Auftragswerken an Komponisten des eigenen Landes
wurde den kulturpolitischen Erwartungen der staatlichen
Stellen weitgehend Genüge getan. Doch eigentlich war dies
zweitrangig. Im Vordergrund stand die künstlerische Verantwortung Kurt Masurs. Es ging ihm um die musikalische
Qualität und nicht um »Novitäten« schlechthin. Den Maßstab hierfür sah er vor allem in den verpflichtenden Tradi-
tionslinien des Gewandhauses. Aus ihnen sollte die Handschrift des Komponisten zu verstehen sein, nicht in der
Anbiederung an das politische System, nicht im avantgardistischen Experiment und schon gar nicht in modernisti-
schem Gehabe. In erster Linie zählten Ehrlichkeit der
Gesinnung, musikalische Aussagekraft und höchste Professionalität.

Ohne Zweifel hatte Masur da seine Favoriten. Siegfried
Matthus zum Beispiel. Er stammt aus Ostpreußen und hatte
in Berlin bei Rudolf Wagner-Régeny und Hanns Eisler studiert. An Felsensteins Komischer Oper wirkte er in den sechziger Jahren als Theaterdramaturg und war dort auch Kurt
Masur begegnet. Im Laufe der Jahre hat sich daraus eine
Freundschaft entwickelt, die bis auf den heutigen Tag besteht. Matthus ist ein Komponist mit untrüglichem Gespür
für musikdramatische Bühnenwirkungen. Das Opernschaf-
fen steht im Zentrum seines Komponierens. Erinnert sei
nur an »Judith« nach Friedrich Hebbel in der Inszenierung
von Harry Kupfer 1985 an der Komischen Oper mit Eva-
Maria Bundschuh in der Titelrolle oder an »Die Weise von
Liebe und Tod des Cornets Christoph Rilke«, von Ruth
Berghaus im selben Jahr inszeniert anlässlich der Wieder-
eröffnung der Dresdner Semperoper. Im psychologischen
Erfassen seiner Gestalten nutzt Matthus die reiche Palette
musikalischer Möglichkeiten, die sich für ihn sowohl aus
der Zweiten Wiener Schule ergaben als auch aus der Beschäftigung mit Bartók und Strawinsky. Dazu zählen Do-

dekaphonie und serielles Komponieren ebenso wie Aleatorik, rhythmisch-metrische Raffinessen, Clusterwirkungen oder geradezu »filmische« Collagetechniken, aber auch das Gestalten im tonalen Raum. Klangphantasie, Prägnanz und Logik der musikalischen Gedankenführung, Raffinement der Orchesterfarben und packende Direktheit, vermittelt durch die ausgesprochene Bildkraft seines Komponierstils, den auch das Instrumentalschaffen auszeichnet. Das ist es, was Masur an seinen Partituren liebt.

Am 11. Januar 1979 erklang in Leipzig die Uraufführung des Flötenkonzertes von Matthus mit Karlheinz Zoeller, dem ehemaligen Soloflötisten der Berliner Philharmoniker. Zwei Jahre später sang Dietrich Fischer-Dieskau im Jubiläumskonzert »200 Jahre Gewandhauskonzerte« das »Holofernes«-Porträt – ein Teilstück aus der im Entstehen begriffenen Oper »Judith«. Beim Prüfen der fertigen Teile der »Judith«-Partitur für eine konzertante Aufführung stand Fischer-Dieskau dem Herauslösen einzelner Teile anfangs ablehnend gegenüber. Schließlich einigten sich die Beteiligten, dass Matthus für die Aufführung unabhängig von der Oper ein selbständiges »Holofernes-Porträt« komponieren sollte. Nach der Uraufführung am 25. November 1981 schrieb der Komponist einen begeisterten Brief an Fischer-Dieskau: »Was bei und mit Ihnen noch zwischen Generalprobe und Aufführung an Rätselhaftem passiert ist, kann ich mir nicht erklären. Jedenfalls sprang mich am Abend ein Holofernes an, vor dessen unberechenbarer Dämonie man Angst bekommen konnte... Mit großer Dankbarkeit muss ich Ihnen gestehen, dass die Proben und die Aufführung mit Ihnen zu den wertvollsten, glücklichsten und schönsten Stunden meiner bisherigen künstlerischen Laufbahn gehören.« Auch das Publikum reagierte aufgeschlossen. Leider musste Fischer-Dieskau bereits die zweite Aufführung wegen Indisposition absagen.

1986 folgte die Neufassung des Orchesterkonzerts »Die Windsbraut«. Das Werk hatte Matthus Kurt Masur »als Dank für eine langjährige schöpferische Freundschaft« gewidmet. Es war als drittes Konzert eingebunden in eine Serie von acht Abenden der Spielzeit 1986/87 mit dem Thema »Uraufführungen im Gewandhaus«. Masur ging es dabei um reizvolle Zuordnungen von uraufgeführten Kompositionen aus Vergangenheit und Gegenwart. Einträchtig standen da »Klassiker« wie das Brahmssche Violinkonzert oder Beethovens Tripelkonzert neben echten Premieren wie dem Klavierkonzert von Udo Zimmermann, gespielt vom Gewandhauspianisten Peter Rösel, oder dem Concerto grosso Nr. 1 von Thomas Heyn. Zu Unrecht Vergessenes wurde ergänzend hervorgeholt, zum Beispiel das Klavierkonzert in a-Moll von Clara Wieck mit Gerhard Erber als Solisten; das Harfenkonzert von Carl Reinecke, vorgetragen von der Soloharfenistin Cornelia Seehafer; die einst oft gespielte Ouvertüre »Nachklänge aus Ossian« von Niels Wilhelm Gade; auch Mendelssohns Sinfonie-Kantate »Lobgesang« unter Leitung von Georg Christoph Biller, damals noch Dirigent des Gewandhauschores, heute Thomaskantor. Die nachweislich letzte Aufführung des »Lobgesangs« im Gewandhaus hatte knapp hundert Jahre zuvor, 1892, stattgefunden.

Neben Matthus stand der Leipziger Komponist Siegfried Thiele ganz oben auf der Rangliste der Uraufführungen – eine ganz andere Musikernatur. Der gebürtige Chemnitzer fand an der Leipziger Musikhochschule in Wilhelm Weismann und Johannes Weyrauch seine Lehrer; es folgten ergänzende Studien bei Leo Spies in Berlin. Seit 1960 lehrt Thiele in Leipzig und stand der Hochschule sieben Jahre, von 1990 bis 1997, als Rektor vor. Das »Theatralische« ist nicht unbedingt sein Metier, wohl aber das zu vertonende Wort. Mit seiner Musik will er geistig aktivieren und emotional sensibilisieren, zum Hinterfragen anregen und »hellhörig« machen. Strukturelle Dichte und klangliche Transparenz kennzeichnen seinen Stil vielleicht am besten. Zu seinen Vorbildern und geistigen Vätern gehören der Arsnova-Meister Guillaume de Machaut und Anton Webern, Bach und Debussy, Bartók und Lutosławski.

Masur sieht in Thiele einen Ton-Denker, der keine einzige Note unreflektiert aufs Papier bringt. Der Komponist wiederum schätzt an Masur, dass er ihm »immer völlige Freiheit gelassen« habe: »Er hat niemals eingegriffen in meine Überlegungen und Entscheidungen.« Im Auftrag des Gewandhauses sind mehrere sehr unterschiedliche Werke entstanden. Im Sonderkonzert zur Leipziger Frühjahrsmesse 1975 gelangte die »Sinfonietta alla Ciaccona« zur Uraufführung, ein streng gearbeitetes Orchesterstück als Reflex auf die Beschäftigung mit Machauts faszinierender Rhythmuswelt. Diese Richtung verfolgte Thiele weiter mit »Hommage à Machaut« für Alt, Bariton und Orchester, mit großem Erfolg im Januar 1978 aus der Taufe gehoben und auch später mehrfach aufgeführt. Es war ein beliebtes »Reisestück« auf den Konzerttourneen.

Thiele hatte sich in den siebziger Jahren intensiv mit französischer Musik des 14. Jahrhunderts beschäftigt, mit Philippe de Vitry und Guillaume de Machaut, Vertretern der isorhythmischen Motette. »Ich hatte da schon gewisse Erfahrungen gesammelt durch Einrichtungen einiger Motetten für den praktischen Gebrauch. Mir schwebte damals eine Komposition vor, die Machauts Gedankenwelt sowohl geistig als auch emotional mit der unseren in Beziehung bringen könnte. Ich komme also mit meinen Ideen zu Masur. Das Ganze musste dem versierten Konzert- und Operndirigenten zunächst ziemlich befremdlich erscheinen. Und was habe ich erlebt? Er hat sich mit großer Unbefangenheit auf diese für ihn ungewöhnliche Materie eingelassen. Mehr noch: Er hat die Besonderheiten dieser Musik tatsächlich in sich aufgenommen, mit großem Ernst ihre Strukturen studiert und sie dann mit ebenso großer Zielstrebigkeit seinem Orchester vermittelt.« Leider waren die Aufführungen von einem ständigen Wechsel der Altistin begleitet. Gisela Pohl, die ursprünglich vorgesehen war, kam nach ihrem Ausreiseantrag nicht mehr in Frage. Als dann Ende August 1979 Gertrud Oertel die Partie übernahm, wiederholte sich das Szenario: Auch sie wollte nicht länger in der DDR bleiben. »Wie ein Infekt« erschien das Thiele damals. Schließlich übernahm Rosemarie Lang die Partie. Zusammen mit Frank-Peter Späthe erschien dann »Hommage à Machaut« auch auf Schallplatte.

Als die Eröffnung des Neuen Gewandhauses geplant wurde, erhielt Thiele den Auftrag, zu diesem Anlass ein Chorwerk mit Orgel zu komponieren. Es entstanden die »Gesänge an die Sonne«. »Als Kurt Masur mich im Sommer 1978 fragte, ob ich gewillt sei, für die Einweihung des Neuen Gewandhauses ein Stück zu schreiben, da war ich zunächst betroffen und beklommen«, erinnert sich Thiele, »sehr bald jedoch fasste ich mich, griff nach den Sonnentexten und diese griffen nach mir. Die Größe des Stoffes, die Bedeutsamkeit des Anlasses, die zwar bekannte, aber immer aufs Neue beglückende Klangkultur des Gewandhausorchesters: sie waren starke Stimulanzien bei der Arbeit an der Komposition.« Die Zusammenarbeit mit dem Gewandhauskapellmeister empfand er als sehr produktiv: »Kurt Masur hatte meine Textkonzeption sofort akzeptiert. Ich zeigte ihm auch von Zeit zu Zeit, was fertig komponiert war. Dadurch war er immer informiert über das, was ich mit dem Werk vorhatte. Dass er die große Orgel unbedingt einbezogen wissen wollte, kam meinen Vorstellungen nicht nur entgegen, es hat sie bereichert. Masur war hellwach in den Proben. Er gab kleine Hinweise zur Instrumentation, wo und wie man dies oder jenes verbessern könne. Er hatte intellektuell und intuitiv mein Anliegen verstanden, und seine Hinweise konnte ich mit Erfolg für das Stück umsetzen. Für mich war es überraschend, welche Kenntnis er in Orgelfragen besaß. Er wusste ganz genau Bescheid bei den Registern und gab Matthias Eisenberg, der die Solostellen in den ›Gesängen an die Sonne‹ zu spielen hatte, detaillierte Hinweise für die Registrierung. Das hat mich schon verblüfft.«

Als der Aufführungstermin näher rückte, musste Masur Stück und Text in Berlin verteidigen. Thiele erfuhr erst später davon: »Die Einweihung war ja ein Staatsakt mit Honecker und seinem Gefolge, also ein Politikum! Gab es etwa Argwohn und Verdacht gegenüber den Versen eines Goethe, Schiller und Hölderlin bei einer Staatsführung, die sich fortwährend auf die klassische Literatur, auf das ›humanistische Erbe‹ berief? Ich weiß noch ganz genau, wie nach einer der letzten Proben Ursula Ragwitz, sie war die Verantwortliche für den Kulturbereich beim Zentralkomitee der SED, sich ein Exemplar der schon gedruckten Partitur nach Berlin mitnahm – offenbar nicht, um meine Noten zu studieren, sondern um die vertonten Texte zu prüfen. Ich habe dann auch gehört, dass es dort Widerstände gab und man vorgeschlagen habe, überhaupt nur Beethovens ›Neunte‹ zu bringen. Vielleicht stieß man sich am Idealismus der Gedanken. Da war von Engeln und himmlischer Liebe die Rede, vom Götterjüngling, von Paradieseshelle und so fort. So ganz passte das jedenfalls nicht ins ideologische Konzept der Parteioberen. Und da hat Masur sein Machtwort gesprochen: Wir haben das Werk in Auftrag gegeben, und wir werden es aufführen! Das war keineswegs selbstverständlich in damaligen Zeiten.«

Als Nächstes komponierte Thiele – als nachdenkliche, aus selbst verschuldeter Bedrohung der Erde erwachsene Mahnung – die »Erdengesänge« für Solostimmen, Chöre und großes Orchester nach Texten des Häuptlings Seattle und des Leonardo da Vinci. Auch diesmal gab es für die Uraufführung einen herausgehobenen Anlass: das festliche Eröffnungskonzert »250 Jahre Gewandhausorchester« am 5. Juni 1993. Die Altistin Nadja Michael und der Tenor Hans Peter Blochwitz sangen die Solopartien, der Chor des Mitteldeutschen Rundfunks wurde ergänzt durch den Gewandhaus-Kinderchor. Diesem Kinderchor galt übrigens Masurs besondere Liebe und Sorgfalt. Im Bach-Jahr 1985 war die Leistungsfähigkeit dieses Chores so hoch, dass er zusammen mit dem Gewandhausorchester bereits die Matthäuspassion sang und 1990 mit diesem Werk beim Festival in der Kirche St. Denis (Paris) und bei den Salzburger Osterfestspielen auftreten konnte.

Die einzigartige Atmosphäre des Großen Saales im Neuen Gewandhaus – ihm wird noch ein eigenes Kapitel zu widmen sein – regte die Komponisten zu chorsinfonischen Werken an, zumal experimentierfreudige Naturen wie Friedrich Schenker. An der Ostberliner Musikhochschule »Hanns Eisler« hatte er Posaune studiert und bei Günter Kochan Komposition, kam danach als Soloposaunist ins Leipziger Rundfunk-Sinfonieorchester und setzte seine kompositorischen Studien zunächst bei Fritz Geißler, dann als Meisterschüler bei Paul Dessau fort. Schenkers Werke erweisen sich meistens als Wagnisse. Er liebt es, in Grenzsituationen des Ausdrucks vorzustoßen, und bemüht dazu oft einen aufwendigen Orchesterapparat. Seine Partituren sind kalligraphische Augenweiden. Provozierender Avantgardismus und Hang zur Monumentalität treffen bei Schenker auf eigenwillige Weise aufeinander. Unbequem und herausfordernd, erzwingt er vom Hörer eine Stellungnahme.

In dieser Art von Kompromisslosigkeit traf er sich mit Kurt Masur, der schon 1972 in Dresden die suggestive Sinfonie »In memoriam Martin Luther King« uraufgeführt hatte. In Leipzig folgten weitere Kompositionsaufträge: für 1973 die »Sonate für Blas- und Schlaginstrumente« – eine Art »Hommage à Bach«; für das Abschlusskonzert der 6. Leipziger Bezirksmusiktage am 14. Juni 1979 die »Pezzi concertati für großes Orchester« – hier geht es um den Orpheus-Stoff. Die aufwendigste Arbeit aber sollte die »Michelangelo-Sinfonie« werden, zu der ihn bei einem Besuch in Rom die Fresken in der Sixtinischen Kapelle inspiriert hatten. Damals notierte der Komponist: »Rom 1973, mein Erlebnis der ›Sixtinischen Kapelle‹: Viele hundert staunende Menschen in einem dafür viel zu kleinen Raum … also Körper an Körper, einige auf Simsen liegend, wie erschlagen, alle Gesichter zur Decke oder gebannt vom ›Jüngsten Gericht‹, alle irgendwie sprechend, atemlos, flüsternd, erschrocken, stammelnd, auch stumm sprechend, laut Bilder lesend, in hundert Sprachen – eine Musik war plötzlich aus dem Selbst-Sehen und Zusammen-Hören der

Stimmen der vom Sehen Ergriffenen: Babylon ist hier nicht, das Sprachen-Gewirr ist Verstehens-Klang!« Es entstand ein fünfsätziges, fast zweistündiges Werk für Sprecher, gemischten Chor, Kinderchor, Orgel und Orchester, eine Art Welten-Bild, von der Schöpfung bis zum Jüngsten Gericht reichend, wobei Schenker Texte aus Michelangelos Sonetten verwendet hatte. Masur hatte das gewaltige Vorhaben nach besten Kräften gefördert.

Nicht nur das Werk erwies sich als enorm kompliziert, auch die Vorarbeit der Aufführung. Der Aufwand war beträchtlich, allein schon die Einstudierung der Chöre. Dreimal musste Chordirektor Ekkehard Schreiber nach Riga reisen, um den lettischen Akademischen Chor vorzubereiten. Die Uraufführung fand am 30. September 1985 anlässlich der 6. Weltmusikwoche in Leipzig statt. Zu weiteren Aufführungen in Leipzig ist es nicht gekommen. Ein Schallplattenmitschnitt bleibt die einzige Dokumentation.

Immer wieder suchte Masur nach Begegnungen mit Komponisten ganz unterschiedlicher stilistischer Haltung. Interessante Handschriften haben ihn immer gereizt. Und wenn er einmal »angebissen« hatte, fand er auch Zeit für beratende Gespräche mit den Komponisten, was bei seinem Arbeitspensum allerdings meist ein Wunsch bleiben musste. Sein Gespür hat ihn selten getrogen. Premieren gab es während seiner Gewandhausjahre auch für Werke der Berliner Avantgarde: für Ruth Zechlin, Reiner Bredemeyer, Georg Katzer, Friedrich Goldmann. Mit Uraufführungen von Orchesterwerken verhalf er in den achtziger Jahren den Leipziger Komponisten der jüngeren Generation Bernd Franke und Steffen Schleiermacher zu Anerkennung – heute behaupten beide ihren Platz in der internationalen Musikszene.

Eine Beziehung besonderer Art, ja Freundschaft, bestand zu Alfred Schnittke, dem russisch-deutschen Komponisten, der – wie so viele Künstler in der Sowjetunion – wegen seiner nonkonformistischen Haltung immer wieder in Schwierigkeiten geraten war. 1990 hatte der längst weltbekannte

Komponist daraufhin das Land verlassen und die deutsche Staatsbürgerschaft erlangt. Bis zu seinem Tod, acht Jahre später, lebte er in Hamburg. Masur, der Schnittke in Leipzig schon mit dem Zweiten Violinkonzert eingeführt hatte, wollte zur Eröffnung des Neuen Gewandhauses ursprünglich an ihn den Kompositionsauftrag vergeben und flog deshalb Mitte der siebziger Jahre nach Moskau, um die Arbeit langfristig vorzubereiten. Aber Schnittke war damals in große Schwierigkeiten geraten, nachdem die Uraufführung seiner Ersten Sinfonie unter Gennadi Roschdestwenski 1974 in Gorki einen Riesenskandal ausgelöst hatte.

Masur schätzt die »unmissverständliche Aussage« der Sinfonie: »Alles hat bei ihm eine philosophische Grundidee. In diesem Fall wollte er den Missbrauch der Musik verdeutlichen. Der langsame Satz beginnt mit einem wunderschönen ernsten Streicherklang. Die Bläser ließ er dann in drei Formationen nach und nach einmarschieren, jede Kapelle spielte einen anderen staatlich benutzten Trauermarsch – Chopin, ›Unsterbliche Opfer‹ und so fort. Alles im völligen Durcheinander. Es entstand eine totale Kakophonie, die zu tumultartigen Szenen führte. Das Publikum hatte es wohl verstanden und die staatlichen Stellen auch. Das hatte zur Folge, dass Schnittke in Acht und Bann geschlagen wurde. Als ich ihn jetzt sprechen wollte, riet er mir, erst nach Mitternacht zu kommen, weil wir da wahrscheinlich nicht beobachtet würden. Auf mein Angebot reagierte er ausweichend, und ich habe es ihm abgenommen: ›Wissen Sie, ich weiß jetzt nicht mehr, wie ich überhaupt noch eine Sinfonie komponieren soll nach diesem Eklat.‹ Er hat dann zum Glück zur sinfonischen Form zurückgefunden, aber andere Wege eingeschlagen. Unser nächtliches Gespräch war übrigens doch nicht unbemerkt geblieben. Der damalige Kulturminister der DDR, Hans-Joachim Hoffmann, bestellte mich daraufhin nach Berlin und musste mich rügen: ›Man hat festgestellt, dass Sie mit dem Dissidenten Schnittke konferiert haben.‹ Unangenehme

Folgen ergaben sich aber nicht. Hoffmann wusste genau, was ich wollte, und er hat das auch akzeptiert. Unser Gespräch war ein sehr menschliches.« In der Eröffnungsspielzeit des Neuen Gewandhauses, im November 1981, brachte Masur Schnittkes Dritte Sinfonie zur Uraufführung. Das glich einem kleinen Wunder, denn die sowjetische Seite hatte bis zuletzt alles unternommen, um dies zu verhindern. Dieses Vorgehen erinnerte Masur sehr an das Drama mit Schostakowitschs »Babi Jar«-Sinfonie.

Auch für den georgischen Komponisten Gija Kantscheli, der moderne Techniken mit heimatlicher Folklore zu verbinden sucht, hat sich Masur immer wieder eingesetzt. Das hat zu beeindruckenden Ergebnissen geführt. 1977 dirigierte er erstmals dessen Vierte Sinfonie, und im Oktober 1981 erklang – als Auftragswerk für Leipzig komponiert – die Sechste Sinfonie. Vier Jahre später brachte er mit dem Kinderchor »Lichte Trauer« im Rahmen des Gustav-Mahler-Zyklus zur Uraufführung.

Eine Lieblingsidee ließ Kurt Masur nicht los: das Zusammenführen verschiedener Kulturen und Traditionen in einem Werk. Grundlage sollte die Verständigung verschiedener Musiksprachen in der Gleichzeitigkeit sein. Angefangen hat es – gleichsam »traditionell« – mit dem Aufeinandertreffen von Amerika und Europa in einem Gershwin-Abend im September 1973. Fünf Jahre später erlebte er das japanische Instrumentalensemble Nihon Ongaku Shudan, das in Leipzig gastierte. Unter Leitung ihres Chefs Minoru Miki spielte es ein rein japanisches Programm – Klassisches und Zeitgenössisches – auf historischen Instrumenten. Das Ergebnis war derart interessant und in klanglich-rhythmischer Beziehung so reizvoll, dass es Masur auf den Gedanken brachte, eine Begegnung von japanischer mit europäischer Musik zu organisieren. Auf seine Anregung hin schrieb Minoru Miki ein Werk, das die klanglichen Besonderheiten altjapanischer Instrumente mit der Spezifik eines europäischen Sinfonieorchesters auskostet – »Kyo-no-Kyoko«, eine Sinfonie für zwei Welten,

für japanisches und europäisches Orchester. Die Uraufführung am 12. November 1981 wurde gleich mit einer
zweiten verbunden – den »Bekenntnissen« von Jürgen Buttkewitz mit dem Untertitel »Bilder für Orchester nach Ge-
mälden von Kaii Higashiyama«. Die Anregung empfing der
Komponist von Tuschbildern des japanischen Malers, die
er 1979 in einer Ausstellung gesehen hatte. Außerdem erklang die selten gespielte »Japanische Festmusik« von Richard Strauss.

Dieser Konzertabend demonstrierte auf charakteristi-
sche Weise, wie Masur seine Programme zusammenstellt,
indem er immer wieder »thematisiert« und damit innere
Geschlossenheit anstrebt. Stilistisch kann oder soll dabei
auch ganz Gegensätzliches aufeinandertreffen. Die Versöhnung des Gegensätzlichen – in der Musik wie im Leben –, diesen Glauben an die Vernunft hat Masur nicht
erst entwickelt, als die Mauer fiel.

»Vitalität einer Jahrhunderttradition«

Jenseits des Eisernen Vorhangs

»Haben die Orchestermitglieder das Herumreisen einmal angefangen, so werden sie Gefallen an der Abwechslung finden und Wiederholung verlangen. Die Folgen aber der Verflachung und die Lockerung der Disziplin werden nicht ausbleiben.« Dies war 1896 die Reaktion des Gewandhausdirektoriums auf eine Anfrage nach einem Gastspiel in der Nachbarstadt Halle. Wer das Gewandhausorchester hören wolle, möge sich nach Leipzig bemühen. Als mitten im Ersten Weltkrieg eine Einladung aus der Schweiz einging, konnte man sich aus patriotischen Gründen nicht mehr sperren, und so unternahm Arthur Nikisch mit dem Orchester 1916 und 1917 die ersten Konzertreisen in das neutrale Land. Auch seine Amtsnachfolger Wilhelm Furtwängler und Bruno Walter hatten noch mit entschiedenem Widerstand zu kämpfen. Konzerttourneen blieben die absolute Ausnahme – verständlich, wenn man bedenkt, dass das Orchester mit gut hundert Musikern allabendlich auch in der Oper zu spielen hatte.

Erst nach dem Zweiten Weltkrieg änderte sich die Situation. 1951 setzte dann die eigentliche Reisetätigkeit ein – unter Franz Konwitschny, noch ohne das Hindernis der Mauer: Westdeutschland, die Schweiz, England, die Sowjetunion und 1961 erstmals Japan waren die Reiseziele. Man hat es genau nachgerechnet: hundertfünfundvierzig Konzerte sind es unter Konwitschny gewesen. Sein Nachfolger Václav Neumann brachte es in den vier Jahren seines Leipziger Wirkens auf immerhin zweiundsiebzig Tourneekonzerte. Die Tore zu anderen Ländern waren also geöffnet, und eines der traditionsreichsten Orchester der Welt konnte sich mit oftmals geradezu sensationellen Erfolgen präsentieren. Als dann 1970 Kurt Masur kam, erhielten die Gastspiele einen weiteren kräftigen Schub. Zahlen und Statistiken sagen gewiss noch nichts aus über die Qualität oder Resonanz der Konzerte in der Öffentlichkeit. Doch sie vermögen ein Staunen hervorzurufen. Claudius Böhm vom Gewandhausarchiv hat es 1998 in einer Studie dingfest gemacht: »In knapp 29 Jahren hat Kurt Masur 817 Konzerte des Gewandhausorchesters in Leipzig und 942 außerhalb Leipzigs dirigiert! Das sind insgesamt, rechnen wir diverse Leipziger Extraveranstaltungen wie Messeeröffnungen, Schülerkonzerte etc. hinzu, über 1800 Konzerte, was (nach bester statistischer Manier über den Daumen gepeilt) ergibt: jährlich ca. 65 Konzerte.«

Noch nie war das Orchester so viel unterwegs gewesen wie zu Masurs Zeiten. Auf einige wenige herausragende Tourneen soll der Blick fallen. Die erste große Reise führte im November 1971 nach Japan – fünfzehn Konzerte in achtzehn Tagen, fünf allein in Tokio, und kein Programm ohne Beethoven. Auf der Japantournee 1975 – übrigens das längste Gastspiel in dem fernöstlichen Land mit dreiundzwanzig Konzerten – dirigierte Masur allein achtzehn reine Beethoven-Programme. Man spielte entweder die Egmont-Ouvertüre, gefolgt von der Vierten und der Siebten Sinfonie, oder die Leonoren-Ouvertüre Nr. 3 und die »Neunte«. Die bestens vorbereiteten japanischen Chöre sangen in deutscher Sprache. Dirigent und Orchester wurden nicht nur enthusiastisch gefeiert, sondern als gute alte Freunde herzlich aufgenommen. Vier Jahre später, auf seiner nächsten Japantournee, präsentierte das Gewandhausorchester ein gemischtes Programm mit Mozart und Weber, Brahms und Strauss, auch ein Werk von Matthus – »Responso« – fehlte nicht.

Im Herbst 1974 unternahm das Orchester seine erste große Tournee in die Vereinigten Staaten – ein absolutes Novum nicht nur in der Geschichte des Gewandhauses, auch für die DDR bedeutete es politisches Neuland. Die New Yorker Managerin Kazuko Hillyer hatte die Reise organisiert – wie nicht anders möglich in Zusammenarbeit mit der ostdeutschen Künstleragentur. Die DDR unterhielt zu jenem Zeitpunkt noch keine diplomatischen Beziehungen zu den Vereinigten Staaten. Die politische Großwetterlage war damals relativ freundlich, von einem »Zwischenhoch« bestimmt. Die Großmächte waren übereingekommen, das Inseldasein Westberlins zu erleichtern, und die eingeleitete Entspannungspolitik ermöglichte Willy Brandts »Neue Ostpolitik«, die nach seinem Rücktritt von Helmut Schmidt fortgeführt wurde. Und so ließ man das Leipziger Orchester nicht nur nach Amerika fahren, weil es ausgezeichnet musizieren konnte, sondern weil es bestens geeignet war, mit künstlerischen Leistungen auf die gerade fünfundzwanzigjährige DDR aufmerksam zu machen. Die Musiker hat das alles wenig interessiert. Sie spielten nach besten Kräften – und das trotz enormer physischer Strapazen. Denn wie ein Cantus firmus stand darüber: Amerika! Wir sind in Amerika! Wer konnte damals als Normalbürger dieser Deutschen Demokratischen Republik schon von sich behaupten: ›Ich war mal für ein paar Wochen in den Vereinigten Staaten und hatte dort beruflich zu tun.‹ Kaum jemand.

Die Tournee begann am 7. Oktober erst einmal mit einem Auftritt in der Westberliner Philharmonie, bevor es dann per Flugzeug über Prag (!) mit Zwischenlandung in Gander (Neufundland) nach New York ging. Dieser Auftakt war symptomatisch für die bevorstehenden Beschwerlichkeiten des viereinhalbwöchigen Gastspiels. Erste Station – noch ohne Konzert – war New York. Dort wohnte man zum Eingewöhnen am Broadway in unmittelbarer Nähe des »Lincoln Center« mit der neuen Metropolitan Opera und der Avery Fisher Hall. Die ersten Konzerte führten zunächst nach Washington und Boston. Erst dann standen zwei Konzerte in der New Yorker Carnegie Hall mit Regers »Mozart-Variationen«, Mahlers »Lieder eines fahrenden Gesellen«, gesungen von Siegfried Lorenz, und Bruckners Siebter Sinfonie auf dem Programm. Dies war die Stunde der Wahrheit, an einer Stätte des musikalischen Non plus ultra, vergleichbar mit nur ganz wenigen Kunsttempeln dieser Erde, wie etwa dem Wiener Musikvereinssaal oder der Berliner Philharmonie. Wie würden das verwöhnte Publikum und die gnadenlose Kritik auf die »Exoten« aus dem deutschen Osten reagieren? Die Musiker gaben ihr Bestes an jenem Abend des 15. Oktober 1974, denn jeder wusste um die Bedeutung dieser Konzerte. Das Publikum reagierte begeistert. Manche Zuhörer hatten Tränen in den Augen.

In der *New York Times* erschien am Tag darauf eine ausführliche Rezension von dem namhaften Musikkritiker Harold C. Schonberg: »Das Gewandhausorchester zeigte sehr schnell seine Qualitäten. Es ist ein erstklassiger Klangkörper mit einem lieblich weichen Streicherklang, wie er bei den besten deutschen Orchestern zu finden ist. Die Soli wurden mit internationaler Klasse dargeboten, und das Zusammenspiel war vollendet.« Der Bariton Siegfried Lorenz wurde gar mit Fischer-Dieskau und Hermann Prey in Zusammenhang gebracht. An Kurt Masur, den man erstmals in New York erlebte, schätzte Schonberg dessen »Bestimmtheit«. Er habe »einen klaren Schlag und sehr klare musikalische Vorstellungen« und arbeitete »mit beträchtlicher Energie, aber elastisch«, sein Kraftaufwand wirke nie gezwungen. Masurs Darstellung von Bruckners Siebenter Sinfonie fand Schonberg »ungewöhnlich fesselnd. Sie hatte inneren Zusammenhang, Format und war liebevoll durchdrungen. Und er machte die Musik anmutig und licht. Das sind nicht Worte, die gewöhnlich mit Bruckner im Zusammenhang stehen – aber dank des leuchtenden Klanges, der lyrischen Ausformung der Phrasen und der delikaten Tempo-Übergänge hatte die Musik eine Form von Grazie, die sehr ungewöhnlich war.«

Die Leipziger Musiker hatten die Feuerprobe in der Neuen Welt mit Bravour bestanden. Am nächsten Abend erklangen Schumanns »Vierte«, das Violinkonzert von Matthus – mit dem Konzertmeister Manfred Scherzer – und Tschaikowskis »Pathétique«. Das Orchester wuchs über sich selbst hinaus, und wieder jubelten Publikum wie Kritik: nicht enden wollender Applaus, Standing Ovations, Bravorufe. Die Presse hob erneut den weichen Streicherklang, die kraftvolle Sonorität beim Blech und den sehr persönlichen Ton der Holzbläser hervor. »Ein hervorragendes Ensemble« bescheinigte die *New York Post,* den abgerundeten Streicherklang, »wie er nur bei wenigen Orchestern zu finden ist«, lobte auch die *Daily World.*

Mit den schwierigsten Konzerten zu beginnen bedeutete eine echte Bewährungsprobe. Die Orchestermitglieder blickten auf ihren Chef, der wie ein Fels in der Brandung als Garant für das Gelingen dieses Amerika-Abenteuers stand. Denn nun folgten die langen Busfahrten. Etwa dreizehntausend Kilometer waren zu bewältigen – nach Norden bis in das kanadische Toronto, nach Süden bis ins texanische Houston. Masur ließ sich nicht im Pkw zu den Spielstätten bringen – er hätte es für sich beanspruchen können –, sondern saß mit seinen Musikern im Bus, um stets bei ihnen zu sein. Das stundenlange Fahren wurde meist mit Skatspielen überbrückt. Masur war ein beliebter dritter Mann und trat damit in die Fußstapfen seiner Vorgänger. Von Arthur Nikisch ist überliefert, dass er ein begeisterter Kartenspieler war, und über Franz Konwitschnys Leidenschaft in dieser Beziehung wissen noch viele Musiker zu erzählen – er konnte nicht verlieren.

Außer Dallas enthielt die Reiseroute keine großen Städte mehr. Aber die kleinen Universitätsstädte in Michigan und Ohio wie Ann Arbor, Ithaca, East Lansing und Athens entschädigten mit ihrem begeisterungsfähigen studentischen Publikum in stets ausverkauften modernen Sälen. Als das Orchester in Muskegon eintraf, einer Industriestadt am Ostufer des Michigansees, lief die Nachricht vom plötzlichen Tod David Oistrachs um die Welt. Vor dem Konzert, das in einer Eissporthalle stattfand, gedachte Masur in bewegenden Worten des großen Geigers, der seit vielen Jahren mit dem Gewandhausorchester freundschaftlich verbunden war. Das Publikum erhob sich schweigend von den Plätzen. Schuberts »Unvollendete« wirkte danach wie ein Requiem. Beeinträchtigt wurde das Ganze allerdings durch riesige Radiatoren, deren Dauerton mit Schuberts sehr leisem Sinfonieanfang akustisch kollidierte, und die kalten Füße der Musiker, die zur Erwärmung unruhig auf der mit Platten abgedeckten Eisfläche trippelten.

Der ursprünglich geplante Flug von Ohio nach Texas, dem letzten großen Teil der Reise, scheiterte an den durch die Ölpreisexplosion enorm gestiegenen Kosten, die von der amerikanischen Agentur nicht getragen werden konnten. So mussten zunächst neunhundert Kilometer, am nächsten Tag weitere fünfhundert Kilometer per Bus bewältigt werden. Die klimatischen Unterschiede zwischen den herbstlich-kühlen Nordstaaten und dem subtropischen Süden von Georgia, Louisiana und Texas, vor allem aber die schier endlosen Busfahrten brachten die Musiker in Situationen höchster physischer Belastung. Wenn dann, was gelegentlich vorkam, auch noch die Air-Condition versagte, war die Grenze des Zumutbaren überschritten. Eines Morgens weigerten sich die Musiker, in die Busse einzusteigen; sie wollten mit der Leitung sprechen. Einige von ihnen waren so gestresst, dass sie sofort nach Hause wollten. Masur hatte Verständnis für ihren Unmut, doch ein Abbrechen der Tournee wäre für alle fatal gewesen: »Was wollt ihr zu Hause erzählen, warum wir diese historische erste Tournee des Gewandhausorchesters in die USA abgebrochen haben? Wegen zu langer Busfahrten und dass wir oft nicht rechtzeitig zu essen bekamen?« Den Musikern wurde klar, dass damit der Ruf des Gewandhausorchesters auf dem Spiel stand, und sie lenkten ein. Zum Glück kam es zu keinen ernsthaften Erkrankungen, und die leichteren Fälle konnte der mitreisende Arzt behandeln. Kurt Masur und Karl Zumpe suchten durch Verhandlungen mit der New Yorker Agentur nach Auswegen, doch dafür fehlten die finanziellen Spielräume. So hieß es nur: durchhalten bis zum Schluss.

Unter den Musikern wird so mancher zumindest einmal überlegt haben, ob er nicht den Eisernen Vorhang für immer hinter sich lassen sollte. Auf Westreisen hatte jedes DDR-Orchester dieses Problem: Wer könnte sich absetzen? Davon blieb auch das Gewandhausorchester nicht verschont. Um so manchen »Abgang« schon im Vorfeld vereiteln zu können, musste Masur mit einem Stasibeauftragten – es blieb über die Jahre der gleiche – verhandeln, wer mitfahren durfte und wer nicht. Bei Unverheirateten und »Neulingen« war das Misstrauen der Staatsmacht besonders groß. Oft verbürgte sich dann Masur regelrecht für die betroffenen Musiker, um sie mitnehmen zu können. Er wusste ohnehin: Wenn einer gehen wollte, dann tat er das früher oder später. Grundsätzlich verstand er diejenigen, die angesichts der Existenz der Mauer das Land verlassen wollten. Entscheidend war für ihn allein, welche Wege sie beschritten. Offizielle Ausreisen waren für ihn in Ordnung, »denn dann wollten sie das Orchester nicht schädigen. Das dauerte im Schnitt zwei bis zweieinhalb Jahre.« Die Musiker mit Ausreiseantrag durften in der Regel im Orchester bleiben, und später begegnete er ihnen nach wie vor gern. Für sie setzte er sich auch ein.

So gab es einen Dirigierstudenten, der zu einem Wettbewerb fahren sollte. Seine große Liebe galt einer Inderin. Sie war gerade nach Paris zurückgekehrt, und die Organe der Staatssicherheit vermuteten, dass er im Ausland bleiben würde. Daraufhin fragte Masur ihn geradezu heraus, ob er das tatsächlich vorhabe, und der Student war ehrlich genug, es zu bejahen. Er durfte dann zwar nicht zu dem Wettbewerb fahren, aber Masur erwirkte bei Minister Hoffmann, dass er seine Freundin nach relativ kurzer Wartezeit heiraten und mit ihr ausreisen konnte. Die Hochzeit fand in der Leipziger Kirche statt, in der auch Robert Schumann und Clara Wieck geheiratet hatten. Masur war Trauzeuge. Auch dem Musikwissenschaftler und Dirigenten

Peter Gülke, der 1983 die DDR, wie er 1995 in einem Rückblick nicht ohne Bitterkeit schrieb, »freiwillig zu verlassen hatte«, blieb Masur weiterhin freundschaftlich verbunden. Gülkes erste Begegnung mit dem Gewandhausorchester im Westen gehört in seiner Erinnerung zu den »bewegendsten, gewiss auch diskretesten: Während ich in Wien bei den Symphonikern gastierte, spielten die Leipziger im Musikverein. Glücklicherweise war der Saal bei der Anspielprobe verdunkelt, als ich mich, gebeutelt von Heimweh, hineinschlich, vorsichtig vor allem, weil ich, seinerzeit als republikflüchtiger Verbrecher geführt, keinen befreundeten Musiker vor den mitreisenden Politruks in Verlegenheit bringen wollte, durch eine Wiederbegegnung, für deren emotionale Steuerung ich nicht garantieren konnte. Lange habe ich hinten im Saal gesessen, und Masur half mir die Fassung bewahren dank des nüchternen Umstandes, dass er in eine mit kniffligen Taktwechseln gespickte Passage in Paul Dessaus ›Bach-Variationen‹ Ordnung brachte.«

Masur erfuhr tatsächlich erst viele Jahre später von Gülkes *rendezvous sentimental,* »obwohl er«, wie sich der ausgewanderte Dirigent dankbar erinnert, »die Tabuisierung meines Verbrechernamens in bösen Zeiten nie mitmachte, mich immer wieder besuchte und wiederum später mich ein Gewandhaussymposium auszurichten bat«. Ebenso hatte Masur für seinen Kollegen Klaus Tennstedt Verständnis, der die DDR verließ und 1972 Generalmusikdirektor in Kiel wurde. Der Mann hatte seiner Meinung nach »zu viel Talent, als dass man ihn hier in der Ecke stehen lassen« konnte.

Anders hingegen erging es dem Gewandhausorganisten Matthias Eisenberg, dessen Flucht während einer Konzertreise mit dem Bachorchester 1986 in die alte Bundesrepublik ihm nach der Wende zu Zeiten Masurs Hausverbot einbrachte. Sein Weggang hatte Masur besonders tief getroffen. Eisenberg stammt aus der traditionsreichen Leipziger Organistenschule, ausgebildet von Wolfgang Schetelich. Er war ein ebenso eigenwilliger wie hervorragender Organist, dessen aufregendes Spiel Furore machte. Das Publikum liebte ihn. Nachdem er Leipzig den Rücken gekehrt hatte, wurde Michael Schönheit sein Nachfolger. Er verstand es in kürzester Zeit, die inzwischen gewachsene Orgelgemeinde und damit ein wichtiges Element des Leipziger Musiklebens zu erhalten.

Während der Reisen ins westliche Ausland gewährte Masur seinen Musikern Freiheiten, von denen Mitglieder anderer DDR-Ensembles nur träumen konnten. Sie durften sich relativ frei und ohne Begleitung an den jeweiligen Orten bewegen, was eben keine Normalität war. Sie mussten ihren Chef allerdings darüber informieren. Eine permanente Überwachung von »Horch und Guck«, wie die »Inoffiziellen Mitarbeiter« (IM) aus Erich Mielkes Ministerium genannt wurden, blieb ihnen so erspart. Aber jeder wusste eigentlich, wer IM war, und man verhielt sich entsprechend vorsichtig. Der Chef übernahm die Verantwortung und konnte dennoch ruhig schlafen, weil er sich auf sein Orchester auch in dieser Beziehung weitestgehend verlassen konnte. Manchmal haben sie die Stasi einfach überlistet.

Der heute zweiundneunzigjährige Willi Knoblauch, Violinist im Gewandhausorchester bis 1975, erinnert sich an eine kuriose Begebenheit: »Wir waren auf dieser Reise auch nach Texas gekommen. Ich glaube, es war ein Konzert in Dallas, als ich in der Pause ein Professoren-Ehepaar kennen lernte, das mich hinterher zu sich nach Hause einlud. Im Wagen würden sie am Ausgang warten und mich abholen. Aber das Gespräch wurde belauscht, und einer von den Leuten, die auf solchen Reisen immer dabei waren und ihre ganz spezielle Aufgabe hatten, trat dazwischen und sagte: ›Das kommt überhaupt nicht in Frage, das geht nicht!‹ So war das damals. Ich gab aber nicht auf und ging mutig nach dem Konzert zu Kurt Masur ins Dirigentenzimmer. Er befand sich gerade beim Umziehen, aber er hat mich trotzdem sofort empfangen. Nachdem ich ihm mein Problem geschildert hatte, fand er den Ausweg: ›Wir machen das so. Sie fahren mit uns gemeinsam ins Hotel. Und dort gehen Sie zur anderen Tür wieder raus.‹« Für diesen Lausbubenstreich ist ihm der Geiger heute noch dankbar. Wen Masur schätzte und wer ihn nicht enttäuschte, der konnte auf ihn zählen. Als Willi Knoblauch nach dieser USA-Tournee das Rentenalter erreichte und das Orchester verließ, bot ihm der Kapellmeister in einem Abschiedsbrief einen Aushilfsvertrag für die nächsten Jahre an, damit er »nicht gleich völlig ›abtaucht‹, denn auch Spitzensportler müssen sich ja ›abtrainieren‹, ehe sie ganz zur Ruhe kommen«.

Hinter der Zugehörigkeit zum Gewandhaus stand nicht nur die künstlerische Qualität, sondern auch eine moralische Motivation. Auf jener ersten Amerikatournee von 1974 jedenfalls setzte sich kein Musiker ab, wie überhaupt nur wenige Mitglieder das Gewandhausorchester unter Kurt Masur illegal verließen – bis 1989 kaum mehr als eine Handvoll. Die meisten waren zufrieden mit ihrer Arbeit in diesem renommierten Orchester, das ihnen diese Ausflüge hinter den Eisernen Vorhang ermöglichte. Bei der Berliner Staatskapelle sah das anders aus: Auf jeder Reise ins westliche Ausland – und da gab es oft mehrere pro Jahr – verließen ein bis zwei Musiker das Orchester.

Als die Gewandhausmusiker nach vier Wochen Tournee am 9. November in Berlin-Schönefeld eintrafen, lag die bis dahin längste Reise in der Geschichte des Gewandhauses hinter ihnen. Etwa fünfzigtausend Menschen hatten die dreiundzwanzig Auftritte des Orchesters erlebt, und die Fachkritik war des Lobes voll. Nach diesem Erfolg sah Masur für sich ein Tor aufgestoßen, durch das er weiter gehen wollte. Seine Managerin Kazuko Hillyer kam ihm darin gern entgegen und verschaffte ihm gleich im Anschluss an diese erste Welttournee sein erstes Gastdirigat mit dem Cleveland Orchestra. Masur schätzte sie wegen »ihrer Besessenheit und ihrer Fähigkeit, sich für eine Sache zu begeistern«. Bei der Organisation der ersten Amerikatournee des Gewandhausorchesters sei sie ein hohes Risiko eingegangen, auch im Hinblick darauf, dass sie mehrfach in finanzielle Schwierigkeiten geriet.

Vier Jahre später, 1978, waren die Leipziger wieder in Amerika eingeladen. Doch diesmal versuchte die Künstleragentur das Gastspiel zu verhindern. Nach der Stationierung sowjetischer Mittelstreckenraketen in Osteuropa hatte sich die politische Großwetterlage wieder verdüstert. Daraufhin schrieb Masur einen Brief an das Zentralkomitee der SED und legte seine Meinung dar: »Ich habe damals so in etwa geschrieben: Man wird sich in Amerika überhaupt nicht darum kümmern, ob wir nun kommen oder nicht. Man wird sich ganz schnell andere Künstler und Partner suchen. Und das Kuriose wird sein, dass dann die Spitzenkünstler der Sowjetunion trotzdem in die Vereinigten Staaten fahren, während die DDR-Führung glaubt, etwas bewirken zu können, indem sie protestiert. Das ist für mich einfach eine andere Ebene. Wenn wir wirklich den Frieden erhalten wollen, dann lasst uns weiter dort musizieren. Denn wir haben inzwischen in Amerika eine ganze Reihe von Menschen überzeugen können, dass überall in der Welt Menschen leben, für die Kultur und Kunst eine große Rolle spielen im täglichen Leben.« Die USA-Reise fand statt, obwohl die DDR zu jeder Tournee große Summen zuschießen musste. In Übereinstimmung mit den westlichen Agenturen zahlte jede Seite, was bei ihr an Kosten anfiel. Das betraf alle Reisen ins westliche Ausland. Die Musiker des Orchesters mussten mit bescheidenen Tagesspesen auskommen, mit denen sie auch noch äußerst sparsam haushielten, um Dinge mitzubringen, die es in der Heimat kaum oder überhaupt nicht zu kaufen gab. An dieser Situation hat sich auch später nichts geändert.

Nach dem zweiten Gastspiel des Gewandhauses in Amerika erhielt Masur das Angebot von Columbia Artists, der mächtigsten Künstleragentur der Welt, ihn in Amerika zu vertreten. Das war ein großer Fortschritt für den ostdeutschen Dirigenten im Hinblick auf seine internationale Karriere. Er sagte selbstverständlich zu. Die Agenten Ronald

Wilford und Judy Janowski haben ihn dann systematisch aufgebaut. Masur ist ihnen »sehr dankbar für die professionelle Zusammenarbeit, für die enorme Kenntnis und Erfahrung im Management, für das hohe Niveau, auf dem die folgenden USA-Gastspiele weitergeführt wurden«. Ronald Wilford gilt als der »Mogul der Maestros«. Er sei »der Mann, der die Dirigenten dirigiert«, schreibt *Spiegel*-Redakteur Klaus Umbach in seinem Buch »Geldscheinsonate«. Wilford, mit dem die Dirigenten »durch juristische, finanzielle, manchmal auch menschliche Nabelschnüre verbunden sind, weiß immer Bescheid, gibt Tipps, hört sich um, horcht andere aus, rät zu oder ab«. Zu den von ihm betreuten Dirigenten zählen neben Masur James Levine, André Previn und Neville Marriner. Auch Herbert von Karajan, Klaus Tennstedt und Giuseppe Sinopoli gehörten dazu.

Im Bereich des Künstlermanagements gibt es noch eine weitere Persönlichkeit, die Kurt Masur sehr schätzt. Es ist der Spanier Alfonso Aichon, ein Mann, von dem Masur glaubt, »dass er keine Feinde hat, vielleicht ein paar Neider. Dieser Mann hat mit unglaublicher Frische und Besessenheit Konzerte arrangiert, ein großes Publikum gewonnen und erzogen, den Bau von Konzertsälen initiiert und damit eine Blüte des spanischen Musiklebens herbeigeführt, das heute in ganz Europa, wie ich meine, einzigartig dasteht. Noch immer baut man dort neue Konzerthallen von hervorragender akustischer Qualität. Für mich war es schon erstaunlich, wenn zum Beispiel ein Abendkonzert um 20 Uhr beginnt, danach aber, um 22.30 Uhr, noch ein weiteres Konzert im selben Saal stattfindet. Und immer ist das entsprechende Publikum da!«

1987, vom 20. April bis 27. Mai, unternahmen die Leipziger die bisher längste Weltreise in der Geschichte des Gewandhauses. Sie war zugleich Masurs fünfzigste Tournee mit dem Orchester. Innerhalb von achtunddreißig Tagen waren in neunzehn Städten achtundzwanzig Konzerte zu ab-

solvieren. Die Tournee führte zunächst an die Ost- und Westküste der USA, dabei erstmals auch nach San Francisco
und Los Angeles (Pasadena), und dann nach Japan. Masur
hatte durch seine vorherigen Gastdirigate beim San Francisco Symphony Orchestra den Auftritt des Gewandhausorchesters in der zweitgrößten Stadt Kaliforniens in gewisser Weise vorbereitet, denn er war dort inzwischen nicht nur
bekannt, sondern auch beliebt. Nun kam er erstmals mit
seinem eigenen Orchester.

Als Unbekannte kamen die Leipziger nicht in die Staaten. Immerhin war es seit 1974 inzwischen die fünfte USA-
Tournee. Aber bis Kalifornien, bis San Francisco und Los
Angeles, war man noch nicht gekommen. Nach Bruckners
»Vierter« schrieb die Kritik, dass man so die Sinfonie noch
nicht gehört habe. »Wir befinden uns in einer Zeit, in der
alle Orchester dazu tendieren, gleich zu klingen. Die Interpretationen werden trocken und leblos, mehr technisch brillant als intellektuell stimuliert. Hier war ein Orchester, das
mit Überzeugung spielte, und ein Dirigent, der die Musik
mit seinem persönlichen Zeichen versah, der Welt zurufend:
›Hier ist, was ich bei diesem Stück fühle!‹« *(San Francisco
Examiner)*. Nach den beiden Konzerten in Pasadena (Los
Angeles) mit Schuberts »Unvollendeter« und Bruckner, dann
mit Barber, Matthus und Beethovens »Fünfter«, hieß es in
Star News, Los Angeles: »Die Orchestermitglieder spielten
alle brillant. Die Hörner im Bruckner waren strahlend und
dabei voller Farbigkeit und Tiefe; die Holzbläser boten die
süßen und klaren Töne, die typisch sind für das Beste, was
Europa zu bieten hat. Besondere Freude machten auch die
Streicher mit ihrer perfekten Einheit und ihrer Intonation.«

Mit zwei Konzerten in der legendären und gerade frisch
renovierten New Yorker Carnegie Hall hatte der eigentliche Tournee-Marathon begonnen. Der erste Abend am
23. April wurde vom Rundfunk übertragen. Mit Samuel
Barbers beliebtem »Adagio for Strings« sensibilisierte Masur seine Hörer zunächst für den ewigen Wechsel von Werden und Vergehen, um dann im Konzert für Pauken und

Orchester – »Der Wald« – von Siegfried Matthus die ökologische Bedrohung der Erde suggestiv und mahnend ins Bewusstsein zu rücken, vom ersten Solopauker Karl Mehlig mit bestechender Perfektion dargeboten. Er erhielt dafür Sonderapplaus. Tschaikowskis »Fünfte« beschloss den Abend. Mit stehenden Ovationen und Bravorufen und erst nach einer Zugabe entließ das Publikum die Leipziger Gäste.

Die meisten Auftritte des Orchesters im Ausland endeten mit solchem Jubel. Ein Erfolgsrezept ist sicher die wohl überlegte Konzeption der Programme. Masur stellt ungern Werke nur »nebeneinander«, er sucht nach Beziehungen, Verbindungen, nach Wegen, die er mit seiner Hörerschaft im Konzert gehen will. Auf diese Weise erreicht er innere mentale wie emotionale Geschlossenheit. Zum Beispiel bei jenem ersten Konzert in der Carnegie Hall: Vor der Pause kombinierte er Samuel Barber mit Siegfried Matthus, danach ließ er die große Sinfonie folgen, die gültige Antwort – entweder Beethovens »Fünfte« oder Dvořáks »Neue Welt«. Im Reisegepäck des Gewandhausorchesters befanden sich Schumanns Zweite Sinfonie und Brahms' Erstes Klavierkonzert sowie Ouvertüren von Beethoven, Mendelssohn und Weber. Insgesamt gelangten neunzehn verschiedene Kompositionen zur Aufführung. Die Spitzenreiter waren: Beethovens »Fünfte«: elfmal, Bruckners »Vierte«: zehnmal, das Erste Klavierkonzert von Brahms und Barbers »Adagio«: achtmal, Schuberts »Unvollendete«: siebenmal. Doch das bleibt Statistik, wenn nicht zum Beispiel aus der Zuordnung Schubert – Bruckner eine innere Bindung hervorginge, mag man sie nun im österreichischen »Tonfall«, in den romantischen Naturbildern und Stimmungen oder im satten Streicherklang und in den Glanzlichtern der Bläser heraushören, aber auch Unterschiede empfinden wie die schmerzliche Zerrissenheit in Schuberts Sinfonie und die unerschütterliche Gläubigkeit im Werk Bruckners.

Die Tournee führte Masur und sein Orchester wie schon 1974 in die Universitätsstadt Ann Arbor im Staat Michigan.

Erstmals hatte das traditionsreiche »Ann Arbor May Festival«, gegründet 1890 von dem einstigen Studenten des Leipziger Konservatoriums Albert A. Stanley, ein Gastorchester eingeladen. Im »Hill Auditorium« gaben die Gewandhausmusiker allein vier Konzerte vor jeweils über viertausend Menschen. Pinkas Zukerman spielte Beethovens Violinkonzert, Gewandhauspianist Peter Rösel das Brahms-Konzert, Arleen Augér sang Mozarts »Exsultate jubilate«. Das letzte Konzert aber brachte die Krönung mit Beethovens Chorfantasie und der »Neunten«. Prominente Gesangssolisten vereinten sich im Finale mit dem Festival-Chor aus Studierenden der Universität. Der Erfolg bei dem vorwiegend jungen akademischen Publikum war geradezu triumphal.

Zu seiner großen Überraschung und Freude erfuhr Masur in Ann Abor, dass die University of Michigan ihm die Ehrendoktorwürde verleiht. Er war nicht der einzige Jubilar. Auch der amerikanischen Sopranistin Jessye Norman, die in Michigan studiert hatte, und Nelson Mandela, der damals noch im Gefängnis saß, wurde diese Auszeichnung zuteil. Die University of Michigan setzte damit durchaus ein politisches Signal. Die Veranstalter erwarteten so viele Gäste, dass die Ehrung in Verbindung mit der Verleihung der akademischen Doktorwürde an einen Teil der Universitätsabgänger in einem Sportstadion stattfand – für Masur ein »unglaubliches Erlebnis«: »Vierzigtausend Leute! Studenten, Eltern, Angehörige! Sie haben gesungen, die Brass Band hat gespielt, Hüte wurden geschmissen. Da ist eine Verbindung mit der akademischen Geschichte, wie man sie nur in Amerika findet. Schade, dass man bei uns dieses emotionale Zugehörigkeitsgefühl zur Universität nicht kennt.«

Nach vierzehn Konzerten in den Staaten ging es im Mai für die Gewandhäusler über den Pazifik weiter nach Japan. Das hieß erneut: Reisestress, Klimawechsel, Zeitverschiebung, Schlafdefizit und immer wieder der Stachel, beim nächsten Auftritt in Hochform sein zu müssen. Das galt für das Orchester wie für den Dirigenten. Solche Konzertreisen sind wahrhaftig keine Kaffeefahrten, sondern bedeuten härteste Arbeit und bringen höchste Belastungen – physisch und psychisch. In Japan dominierte ein Programm: Brahms' Erstes Klavierkonzert und Beethovens Fünfte Sinfonie. Yokohama, Tokio, Urawa, Sendai, Sapporo, Anjoh, Kurashiki und abschließend noch einmal Tokio, wo das Orchester bereits das fünfundzwanzigste Mal gastierte. »Der natürliche, ungekünstelte Klang des Orchesters ist so, als ob man Bruckners eigene Stimme hören würde«, schrieb anschließend die japanische Zeitung *Mainichi Shimbun*. In der berühmten Halle »Bunka Kaikan« erklangen Schubert und Bruckner. Wie eine Perlenkette reihte sich Konzert an Konzert.

Das japanische Publikum ist vielleicht das dankbarste der Welt. Die Menschen kamen mit Blumen, umlagerten die Garderoben der Künstler, standen Schlange nach Autogrammen und versammelten sich vor den Bussen der Musiker. Masur schätzt die japanische Musikkultur nicht erst, seit er seine Frau Tomoko kennt: »Die Musik hat dort einen ganz anderen Stellenwert. Durch die amerikanische Besetzung nach dem Zweiten Weltkrieg waren in Japan demokratische Strukturen installiert worden. Orchester haben sich gebildet. Japanischen Studenten war die Möglichkeit gegeben, in den Vereinigten Staaten zu studieren. Es ist schon unglaublich, wie schnell in Japan ein Musikleben nach europäisch-amerikanischem Vorbild aufgebaut wurde. Heute gibt es allein in Tokio sechs oder sieben Sinfonieorchester, die alle existieren können. Diese – ich nenne es einmal so – Kulturbesessenheit greift rasant um sich, und es ist nur eine Frage der Zeit, dass auch in dem Riesenreich China Ähnliches geschehen wird. Es ist doch erstaunlich, wieso diese Länder, die doch selber über eine jahrtausendealte Kultur verfügen, sich darauf konzentrieren, die Kultur Europas kennen zu lernen. Das ist nach meiner Überzeugung nicht einfach nur Verehrung. Nein, sie haben die humanistische Botschaft, die aus unserer Musik spricht, verstanden.

Da ist eine Kenntnis und ein tiefes Verständnis da. Das wurde mir nicht nur bewusst während der vielen Gastspiele, die wir in Japan mit seinem sehr begeisterungsfähigen Publikum hatten, wo man nach den Konzerten oft länger als eine Stunde braucht, um Autogrammwünsche zu befriedigen. Da warten auch noch viele Menschen, die wissen wollen, warum es in der Beethoven-Sinfonie diese Wiederholung der Exposition nicht gab oder warum sie in einem anderen Fall gemacht wurde.«

Im Verlauf seiner zahlreichen Gastspiele wurde Masur vom japanischen Yomiuri-Orchester Tokyo zum Ehrendirigenten ernannt. Die Arbeit mit diesem Klangkörper hat ihn wiederum begreifen lassen, dass es dort gewisse Klangvorstellungen gibt, die man als Dirigent nicht wesentlich verändern, aber ihre spezifischen Stärken und Neigungen nutzen kann: »Ich habe von dem Tokioter Orchester nie einen schönen warmen Brahms-Klang bekommen, aber ich weiß, wie schön und leicht es Mendelssohn spielt, wie farbig bei ihm die Impressionisten klingen, wie fein gezeichnet es melodische Linien spielen kann, wenn es etwa um Mozart geht. Es gibt da schon Grenzen im Nachvollziehen eines Stils, die mit der emotionalen Fähigkeit eines Orchesters zusammenhängen – ob sie etwa die Kraft für Wagner oder Bruckner aufbringen können. Und da sind dann die Unterschiede oft ganz eklatant. Dennoch gibt es kaum noch typische Orchesterklänge, von denen man sagen kann: das ist japanisch oder amerikanisch, das ist russisch oder deutsch, französisch oder italienisch.«

Die Musiker waren während dieser Welttournee von 1987 in Höchstform. Es ist aufschlussreich, was Publikum, Fachkritik und die Solisten in aller Welt am Gewandhausorchester und ihrem Chef an Besonderem, Unverwechselbarem entdeckt haben. Hier habe ein altehrwürdiges Orchester etwas über die Zeiten hinweg kultivieren können, das sich im künstlerischen Ergebnis vom Perfektionismus und der hochgezüchteten Artistik anderer weltberühmter Orchester unterscheide. Der chilenische Pianist Claudio

Arrau hat es einmal – noch in der Konwitschny-Ära – so formuliert: »Viele Orchester der Welt sind so blasiert geworden; sie spielen schön, aber nicht mit Liebe. Das Gewandhausorchester ist ganz anders. Es hat sich die Liebe zur Musik bewahrt.« Das hatte Kurt Masur bereits als Student fasziniert, und er setzte als Gewandhauskapellmeister seinen ganzen Ehrgeiz daran, »diesen warmen, wunderbar runden menschlichen Klang« zu erhalten. Sein Naturell und seine Arbeitsweise kamen dem entgegen.

In der Riege der großen Dirigenten gibt es die »Dozenten«, die ausführlich Absichten vortragen, bevor sie probieren, und es gibt die »Perfektionisten«, die in den Proben am liebsten alles genau festlegen möchten, so dass die abendliche Aufführung dann mehr oder minder das abgesicherte Ergebnis gründlicher Vorbereitung darstellt. Und man kennt die »Improvisatoren«, um einen Ausdruck Wilhelm Furtwänglers zu gebrauchen. Sie legen die Fundamente, setzen die Pfeiler, bestimmen die dynamischen Grundlinien und Zielpunkte. So gerüstet riskieren sie den Konzertabend zugunsten der Freiräume für intuitives Gestalten. Kurt Masur verkörpert vorwiegend diesen letztgenannten Typ. Interessanterweise häufen sich die »Improvisatoren« in der Gewandhausgeschichte. Arthur Nikisch, Wilhelm Furtwängler und Franz Konwitschny gehören zu ihnen. Dem Orchester sind diese Dirigententypen immer lieber gewesen als die Sezierer und Analytiker. Der einzelne Musiker weiß zwar um die Notwendigkeit der Einordnung in das Ganze, aber er will auch den individuellen Aktionsradius gewahrt wissen, der das persönliche Ausleben ermöglicht. Masurs Gabe der eingreifenden Subjektivität zeigt sich gerade in der Probenarbeit. Wer ihn da beobachtet (er hat das nicht gern und ist am liebsten mit dem Orchester allein), wird schnell gewahr, dass er immer vom werkimmanenten Gesamtklang ausgeht, diesen unverrückbar in sich trägt, aber offen bleibt für Varianten.

Auf Gastspielen konnte das sehr strapaziös werden. Zum Beispiel ist ihm die Sitzordnung seit jeher enorm wichtig.

Wenn er in unbekannten Sälen mit problematischer Akustik spielen muss, sucht er prinzipiell die optimale Orchesterordnung. Er lässt dann ganze Orchestergruppen so lange auf dem Podium wandern, bis seine Konzeption vom Werk den veränderten Gegebenheiten entspricht oder zumindest nahe kommt. Manchmal auch überlässt er das spielende Orchester für kurze Zeit sich selbst und überprüft das Klangresultat von verschiedenen Punkten des Saales aus. Und erst wenn die Fundamente stimmen, geht es ans eigentliche Probieren. Kurze Winke können da genügen, um eine vertraute Phrase musikalisch zum Blühen zu bringen. Angedeutetes mag da ausreichen, so wie ein Zeichner eine Kontur in einem Schwung entwirft. Ist sie gelungen, lobt er sofort und mit großer Herzlichkeit, wenn nicht, trifft die Musiker ein finsterer Blick. Masurs Strenge ist berüchtigt. Da kann es schon einmal vorkommen, dass ein Trompeter nach einer Rüge vor Angst nicht mehr blasen kann, eine Sängerin weinend von der Bühne läuft oder ein japanischer Geiger in Tokio nach Hause geschickt wird, weil er nicht sauber spielt. Weil nämlicher Geiger ihn daraufhin bedrohte, musste Masur das folgende Konzert mit Polizeischutz dirigieren.

An vertrackten Stellen kann sich Masur durchaus festbeißen, denn er verlangt äußerste Präzision, und das wiederum erfordert Kondition. Dann lässt er die Musiker mitunter bis an die Grenze ihrer physischen und psychischen Belastbarkeit wiederholen. Dass er sich dabei selbst nicht schont, ist ihm anzusehen. Berühmt ist sein Hemdenwechsel während der Proben – manchmal schlossen die Gewandhausmusiker Wetten ab über die jeweils neue Hemdfarbe. Das Wort »Schongang« ist ihm fremd, und wer von seinen Mitarbeitern diesen totalen Einsatz nicht mitzutragen bereit ist, der hat es nicht leicht mit ihm. Wenn Gustav Mahler Recht hat, dass es keine schlechten Orchester gebe, sondern nur schlechte Dirigenten, so brauchte das Gewandhausorchester vielleicht gerade Masurs Unerbittlichkeit, um jenen vielgepriesenen warmen Klang zu erhalten.

Als Masur und seine hundertzehn Musiker am 27. Mai 1987 nach Leipzig zurückgekehrt waren, lag nicht nur die längste, sondern auch die erfolgreichste Gastspielreise hinter ihnen. Sechzigtausend Menschen hatten die Konzerte gehört. Ronald Wilford resümierte damals: »Das Gewandhausorchester ist zu einem bedeutenden Faktor im Musikleben der USA geworden.«

Zwischen 1971 und 1995 gastierten die Leipziger insgesamt zehnmal in den Vereinigten Staaten und siebenmal in Japan, von den ausgedehnten Konzertreisen nach Westeuropa, Südamerika oder nach Westdeutschland ganz abgesehen. Immer waren es große, mehrwöchige Tourneen, und immer standen obenan Werke von Beethoven, Mendelssohn und Schumann, Brahms und Bruckner, Schubert und Tschaikowski – das entsprach den Wunschlisten der amerikanischen und japanischen Agenturen. Mit Peter Rösel und Annerose Schmidt (Klavier), Siegfried Lorenz (Gesang), den Ersten Konzertmeistern Karl Suske und Christian Funke, dem Ersten Solocellisten Jürnjakob Timm und dem Ersten Solopauker Karl Mehlig standen hervorragende, international bekannte und sozusagen »hauseigene« Solisten zur Verfügung, die zum künstlerischen Erfolg dort, wo die Meßlatte der Musikwelt angelegt wird, ganz wesentlich beigetragen haben. Sie zeigten nicht nur, was die DDR an musikalischer Hochkultur zu bieten hatte. Unschätzbar war für die Künstler auch das Erleben so großer Interpreten wie Claudio Arrau, Salvatore Accardo, Michel Béroff, Siegfried Jerusalem, Elisabeth Leonskaja, Anne-Sophie Mutter, Jessye Norman, Garrick Ohlsson, André Watts und nicht zuletzt der elfjährigen Wundergeigerin Sarah Chang. Masur hörte sie das erste Mal, als sie neun war und noch auf einer halben Geige das Tschaikowski-Konzert spielte. Später wurde sie ein Weltstar, mit dem er immer wieder musizierte.

Zweimal führte der Weg auch in lateinamerikanische Länder. Südamerika hatte es in sich. Chile war das erste Land dieses Kontinents, das Gewandhausmusiker betreten haben – 1966 das Bach-Orchester unter Leitung von Gerhard Bosse. Diese Reise war voller Abenteuer, mal gab es kein Geld, mal war das Flugzeug bei einer Zwischenlandung von Soldaten mit MPs umstellt, mal wurden die Musiker unmittelbar vor dem Abflug noch einmal ins Polizeipräsidium – Abteilung »Por Soviético« – zurückgerufen, um ihre Fingerabdrücke zu hinterlassen. Bei ihrer nächsten Tournee, 1972, gar wurden sie mit ihrem Namenspatron verwechselt, wie der Dramaturg Claudius Böhm berichtet: »Für den Flug von Kolumbiens Hauptstadt Bogotá nach Medellín war statt der benötigten dreißig Plätze nur einer reserviert, und zwar für ›Senior Bach‹ aus Leipzig. Aber Johann Sebastian Bach kam nicht.«

Diese Reisen in ferne Länder brachten für die Musiker in der Regel zwar extreme Belastungen mit sich, doch wurden sie andererseits entschädigt durch wunderbare Erlebnisse mit fremden Kulturen und ihren Menschen. Von offizieller Seite aber waren diese Tourneen mit dem Anerkennungstrauma der DDR-Führung verbunden. Aus allem sollte politisches Kapital geschlagen werden. Vierundzwanzig Jahre später, nach Mauerfall und deutscher Einheit, hat sich diese Aufgabe des Orchesters für die Politiker übrigens nicht wesentlich geändert. »Für unsere Kulturarbeit war der Auftritt unseres ältesten und traditionsreichsten Orchesters und des berühmtesten lebenden deutschen Dirigenten ein unbezahlbarer Erfolg und Prestigegewinn«, befand 1996 der deutsche Generalkonsul in Rio de Janeiro in einem Bericht an das Auswärtige Amt in Bonn.

Im Frühjahr 1980 reisten sie nach Argentinien, Brasilien, Venezuela und Mexiko, und zwar mit einem Beethoven-Zyklus, der alle Sinfonien in chronologischer Folge umfasste. Das temperamentvolle Publikum von Buenos Aires feierte an fünf Abenden die Leipziger Gäste im berühmten Teatro Colon mit Ovationen. Das Abschlusskonzert mit der Neunten Sinfonie wurde zum Höhepunkt. »Kurt Masur, das Gewandhausorchester zu Leipzig und der gesamte Beethoven – ein Festival höchster Qualität, das im Gedächtnis haften bleiben wird ... Dutzende standen in den Gängen und an den Seiten des Parketts, auf dem ›Heuboden‹ viele, viele Menschen«, schrieb *La Opinion*. Die Zeitung *El cronista comercial* resümierte: »Der Maestro Masur hat eine erstaunliche Vorstellung vom Detail und vom Ganzen. Jeder Satz entsprach sehr genauen Vorgaben; jede Sinfonie zeigte ihre solide Architektur, und schließlich ordnete sich alles in eine höhere Entwicklung ein. Masur zeigte sich als ein wahrhaft großer Dirigent.«

Dem Orchester wurden auch hier jene Eigenschaften bescheinigt, die zu seinen unverwechselbaren Vorzügen zählen: keine Gefälligkeiten, kein falsches Pathos, keine Allüren oder Übertreibungen, »sondern es stellt sich völlig und bedingungslos in den Dienst der Musik«, lobte *El cronista comercial*. Im *Journal do Brasil* war von der »Vitalität einer Jahrhunderttradition« zu lesen, im deutschsprachigen *Argentinischen Tageblatt* vom »Verdienst des seit zehn Jahren an der Spitze des Gewandhausorchesters stehenden dynamischen Dirigenten Kurt Masur, das Äußerste an Präzision und Intensität aus seinem Orchester herauszuholen«. Buenos Aires erlebte danach noch zwei weitere Konzerte mit gemischten Programmen, bevor die Musiker nach Rio de Janeiro, São Paulo, Caracas und Mexiko-Stadt weiterfuhren. In der mexikanischen Universitätsstadt Guanajuato spielte Claudio Arrau Brahms' d-Moll-Konzert.

Acht Jahre später, wieder im April/Mai, reisten die Gewandhausmusiker erneut nach Südamerika. Diesmal stand Brahms im Zentrum: fünf Konzerte in Buenos Aires (das Teatro Colon mit seinen zweitausendsiebenhundert Plätzen war stets ausverkauft), je drei in São Paulo und Rio de Janeiro, zwei in Caracas. Die beiden Klavierkonzerte spielte der Amerikaner Garrick Ohlsson, das Violinkonzert Elmar Oliviera, und im Doppelkonzert trafen sich Christian Funke und Jürnjakob Timm. Auch diesmal Jubel und Begeisterung allerorten. Ein europäisches Traditionsorchester aus dem Osten Deutschlands überraschte und überzeugte mit interpretatorischen Spitzenleistungen.

Die Werke von Johannes Brahms hatten bis dahin bei weitem noch nicht die Herzen der Südamerikaner erobert, wie das etwa im Falle Beethovens längst geschehen war. Mit den Brahms-Zyklen schien nun auch dieser Bann gebrochen. »Es war ein expressiver, empfindsamer, nuancierter Brahms, mit einer bis zum Unvorstellbaren reichenden, schier grenzenlosen Abstufung von der Zartheit bis zur Kraft«, schrieb daraufhin *Clarin*, Buenos Aires. Und das *Journal do Brasil* in Rio de Janeiro hob hervor: »Der Brahms-Zyklus im Teatro Municipal ist eine außergewöhnliche Möglichkeit, das große sinfonische Repertoire von einem Orchester interpretiert zu hören, das nicht nur (ebenso wie sein Dirigent) von höchstem Niveau ist, sondern auch eine besondere Affinität zu Brahms besitzt ... Kurt Masur zählt seit einiger Zeit zu den größten Persönlichkeiten der internationalen Dirigentenszene.«

Masur fühlt sich in diesen südlichen Ländern ausgesprochen wohl. Er verkörpert einen Künstlertyp, der es vermag, in seiner emotionalen Direktheit, in der Sprache seiner Gesten, im sinnlichen Erfassen klanglicher Feinheiten und nicht zuletzt im Offenlegen der rhythmischen Urkräfte der Musik den berühmten Funken zum Publikum überspringen zu lassen. Auf den Straßen begegnen ihm die Leute, wenn sie ihn erkannt haben, mit großer Verehrung und begrüßen ihn mit südländischem Überschwang – übrigens auch in Italien. Er sucht indes nicht das Bad in der Menge. Aber solche Begegnungen erfreuen ihn schon. Sie bestätigen ihm, dass seine Botschaft – das gegenseitige Verstehen, die Achtung unterschiedlicher Kulturen und Traditionen – beim Publikum angekommen ist.

Masurs Terminkalender kannte bald keine Lücken mehr, allenfalls gab es ein paar freie Tage im Jahr, was übrigens noch heute so ist. Die meisten Tourneen führten nach Westen – oder sehr weit gen Osten, wenn man an Japan denkt –, weit weniger aber in die Länder des Ostblocks. Claudius Böhm hat Masurs Gastkonzerte mit dem Gewandhausorchester statistisch ausgewertet: Bis zur Wiedervereinigung am 2. Oktober 1990 entfallen auf die osteuropäischen Länder und Jugoslawien gerade einmal elf Prozent.

In den über sechsundzwanzig Jahren, die Masur Chef des Gewandhausorchesters war, hat es außerhalb Leipzigs mehr als neunhundertvierzig Konzerte mit über zweitausendvierhundert Werkaufführungen gegeben: fast sechshundert davon mit Beethoven, gefolgt von Brahms (335), Mendelssohn (220) und Bruckner (166). Doch statistische Aussagen haben ihre Grenzen. Mendelssohns »Hebriden«-Ouvertüre mit etwa zehn Minuten Spieldauer und Bruckners »Siebente« mit der mindestens sechsfachen Länge verlangen eine ganz unterschiedliche Programmkonzeption, auch in Bezug auf die Anzahl der Werke eines Konzertabends. Die drei großen »B« haben gewiss auch die Berliner und die Wiener Philharmoniker ganz obenan stehen. Aber Mendelssohn? Masur wurde nicht müde, die Werke gerade dieses Komponisten in alle Welt hinauszutragen – stets mit großem Erfolg. Erinnert sei auch an seine Einspielung der zwölf Jugendsinfonien mit dem Gewandhausorchester schon 1972.

In der Sommerausgabe 1998 des *Gewandhausmagazins,* der auch die statistischen Daten zu den großen Auslandstourneen entnommen sind, wurde in einem Interview Gunnar Schmidt, Manager für Orchesterkonzerte der hannoverschen Konzertdirektion Hans Ulrich Schmid, befragt, ob denn aus seiner Erfahrung diese Menge der Reisekonzerte normal sei. Seine Antwort: »Nein, das ist überdurchschnittlich.« Und er fährt fort: »Es ist zwar normal, dass ein Chefdirigent das Gros der Reisen seines Orchesters bestreitet. Aber durch die lange Zeit, die Kurt Masur Gewandhauskapellmeister war, hat er mit dem Gewandhausorchester eine Einheit gebildet, die sehr selten ist.«

DER »EHRENZIMMERMANN«

Gewandhausbau 1977–1981

15. März 1979: Inmitten von Baugerüsten und Maschinen, umringt von klatschenden Bauleuten, drückt Kurt Masur seine Schuhe in den noch feuchten Zement. Es ist der erste Schritt auf sein künftiges Dirigentenpodium. Zweieinhalb Jahre später dirigiert er von hier aus das Eröffnungskonzert: Siegfried Thieles »Gesänge an die Sonne« und Beethovens »Neunte«.

Das Neue Gewandhaus war zum 200. Jahrestag des Einzuges in jenen Saal fertig geworden, der diesem Klangkörper 1781 seinen Namen gegeben hatte. Die Interimslösung der nach dem Krieg umgestalteten »Kongresshalle am Zoo« hatte damit ihr Ende gefunden. Fünfunddreißig Jahre war das Provisorium die Heimat des Gewandhausorchesters gewesen, doch mit dem Namen »Gewandhaus« haben die Leipziger den einstigen Ballsaal nie bedacht. Man ging in die Kongresshalle zum Gewandhauskonzert. Im Bewusstsein der Menschen blieben Gebäude und Institution getrennte Welten. Planungen und Entwürfe für ein neues Gewandhaus hatte es bereits seit Mitte der sechziger Jahre gegeben. Ideelle Ziele und ökonomische Zwänge fanden jedoch lange Zeit nicht zueinander. Bauliche Investitionen sah die Parteiführung in erster Linie in Berlin vor. Andere Kulturmetropolen hatten das Nachsehen. Bis Anfang der Siebziger gab es immer wieder Anläufe bei den staatlichen Gremien, die jedoch meist ergebnislos verliefen. Das führte zu viel Unmut bei den Leipzigern, die endlich ihr neues Haus haben wollten.

In den Beratungen trafen zwei Lager aufeinander: die Befürworter einer multifunktionalen Nutzung und die Verfechter eines reinen Konzertsaalbaus. Zum ersten Lager gehörten die Vertreter der Universität. Sie sahen im geplanten Neubau in erster Linie ihr »Auditorium maximum«, das vom Gewandhausorchester mitgenutzt werden sollte – also eine Mehrzweckhalle für Kongresse, Feiern und eben auch Konzerte. Auf welcher Seite Kurt Masur stand, versteht sich von selbst. Soweit es seine Zeit erlaubte, nahm er an den Sitzungen teil. Er erkannte sofort den historischen Augenblick, die einmalige Chance für den Bau eines neuen Gewandhauses als reinen Konzertsaal. Die gemischten Erfahrungen mit dem Dresdner Kulturpalast hatte er zu deutlich vor Augen und vor allem im Ohr. Und er kannte eine Vielzahl neuer bedeutender Konzertsäle, die gleichsam Modell stehen konnten: die Berliner Philharmonie, die Royal Festival Hall in London oder die Konzerthalle »De Doelen« in Rotterdam. Viel Überzeugungsarbeit musste er gemeinsam mit seinen Gewandhauskollegen leisten, um die festgefahrenen Vorstellungen in den Köpfen der Planer zu überwinden. In einer Arbeitsphase hatte der Neubau einen besonders monströsen Arbeitstitel: »Auditorium maximum der Karl-Marx-Universität Leipzig mit Sitz und Heimstatt des Gewandhausorchesters«. Das war absurd, und Masur konnte nur mit bitterem Scherz darauf reagieren: »Ich glaube, die Leipziger werden einen richtigen Namen dafür finden. Und der wird dann entweder ›Gewandhaus‹ heißen, oder wir werden gezwungen sein, unser Orchester ›Audimax-Orchester‹ zu nennen. ... Ich sage euch heute schon, dass die Leipziger diesem Haus einen Spitznamen geben werden, wenn wir selber keine überzeugende Bezeichnung finden. Der Makel wird an den Leuten hängen bleiben, die heute die Entscheidung tragen.« Die Leipziger, die das Geschehen sehr genau verfolgten, hatten ihren Spitznamen bereits gefunden: »Masurium«.

Im Verlauf dieses jahrelangen zähen Ringens verlor Masur bei einer der Besprechungen in Anwesenheit des Oberbürgermeisters und einiger Architekten schließlich die Fassung: »Wenn das hier so überhaupt nicht vorwärts geht, sollte ich mir das Angebot, das Sinfonieorchester in Dallas zu übernehmen, vielleicht doch noch überlegen!« Das war für die Anwesenden eine nahezu ungeheuerliche Drohung. Wollte er wirklich Ernst machen? Nach seinem ersten Gastdirigat beim Cleveland Orchestra und dem ersten Gastspiel mit dem Gewandhausorchester 1974 war ihm die Position des Chefdirigenten in Dallas (Texas) angeboten worden. Das Orchester dort reizte ihn durchaus, denn es war leistungsfähig und flexibel. Aber – und das schreckte ihn wiederum ab – »es war in seiner Existenz abhängig von den Ölpreisen. Ein gewachsenes Kulturbedürfnis, wie wir es aus Europa kennen, gab es dort noch nicht. Ich hatte den Eindruck, dass man sich ein Orchester leisten wollte, weil man es sich einfach leisten konnte.« Masur lehnte das Angebot ab, wurde aber ständiger Gastdirigent in Dallas, zu einem Zeitpunkt, als das Orchester kurz vor der Auflösung stand. Es blieb dann doch bestehen und besitzt heute wieder einen sehr guten Ruf, was auch dem Engagement des Leipziger Dirigenten zu verdanken ist.

Allzu viele international anerkannte Dirigenten hatte die DDR nicht zu bieten, und Masurs Weggang hätte durchaus einen schmerzlichen Verlust bedeutet. Auf eine entsprechende Frage gibt er in einem Interview mit Gero von Boehm im Zusammenhang mit Wilhelm Furtwängler, der in der Nazizeit bei den Berliner Philharmonikern geblieben ist, eine indirekte Antwort: »Furtwänglers Beispiel mag im Nachhinein als nicht genügend erscheinen. Er war groß genug, um sich sagen zu können: ›Ich gehe woanders hin.‹ Ich kann das nicht beurteilen, aber ich möchte glauben, dass er geblieben ist aus ähnlichen Gründen. Er hatte ein Orchester, welches das beste der Welt war ... Man könnte annehmen, dass er sich sagte: ›Du hast hier historisch eine der bedeutendsten Aufgaben, die du haben kannst.‹« Masur blieb – wie seine gleichfalls über die Grenzen hinaus berühmten Kollegen Peter Schreier oder Theo Adam, wie auch ein Prokofjew, ein Schostakowitsch, ein Oistrach – in seiner Heimat, trotz aller Vorbehalte. In der Position des Gewandhauskapellmeisters, im Bau des neuen Hauses sah er seine »historische Aufgabe«, hier hatte er Freiräume, die ihm kein anderes Land hätte bieten können.

Er wusste, dass er diplomatisch und auch psychologisch geschickt vorgehen musste, um sein Ziel zu erreichen. Immerhin war der kostspielige Wiederaufbau der Dresdner Semperoper bereits beschlossen. Am 1. Juli 1974 packte er den Stier bei den Hörnern. Er schrieb einen Brief an das Zentralkomitee der SED, persönlich gerichtet an den Ersten Sekretär, Erich Honecker: »Das Gewandhausorchester Leipzig entstand vor nunmehr ca. 230 Jahren, gegründet von progressiven Kräften des Bürgertums der Stadt. Eines der wenigen Spitzenorchester mit Weltruhm, dessen Geschichte nicht auf höfischer Tradition beruht ... Der Spielort des Gewandhausorchesters ist nach wie vor der 1946 als Interimssaal wieder hergestellte Bau der Kongresshalle im Zoo. Für jeden, der die Notwendigkeiten der Stadt Leipzig kennt, ist es unvorstellbar, dass dieser Saal heute noch zu repräsentativen Veranstaltungen auch im internationalen Maßstab benutzt werden muss. Aber offensichtlich haben sich die verantwortlichen Leipziger Stellen bereits daran gewöhnt, dass ihnen die Unzumutbarkeit dieses Saales gar nicht mehr bewusst wird ... Nach der jetzt vorhandenen Unentschlossenheit einiger Führungsgremien unserer Stadt besteht die Gefahr, dass sich bis Mitte der 80er Jahre dieser Mittelpunkt der Stadt, in dem sich der Name Karl Marx mit dem Zentrum der Wissenschaft und Kunst vereinigen soll, in einem bauplatzähnlichen Zustand befinden wird. Im Vertrauen auf Ihren Weitblick und Ihre Entschlussfähigkeit bitte ich Sie um Hilfe. Das Gewandhausorchester wird im Jahr 1981 den 200. Jahrestag des Einzuges in den ersten Saal feiern, der diesem Klangkörper seinen Namen gegeben hat. Dieser historische Tag hat heute noch hochaktuelle politische Bedeutung, weil er in schönster Weise das

Zusammengehen der damaligen progressiven bürgerlichen Kräfte mit den Künstlern dokumentiert … Ich glaube, dass es nicht nur ein künstlerisches, sondern auch ein politisches Ereignis sein wird, wenn wir diesen Tag nicht schamvoll verschweigen müssen, sondern festlich im neu erbauten Konzertsaal des Gewandhauses begehen könnten.«

Das Schreiben war klug formuliert. In gewisser Weise erinnert es an jenen berühmten Brief Mendelssohns an den Kreisdirektor Paul von Falkenstein vom 8. April 1840, in dem die Vorzüge und Notwendigkeiten zur Errichtung eines Konservatoriums in Leipzig so überzeugend und zwingend dargelegt wurden, dass nach langem Zögern der Dresdner Hof seinen Widerstand schließlich aufgab und die Genehmigung erteilte. Masur, dem es in erster Linie um die Durchsetzung seiner Idee vom neuen Gewandhaus als Konzertsaal ging, verpackte seine Forderung politisch, operierte mit dem Traditionsbegriff, lenkte den Blick auf die »progressiven Kräfte« des einstigen Bürgertums und zielte ab auf das Jubiläumsjahr 1981. Das traf ins Schwarze. Jubiläen hatten in der DDR eine geradezu systemtragende Bedeutung, und »Tradition« – »progressive« oder »fortschrittliche« – zählte gleichermaßen zum Grundvokabular politischer Reden und Texte. Vor allem aber war ein Termin genannt, unverrückbar: Herbst 1981.

Sechs Wochen später antwortete das Staatsoberhaupt dem parteilosen Gewandhauskapellmeister und bezog sich auf die Ausarbeitung des Fünfjahrplanes 1976 bis 1980, der definitiv den Bau eines »Auditorium maximum« vorsah: »Damit wird sichergestellt, dass dasselbe aus Anlass der 200-Jahr-Feier des Gewandhausorchesters eingeweiht werden kann.« Damit schien der Kampf gewonnen, der Durchbruch geschafft. In einem Staatssystem der »Planwirtschaft«, das freien privaten Initiativen keinen Raum gestattet, fielen Entscheidungen zur Kulturpolitik grundsätzlich auf höchster Ebene. Die »höchste Ebene« war immer das Politbüro der Staatspartei. Dort wurde also der Neubau beschlossen und in den nächsten »Fünfjahrplan«

aufgenommen. Erst damit konnte man ziemlich sicher gehen, dass solche Bauvorhaben wie die Semperoper in Dresden, das Schauspielhaus in Berlin und das Neue Gewandhaus in Leipzig auch realisiert wurden. Alles schien gesichert. Doch bald sollten neue Probleme auftreten.

Auch Hans-Joachim Hoffmann hatte Masur in seinem Kampf beigestanden. Der Kulturminister kam aus Leipzig und kannte die dortigen Verhältnisse sehr genau. In der Nomenklatura der Partei zählte er zum Reformerflügel und wurde von den eigenen Genossen beargwöhnt und häufig auch angegriffen. Er war ein Mann, mit dem Masur »konnte«, und das war in der damaligen Situation vielleicht sogar entscheidend gewesen. Masur erinnert sich noch genau, wie bereits zu einem viel früheren Zeitpunkt der Minister anlässlich einer Rede in der Kongresshalle sich umschaute und sinngemäß fragte: Wie lange wollt ihr denn das Gewandhausorchester hier noch spielen lassen? Das ist doch keine Stätte für ein solches Orchester! Von Hoffmann also war Hilfe zu erwarten.

1977 ging es endlich vorwärts. Der Standort wurde festgelegt, finanzielle Mittel in Höhe von achtzig Millionen Mark wurden bereitgestellt. Unklar war aber nach wie vor, welcher Art der Neubau sein sollte. Das neue Haus sollte an der Südseite des damaligen Karl-Marx-Platzes gebaut werden. Dort, gegenüber dem Opernhaus, befand sich früher das Bildermuseum. Auf der Westseite, wo einst Augusteum und Universitätskirche standen, hatte man inzwischen das nüchterne Universitätsgebäude und das Hochhaus der Universität, dem die Leipziger bald den Namen »Weisheitszahn« verpassten, erbaut. Am 20. Januar 1977 erfolgte der symbolische erste Spatenstich, am 8. November die Grundsteinlegung. Doch die Gewandhausleute hatten sich zu früh gefreut. Die Baugrube war bereits ausgehoben, da hieß es plötzlich von Seiten der Universität: Eigentlich brauche man dieses »Audimax« gar nicht mehr, denn die großen internationalen Kongresse würden immer mehr von kleineren Tagungen, die wesentlich effektiver arbeiten können, verdrängt. Daraufhin sollte die Baugrube auf Anweisung des Auftraggebers, des Rates der Stadt, wieder zugeschüttet werden. Der Kampf um das Gewandhaus, der langsam absurde Züge annahm, begann von neuem. Wieder wandte sich Masur an Minister Hoffmann, und wieder war auf ihn Verlass. Mit seiner Hilfe gelang es schließlich, die Politiker endgültig vom Bau eines Mehrzwecksaals abzubringen.

Ein enormer Kraftakt stand nun bevor, um das Projekt zu sichern. Masur hatte beim Bau des Dresdner Kulturpalastes nur bedingt mitreden können, denn das Baugeschehen war bereits weit fortgeschritten, als er im Herbst 1967 die Philharmonie übernahm. Jetzt aber, ein Jahrzehnt später in Leipzig, nahm er an allen Planungsphasen, bis in die kleinsten Details hinein, Anteil. Den Entwurf des neuen Hauses wollte er auf keinen Fall einer internationalen Wettbewerbsausschreibung überlassen. Er plädierte für einen Leipziger Architekten, der die urbanen Gegebenheiten und Zusammenhänge der Stadt kannte, und begegnete Rudolf Skoda, einem gebürtigen Leipziger, ideenreich, mit hohem fachlichem Können, besonnen handelnd, energisch und sensibel zugleich, zudem ein Mann, der die Musik liebte. Nach dem Architekturstudium mit Promotion in Weimar war er seit 1960 maßgeblich an der Projektierung verschiedener Gesellschaftsbauten in Leipzig beteiligt gewesen. Unter seiner Leitung wurde schließlich ein »Aufbaustab« gebildet.

Von Anfang an bezog das Projektierungsteam Experten für Raum- und Akustikfragen in die Planung mit ein – und natürlich den Gewandhauskapellmeister. Auch wenn sich der Chef, der für Skoda ein »völlig atypischer Dirigent« war, »fast etwas zu viel einmischte«, so war damit doch der Garant für eine optimale Klangqualität gegeben. Masur setzte selbst durch, dass sich Skoda im Ausland die berühmtesten Konzertsäle anschauen konnte, was für den DDR-Bürger beileibe keine Selbstverständlichkeit war. Der Entwurf, den er zusammen mit seinen engsten Mitarbeitern

Eberhard Göschel, Volker Sieg und Winfried Sziegoleit dann vorlegte, wich ab von der gewohnt stereotypen und phantasiearmen Fassadengestaltung der meisten DDR-Neubauten der sechziger und siebziger Jahre. Auch die klassische »Schuhkarton«-Form der traditionellen Konzertsäle wurde verlassen und dem internationalen Trend zum sechseckigen Grundriss mit amphitheaterartig angeordnetem Gestühl gefolgt. Außen sollte – wie bei der Oper – Cottaer Sandstein, der in der Nähe von Leipzig gebrochen wird, verwendet werden. Das war das Gestaltungskonzept. Honecker persönlich segnete den Entwurf im Beisein des Rates des Bezirkes ab. Diese allerhöchste Absegnung hatte den Vorteil, dass es bei der Umsetzung weniger bürokratisches Gerangel geben würde.

Der Weg war frei. Man ging an eine Aufgabe, für die es noch keine Erfahrungen gab. Einen reinen Konzertsaal zu bauen war ein absolutes Novum in der Architekturgeschichte der DDR. Die Bauarbeiter hatten zwar bisher Wohnblocks, Industriegebäude, vielleicht auch ein Messehaus gebaut, aber noch nie einen Konzertsaal. Neue Technologien, der Umgang mit ungewohnten Materialien und dazu der immer stärker werdende Termindruck – das Gewandhausjubiläum im Herbst 1981 war nicht zu verschieben – waren zu bewältigen. Während der vierjährigen Bauzeit sah man Masur nicht nur auf dem Konzertpodium, sondern auch auf der Baustelle. Er hatte als künftiger Hausherr den entstehenden Neubau zur »Chefsache« gemacht. Er stieg auf die Gerüste, sprach mit den Bauleuten, brachte seine Erfahrungen zu Fragen der Innengestaltung, der Farbgebung und natürlich zur Akustik ein. Für die Bauarbeiter war er »der Alte«, und wenn er sie in seinem weißen Tatra besuchte, begrüßte er sie mit Handschlag. Bevor es dann zur Sache ging, gab es in der Regel eine kleine Stärkung. Er revanchierte sich mit großzügigen Spenden in die Kaffeekasse. Außerdem erhielten die Arbeiter Prämien in Form von Schallplatten mit Einspielungen des Gewandhauses. Hastig habe er nie gewirkt, erinnert sich der Baustellenleiter Peter Kunze: »Ohne seine fördernde Unterstützung und seinen Humor wäre so mancher Höhepunkt auf der Baustelle keiner gewesen. Ihm verdanken wir die guten Beziehungen zum Gewandhausorchester und die bei vielen von uns entstandene Zuneigung zur klassischen Musik.« Nach der Fertigstellung erwarben immerhin über einhundertsiebzig Bauleute ein »Anrecht«.

Für Masur war es ein Wunder, in welch kurzer Zeit dieser anspruchsvolle Bau fertig wurde – und das unter den DDR-typischen schwierigen Materialbeschaffungsbedingungen. Er setzte seine ganze schlesische Dickköpfigkeit ein, um seine Vorstellungen durchzusetzen. Wenn Anrufe von der Bauleitung kamen, dass man dieses oder jenes weglassen müsse, gewöhnte er sich an zu antworten: »›Ach, ihr wollt Krieg?‹ und dann legte ich auf. Dann wussten sie genau, jetzt geht der Kampf los.« Er konnte seine ganze Autorität aber auch einsetzen, um den Bauarbeitern, die nach langem Regen bereits mit undichten Schuhen in der noch offenen Baugrube herumliefen, neue Stiefel zu besorgen. Dreihundert Paar organisierte er mit einem Anruf beim Patenschaftsbetrieb des Gewandhauses in Böhlen.

Um akustische Details hat er besonders gekämpft. So verhinderte er zum Beispiel, dass akustische Abstrahler über dem Orchester aufgehängt werden, »denn damit würde der Blick auf die Orgel und die Atmosphäre des Saals total zerstört«. Die Absicht, dies heute, nach zwanzig Jahren, nachzuholen, macht ihn wütend: »Dann betrete ich das Gewandhaus nicht mehr. Das ist eine Diskriminierung all derer, die einen der besten Konzertsäle der Welt gebaut haben. Wenn die zweiten Geigen unbedingt rechts sitzen müssen, es dann aber nicht genug klingt oder sie sich angeblich nicht hören können, dann soll man die alte Aufstellung nehmen.«

Gerade den Blick auf die Orgel wollte er nicht verhängt sehen. Um dieses Meisterwerk mit den »spanischen Trompeten« hat er besonders gekämpft. Die neue Gewandhausorgel sollte nach seiner Vorstellung »wie ein Edelstein in einem Schmuckstück« glänzen und die ganze Bühnenbreite einnehmen. Die Ausführung übernahm die Potsdamer Orgelbaufirma Schuke. Dieser traditionsreiche Betrieb hatte in den letzten Jahren unter anderen die Orgeln des Tschaikowski-Konservatoriums in Moskau, der Kaiser-Wilhelm-Gedächtniskirche in Berlin und der Thomaskirche in Leipzig gebaut. Anfangs war man dort skeptisch gewesen, weshalb Masur persönlich nach Potsdam fuhr, um den Orgelbauern von Schuke den Mund wässrig zu machen: »Wollen Sie Ihre Traumorgel bauen?« Man habe derzeit zu viele internationale Aufträge, außerdem müsse der Neubau ja erst einmal beendet sein, war die zurückhaltende Antwort. Masur ließ sich davon nicht abschrecken: »Warum wollen Sie nicht bis zur Einweihung des Gewandhauses die Orgel bereits eingebaut haben, so dass wir sie beim Eröffnungskonzert einsetzen können und jeder das Klangergebnis der Firma Schuke genauso im Ohr behält wie das Gewandhausorchester?« Nach einiger Bedenkzeit nahmen die Potsdamer Masurs Herausforderung an. Der erste Entwurf, den sie schickten, taugte allerdings nicht. Er war »so bieder, dass er verworfen werden musste«. Immer neue Bauzeichnungen zum Orgelprospekt entstanden und wurden überarbeitet. Es musste auf jeden Fall eine Orgel entstehen, die mit der Architektur des Saales übereinstimmt, wobei eben auch die ästhetischen Erwartungen zu erfüllen waren. Langwierige Beratungen waren die Folge: Soll der Prospekt streng symmetrisch oder asymmetrisch erscheinen? Soll die erste Pfeifenreihe im Holzgehäuse oder frei stehend angeordnet werden? Wie steht es mit dem Rückpositiv? Eine Vielzahl von prinzipiellen Fragen war zu lösen.

Doch kaum hatten sich die Orgelbauer und Kurt Masur geeinigt, tauchten neue Probleme auf. Zunächst intervenierte das Kulturministerium. Um die vorgesehene Orgeldisposition und das komplette Pfeifenwerk umzusetzen, war die Einfuhr bestimmter Materialien aus Westdeutschland gegen Valuta unumgänglich. Die Orgel werde zu teuer, hieß es aus Berlin, sie müsse verkleinert werden. Masur aber wollte sich seine Traumorgel, die im Eröffnungskonzert erklingen sollte, auf keinen Fall klein sparen lassen, und er witzelte, »dass Leipzig schon genügend Drehorgeln besäße und dass das neue Instrument mit den Kirchenorgeln der Stadt, die ja doch alle sehr intensiv genutzt werden, mithalten können muss«. Im Sommer 1979 trafen die ersten vorgefertigten Teile der Orgel ein. Die Werkstätten Hellerau lieferten das Holzgehäuse, eine Leipziger Kunst- und Bauschlosserfirma das Stahlskelett. Der Einbau erfolgte mitten in einer Baustelle. Das war für die Orgelbauer neu. »Wie wir hier diese Orgel montierten, als noch Maurer und Zimmerleute im gleichen Saal zu Werke gingen, noch geschweißt und gehämmert wurde, das war erst- und einmalig«, erinnert sich Volker Warnecke, der verantwortliche Orgelbaumeister. »Wenn wir auch manchmal mit den Baustellenbedingungen gehadert haben – Staub, Lärm, die Schwankungen in Temperatur und Luftfeuchtigkeit waren für unsere Arbeiten belastend –, das Betriebsklima hier war gut.«

So entstand schließlich eine der schönsten, klangvollsten und technisch modernsten Konzertorgeln, fünfzehn Meter breit, elf Meter hoch, viermanualig mit 89 Registern und 6638 Pfeifen – die größte misst neuneinhalb Meter. Die seltenen »spanischen Trompeten« sind eine kunsthandwerkliche Meisterleistung des Potsdamer Teams um Direktor Max Thiel. Mit dem herrlichen Prospekt hat sich Friedrich Wilhelm Stendel ein bleibendes Denkmal gesetzt.

Im Frühjahr 1981 fanden die Akustikproben statt. Die Spannung war groß. Bei allen Berechnungen der Experten und den modernsten Methoden bleibt doch immer noch ein Restrisiko. Peter Gülke, damals Generalmusikdirektor in Weimar, war dabei: »Wir stiegen über Bauschutt, durch die noch offenen Foyergänge zog der Wind. Die allererste im noch staubbedeckten kalten Raum ertönende Musik empfand ich fast als Initiation.« Eintausendneunhundert Soldaten der Nationalen Volksarmee mit Bauhelm waren als

»Publikum« abkommandiert worden, um erstmals das akustische Resultat im voll besetzten Saal zu erhalten – ein gewiss einzigartiges Bild für einen Konzertsaal. Kurt Masur begrüßte viele von ihnen persönlich. »Noch nie habe ich mich bei einem Konzert so sicher gefühlt«, sagte er zu Rudolf Skoda. Das akustische Ergebnis überzeugte. Mehr als das: Der Große Saal mit seinen rings um das Orchesterpodium gruppierten Sitzreihen erwies sich als ein Klangwunder.

Neben dem Großen liegt – diagonal versetzt – der Kleine Saal. Mit seinen fünfhundert Plätzen kann er für Kammerkonzerte ebenso genutzt werden wie für Kongresse, Tagungen und Filmvorführungen. Großzügige Foyers, die wie in der Berliner Philharmonie um den gesamten Konzertsaal herumführen, frei stehende Treppenaufgänge und die großflächige Verglasung der Vorderfront vermitteln ein Gefühl von Transparenz und Leichtigkeit. Schon von draußen fällt der Blick des Besuchers auf das siebenhundertzwanzig Quadratmeter große Deckengemälde am schrägen Unterboden des Saales, das sich bei abendlicher Beleuchtung schemenhaft hinter der Glasfront abzeichnet.

Der Maler Sighard Gille nannte sein Werk »Gesang vom Leben«, angeregt von Gustav Mahlers »Lied von der Erde«. Er hatte innerhalb eines Jahres die schwierige Aufgabe zu lösen, sowohl der Detailbetrachtung als auch der Fernwirkung gerecht zu werden. Vier inhaltlich abgestufte Themenkreise behandeln »Orchester«, »Mächte der Finsternis«, »Lied der Stadt« und »Lied vom Glück«. Bei einer ersten Begutachtung des Gemäldes störten sich die Leipziger Auftraggeber am nackten Busen der Sängerin in der Mitte des Bildes. Sei das dem Genossen Hager zuzumuten, der sich höchstpersönlich zur Bildabnahme angekündigt hatte? Gille musste die »anstößigen« Rundungen mit einem Schleier übermalen. Als dann Politbüromitglied Kurt Hager alles in Augenschein nahm, konnte es sich Masur nicht verkneifen, darauf hinzuweisen, dass seinetwegen die Dame jetzt einen Schleier trüge. Prüderie aber wollte sich der SED-

Mann nicht nachsagen lassen, und so wurde die Sängerin von Gille wieder entblößt. »Wir hatten es mit einem Kunstgeschmack von Kleinbürgern zu tun«, meint Kurt Masur, der mit mehreren Leipziger Malern gut befreundet ist.

Für den Eingangsbereich war ursprünglich auch Wolfgang Peuker, ein Schüler von Werner Tübke und Wolfgang Mattheuer, mit einem Gemälde beauftragt worden. Doch der bereits zur Hälfte fertig gestellte Wandfries »Welttheater« fand weder die Zustimmung Masurs und Karl Zumpes noch des Chefs des Verbandes bildender Künstler, Willi Sitte, und des Rates des Bezirkes. Masur erinnerte er an ein »Leichenbegängnis«, und das wollte er bei den eintretenden Besuchern auf gar keinen Fall assoziiert wissen: »Das hat der Peuker schon provokant gemalt, keine Frage, und es hätte mir in keiner Gesellschaftsordnung gepasst. Das Gewandhaus ist ein Konzerthaus, und die bildende Kunst soll hier genauso erlebbar sein wie das, was wir spielen.« Auch Rudolf Skoda hatte Bedenken: »Ich wollte nicht, dass man, wenn man reinkommt, direkt auf das Gemälde zuläuft. Das wäre sehr unruhig geworden und hätte den Raum zerstört.« Man einigte sich darauf, den Wandfries mit Latex zu übermalen und mit Holz zu verkleiden.

Wolfgang Peuker wurde erst informiert, als es bereits beschlossene Sache war. Sighard Gille ließ das Bild jedoch zuerst mit Schlemmkreide überstreichen, um die Bindung des Latex-Anstriches auf die zu übermalende Fläche zu vermeiden. Peuker erhielt das volle Honorar und einen neuen Auftrag. Nach seinem Tod, er starb 2001 im Alter von fünfundfünfzig Jahren, wurde an der Holzverkleidung der Entwurf des Gemäldes angebracht und eine Tafel, die das Geschehene dokumentiert.

Nicht nur der Eingangsbereich war künstlerisch gestaltet. An den Wänden der umlaufenden Foyers hängen Tafelbilder namhafter Maler als »Galerie des Gewandhauses«. Die Auswahl der Auftragswerke, die unter dem Motto »Leipzig ein Zentrum der Musik« standen, traf Bernhard Heisig. Es sind zum Teil für damalige Verhältnisse sehr provokante Gemälde. Sie erzählen von Erstarrung und Entfremdung, Einsamkeit und der Notwendigkeit, sich zu maskieren, und entsprachen damit keineswegs dem offiziellen Selbstbild der DDR.

Im Foyer zum Kleinen Saal fand Max Klingers berühmte Beethoven-Plastik einen attraktiven Standort. Jo Jastrams graziles Mendelssohn-Bartholdy-Denkmal wurde erst im März 1993 an der rechten Eingangsseite aufgestellt. Es war der ausdrückliche Wunsch Masurs, auf diese Weise an seinen einstigen Amtsvorgänger zu erinnern, nachdem die Nazis 1936 das Mendelssohn-Denkmal entfernt hatten. Da der Auftrag bereits zu DDR-Zeiten erteilt worden war, gab es bei den neuen Stadtoberhäuptern Widerstand. Masur bezahlte daraufhin Jo Jastram so lange aus eigener Tasche, bis sie sich eines Besseren besannen. Allerdings konnte sich der Oberbürgermeister Lehmann-Grube bei der Enthüllung nicht verkneifen, in seiner Rede zu erwähnen, dass wir eigentlich Wichtigeres zu tun hätten.

Nach vierjähriger Bauzeit wurde das »Neue Gewandhaus Leipzig« am 8. Oktober 1981 eröffnet. Kosten: Knapp 120 Millionen Ostmark und eine Million Valuta-Mark. Über hunderttausend Menschen, fast jeder sechste Leipziger, erlebten die Schlüsselübergabe an Kurt Masur, den Hausherrn. Strahlend stand er auf der Tribüne, neben ihm Erich Honecker und die Politprominenz. Er hatte es geschafft! RES SEVERA VERUM GAUDIUM lasen am Abend die Zuhörer Senecas Spruch in goldenen Lettern auf weißem Grund über dem Spieltisch der Orgel: Nur die ernste Sache bringt wahre Freude. Der Satz zierte schon das erste und zweite Gewandhaus. Siegfried Thieles »Gesänge an die Sonne« und Ludwig van Beethovens »Neunte« eröffneten die neue architektonische Ära des Gewandhauses. Der Chemnitzer Komponist hatte das vierteilige Werk nach Texten von Goethe, Schiller und Hölderlin für Alt- und Tenorsolo, Orgel, Chor und Orchester geschrieben. Auf die Einbeziehung der viermanualigen Schuke-Orgel war es Masur ganz besonders angekommen. Die Aufführung zählt zu den Glanzpunkten der jüngeren Gewandhausgeschichte. Rosemarie Lang (Alt), Peter Schreier (Tenor) und Matthias Eisenberg (Orgel) waren die Solisten.

Ein Kraftakt, der seinesgleichen sucht, lag hinter den Erbauern. Ein schöner Traum war tatsächlich Wirklichkeit geworden, ein zäher Kampf gewonnen. Der Name Masur ist seither untrennbar mit dem Gewandhaus verbunden – wie der Mendelssohns mit der Gründung des Leipziger Konservatoriums. Fast bedauerte es der Gewandhauskapellmeister, dass nun die Zeit des engen persönlichen Kontaktes mit den Bauleuten vorbei sein sollte: »Wir hatten auf einmal das Gefühl: Wir haben zwar etwas sehr Schönes geschaffen, aber damit ist auch unsere Zusammenarbeit beendet. Als ich damals auf einem Empfang von unseren Bauarbeitern Abschied nahm, konnte ich nicht freudig sagen: Danke, ihr habt den Bau vollendet, und das ist großartig. Auf Wiedersehen! Ich hatte vielmehr das traurige Gefühl, uns werde etwas fehlen an gewachsener Gemeinsamkeit. Da habe ich gespürt und begriffen, wie sehr gemeinsame Aufgaben Menschen verbinden können, die vorher voneinander gar nichts gewusst haben und auch nicht vermuten konnten, dass sie einmal einander so nahe stehen würden.« Die Bauarbeiter haben ihren »Alten« nicht vergessen. Zwanzig Jahre später ernannten sie ihn zum »Ehrenzimmermann«.

Längst aber waren noch nicht alle Probleme gelöst. Schon bald wurde die Notwendigkeit eines zweiten, transportablen Spieltisches offenkundig, um die Orgel auch vom Orchesterpodium aus zum Klingen zu bringen. Als im Sommer 1987 der Spieltisch eintraf, musste er mit den über sechstausend Pfeifen verkabelt werden. Das technologische Angebot der DDR bestand in armdicken Schläuchen – technisch überholt, störanfällig und zudem völlig inakzeptabel für die ästhetische Stimmigkeit des Hauses. Einzig ein Glasfaserkabel, dünn wie eine Bleistiftmine, war eine geeignete Alternative. Das aber stand auf Amerikas Embargoliste für den Ostblock, weil das Pentagon diese

Technologie für die Pershingraketen benötigte. Ein glücklicher Zufall brachte Masur die Lösung: »Wenn ich Auto fahre, höre ich, um wach zu bleiben, in der Regel Reden oder Gespräche und keine Musik. Und da erwischte ich mal eine Rede des damaligen Bundeswirtschaftministers Martin Bangemann, in der er sinngemäß sagte: ›Wir müssen uns dem Osten öffnen. Es ist ein Unsinn, dass wir uns von den Amerikanern verbieten lassen, zum Beispiel Laserkabel in die DDR zu liefern. Sie brauchen solche Dinge, und sie werden damit nicht Krieg führen wollen.‹ Darauf sagte ich zu dem ratlosen Orgelbauer: ›Wir müssen an den Bangemann schreiben!‹ Also haben wir an den Bangemann geschrieben, und da haben wir das Kabel gekriegt. So einfach war das.« Seitdem sprechen Insider nur vom »Bangemann-Kabel«.

Den einzigen Dämpfer in seinem Stolz über das neue Haus erhielt Masur nach der Wende, als er seine Stasiakten durchsah. Es zeigte sich, dass sämtliche Telefonleitungen des Gewandhauses eine direkte Verbindung zur Zentrale der Staatssicherheit hatten. Übrigens auch die seines Privathauses, wie er eines Tages überraschend feststellte: »Damals gab es ja noch keine Handys, und ich musste von einer Post aus telefonieren. Da hörte ich plötzlich jemanden auf sächsisch sagen: ›Kann ich mal den Genossen Kleist sprechen?‹ An der Stimme erkannte ich meinen Offizier, der auf mich angesetzt war und mit mir auch immer die Verhandlungen vor Reisen führen musste. Also wusste ich, dass ich mit der Stasi verbunden war. Und das trotz meiner Geheimnummer! Ich blieb aber dran, bis ich ein Schaltgeräusch hörte, dann war meine Frau am Apparat. Als ich später diesen Genossen wiedertraf, habe ich zu ihm gesagt: ›Mensch, passt da ein bisschen auf! Eure Schaltzentrale funktioniert wohl nicht ...‹«

Kurt Masur hatte inzwischen wieder geheiratet: Tomoko Sakurai. Es begann wie eine Romanze: »Als ich 1974 wieder nach Brasilien kam, um dort das Orchester in Rio zu dirigieren, saß da eine blutjunge Bratscherin, die sofort meine Aufmerksamkeit erregte. Sie kam dann mit einem Orchesterkollegen zu mir und fragte mich, ob ich ihr helfen könne, in Deutschland weiterzustudieren.« Es war Tomoko Sakurai. Sie stammt aus einer anglikanischen Pfarrersfamilie und wurde in Tokio geboren. Auf eigenen Wunsch war sie fast mittellos nach Rio gegangen, um Lebenserfahrungen zu sammeln.

Masur war fasziniert von der jungen Musikerin: »Das war eine Schicksalsbegegnung. Ich spürte das von Beginn an: Da ist dir jemand geschickt worden, an dem du nicht vorbeikommst!« Wo sollte sie weiterstudieren? Dass Deutschland nicht gleich Deutschland ist, musste er ihr erst einmal klarmachen. Ob sie Lust hätte, in Leipzig zu studieren? »Nein«, bedankte sie sich, »dann hat sich das für mich erledigt, weil schon Professor Koch in Freiburg im Breisgau auf mich wartet.« Erledigt hatte es sich aber nicht für Masur: »Ich war tief beeindruckt von ihrem Ernst. Im Orchester war sie sehr beliebt. Und mich bedauerten die Musiker wegen des Verlustes meiner Frau. Ich war sehr ernst geworden, und das gefiel ihnen nicht. »Maestro, in Rio dürfen Sie doch nicht allein leben. Schauen Sie, die Tomoko ist auch immer so allein!« Das Orchester gab sich alle Mühe, seinen Dirigenten wieder glücklich zu machen.

Während des zweiwöchigen Gastspiels sahen sich die beiden noch einige Male außerhalb der Proben, und Masur gab Tomoko zu verstehen, dass er sie »wahnsinnig gern in Leipzig hätte«. Dann war sein Gastspiel zu Ende. Nach dem letzten Konzert feierte man bei Jacques Klein. Der brasilianische Pianist spürte, dass es ihm nicht gut ging, und er ahnte warum. Als Masur sich verabschieden wollte, fragte er ihn: »Warum fliegst du eigentlich? Du hast doch Urlaub! Mit der Lufthansa haben wir gute Beziehungen. Wenn du willst, rufe ich dort an, und du bleibst noch ein paar Tage.« Masur blieb. Vielleicht hatte er ja noch eine Chance. »Ich ließ mich zu Tomokos Wohnung bringen. Meine Scheu war verflogen. Als sie öffnete, war sie furchtbar erschrocken.

Da wir nur Englisch miteinander sprechen konnten, habe ich sie vielleicht missverstanden. Sie erklärte mir, dass ich jetzt nicht hier bleiben könne wegen einer Familienangelegenheit. Es seien Freunde gekommen. Ich dachte, sie hat sicher einen Freund da, und du solltest besser das Weite suchen. ›Okay‹, sagte ich, ›aber ich komme morgen früh noch mal vorbei.‹«

Masur nahm sich ein Hotel in der Nähe und verbrachte eine bange Nacht. Am nächsten Tag holte er Tomoko ab, mit dem Gefühl, dass sie mit ihm nichts zu tun haben wolle. Tatsächlich war sie, wie er beim Bummeln durch die Stadt erfuhr, verlobt mit einem deutschen Bratscher. Das hielt beide nicht davon ab, sich ein halbes Jahr später in London wieder zu treffen. Dort machte er ihr einen Heiratsantrag. Tomoko lehnte ab. Seinem Angebot, nach Leipzig zu kommen, um dort ein deutsches Weihnachten mit Schnee zu erleben, war sie jedoch nicht abgeneigt. Dieses Weihnachten 1974 verbrachten beide mit seiner Mutter und seiner Schwester im Erzgebirge – ohne den versprochenen Schnee.

Tomoko wollte nicht gleich heiraten: »Ich nahm mir Zeit, um zu prüfen, wie tragfähig die Beziehung sein kann, und um seine Umgebung kennen zu lernen. Im Alltag, in deutschsprachiger Umgebung, lernte ich einen anderen Masur kennen, viel einflussreicher, gelöster und sehr dynamisch.« Sie wiederum überraschte ihn mit ungewöhnlichen Kochkünsten. »Als ich nichts Grünes in den Geschäften fand, zierte ich meine japanischen Suppen für ihn mit Franzosenkraut, das ich im Garten inmitten der Erdhügel für den Bau des Swimming Pools entdeckt hatte. In Deutschland ist es Unkraut, aber ich hatte von meiner Großmutter gelernt, dass dieses Kraut essbar ist.« Ganz wichtig für beide aber war das gemeinsame religiöse Bekenntnis. »Wir waren uns nie wirklich fremd«, sagt Kurt Masur, »obwohl sie aus einer fremden Kultur stammt, aber sie ist christlich erzogen worden. Ihr Vater war Priester, ihr Onkel ist Bischof, der Cousin ebenfalls. Ihre Mutter ist Pianistin und Musiklehrerin.

Das hat sie an Europa gebunden, und das hat uns auch zusammengebracht.«

Am 15. Juli 1975 heirateten sie. Die Entscheidung war im Frühjahr gefallen. »Als ich sie in die Stadt fuhr«, erinnert sich Masur, »fragte sie mich während der Fahrt: ›Was muss man denn tun, um hier eine Fahrerlaubnis zu bekommen?‹ Ich war schockiert und hielt den Wagen an. ›Heißt das, du willst hier bleiben?‹ Doch sie wiederholte nur ganz lakonisch ihre Frage: ›Ich habe dich nur gefragt, was man tun muss, um hier einen Führerschein zu bekommen.‹« Es war ihr Jawort. Den Genossen bis hoch ins Ministerium war das einigermaßen suspekt. Der stellvertretende Kulturminister zum Beispiel fragte Masur: »Es gibt doch schöne Mädchen in der DDR, weshalb muss es denn ausgerechnet eine Japanerin sein?« Masur war nicht der Einzige, dem man in dieser Hinsicht mit Provinzialismus begegnete. Beim Dramatiker Heiner Müller intervenierte Erich Honecker höchstselbst, weshalb er denn bei all den deutschen Mädels, die er haben könnte, ausgerechnet eine Bulgarin zur Frau nehmen wolle.

Tomoko Sakurai setzte ihr Studium in Leipzig mit einer Gesangsausbildung fort. Das Einleben in der DDR fiel ihr nicht leicht. Die Verständigung mit den Menschen war schwierig. Die wenigsten sprachen und verstanden Englisch. Nur zu Hause unterhielt man sich auf Englisch, was für Carolin verstörend war. Aus lauter Wut lernte sie schließlich mit Hilfe der Sendung »English for you« die Fremdsprache, um ihren Vater und seine Freundin verstehen zu können. Sie hatte Probleme, die »Rivalin« zu akzeptieren. Eifersüchtig demonstrierte sie ihre Liebe zum Vater, der von der Intensität dieses Gefühls überfordert war – eine extrem schwierige Situation für alle Beteiligten, die zu bewältigen insbesondere für Tomoko eine Herausforderung bedeutete. Erst als im Mai 1977 ihr gemeinsamer Sohn Ken David geboren wurde, fiel es Carolin leichter, ihre »zweite Mutter« zu akzeptieren. Er habe, beurteilt sie im Nachhinein die damalige Situation, »viel Aufmerksamkeit auf sich gezogen und einiges geradegerückt«. In der DDR eine japanische Mutter gehabt zu haben empfindet Carolin im Rückblick als eine Bereicherung: »Ich habe durch Tomoko viele Dinge des Lebens anders sehen gelernt.«

Tomokos großer Liebesfähigkeit wie notwendiger Strenge ist es in den Augen Kurt Masurs zu danken, dass das Familienleben letztlich glückte. Er selbst war nach Ansicht Carolins und Kens »selten ein strenger Vater«. Das habe er Tomoko überlassen. Ken erlebte seinen Vater »eher unerträglich schmeichelhaft«, weshalb er ihn oft provozierte. Masurs Einflussnahme auf die Erziehung seiner Kinder war schon auf Grund seiner häufigen Abwesenheit begrenzt. Ken habe ihn deshalb einmal sogar nach einer längeren Reise mit »Onkel Papa« angesprochen. Viel schlimmer empfand es der Vater, als er nach einer weiteren Reise die schlechten Tischmanieren des Sohnes kritisierte, worauf dieser mit der Faust auf den Tisch haute und verzweifelt sagte: »Fängst du schon wieder so an!«

In der Musik war Masur seinen Kindern am nächsten. Schon früh wurden sie mit klassischer Musik bekannt gemacht. Tomoko war dabei die treibende Kraft. Carolin bekam mit zehn Jahren Klavierunterricht bei Helgeheide Schmidt, der Schwester von Annerose Schmidt, und besuchte später eine Spezialschule für Musikerziehung in Markkleeberg bei Leipzig. Mit Ken sang Tomoko oft japanische Lieder und übte mit ihm Klavier, doch ohne großen Erfolg. Auch das Geigenspiel begeisterte ihn zum Kummer der Eltern nur kurze Zeit. Er sang gern im Gewandhauskinderchor, den damals Ekkehard Schreiber leitete. Hier habe er den Hauptanteil seiner musikalischen Ausbildung erhalten, erinnert er sich: »Meine Eltern waren beide davon überzeugt, dass ich mich in einem Chor, besonders durch den Umgang mit Gleichaltrigen, musikalisch gut entwickeln würde. Die strenge Arbeitsatmosphäre hat mir beigebracht, Musik ernst zu nehmen. Hier im Gewandhaus wurde mir klar, dass man der Musik voll und ganz verpflichtet sein muss, wenn man etwas erreichen will, eine Einstellung, die mein Vater fortwährend verkörpert.« Ken lernte viele Instrumente, neben dem Klavier besonders intensiv Trompete und später das japanische Instrument Shamisen.

So oft wie möglich wurden die Kinder in Gewandhauskonzerte mitgenommen. Sowohl Ken als auch Carolin haben sie in »wundervoller Erinnerung« und als sehr prägend erlebt. Carolin erinnert sich an »großartige Gastspiele internationaler Stars, die damals in der DDR noch nicht selbstverständlich waren«, oder an die Aufführung sämtlicher Brahms-Sinfonien durch ihren Vater. Danach sei sie ein »richtiger Brahms-Fan« geworden. Ken empfand die Atmosphäre im Gewandhaus immer »als freundlich und sehr intim, als wäre man bei einer Schubertiade. Im Umgang miteinander, auch zwischen Orchester und Publikum, war etwas Vertrautes, was in vielen Konzertsälen mittlerweile Utopie geworden ist. Meinen Vater ergriff diese Stimmung, und er war ein Teil von ihr. Man merkte bei jedem Konzert, wie sehr er das Publikum in den musikalisch-humanistischen Austausch einbezog. Überhaupt war er immer dankbar, wenn er durch äußere Anlässe dem Konzert einen tieferen Sinn geben konnte, um es dem Publikum so zu ermöglichen, der Musik noch näher zu kommen. Kein Konzert war für ihn Routine oder nur Wiederholung, sondern eine immer neue Verpflichtung gegenüber der musikalischen Botschaft. Für ihn war Musik ohne Gedanken machtlos, ausdruckslos, sinnlos.«

Das Leipziger Haus wurde nach Tomokos Vorstellungen völlig neu gestaltet. Die einzelnen Räume bilden sehr verschiedene Erlebnisbereiche. Die Geschichte zu den Dingen, sein persönlicher Bezug zu ihnen bedeuten Kurt Masur viel. Im Wohnbereich dominieren dunkle sorbische Schnitzmöbel. Sie passen zu seinen schlesischen Wurzeln. Blickfang für alle Besucher ist die Kopie eines kostbaren Spinetts aus dem 17. Jahrhundert. An den Wänden hängen Bilder Leipziger Künstler, unter anderem ein Porträt von Tomoko, gemalt von Frank Ruddigkeit; auf dem Fenstersims steht eine kleine, von Masur sehr geliebte Plastik, die Felix Ludwig, ein langjähriger Kontrabassist, geschaffen hat.

Dank der bis zum Boden reichenden Fenster, die den Blick auf einen weitläufigen Garten freigeben, wirken die Räume sehr hell. Der Garten wurde zu einem beliebten Experimentierfeld Tomokos. Die Mehrzahl der teilweise exotischen Pflanzen und Bäume hat sie aus Kernen selbst gezogen. Die Anlage wirkt mit ihren alten Bäumen, gewundenen Wegen, kleinen Wasserläufen, Teichen, Brunnen und buddhistischen Steinlampen wie eine verwunschene ost-westliche Märchenlandschaft.

Tomoko ist nicht nur eine sehr schöne und charmante, sie ist auch eine temperamentvolle und praktische Frau. Masur liebt ihre geistige Wachheit: »Es gibt für meine Frau keine Träumereien. Ich kann mir Träume leisten, weil sie so ist.« Um die kleinen Dinge des Lebens muss er sich nicht kümmern, nur das Kofferpacken besorgt er selbst. Tomoko nennt ihn *zo-san,* was so viel wie kleiner Elefant heißt. Ein geschnitzter Holzelefant schmückte auch seinen ersten *bolo-tie,* den sie gemeinsam in Japan kauften. Seitdem wurde diese Art Krawatte Masurs Markenzeichen. Die Beziehung zwischen beiden wirkt stark und lebendig.

Am 15. Juli 2000 feierten sie ihre Silberhochzeit in der kleinen, in aller Welt bekannten Kirche von Seiffen im Erzgebirge. Pfarrer Karl-Heinz Eger hielt die Predigt – er hatte das Paar 1975 getraut. Während der großen Familienfeier im nahe gelegenen Lengefeld mischten sich Regen und Sonnenschein. Da stand plötzlich ein doppelter Regenbogen über dem Kamm des Erzgebirges. Hand in Hand vor dem Naturwunder stehend, raunte Masur seiner Frau ins Ohr: »Siehst du, den hat uns der liebe Gott geschickt!« Er weiß, dass er ohne Tomoko künstlerisch nicht so weit gekommen wäre. »Auch menschlich«, meint er, »hätte ich nie diese tiefen Einsichten gefunden, die ich durch sie habe. Es gab viele Prüfungen, es gab kritische Zeiten, es gab ernsthaftes Verlieben ihrerseits, es gab ernsthaftes Verlieben meinerseits. Unsere Ehe hat das überstanden, weil ihre Klugheit, ihre Fähigkeit, zu verzeihen, Wichtiges von Unwichtigem zu unterscheiden, ganz wunderbar sind. Tomoko hat mich geprägt in einer Weise, wie ich es mir damals einfach nicht vorstellen konnte. Die Aufrichtigkeit, die wir zueinander haben, bestimmte unser ganzes Leben. Ich bin dankbar, dass ich nach den Erfahrungen mit meinen ersten beiden Frauen eine so tiefe und dauerhafte Liebe erleben darf.«

Die erste Spielzeit im Neuen Gewandhaus, 1981/82, stand im Zeichen des zweihundertjährigen Jubiläums der Gewandhauskonzerte. Sie war eine Saison der musikalischen Höhepunkte mit berühmten Werken aus der Gewandhausgeschichte und einer Reihe von bereits erwähnten Uraufführungen, darunter Friedrich Goldmanns Klavierkonzert, Alfred Schnittkes Dritte Sinfonie, die Sinfonie für zwei Welten »Kyo-no-Koko« von Minoru Miki, die Sechste Sinfonie von Gija Kantscheli oder das bereits erwähnte »Holofernes«-Porträt von Siegfried Matthus. Die Gewandhausmusiker waren begeistert von ihrem neuen Zuhause und ernannten ihren Chef zum Ehrenmitglied des Orchesters, eine Auszeichnung, die zuletzt Bruno Walter erhalten hatte.

Die Proben und Konzerte konnten endlich unter idealen akustischen Bedingungen stattfinden. Das hat unter Masurs Leitung die Leistungsfähigkeit des Orchesters weiter gesteigert – das Pianissimo der Streicher, der metallische Strahl des Blechs, die klanglichen Feinheiten der Holzbläser. Der große Saal konnte es aufnehmen mit den besten Konzertsälen der Welt. Neue Konzertreihen wurden angesetzt, die Foyers als Begegnungsstätte geöffnet.

Der Start war geglückt. Die internationale Attraktivität sprach sich bald herum, und das Publikum erlebte immer häufiger Gastspiele bedeutender Orchester, Dirigenten und Solisten. Die Gastmusiker waren überrascht von den Qualitäten des Saales. Großartige Solisten konnten verpflichtet werden, Dietrich Fischer-Dieskau, Salvatore Accardo, Theo

Adam, Lasar Berman, Yehudi Menuhin, Edda Moser, Heinrich Schiff, Peter Schreier. Masurs kühnes Konzept sah vor, alljährlich im Herbst »Gewandhaus-Festtage« zu veranstalten – und zwar im Wechsel unter dem Titel »Internationale Orchester« beziehungsweise »Junge Künstler International«. Diese Veranstaltungen, konzentriert auf die Tage im Oktober, standen jedes Mal am Beginn der Spielzeit. Zu den ersten Festtagen erwiesen Orchester von Weltruf dem Gewandhaus ihre Reverenz: die Staatskapelle Dresden unter der Leitung ihres damaligen Chefdirigenten Herbert Blomstedt, das Berliner Philharmonische Orchester mit Herbert von Karajan. Aus Japan kam das Yomiuri Nippon Symphony Orchestra und gastierte mit zwei Konzerten unter Rafael Frühbeck de Burgos und Ken-Ichiro Kobayashi. Die Sowjetunion war mit dem Staatlichen Akademischen Sinfonieorchester der UdSSR, geleitet von Wladimir Werbitzki, vertreten.

Mit den Festtagen »Internationale Orchester« verband Masur von Anbeginn »Internationale Gewandhaus-Symposien«. Im Kleinen Saal trafen sich Musikwissenschaftler, Kunsthistoriker, Interpreten, Publizisten und Spezialisten aus aller Welt. Man referierte und diskutierte, führte Roundtable-Gespräche über Leben, Werk, Interpretation und Rezeption von Komponisten, die in den Konzertprogrammen der Festtage im Mittelpunkt standen. Um nur einige zu nennen: 1981 Robert Schumann, 1983 Johannes Brahms, 1985 Gustav Mahler, 1987 Anton Bruckner, 1989 Richard Strauss, 1991 Wolfgang Amadeus Mozart. In Kongressberichten wurden Verlauf und Ergebnis der Tagungen aufwendig und reich bebildert dokumentiert. Neben den drei bestehenden Abonnementsreihen von je acht Konzerten kamen zwei neue hinzu: acht »Dienstagskonzerte« für Kammerensembles und acht Orgelkonzerte, außerdem noch die »Stunden der Orgelmusik« mit vielen Gastorganisten. Im Kleinen Saal fanden Abonnements-Kammermusiken und zahlreiche zusätzliche Konzerte für kleine Besetzungen, für Klavier- und Liederabende statt.

Das musische Ambiente des Hauptfoyers wiederum bot sich an als Begegnungsstätte für Veranstaltungen, die es in dieser Form bisher nicht gegeben hatte, zum Beispiel jeweils Montagabend »big« – »Begegnung im Gewandhaus«. Diese Veranstaltungsreihe war insbesondere für die Jugend gedacht, um Berührungsängste mit der »ernsten Musik« abzubauen, ein ureigenes Anliegen Kurt Masurs. Die Themenvielfalt reichte von Klassik über Jazz bis zum Rock. Musiker beantworteten Fragen, Ensembles stellten sich vor, es wurde gemeinsam gesungen – »Musik zum Anfassen«. An manchen Abenden saß das junge Publikum bis hinauf zum ersten Obergeschoss auf den Treppen. Alle Mitarbeiter des Hauses, vom Gewandhausdirektor bis zum Schließerpersonal, waren motiviert. Jeder kannte genau seine Aufgaben in der Pyramide der Verantwortlichkeiten. Die Spitze bildete jener Mann, ohne den dieses Neue Gewandhaus und sein komplizierter Organismus nicht funktioniert hätten. Er trug neben der künstlerischen Verantwortung auch diejenige für wirtschaftliche, technische und sogar gastronomische Fragen, denn die Restaurants lagen in »gewandhauseigenen« Händen.

Jeden Morgen hatte Masur ein umfängliches Büropensum zu erledigen, das seine persönliche Referentin Christa Heyner, die »Heynerin«, wie sie genannt wurde, ihm so gut wie möglich vorbereitete: »Mein Dienst begann morgens acht Uhr. Und da ich wusste, dass der Chef eine halbe Stunde später hereinrauschte, um zehn aber die Orchesterprobe begann, bereitete ich alle Unterlagen vor, die in der verbleibenden Stunde besprochen und ›abgearbeitet‹ werden mussten. Das Dringlichste lag obenauf. Meistens wurde ich vom Pförtner vorinformiert: ›Der Chef kommt!‹ Dann die freundliche, kurze Begrüßung: ›Guten Morgen! Na, Heynerin, alles o. k.?‹ Auf einem kleinen Tablett stand ein Glas Milch bereit, später bevorzugte er Obstsaft. Meine Kollegen sagten dann gewöhnlich: ›Jetzt serviert die Christa die Chefmilch.‹ Meine Fürsorge endete am Konzertabend an der Tür zum Podium. Dann wusste ich: Kurt Masur kann sich nun voll auf die Musik konzentrieren. Das hat mich glücklich – und auch ein wenig stolz gemacht.«

Masur verlangte von seinen Mitarbeitern bedingungslose Hingabe an die eine und einzige Aufgabe: das Gewandhaus. Er gab präzise Vorgaben und verlangte absolute Zuverlässigkeit. »Er hat uns in einem Maße gefordert, wie man sich das kaum vorstellen kann«, sagt Christa Heyner. »Was dieser ungewöhnliche Mann sich selbst abverlangte, übertrug er in vollem Maße auf seine Mitstreiter, ganz gleich, wo sie ihren Platz hatten – im Orchester oder in der Verwaltung. Wenn jemand einzuwenden wagte: ›Das geht nicht‹, konnte er sehr unangenehm werden. Zunächst brachte er jedem großes Vertrauen entgegen. Wenn er aber Grund zum Misstrauen haben musste, dann war er gnadenlos.« Das hatte nichts mit Eitelkeit oder verletztem Stolz zu tun. Als einen »Despoten, dem es Vergnügen bereitet hätte, Vasallen für sich arbeiten zu lassen«, hat Christa Heyner ihren Chef nicht erlebt, unter dem sie zweiundzwanzig Jahre gearbeitet hat. »Das Schwierigste hat er ja doch immer selbst erledigt. Nein: Kurt Masur war als Chef des Hauses ansprechbar für alle kleinen und großen Probleme seiner Musiker und Mitarbeiter, die zu ihm kamen und Hilfe erbaten. Ob es um die Beschaffung von raren DDR-Urlaubsplätzen, von Zahngold oder um den Erwerb eines Schrebergartens ging – er hörte sich alles an und tat dann, was er konnte. Er telefonierte oder diktierte Briefe an die entsprechenden staatlichen Stellen. Dort galt Masurs Wort. Wenn ich allerdings das Gefühl hatte, seine Gutmütigkeit könnte ausgenutzt werden, musste ich schon mal eingreifen und ›auf die Bremse treten‹.«

Trotz des erheblichen Umfangs an organisatorischen Aufgaben trat Masur als Dirigent nicht kürzer. Ein Blick auf seinen Terminkalender für das Jahr 1981 zeigt es:

4. UND 10. JANUAR: Musikalische Leitung der A- und B-Premiere von Wagners »Tristan und Isolde« am Leipziger Opernhaus

8./9. JANUAR: 10. Gewandhaus-Anrechtskonzert – Werke von Prokofjew, Liszt und Schostakowitsch

11.–17. JANUAR: Bachs »Matthäuspassion« in Turin, Italien

25. JANUAR–2. FEBRUAR: Konzerte mit dem Royal Philharmonic Orchestra London

2.–22. FEBRUAR: Gastspiel beim Nippon Symphony Orchestra Tokio

23. FEBRUAR–1. MÄRZ: Konzerte mit dem Concertgebouw-Orkest Amsterdam

5./6. MÄRZ: 15. Gewandhaus-Anrechtskonzert – Mozart-Zyklus

9. MÄRZ–14. APRIL: Konzertreise in die USA mit dem Gewandhausorchester (27 Konzerte)

OSTERN: Felsenstein-Ehrung Komische Oper Berlin

17. APRIL: »Tristan« im Opernhaus Leipzig

20.–25. APRIL: Akustikproben im Neuen Gewandhaus

23./24. APRIL: 16. Gewandhaus-Anrechtskonzert – Werke von Georg Trexler, Bartók und Mussorgski

27. APRIL: Gewandhaus-Vollversammlung

28. APRIL–9. MAI: Konzerte mit der Königlichen Kapelle Kopenhagen

14./15. MAI: 18. Gewandhaus-Anrechtskonzert – Werke von Mendelssohn und Bruckner

20. MAI: Konzert mit dem Gewandhausorchester für Berufsschüler

21./22. MAI: 19. Gewandhaus-Anrechtskonzert – Mozart-Zyklus

24.–26. MAI: Gastspiel mit dem Gewandhausorchester beim Prager Frühling

27. MAI–6. JUNI: Gastspiel mit dem Gewandhausorchester bei den Wiener Festwochen

30. MAI: Festkonzert zur Felsenstein-Ehrung in Berlin

11./12. JUNI: 20. Gewandhaus-Anrechtskonzert – Haydns »Jahreszeiten«

14.–19. JUNI: Leitung des New York Philharmonic Orchestra

22./23. Juni: Schallplattenproduktion mit dem Gewandhausorchester »Fidelio« (Abschluss)

6. – 29. Juli: Urlaub

30. Juli–16. August: Gastspiele in Boston und Chicago,
Tanglewood

18. August: Schlüsselübergabe für das Neue Gewandhaus, Beginn des Umzugs

24.–28. August: Schallplattenproduktion mit dem Gewandhausorchester und Peter Rösel – Werke von Tschaikowski und Siegfried Thiele

7.–10. September: Schallplattenproduktion mit dem Gewandhausorchester und Yehudi Menuhin – Violinkonzert von Beethoven

10. September: Messe-Sonderkonzert Gewandhausorchester und Yehudi Menuhin – Werke von Beethoven
(letztes Konzert in der Kongresshalle)

12. September: »Rosenkavalier« im Opernhaus Leipzig

14.–18. September: Schallplattenproduktion mit dem
Gewandhausorchester – Werke von Brahms

6. Oktober: Konzert für die Bauarbeiter des Neuen Gewandhauses

7./8. Oktober: Protokollveranstaltung und Eröffnung
des Neuen Gewandhauses – Werke von Thiele (Uraufführung) und Beethoven

9./10. Oktober: Festkonzerte zur Eröffnung des Neuen
Gewandhauses – Werke von Thiele und Beethoven

9.–11. Oktober: Abhörtermine der Schallplattenaufnahmen

15./16. Oktober: 1. Gewandhaus-Anrechtskonzert der
Serie I – Werke von Bredemeyer (Uraufführung), Weber,
Schubert

22./23. Oktober: 1. Gewandhaus-Anrechtskonzert der
Serie II – Werke von Kantscheli (Uraufführung) und
Brahms

29./30. Oktober: 1. Gewandhaus-Anrechtskonzert der
Serie III – Werke von Strawinsky, Goldmann (Uraufführung), Mendelssohn

4. NOVEMBER: Sonderkonzert für die SED-Bezirksleitung – Werke von Beethoven

5./6. NOVEMBER: 2. Gewandhaus-Anrechtskonzert der Serie I – Werke von Beethoven und Schnittke (Uraufführung)

12./13. NOVEMBER: 2. Gewandhaus-Anrechtskonzert der Serie II – Werke von Buttkewitz (Uraufführung), Strauss, Minoru Miki (Uraufführung)

19./20. NOVEMBER: 2. Gewandhaus-Anrechtskonzert der Serie III – Werke von Pfundt (Uraufführung), Brahms, Schostakowitsch

25.–27. NOVEMBER: Eröffnung der Gewandhaus-Festtage, Festkonzerte »200 Jahre Gewandhauskonzerte«

25. NOVEMBER: Werke von Schumann, Matthus (Uraufführung), Mendelssohn

26. NOVEMBER: Werke von Schumann, Beethoven, Mendelssohn

27. NOVEMBER: Werke von Schumann, Reger, Mendelssohn

28. NOVEMBER: Orchesterleitertagung in Berlin

10./11. DEZEMBER: 3. Gewandhaus-Anrechtskonzert der Serie I – Werke von Bach, Reger, Janáček

12./13. DEZEMBER: Konzert an der Komischen Oper Berlin

17./18. DEZEMBER: 3. Gewandhaus-Anrechtskonzert der Serie II – Werke von Schubert, Bach, Reger

29.–31. DEZEMBER: Sonderkonzerte – Neunte Sinfonie von Beethoven

Bei aller Fülle zeichnet sich ein klares Profil ab. Der begehrte Gastdirigent in Europa und Amerika hatte diese Tätigkeit auf die erste Jahreshälfte konzentriert, um nach der Sommerpause, in der heißen Phase der Eröffnungsvorbereitungen, in jeder Hinsicht präsent zu sein, dann auch bis zum Jahresende demonstrativ sämtliche Abonnementkonzerte selbst zu dirigieren. Masurs Jahrespensum ist auch im Vergleich zu anderen Dirigenten enorm. Dennoch allabendlich Höchstleistung anzustreben ist ein Problem, mit dem alle Spitzenmusiker zu kämpfen haben. Masur löst die Anspannung auf seine Weise: »Ich war immer ein Träumer – und ich bin bis heute einer geblieben. Für mich ist jede Minute, in der ich in Ruhe gelassen werde, eine Minute des Besinnens. Jeder, der mich näher kennt, weiß genau, dass er mich fünf Minuten vor Beginn eines Konzertes möglichst nicht ansprechen sollte. Ich habe früher noch länger gebraucht, um zu der Einsamkeit zu finden, die notwendig ist, um auf dem Podium zu stehen und zu vergessen, dass hinter einem ein Publikum sitzt, vielleicht sogar Fernsehkameras und Tonbänder laufen, und wirklich nur hineinzutauchen in den Geist des Werkes.« Lampenfieber kennt er nicht: »Ich weiß nicht, warum ich keines habe. Das hat man nur, wenn man sich zu ernst nimmt, wenn man zeigen will, wie gut man ist. Ich bin nicht wichtig, das Werk ist es.«

Als »Stardirigenten«, abgehoben vom Alltagsgeschäft agierend, erlebten ihn weder seine Musikerkollegen noch seine Mitarbeiter. Die meisten von ihnen empfanden das Gewandhaus wie ein »Inselreich inmitten bewegter Zeiten«, erinnert sich Christa Heyner. »Wir, die wir zu seinem engeren Kreis gehörten, nannten diese Insel ›unser Masurium‹. Wir spürten seine enorme Kraft, seine Energie und Arbeitslust. Ich hatte ja auch die privaten Telefonate zu vermitteln. Von daher weiß ich: Es gibt zwei Säulen in seinem Leben – die Familie und die Musik. Ich glaube, das sind die beiden Kraftströme seiner Existenz. Das hat ihm seine Warmherzigkeit, seinen manchmal fast lausbübischen Humor bewahrt.«

Waren berühmte Gäste im Haus, lud Masur sie nach dem Konzert oft in den »Stadtpfeiffer« ein. In der intimen Atmosphäre des kleinen Restaurants neben dem Gewandhaus ließ er dann gern einen altertümlichen Weinheber herumreichen, aus dem sich jeder zum Gaudi aller selbst bedienen konnte. Gelöst und vergnügt hat er dann eine Geselligkeit entwickelt, die all jene, die ihn nicht näher kennen lernen konnten und in ihm vielleicht sogar einen »Unnahbaren« sahen, gar nicht für möglich gehalten hätten.

Die Aktivitäten des Neuen Gewandhauses gaben dem musischen Klima der Stadt eine im tristen sozialistischen Alltag fast verloren gegangene Lebendigkeit zurück. Das Publikum strömte, und die Konzerte waren ausverkauft. Kurt Masur hatte die Zeichen der Zeit erkannt, und das nicht nur im musikalischen Bereich.

»Politiker wider Willen«

Herbst 1989

»Ich freue mich, dass auch ein ›Vollblutmusiker‹ sich nicht aus dem Alltag raushält«, schrieb im Dezember 1989 eine West-Berlinerin an Kurt Masur. »Ich mag diese hochstilisierten Halbgötter mit Taktstock nicht, die sich aus der Politik raushalten und trotzdem ›Politik machen‹… Gut, dass es solche Dirigenten – ob mit oder ohne Taktstock – gibt wie Sie!« Die jüngere Geschichte kennt nur wenige ausübende Musiker, die sich politisch engagiert haben. Der katalanische Cellist Pablo Casals gehört zu jenen Ausnahmen. Er emigrierte während des spanischen Bürgerkriegs nach Frankreich und bekämpfte den Faschismus kraft seiner Berühmtheit. Für ihn war »Politik niemals Musik, aber Musik durchaus Politik«. Auch Arturo Toscanini trat ein Leben lang gegen den italienischen Faschismus auf und emigrierte aus seiner Heimat. Musiker jüdischer Abstammung wie Isaac Stern oder Artur Rubinstein weigerten sich nach dem Krieg, jemals wieder in Deutschland aufzutreten. Hingegen setzte Yehudi Menuhin auf die völkerverbindende, versöhnende Kraft der Musik, womit er bei seinen Kollegen nicht immer auf Verständnis stieß. So versuchte er nach dem Krieg mit viel Geschick und Geduld, Pablo Casals und Wilhelm Furtwängler zu einem Konzert zusammenzubringen. Doch der spanische Antifaschist zögerte seine Zusage so lange hinaus, bis es zu spät war. Mstislaw Rostropowitsch, der Freund und Leidensgefährte Solschenizyns, sieht sich in der »Rolle eines Priesters«. Er sucht die Einflussnahme auf befreundete hohe

Politiker und nutzt jede Gelegenheit, sich öffentlich gegen Unterdrückung zu äußern. Für ihn ist Musik mehr als nur schöner Schein, »sie kann nicht nur trösten, sondern auch eine Hoffnung für die Zukunft geben, denn Schönheit bewegt und bezwingt die Menschen«. Seit dem Herbst 1989, seit »den Präludien zur Einigung der beiden Kriegsfolge-Teile Deutschlands beim kampflosen Volkssturm in Leipzig«, wie der *Spiegel*-Journalist Klaus Umbach schreibt, gehört auch der Gewandhauskapellmeister Kurt Masur zu jenen berühmten Musikern mit politischer Wirkung.

Wie ist es dazu gekommen? Die »friedliche Revolution«, die erste Revolution in der Geschichte ohne einen einzigen Toten, begann nicht ohne Vorgeschichte in Leipzig. Seit Ende der siebziger Jahre hatten sich zahlreiche Friedens- und Umweltgruppen, Bürgerrechtler und sonstige Oppositionelle unter dem Dach der evangelischen Kirche organisiert und Schutz in ihren Gemeinden gefunden. Mit Friedensgebeten, Mahnwachen und Aufnähern »Schwerter zu Pflugscharen«, Symbolen der ostdeutschen Friedensbewegung, traten die Oppositionellen immer massiver in die Öffentlichkeit. 1983 fand in der Leipziger Nikolaikirche das erste montägliche Friedensgebet statt. Fünf Jahre später nahmen diese Versammlungen den Charakter von Großveranstaltungen an. Der Reformkurs des sowjetischen Staatschefs Michail Gorbatschow hatte die DDR-Bevölkerung ermutigt, sich auch in ihrem Land offen für Veränderungen einzusetzen. Festnahmen und Verurteilungen waren die Folge.

Am 13. März 1989 kam es zu einem ersten Schweigemarsch von etwa sechshundert Personen durch die Leipziger Innenstadt. Damit war der Beginn der Montagsdemonstrationen markiert. Seit Mai 1989 fanden dann regelmäßig Demonstrationsversuche im Anschluss an das Friedensgebet statt, die immer wieder mit Verhaftungen einhergingen. Verstärkend hatten dabei die von landesweiten Protesten begleiteten Manipulationen bei den Kommunalwahlen gewirkt. Auf die Massenflucht über die inzwischen löchrige ungarische Westgrenze und den tausendfachen Versuch, über die bundesdeutschen Botschaften in Ost-Berlin, Prag oder Budapest eine Ausreise aus der DDR zu erzwingen, reagierte die ostdeutsche Führung mit hilflosem Starrsinn. »Den Sozialismus in seinem Lauf hält weder Ochs noch Esel auf«, bemühte Honecker noch im August vor Erfurter Mikroelektronikern August Bebels Reim. Doch immer mehr DDR-Bürger verloren ihren Glauben daran, dass das SED-Regime ihnen eine Perspektive bieten könnte. Der Exodus trieb den bis dahin eher spärlich besuchten Demonstrationen schlagartig Bürger zu, die noch nie zuvor an Protesten teilgenommen hatten. »Wir wollen raus!« riefen die einen. »Wir bleiben hier!« skandierten die anderen. Letztere wollten ihrer Heimat nicht den Rücken kehren, sondern für eine weitreichende demokratische und rechtsstaatliche Umgestaltung der DDR selbst, für einen »Sozialismus mit menschlichem Antlitz« kämpfen.

Als Christ und Humanist sympathisierte Kurt Masur mit der Friedensbewegung. Zu einem ersten öffentlichen Auftreten gegen die Staatsmacht kam es dann im Juni 1989. In der Nähe der Nikolaikirche veranstalteten junge Leute, die aus der ganzen Republik angereist waren, ein Straßenmusikantenfest, ein unpolitisches Spektakel für Kind und Kegel. Dennoch wurde es verboten, angeblich weil es vorher nicht genehmigt worden war. Als einige Gruppen trotzdem weiterspielten, nahm die Polizei mehrere Musiker fest und verhängte hohe Geldstrafen. Ein Augenzeuge wandte sich daraufhin in einem Brief an Kurt Masur mit der Bitte, sich doch für die Festgenommenen einzusetzen: »Herr Gewandhauskapellmeister! Beschützen Sie unsere Straßenmusikanten.«

Straßenmusik war aus Angst, dass sie für politische Zwecke »missbraucht« werden könnte, in der DDR verboten. Masur hatte das stets bedauert. Umgehend telefonierte er mit Kurt Meyer, dem damaligen Kultursekretär der SED-Bezirksleitung, und fragte ihn nach den Gründen für das Verbot. Es habe parallel ein Pressefest stattgefunden, und das ginge nicht, war die lapidare Erklärung Meyers; aber er wolle sehen, ob er etwas für die Verhafteten tun könne.

Das gewaltsame Vorgehen gegen die Straßenmusiker empörte Masur zutiefst. Als auch im Gewandhausfoyer Verhaftungen vorgenommen wurden, protestierte er und erklärte, man solle dieses der Verständigung dienende Haus nicht als Polizeistation missbrauchen. So viel Autorität besaß er immerhin. Vielleicht war diese Polizeiaktion der Tropfen, der das Fass eines lang gezähmten Unmuts zum Überlaufen brachte. Masur hatte mit dem Zwiespalt gelebt, Aushängeschild eines Regimes zu sein, das zwar für jeden Bürger das Existenzminimum sicherte, aber seine Bürger einsperrte und Meinungs- und Pressefreiheit verhinderte. Er hatte seine ganze Energie auf den Bereich der Musik und des Gewandhauses beschränkt. Darin hatte er *seine* Politik gesehen. Doch nun, Ende der achtziger Jahre, war die Parole vom »Mitregieren der Kunst«, die ihm so manchen Spielraum ermöglicht hatte, längst kassiert. »Ihr macht die Musik, wir machen die Politik«, hieß es. Dass die DDR nicht mehr so weiterregiert werden konnte wie bisher, war Masur schon vor Michail Gorbatschows Perestroika klar geworden. Er bewunderte den sowjetischen Politiker und Verfechter von Glasnost und sah im Gefolge von dessen Reformen auch in der DDR »Änderungsmöglichkeiten«. Selbst sein Vertrauter in der Regierung, Hans-Joachim Hoffmann, mit dem er in jener Zeit immer wieder das Gespräch suchte, meinte: »Unsere Führung ist zu alt.« Am schlimmsten empfand Masur, »dass man den Menschen selbst zu einer Zeit, als jeder erkannt hatte, dass es mit der Verwirklichung der sozialistischen Utopie nicht klappte, immer noch erzählte: Wir haben doch alles erreicht. Es geht uns doch gut«.

Masur erwog, einen Brief an Erich Honecker zu schreiben, um ihn zum Rücktritt aufzufordern. Doch letztlich habe er sich für einen solchen Schritt »nicht als bedeutend genug empfunden«. Was also konnte er tun? Er setzte auf den Dialog zwischen DDR-Führung und Bevölkerung und nutzte hierfür die Montagsreihe »big«, die Begegnungen im Gewandhaus. Die nächste Veranstaltung, am 29. August, stellte er kurzerhand unter das Thema: »Leipziger Straßenmusikanten einst und jetzt« und lud Straßenmusiker, Vertreter vom Rat der Stadt und der Parteileitungen, Presse und Rundfunk ins Gewandhaus ein. Stasi und Polizei ließen es sich selbstverständlich nicht nehmen, ebenfalls dabei zu sein. Die Adressen der Musikanten hatte er zum Teil über die Kriminalpolizei ausfindig gemacht. Das Hauptfoyer war zum Brechen voll. Ein Drehorgelspieler sorgte für die musikalische Umrahmung. Als Masur das Gewandhaus betrat, warf er mit demonstrativer Geste eine Handvoll Münzen in dessen Hut. Auch die Kabarettisten Bernd-Lutz Lange und Gunter Böhnke waren der Einladung gefolgt. »Wenn ich mich richtig erinnere«, schreibt Lange, »sangen wir im Gewandhaus auch unser ›Oben-Lied‹. Dort hieß es im Refrain: Sieh nicht nach oben,/sieh zur Seite, sieh ganz weg!/Denn ganz da oben,/alles morsch auf jedem Fleck!/Und täglich bröckelt die Fassade ab./Hoffnung auf Änderung, die ist schon langsam knapp.«

Der Gewandhauskapellmeister hatte die Gesprächsleitung übernommen und äußerte sein Unverständnis darüber, dass es ausgerechnet in Leipzig keine Straßenmusikanten geben solle, wo doch in der ganzen Welt auf den Straßen gesungen, gespielt und getanzt werde. Dank dem mutigen Journalisten Detlef Rentsch wurde die Diskussion live von Radio DDR übertragen. »Meinem Tonmeister sind fast die Ohren abgefallen«, sagte er nach der Veranstaltung zu Masur. Der sah in der Aussprache »fast eine Art Generalprobe für die folgenden Gespräche. Alle Leute, auch die von der Partei, wurden gezwungen, Stellung zu beziehen. Die in dieser Runde diskutiert hatten, fassten dann ein gewisses Vertrauen zueinander, und ich glaube auch, dass ein gewisser Mut entstand. Das war wichtig in dieser Zeit, als die polizeilichen Maßnahmen gegenüber den Teilnehmern an den Friedensgebeten eskalierten.« Ein erster Erfolg war jedenfalls zu verzeichnen: Die staatlichen Organe erklärten sich bereit, Straßenmusikanten in Zukunft nachsichtiger zu behandeln.

Nach der Sommerpause, am 4. September, versammelten sich im Anschluss an die Gebete erstmals etwa achthundert Menschen mit Transparenten vor der Nikolaikirche. Sie forderten mehr Demokratie und Reisefreiheit. Die Polizei verhinderte einen Demonstrationszug durch die Stadt. An den folgenden Montagen wurden wieder Verhaftungen vorgenommen und Geldstrafen verhängt. Am 25. September waren es schon achttausend Demonstranten, die über den Leipziger Ring bis zum Hauptbahnhof gelangten und Reformen in der DDR und die Zulassung des Neuen Forums forderten. Am 2. Oktober zogen schätzungsweise zwanzigtausend Menschen friedlich durch die Innenstadt, diesmal bis zum Gebäude der Staatssicherheit. Erneut kam es zu Verhaftungen, Verfolgungen, tätlichen Auseinandersetzungen. Die Polizei setzte Spezialeinheiten mit scharfen Hunden ein. Am Abend kommentierte Masur in der ARD gegenüber dem Journalisten Claus Richter dieses Vorgehen mit den Worten: »Ich schäme mich.«

Die Stimmung wurde immer bedrohlicher. Jederzeit konnten die bisher bewundernswert friedlich verlaufenen Demonstrationen durch das provozierende Verhalten Einzelner eskalieren. Es war damit zu rechnen, dass die Regierung ganz gezielt Stasi-Scharfmacher in den Menschenzug einschleuste. In der *Leipziger Volkszeitung* erschien am 6. Oktober unter der Überschrift »Werktätige des Bezirkes fordern: Staatsfeindlichkeit nicht länger dulden« folgende Erklärung: »Die Angehörigen der Kampfgruppenhundertschaft ›Hans Geiffert‹ verurteilen, was gewissenlose Elemente seit einiger Zeit in der Stadt Leipzig veranstalten. ... Wir sind bereit und willens, das durch unsere Arbeit und Hände Geschaffene wirksam zu schützen, um diese konterrevolutionären Aktionen endgültig und wirksam zu unterbinden. Wenn es sein muss, mit der Waffe in der Hand.« Die Nationale Volksarmee, Kampfgruppen und die Polizei erhielten von Honecker persönlich den Einsatzbefehl für den Ernstfall: »Alle Maßnahmen ergreifen und mit allen Mitteln zerschlagen«. Dieses Fernschreiben ging Anfang Oktober an alle ersten Sekretäre der Bezirksleitungen der SED.

Erstmals seit dem 17. Juni 1953 schloss man Waffengewalt gegen die eigene Bevölkerung nicht mehr aus. »Damit war klar geworden, dass hier eine Änderung in der Sicherheitsdoktrin erfolgt ist«, wie sich Manfred Gerlach, nach der Wende kurzzeitig amtierender Staatsratsvorsitzender der DDR, erinnert. »Schon wenn ein SED-Sekretär oder der Kommandeur einer kleinen Einheit irgendwo die Nerven verloren hätte, ... wäre geschossen worden. Und das hätte zu einem Blutbad geführt.« In den Krankenhäusern wurden zusätzliche Betten bereitgestellt, ebenso Blutkonserven. Ärzte und medizinisches Personal hatten sich zur Verfügung zu halten. Für den Abend erwarteten die Menschen das Schlimmste. Das blutige Vorgehen der chinesischen Sicherheitskräfte Anfang Juni auf dem »Platz des Himmlischen Friedens« in Peking, das Honeckers Stellvertreter Egon Krenz ausdrücklich gutgeheißen hatte, schloss man auch in Leipzig nicht mehr aus. Die Angst war keineswegs unbegründet.

Dann kam der 7. Oktober, der vierzigste Jahrestag der DDR-Gründung, ein Samstag. Über der Sonderausgabe des SED-Zentralorgans *Neues Deutschland* prangte in großen Lettern: »Die Entwicklung der Deutschen Demokratischen Republik wird auch in Zukunft das Werk des ganzen deutschen Volkes sein«. »Dies sollte sich bewahrheiten«, schreiben die Chronisten jener Oktoberereignisse Christoph Links und Hannes Bahrmann, »doch anders als gedacht.« In Berlin hatte der Tag mit einer Militärparade begonnen. Am Nachmittag setzte sich vom Alexanderplatz eine Gegendemonstration von mehreren hundert Jugendlichen in Bewegung, die einige Stunden später zur »ersten größeren Protestdemonstration in Ost-Berlin seit dem Arbeiteraufstand am 17. Juni 1953« anwuchs, wie ein Fernsehreporter kommentierte. »Gorbi, Gorbi, hilf uns!« skandierten Tau-

sende von Menschen, begleitet von westlichen Kamera-
teams. Sie reagierten damit auf Michail Gorbatschows iro-
nisches Bonmot über die Reformunfähigkeit der DDR-Führung: »Wer zu spät kommt, den bestraft das Leben!« Gegen
Mitternacht gingen Polizeieinheiten mit Wasserwerfern
und Gummiknüppeln brutal gegen die Demonstranten vor.
Nicht nur in Berlin – in vielen ostdeutschen Städten endete
das mit großem Pomp begangene DDR-Jubiläum ähnlich
ernüchternd, auch in Leipzig.

Am Morgen noch hatte Kurt Masur sechzehn Musiker
und Mitarbeiter zum Sektfrühstück ins Gewandhaus geladen, um Ehrenmedaillen zu verteilen. Am Abend dirigierte
er die Uraufführung der »Comedia per musica« von Friedrich Schenker, während draußen die Menschen mit Wasserwerfern auseinander getrieben oder in zu Internierungslagern umfunktionierte Pferdeställe verbracht wurden. Der
Einsatzbefehl lautete: »Wegdrücken, aufladen, Mittel einsetzen!« Im Gewandhaus saßen überwiegend Funktionäre,
die ihren Augen kaum trauten, als sie im Programmheft den
Einführungstext des Komponisten lasen: »… gegenwärtige Zwänge, Frustrationen und Zustände, politische, ökologische … Märsche, Märsche!!! Volksmassen pathetisch
marschierende … Was stinkt (olet)? Nicht nur das Geld …
Märsche, Märsche!!! … Vielleicht befreit uns Aktion …«
Während in Berlin am Tag danach nahezu bürgerkriegs-
ähnliche Zustände herrschten, blieb es in Leipzig ruhig. Es
war die Ruhe vor dem Sturm. Die Menschen spürten, dass
am nächsten Tag ein Steinwurf genügen könnte, das Chaos
auszulösen.

Am Abend des 9. Oktober standen innerhalb der inter-
nationalen »Gewandhaus-Festtage« – Beginn wie immer
20 Uhr – zuerst »Till Eulenspiegels lustige Streiche« von
Richard Strauss auf dem Programm, dann das Konzert für
Trompete, Pauken und Orchester von Siegfried Matthus,
abschließend die Zweite Sinfonie von Johannes Brahms.
Nach der Generalprobe am Vormittag erfuhr Masur von
Mitgliedern des Neuen Forums, dass am Abend die De-

monstration niedergeschlagen werden sollte. Aufs höchste beunruhigt, rief er wieder jenen Mann an, der sich wenige Wochen zuvor in der Stadtmusikantenfrage entgegenkommend verhalten hatte: Kurt Meyer von der SED-Bezirksleitung. Ihm gab er unmissverständlich zu verstehen: »Wenn heute Abend Blut fließt, kann ich nicht den ›Till‹ spielen!« Dann fuhr er nach Hause. Gegen vier Uhr nachmittags – auf dem Karl-Marx-Platz versammelten sich bereits Hunderte von Demonstranten – rief Kurt Meyer an.

Was darauf folgte, hat Bernd-Lutz Lange überliefert: Jochen Pommert, ein Mitglied der SED-Bezirksleitung, habe sich im Zimmer befunden, als Kurt Meyer seinen amtierenden Chef telefonisch vom Anruf Masurs unterrichtete. Auf dem Gang trafen beide auf Roland Wötzel, ebenfalls ein Sekretär der Leipziger Parteiführung, der in Kontakt mit dem Theologen Peter Zimmermann (er hatte eben erst eine hohe Auszeichnung aus Protest mit einem Brief an Honecker zurückgegeben) und dem Kabarettisten Lange stand. Wötzel und Lange entwarfen erste Stichpunkte eines Aufrufs zur Besonnenheit. Anschließend trafen sie sich zusammen mit Pommert, Zimmermann und Meyer zu Hause bei Kurt Masur, um den Aufruf auszuformulieren. Lange erinnert sich, dass Pommert das Wort »vertrauensvoll« verwendet habe, wogegen Masur heftig interveniert habe: »Geht nicht! Vertrauen ist weg!«

Mit dem Textentwurf fuhren sie ins Gewandhaus. Sie kamen nur stockend voran, denn die Innenstadt war gegen 17 Uhr bereits verstopft. Im Gewandhaus wurde der Text mit Durchschlägen ins Reine getippt. Letztes Verlesen, dann unterschrieben die sechs. Peter Zimmermann eilte davon, um den Aufruf noch rechtzeitig in die vier Kirchen zu bringen, in denen die montäglichen Friedensgebete stattfanden. Er bat die Pastoren inständig, den Text am Ende des Gottesdienstes »mit allem Nachdruck« zu verlesen. Die Pfarrer folgten der Bitte. Inzwischen organisierten die anderen ein Tonbandgerät, um eine Rede für den Sender Leipzig und den Stadtfunk aufzunehmen. Bernd-

Lutz Lange schlug vor, dass Kurt Masur das Band be-
spricht. Er besitze die meiste Autorität. Und so geschah es.
Nach dem Friedensgebet sammelten sich wie seit Wochen
die Menschen zur Demonstration. Diesmal waren es sieb-
zigtausend, die durch die Innenstadt zum Georgiring zogen.
Die Einsatzkräfte standen bereit. Da vernahmen Tausende
eine ernste, klare Stimme: »Unsere gemeinsame Sorge und
Verantwortung haben uns heute zusammengeführt. Wir
sind von der Entwicklung in unserer Stadt betroffen und
suchen nach einer Lösung. Wir alle brauchen einen freien
Meinungsaustausch über die Weiterführung des Sozialismus in unserem Land. Deshalb versprechen heute die
Unterzeichneten allen Bürgern, ihre ganze Kraft und Autorität dafür einzusetzen, dass dieser Dialog nicht nur im Be-
zirk Leipzig, sondern auch mit unserer Regierung geführt
wird. Wir bitten dringend um Besonnenheit, damit der
friedliche Dialog möglich wird. Es sprach Kurt Masur.«
Der Gewandhauskapellmeister und seine Mitstreiter waren nicht die Einzigen, die an diesem Nachmittag zur Ge-
waltlosigkeit aufforderten. Drei Arbeitskreise appellierten
an die Bevölkerung: »Auch der letzte Montag endete mit
Gewalt. Wir haben Angst. Angst um uns selbst, Angst um
unsere Freunde, um den Menschen neben uns und Angst
um den, der uns da in Uniform gegenübersteht. ... Gewalt
schafft immer nur Gewalt. ... Gewalt kann nicht das Zeichen einer neuen, besseren Gesellschaft sein.« Auch Landes-
bischof Johannes Hempel beschwor die Gläubigen: »Ich
hoffe, ich bitte, ich flehe, dass diese Nacht in Leipzig vor-
übergeht ohne schlimme Dinge.« Überhaupt standen mu-
tige Männer der Kirche in vorderster Reihe: die Superin-
tendenten Johannes Richter und Friedrich Magirius, die
Pfarrer Christian Führer, Klaus Kaden und viele andere.
Doch die breiteste und stärkste Wirkung erzielte der Aufruf
der Sechs. Immer wieder wurde der Appell des »eigenwil-
ligen Vetters von Martin Luther«, wie das US-Magazin
Time ihn einmal charakterisierte, über Stadt- und Rundfunk ausgestrahlt. Die Wirkung war beeindruckend. Auf

offener Straße spendeten die Menschen Beifall, viele skandierten »Masur, Masur!«.

Währenddessen begann das Konzert im Gewandhaus. Der Dirigent und die Musiker waren »bis an die Grenzen der physischen und psychischen Möglichkeiten« belastet. Man höre es an den Originalaufnahmen des Konzertes vom 9. Oktober, meinte Masur später, »wie mir die Hände gezittert haben. Das ganze Orchester war in einer immensen Erregung, vor allem bei ›Till Eulenspiegel‹. Ein solches Stück zu spielen, nachdem man vorher erlebt hatte, dass Menschen in Todesangst um den Ring marschiert sind – immer in der Vorstellung, es könnte etwas passieren –, das war etwas so Ungeheuerliches ... Dass dem D-Klarinettisten gerade bei der Gerichtsszene, wo Till zum Tode verurteilt wird, die hohen Töne wegbrachen, das wirkte nicht komisch, sondern äußerst realistisch.«

In der Pause hörten die Musiker, was draußen auf der Straße vor sich ging. Die Gewaltbereitschaft begann zu schwinden. Die Demonstranten fühlten ihre Einigkeit, ihre enorme Kraft und begannen mit den Polizisten zu diskutieren. Kampfgruppenangehörige setzten ihre Helme ab, legten Schilde und Knüppel weg und boten sich jenen Menschen zum Gespräch an, die sie zuvor noch als »Konterrevolutionäre« und »Rowdys« diffamiert hatten. Ein friedlicher Demonstrationszug begann, den keiner aufhielt. Aus den Straßen schallte es tausendfach: »Wir sind das Volk!« und »Wir bleiben hier!« Erleichtert gingen Masur und seine Musiker wieder zurück in den Saal. Das Schlimmste schien überstanden. Am nächsten Tag fand der Dirigent sein Auto und den Zaun vor seinem Haus mit Blumen geschmückt.

Zwei Tage später brachen Masur und das Gewandhausorchester zu einer Konzertreise nach Moskau, Leningrad und Kiew auf. Sie wären lieber in Leipzig geblieben: »Wir wussten nicht, was in der Zwischenzeit geschehen würde. In Moskau erlebten wir dann, dass der sowjetische Kulturminister, der vor dem Konzert eine Rede halten wollte, ›zum

Schweigen geklatscht‹ wurde – das Publikum applaudierte so lange, bis er aufhörte zu reden. Die Kunde von den Demonstrationen in Leipzig war bereits bis nach Moskau gedrungen.« Masur war doch berührt, als Ursula Ragwitz, Mitglied des Zentralkomitees der SED, ihm nach dem Konzert ein Blümchen überreichte.

Am 18. Oktober trat Erich Honecker auf Beschluss des Politbüros von allen Ämtern zurück. Seine engsten Kampfgefährten wandten sich von ihm ab und gaben ihm allein die Schuld an den Ereignissen. Der neue SED-Generalsekretär Egon Krenz versprach »eine Wende«. Masur erfuhr in Kiew vom Rücktritt Honeckers: »Da erst spürten wir, dass sich das, was durch die Demonstrationen erwirkt werden sollte, doch langsam zu verwirklichen begann.« Eine politische Ära ging zu Ende. Bei aller Freude darüber vergaß Masur dennoch nicht, was die Leipziger Erich Honecker auch zu verdanken hatten. Am 30. Oktober schrieb er an den ehemaligen Staatchef einen Brief, der ihm sehr verübelt wurde und doch Souveränität zeigt: »Verehrter Erich Honecker! So glücklich ich bin über die ›Aufbruchstimmung‹ in unserem Lande, so wenig konnte ich vergessen, was Sie in der zurückliegenden Zeit bei wichtigen Entscheidungen im Bereich der Musikkultur an Verdiensten besitzen. Wir alle fühlten, dass Sie, wenn Sie in Leipzig weilten, mit uns stolz darauf waren, dass neben der Dresdner Semperoper und dem Berliner Schauspielhaus das Gewandhaus am Beginn der achtziger Jahre eine Dokumentation hoher erreichter Ziele war. Ich möchte Ihnen dafür danken und Ihnen in der sicher für Sie nicht leichten Zeit persönliches Wohlergehen wünschen. Ihr Kurt Masur, Gewandhauskapellmeister«.

Indessen gingen die Montagsdemonstrationen weiter und erreichten in den folgenden Wochen geradezu dammbrechende Ausmaße – hundertzwanzigtausend, zweihunderttausend, dreihunderttausend. Die Mehrzahl der friedlichen Demonstranten schwenkte inzwischen bundesdeutsche Fahnen. Masur erinnert sich an ein Erlebnis, das ihn »damals tief berührt hat. Leipziger Polizisten demonstrierten mit Transparenten, auf denen stand: ›Wir sind *auch* das Volk!‹« Er wusste: Wenn er etwas bewirken wollte, musste er weiterhin auf Dialog setzen. Das Gewandhaus war eine geeignete Plattform. Davor hatte er eine Litfasssäule für freie Meinungsäußerung aufstellen lassen. Bald war sie übersät von Erklärungen, Aufrufen, Willensbekundungen, Manifesten der Bürger. »Speakers Corner« wurde sie genannt. Die SED-Bezirksleitung drängte auf Entfernung – Masur bestand auf ihrem Verbleib. Sie blieb wie ein Symbol des erwachenden Demokratieverständnisses tatsächlich stehen, immerhin bis zu den Wahlen im März 1990.

Im Gewandhaus selbst fanden die so genannten Gewandhausgespräche statt. Sie gehörten zu den zahllosen Foren und Diskussionsrunden, die den Alltag in der Noch-DDR prägten. Die Leipziger Sechs erfüllten ihr Versprechen: »Wir hatten den Demonstranten in unserem Aufruf versprochen, die strittigen Fragen an die Regierung heranzutragen. Deshalb veranstalteten wir die Bürgerforen, wo wir Tonbandaufnahmen machten und alle Klagen und Forderungen aufschrieben.« Das letzte dieser Gespräche fand am 12. November 1989 statt. Das Ergebnis wurde fünf Tage später als »Leipziger Postulate« zusammengefasst und auf einer internationalen Pressekonferenz vorgestellt. Die Postulate begannen mit dem Satz: »Redet nicht von unserem Volk; das gehört uns nicht. Das Volk gehört sich selber, und wenn wir Glück haben, nehmen sie uns an.«

Masur zog dort auch ein Fazit der Ereignisse vom 9. Oktober: »Wenn Mut haben heißt, dass man Angst zu überwinden lernt, dann geschah das an diesem Abend. Sie war in uns allen, die Angst, die Befürchtung, dass es, bis der letzte Demonstrant den Platz verlassen hätte, doch noch zu blutigen Zwischenfällen kommen könnte. Die Verantwortung, die wir übernommen haben, ist weit über unsere Befugnis hinausgegangen, ist weit über das hinausgegangen, was wir hätten verantworten können, wenn es anders gekommen wäre. So hatten wir das Glück, dass die Leip-

ziger Bevölkerung Demonstranten, die ausfällig werden
wollten, zurückhielt. Es ist fast unglaublich für uns alle,
dass es keinen einzigen Zwischenfall, keine einzige Ver-
haftung und keine gewalttätigen Auseinandersetzungen an
diesem Abend gab.«

Seit dem 9. Oktober gingen fast täglich Briefe an Kurt
Masur im Gewandhaus ein, Briefe des Dankes und der Verehrung an einen Mann, der den Menschen »Mut und Zuversicht« gegeben hatte. Unter diesem Titel wurden sie in
Buchform veröffentlicht. »Die ersten schriftlichen Äußerungen trafen am folgenden Tag ein«, schreibt die Heraus-
geberin und einstige Pressesprecherin des Gewandhauses,
Ulla Schäfer, »Erleichterung und vor allem Dankbarkeit
ausdrückend – von Augenzeugen und von Menschen, die aus
den Medien von den Ereignissen dieses entscheidenden Tages in Leipzig erfuhren.« So dankt ein Leipziger Komponist Masur: »Die ganze Welt weiß, dass Sie ein DDR-Ru-
mänien verhindert haben.« Später, als sich der Charakter
der Montagsdemonstrationen veränderte, wurden die Briefe
nachdenklicher und auch kritischer. Masur las sie alle. Die
Adressaten suchten und fanden in ihm, wie Ulla Schäfer
schreibt, »einen Ansprechpartner, dem sie Vertrauen entgegen brachten und dem sie Einfluss auf die Entwicklung
ihres Landes in einer geschichtlich einmaligen Umbruch-
situation zutrauten. Ihn baten sie um Hilfe, auf seinen Rat
bauten sie. Ihre Briefe reflektierten die demokratische Bewegung, die das Land erfasst hatte.« Zum Dank ernannten ihn die Leipziger zum Ehrenbürger der Stadt.

Ende November flog das Gewandhausorchester mit seinem Chef zu einem zweieinhalbwöchigen Gastspiel nach
Japan. Am 7. November war die gesamte Regierung zu-
rückgetreten und am 9. die Mauer gefallen. Das Schicksal
der DDR war damit besiegelt, auch wenn es vorerst noch
nicht so aussah. Als »Politiker wider Willen«, wie er sich
selbst bezeichnete, agierte Masur noch einige Wochen lang,
insbesondere, wenn es um die Ereignisse des 9. Oktober
ging. Als der noch amtierende Staats- und Parteichef Krenz

die Behauptung aufstellte, er habe maßgeblich das Blutbad in Leipzig verhindert, widersprach er vehement: »Ich will nicht den Helden spielen, aber es geht darum: Es ist das Verdienst dieses Volkes und dieser jungen Menschen, die ihr Leben aufs Spiel gesetzt haben. Das darf nicht verunglimpft werden dadurch, dass man irgendwelche Leute decken will.« Als »Botschafter der Kultur«, als »Vermittler zwischen Tradition und Zukunft sowie als Verfechter eines offenen geistig-kulturellen Klimas« bezeichnete ihn zwölf Jahre später Thüringens Ministerpräsident Bernhard Vogel bei der Verleihung des Friedenstein-Preises der Gothaer Kulturstiftung.

Immer wieder suchten hochrangige Politiker das Gespräch mit Masur. Eine besondere Beziehung entstand zwischen ihm und Kurt Biedenkopf. Zum ersten Mal trafen sie sich am 19. Dezember 1989. Masur zeigte dem CDU-Politiker das Gewandhaus und führte ihm auf dessen ausdrückliche Bitte hin auch die Orgel vor. »Der Organist entfaltet die ganze Größe seiner Orgel«, notiert Biedenkopf anschließend in sein Tagebuch. »Die Musik überwältigt mich so, dass ich in Tränen ausbreche. Eine tiefe Bewegung erfasst mich. Ich gehe nach dem Orgelspiel auf Masur zu, umarme ihn und sage ihm, dass ich gerne mithelfen möchte. Wir haben uns in einer Weise gefunden, wie es mir noch nie begegnet ist.« In den Tagen, die Biedenkopf in Leipzig verbrachte, erschütterte ihn, wie sehr die Menschen ihr Herz auf der Zunge trugen, wie sehr sie das Bedürfnis hatten, »endlich zu reden«. Weihnachten schrieb er Masur einen Brief, in dem er ihm signalisierte, dass er sich eine »Aufgabe vorstellen könnte, bei der sich Pflicht und Freude verbinden ließen«. Er fragte ihn, was er für ihn tun könne, worauf Masur ihm bei einem Treffen am 2. Januar 1990 antwortete: »Werden Sie in Leipzig Gastprofessor. Dann sind Sie einer von uns!«

Biedenkopf, den dieser Gedanke zunächst überraschte, entschied sich tatsächlich für eine Professur an der Leipziger Universität. Dort vermittelte er den Studenten Grundlagen der sozialen Marktwirtschaft und wurde bald zum Hoffnungsträger der Sachsen, am 28. Oktober 1990 schließlich ihr Ministerpräsident. »König Kurt« nannten ihn bald seine Landeskinder. Um überhaupt wählbar zu sein, nahm er sogar noch kurz vor dem Ende des Ostberliner Systems die DDR-Staatsbürgerschaft an. In den neunziger Jahren diskutierte er mit Masur oft über die Frage, wie das Kulturbudget auch für die Musik sinnvoll eingesetzt werden könnte, insbesondere hinsichtlich der Nachwuchsförderung. Als Masur im Mai 1991 – zusammen mit dem Lyriker Reiner Kunze – der Hanns-Martin-Schleyer-Preis verliehen wurde, gab der Ministerpräsident in seiner Laudatio seine persönlichen Eindrücke von der Arbeitsweise des Kapellmeisters wieder: »Kurt Masurs Probenstil ist lebhaft anregend, fernab von allem routinemäßigen Musizieren und vor allem – ich habe es selbst erlebt – kameradschaftlich und partnerschaftlich … Er vermeidet Posen und Effekte.«

Auch der französische Staatspräsident François Mitterrand suchte das Gespräch mit dem mutigen Gewandhauskapellmeister. Masur hatte sich zuvor mit Biedenkopf darüber beraten, worauf er den hohen Besucher ansprechen solle. Der CDU-Politiker riet ihm, »Mitterrand auf die große Bedeutung der französischen Politik für den europäischen Einigungsprozess« hinzuweisen, denn »ohne Frankreich sei die Wiedervereinigung der beiden deutschen Teile nicht möglich«. Anderthalb Stunden lang unterhielten sich am 21. Dezember 1989 der Präsident und der Dirigent im »Nikisch-Zimmer« des Gewandhauses über mögliche Perspektiven der deutsch-französischen Beziehungen. »Mitterrand kam«, erinnert sich Masur, »weil er wusste, dass ich ein bisschen was zu tun hatte mit der friedlichen Revolution. Wir haben uns sehr eingehend unterhalten, seine Fragen waren gezielt. Seine wichtigste Frage war: ›Meinen Sie nicht, dass Deutschland wieder vereinigt werden will?‹ Er hatte Angst, dass wieder ein Großdeutschland entsteht und Frankreich dann entweder einer großdeutschen Wirtschafts-

30 Vor einem Leip-
ziger Bürgerforum,
1989

31 Als Teilnehmer
einer Montags-
demonstration in
Leipzig, Herbst 1989

32 Mit Ehefrau Tomoko und Jane Fonda in Leipzig, 1990
33 Mit dem amerikanischen Pianisten Rudolf Firkusny, Juilliard School,
1990

34 Mit dem Komponisten Siegfried Thiele in Leipzig, 1993
35 Mit der Eiskunstläuferin Kati Witt in Leipzig, Mitte der neunziger Jahre

36 Mit Anne-Sophie Mutter, Rom 1995

37 Mit (von links) Stephen Stamas, Chairman von New York Philharmonic,
Zubin Mehta und Pierre Boulez im Salzburger Festspielhaus, 1996

38 Altbundeskanzler Helmut Schmidt während seiner Laudatio anlässlich
des 25jährigen Gewandhauskapellmeister-Jubiläums von Kurt Masur, 1995
39 Mit Richard Holbrooke und der Sopranistin Sylvia McNair, um 1995

40 Zum letzten Mal Beethovens »Neunte« als Gewandhauskapellmeister,
Silvester 1996, mit (von links) John Aler, Christiane Oelze, Christiane Oertel
und Hermann Christian Polster

41 Mit Ehefrau Tomoko auf dem Weg zur Opening Night in der New Yorker Avery Fisher Hall, 1996

macht oder einer großdeutschen Militärmacht gegenübersteht. Die Franzosen kann man wie alle anderen Bürger Europas nur mit einer Moral überzeugen, die deutlich macht: Wir wollen Freunde sein; wir wollen ein vereintes Europa, in dem alle Nationen gleichberechtigt sind.« Sie sprachen auch über die Tatsache, dass die Französische Revolution vor genau zweihundert Jahren stattgefunden hatte und mit demselben Geist, denselben Idealen angetreten war, »auch wenn heute nicht alle diese Ideale so verwirklicht sind, wie es sich die Menschen damals erträumt haben«, wie Mitterrand bemerkte. Aber es sei ein nationaler Stolz entstanden, »dessen wir uns nicht schämen müssen«. Worauf Masur entgegnete: »Wenn es auch bei uns in Deutschland wieder so weit ist, dass wir gemeinsam einen nationalen Stolz haben werden, der uns nicht in Versuchung führt, anderen Völkern gegenüber überheblich zu empfinden, dann werden wir sagen können: Wir sind vereint.«

Das Gespräch fiel in eine nach wie vor politisch äußerst turbulente Zeit: Einen Tag später, am 22. Dezember, ließ der DDR-Ministerpräsident Hans Modrow das Brandenburger Tor öffnen, am 25. Dezember wurde in Rumänien der gestürzte Staats- und Parteichef Nicolae Ceauşescu hingerichtet, am 29. Dezember trat der Dramatiker und Bürgerrechtler Václav Havel das Amt des Staatspräsidenten der Tschechoslowakei an.

In der Silvesternacht 1989/90 hörten eine halbe Million Berliner den Schlusssatz aus Beethovens »Neunter« in einer Masur-Aufführung über Lautsprecher. Die ARD und das DDR-Fernsehen übertrugen das Werk live aus dem Gewandhaus. Noch existierte die DDR, aber der Weg zur deutschen Einheit war vorgezeichnet, nachdem Bundeskanzler Helmut Kohl am 28. November seinen Zehn-Punkte-Plan zur Wiedervereinigung vorgelegt hatte. Der Durchbruch erfolgte dann am 10. Februar in dem entscheidenden Gespräch zwischen Kohl und Gorbatschow. Moskau wird den Einigungsprozess nicht verhindern! Die ostdeutsche friedliche Revolution war ein Teil der Weltpolitik geworden.

Im Januar 1990 mehrten sich Stimmen aus verschiedenen Parteien, Masur für das Amt des DDR-Staatspräsidenten vorzuschlagen. Leipzig wurde von den Medien euphorisch zur »Heldenstadt« erklärt. Hatte Masur schwerwiegende Entscheidungen zu treffen? Stand ein »Berufswechsel« bevor? Ernstlich nicht. Immerhin traf er sich am 30. Januar in Tutzing zu einem klärenden Gespräch mit Bundespräsident Richard von Weizsäcker. Ein solches Staatsamt kam für ihn nicht in Frage: »Als sich abzeichnete, dass wir keinen eigenen Weg mehr gehen konnten«, erklärte er am 15. März 1990 auf einer Pressekonferenz im Gewandhaus, »war meine Bereitschaft zur Übernahme des Präsidentschaftsamtes der DDR schon nicht mehr vorhanden ... Ich bin kein Berufspolitiker, und ich habe keine Lust, mich von einem kleinlichen Parteienstreit zermahlen zu lassen. Ich bleibe dann lieber fest in meinem Beruf und übernehme weiter die gleiche Rolle wie bisher. Ich werde alle die Gruppen junger Idealisten, die in der zurückliegenden Zeit sehr viel riskiert haben und keinen Ehrgeiz hatten, eine Parteirolle zu spielen ..., weiterhin tatkräftig unterstützen. Und ich werde alles tun für mein Orchester, ich werde alles tun für unsere Stadt, damit wir nach dieser Periode sagen können, Leipzig hat ein Beispiel gegeben für unser ganzes Land.« Damit war Masurs immerhin denkbarer Wechsel in die Politik vom Tisch.

»Ohne Musik wäre ich ein todkranker Mann«, sagte er einmal in einem Interview. Außerdem sah er die politische Entwicklung nicht eben euphorisch, wie er auf jener Pressekonferenz bekannte. Ihn beunruhigte die »große Unsicherheit ..., wie es ökonomisch weitergehen soll. Das wird kaum das Gewandhausorchester betreffen, aber es wird mit Sicherheit eine ganze Reihe von anderen Orchestern betreffen, die ja dann nicht zum Zentrum der Veränderungen unseres Lebens gehören ... Unsere Vorstellung von Demokratie war wirklich eine andere. Wir haben größten

Respekt vor dem, was die Bundesrepublik in den letzten Jahrzehnten geschaffen hat ... Aber schließlich gibt es noch ein paar andere Länder in Europa, von denen wir auch lernen können, wie man glücklich sein kann. Für das menschliche Dasein bedeutet Glück nicht nur, Geld zu haben oder das richtige Geld zu haben ... Wir möchten etwas von diesem Geist bewahren, und er ist es wert, auch durch westliche Länder aufgenommen zu werden.« In die Freude über das politisch Erreichte mischte sich bereits eine gute Portion Skepsis, die angesichts der kommenden Entwicklung nicht ohne Berechtigung war.

»Renaissance in der Avery Fisher Hall«

New York Philharmonic
1991–2002

Im April 1990 lief eine Meldung über die Ticker der Presseagenturen: »Kurt Masur wird Musikdirektor der New Yorker Philharmoniker« – eine echte Überraschung für die Musikwelt und nicht nur für diese. Zugleich wurde mitgeteilt, dass der Maestro dem Leipziger Gewandhausorchester verbunden bleibe, also beide Orchester in Personalunion leiten werde. Das war einerseits beruhigend, warf andererseits aber auch Fragen auf: Wie soll das gehen? Wird es zu Interessenkonflikten kommen? Wird vielleicht doch das Gewandhaus das Nachsehen haben? Die Leipziger Musiker nahmen die Nachricht mit sehr gemischten Gefühlen auf.

Der vereinbarte Fünfjahresvertrag mit New York Philharmonic, beginnend mit der Saison 1992/93, war nicht vom Himmel gefallen. Masur war in Amerika schon lange kein Unbekannter mehr. Erst im März/April 1989 hatte er mit dem Gewandhausorchester in den Vereinigten Staaten gastiert. Außerdem kannten ihn die New Yorker Philharmoniker als Gastdirigenten.

Die entscheidenden Gespräche für die Ernennung Masurs fanden 1990 während der Salzburger Osterfestspiele statt. Herbert von Karajan hatte ihn ein Jahr zuvor eingeladen, diese Festspiele gemeinsam mit dem Gewandhausorchester anstelle der Berliner Philharmoniker zu bestreiten. Als sie sich 1989 zu einem Vorgespräch im Schwarzenbergpalais in Wien trafen, begegnete Masur einem Karajan, den er »so einsam, so bedrückt, aber auch stolz wie nie zuvor«

erlebte. Sein Zerwürfnis mit den Berliner Philharmonikern sei tief und offenbar nicht mehr zu beheben gewesen. »Er war unfähig, Dinge zu reparieren, die er – wie er selbst bekannte – falsch gemacht hatte.« Kurze Zeit später, im Juli 1989, starb Karajan. Sein plötzlicher Tod verhinderte eine mögliche Versöhnung mit seinem Orchester, was Masur sehr bedauert: »Vielleicht hätten sich die Philharmoniker und er noch einmal zusammenfinden können, um mit einer noblen Geste eine Zusammenarbeit, die so staunenerregend und intensiv gewesen war, zu beenden. Das hat nichts damit zu tun, wie man sein Wirken einschätzt, auch nichts damit, dass es nach seinem Tod viele kritische Stimmen gab – etwas, was wahrscheinlich bei jedem von uns eintreten wird. Ich hatte mich dann mit den Berlinern verständigt, damit sie unseren Auftritt nicht falsch verstehen, als wollten wir mit diesem Gastspiel ihren Salzburg-Streik brechen. Sie sollten uns einfach glauben, dass wir die Osterfestspiele für zu wichtig hielten, um sie in Gefahr zu bringen.«

Nach Karajans Tod wurde Masur die Gesamtleitung der Osterfestspiele 1990 übertragen. Mitte März fuhr er nach Salzburg. Das Gewandhausorchester kam im April nach. Je zweimal standen »Fidelio« und die Matthäuspassion auf dem Programm. Mitten in der Probenarbeit erreichte ihn die Kunde, dass sich eine kleine, aber hochkarätige Delegation aus New York zu einem Gespräch angekündigt habe, angeführt von Stephen Stamas, dem Chairman, und Frederick Krimendahl, dem Präsidenten der Philharmonic Symphony Society of New York. Dort hatte Zubin Mehta seinen Vertrag als Musikdirektor gekündigt. Die Nachfolge musste gelöst werden, Namen waren im Gespräch, aber noch nichts war entschieden.

Masur ahnte nichts von dem, was da auf ihn zukam: »Überrascht wurde ich beim gemeinsamen Essen, als mich die Herren fragten, ob ich bereit wäre, die Leitung der New Yorker Philharmoniker zu übernehmen. Für mich war das eine Frage, auf die ich in keiner Weise vorbereitet sein konnte. Aber ich kannte das Orchester durch meine Gastspiele seit 1981 ziemlich gut, und sozusagen im Handumdrehen verwies ich auf Dinge, auf die ich hinarbeiten würde. Ich hatte zwar immer schon einen sehr guten Kontakt zu den Musikern, aber ebenso den Eindruck, man müsse dem Orchester das Gefühl des Stolzes geben. Die New Yorker hatten zwar mit hervorragenden Dirigenten auch immer hervorragend gespielt, aber ihr Zusammengehörigkeitsgefühl war nicht besonders ausgeprägt. Das lag auch an den Gegebenheiten der Avery Fisher Hall, ihrem Saal. Dort gab es keine Räume, die Gespräche untereinander ermöglicht hätten, ja nicht einmal ein richtiges Musikerfoyer zum Einstimmen vor dem Konzert – genau jene Voraussetzungen, die wir uns im Neuen Gewandhaus ganz bewusst geschaffen hatten. Ich hatte sofort sehr genaue Vorstellungen, was man da alles verändern könnte und tun müsste, wenn ich ja sagen würde.«

Die Herren aus New York beeindruckte Masurs offensive und gleich aufs Praktische gerichtete Reaktion. Kurz nach dem Treffen in Salzburg flogen einige Mitglieder des New Yorker Orchesterkomitees nach Paris, um sich ein Bild von dem Gewandhauskapellmeister zu machen. Masur hatte gleich nach Salzburg und zwei Konzerten in Hannover und Frankfurt am Main in Paris die Matthäuspassion mit dem Orchestre National de France vorzubereiten. Zum ersten Mal in der hundertachtundvierzigjährigen Geschichte der New Yorker Philharmoniker durften die Musiker die Wahl ihres Chefs mitbestimmen. Die New Yorker hörten sein Konzert, sprachen mit ihm und kamen gleichfalls zu einem positiven Ergebnis. Wie sich der Komponist Siegfried Matthus erinnert, habe ihm ein Mitglied von New York Philharmonic bereits Anfang der achtziger Jahre erklärt: »Alle Dirigenten kommen zu uns, um Karriere zu machen oder Chef zu werden. Masur kommt, um mit uns zu musizieren.« Außerdem schätzten sie an ihm, dass er keine Angst vor Orchestern hat. Letztlich gaben die Musiker den Ausschlag für Masurs Ernennung.

Der Fünfjahresvertrag von 1992 bis 1997 beinhaltete pro Saison achtzehn Wochen Orchesterarbeit – vierzehn für die Abonnementkonzerte und vier für Gastspiele. Vom neuen Musikdirektor erwartete man im Lincoln Center genau das, was er schon im Salzburger Gespräch als seine Aufgabe definiert hatte – in erster Linie, dem Orchester ein kollektives Selbstbewusstsein, einen Gemeinschaftsgeist zu vermitteln. Hier gab es noch deutliche Reserven – nicht in der solistischen künstlerischen Leistung. Dass die einzelnen Musiker ganz hervorragende Könner auf ihrem Instrument waren, stand außer Frage. Die Öffentlichkeit erfuhr am 12. April 1990 von der Wahl Kurt Masurs zum neuen Musikdirektor. Die *Washington Post* und die *New York Times* brachten die Meldung in großer Aufmachung auf ihren Titelseiten. »Er kommt mit dem Ruf eines ideenreichen, ernsthaften Interpreten romantischer Musik.« Man kenne ihn als einen Dirigenten, »der solide und kunstgerecht arbeitet, weniger spektakulär und sensationell«, hieß es in der *New York Times*. Man traue ihm zu, dass er die temperamentvollen und auch kritischen Musiker kraftvoll führen und die hohen Erwartungen eines verwöhnten Publikums erfüllen wird. Besonders hervorgehoben wurden sein politisches Engagement im Herbst 1989 und überhaupt seine öffentliche Präsenz in der Gesellschaft.

Um das Interregnum nach Zubin Mehtas Weggang zu beenden, bat man den designierten Chef, früher als vorgesehen sein Amt anzutreten. Leonard Bernstein, der dank seiner engen Verbindung zu New York Philharmonic das Orchester in der führungslosen Zeit hätte übernehmen können, war am 14. Oktober 1990 gestorben. Masur übernahm im Dezember den noch mit Bernstein geplanten »Elias« in memoriam. Sein Amtsantritt fand dann bereits im September 1991 statt. Für ihn begann ein Pendeln zwischen den Kontinenten, das gut organisiert sein wollte. »Ich mache nicht den Fehler, abends loszufliegen und dann früh anzukommen und den ganzen Tag zu arbeiten. Das ist ein Mechanismus, den selbst ich nicht überstehen würde.

Das Fliegen von West nach Ost ist das problematischere, weshalb ich in meinem Vertrag verankern ließ, dass man mir für diese Flüge immer die Concorde bezahlt. Dann flog ich morgens acht Uhr vierzig von New York ab und war nach drei Stunden und zwanzig Minuten in London. Von dort aus flog ich weiter nach Berlin oder Nürnberg. Dort holte mich gewöhnlich mein Fahrer ab. Eine Stunde nach Mitternacht war ich zu Hause in Leipzig und konnte früh am Morgen um acht wieder aufstehen.«

Anfangs wohnte er mit Tomoko und Sohn Ken in Manhattan in einem Apartment, das der schweizerischen Sängerin Lisa della Casa gehörte. Carolin blieb in Deutschland. Sie war inzwischen Sängerin. Gleich nach dem Abitur hatte es sie nach Berlin gezogen, in die alte Wohnung ihrer Mutter, die Masur all die Jahre über behalten hatte. Dort arbeitete sie ein Jahr lang in der Bibliothek der Komischen Oper, bis sie sich schließlich doch für eine Laufbahn als Musikerin entschied und Gesang studierte.

Dem fünfzehnjährigen Ken fiel der Wechsel nach Amerika schwer. Im Frühjahr war er gerade von einem einjährigen Aufenthalt in England zurückgekehrt, wo er ein japanisches Internat besucht hatte. Kaum hatte er sich in Leipzig wieder eingewöhnt, hieß es: Wir ziehen nach New York. Ken hat die Stadt nicht auf Anhieb gemocht, sie nicht verstanden. Es war ihm zu »laut, dreckig, spektakulär. Zu viele Kulturschocks auf einmal«. Er wollte zurück nach Deutschland, und Carolin bot ihrem Bruder an, zu ihr zu ziehen. »Das war natürlich keine Lösung. Wie schon als Kind fügte ich mich einfach den Umständen und fand mich dann in der deutschen Schule in New York, nördlich von Manhattan, ziemlich schnell ein. Die Dinge sind doch oft einfacher, wenn man keine Wahl hat.« Den neuen Wohnort richteten die Masurs nach Kens Schule. Nachdem über dreißig Häuser besichtigt waren, fanden sie außerhalb New Yorks, in Harrison, ein neues Domizil, das »mit einer großen Küche, riesigem Fenster und einem wunderschönen Garten mit Swimming Pool« ihrem Leipziger Heim ähnelte.

Harrison ist eine Parkstadt im neuenglischen Stil. Alle Häuser haben große, sehr gepflegte Gärten. Die Qualität der Schulen ist hoch, weshalb die Gemeinden höhere Steuern verlangen. Die Nachbarn sind angenehm – »von ihnen merkt man überhaupt nichts« –, und bald fühlten sich die Masurs auch im Staate New York zu Hause.

An seinem ersten Arbeitstag erzählte jemand Masur von einem U-Bahn-Schaffner, der an der Station »Lincoln Center« ausgerufen habe: »Say hello to my fellow conductor Masur! Please, get off.« Jener Schaffner hatte am Tag zuvor in der Zeitung gelesen, dass sein Berufsnamensvetter am Morgen seine neue Stelle antreten sollte – »Conductor« bedeutet sowohl »Dirigent« als auch »Schaffner«. Die Mentalität der Amerikaner liegt Masur sehr. »Das ist eine Lockerheit, die einem richtig wohltut. Die Leute gehen auf der Straße und sagen so im Vorübergehen mit einer kleinen grüßenden Handbewegung: ›Das Konzert war sehr schön‹ oder ›Ich hab Sie doch neulich im Fernsehen gesehen‹ – nichts weiter. Es ist ein Gefühl wie in einer großen Familie.«

Der Gewandhauskapellmeister stand nun in der illustren Reihe großer Dirigenten, die New York Philharmonic in der Vergangenheit vorzuweisen hatte. Allein im 20. Jahrhundert reicht die Liste von Walter Damrosch, Gustav Mahler, Willem Mengelberg und Arturo Toscanini bis zu John Barbirolli, Bruno Walter, Leopold Stokowski, Dimitri Mitropoulos, Leonard Bernstein, George Szell, Pierre Boulez und Zubin Mehta. »Werden Sie, was Sie in Leipzig sind – der kulturelle Wegweiser dieser Stadt!«, schrieb die *New York Times*. »Was Sie in Leipzig sind« und nicht »waren«, denn Masur hatte nicht die Absicht, den Anker in Deutschland zu lichten. Die Leipziger blieben gelassen, und die New Yorker wussten, woran sie waren.

Skeptiker meinten, für Masur würde es schwierig werden, seine ostdeutsche Karriere so einfach in Amerika fortzusetzen. Ganz unbegründet waren solche Bedenken nicht. Die Verhältnisse in New York, nicht zuletzt die Strukturen des Managements, unterschieden sich deutlich von denen am Leipziger Gewandhaus. Doch die USA-Erfahrung des deutschen Dirigenten war umfangreicher, als so mancher vermutete. Seit 1974 hatte er nahezu alle zwei Jahre mit dem Gewandhausorchester Tourneen in die Neue Welt bestritten und war ständiger Gastdirigent der amerikanischen Spitzenorchester gewesen. Mehr als dreihundert Konzerte hatte er in etwa neunzig verschiedenen Städten dirigiert. Land und Leute waren ihm vertraut geworden – Unterschiede ebenso wie Ähnlichkeiten mit dem europäischen Publikum. Privatim hat Masur einmal geäußert, er wolle sein »Leipziger Modell« der Vielfältigkeit des Angebotes für Jung und Alt, für das etablierte Konzertpublikum wie für den einfachen »Mann auf der Straße«, auf New York übertragen – anders dimensioniert, angepasst an die Gegebenheiten der Weltmetropole. Das war kein Größenwahn. Genau das erwarteten die New Yorker Manager von ihm. Aber würde er diese Mammutarbeit leisten können? Leipzig mit seinen damals fünfhunderttausend Einwohnern hatte es schwer, den Vergleich mit der Achteinhalb-Millionen-Stadt New York auszuhalten. »Was ist die Grimmaische Straße gegen den Broadway, was der Augustusplatz gegen den Times Square, was die *Leipziger Volkszeitung* gegen die *New York Times*?« fragte Pressesprecher Björn Achenbach 1992 im *Gewandhausmagazin*.

Masur brauchte vor Ort Verbündete. Chairman Stephen Stamas stand ihm zur Seite. Masur kannte ihn gut. Er hatte mit ihm schon vor längerer Zeit zusammengearbeitet, als es darum ging, für junge Dirigenten Förderkurse einzurichten. Damals planten sie einen amerikanisch-europäischen Austausch zum gegenseitigen Studium unterschiedlicher musikalischer Traditionen. Zwar blieb diese Idee aus finanziellen Gründen eine Vision, aber aus dieser Zeit rührte ein persönliches Vertrauensverhältnis der beiden Männer, das Masurs Entscheidung für New York wesentlich erleichterte: »Ich konnte ›ja‹ sagen, aber es war für mich eine Herausforderung, die ich mir zu dieser Zeit eigentlich nicht mehr vorgestellt hatte.«

Unterstützung fand er auch in seinem Vorgänger Zubin Mehta. Seit 1978, dreizehn Jahre hindurch, hatte der indische Dirigent die Philharmoniker geleitet, länger als jeder Chefdirigent vor ihm. Persönlich kennen gelernt hatten sich Masur und Mehta im März 1982 auf einem Flug von New York nach London. »Man hatte mich nach New York zum zehntausendsten Konzert der Philharmoniker eingeladen«, erinnert sich Masur. »Da dirigierte Zubin die Zweite Sinfonie von Mahler, die ›Auferstehungssinfonie‹. Es war eine hinreißende Aufführung! Danach regnete es in Strömen, und ich stand ohne Mantel vor der Konzerthalle und versuchte vergeblich, ein Taxi zum Flughafen zu bekommen. Pitschnass saß ich dann irgendwann im Flugzeug. Doch das startete einfach nicht. Man wartete noch auf einen Passagier. Es war Zubin. Er setzte sich neben mich, und wir machten sofort Pläne.«

Mehta, seit 1969 zugleich Chefdirigent des Israel Philharmonic Orchestra und seit 1981 deren »Musikdirektor auf Lebenszeit«, lud ihn dann vier Jahre später zu einem ersten Gastdirigat nach Tel Aviv ein. Seinerseits gastierte er bereits im Juni 1985 erstmals mit den New Yorkern im Gewandhaus. Das Honorar – in Ostmark – schenkten die Amerikaner dem Gewandhaus. Es hätte keinen Sinn gemacht, in der DDR ein Konto einzurichten. Masur war gerührt von der Geste: »Die New Yorker haben ungeheuer draufgezahlt, weil Zubin sein Versprechen halten wollte, sehr nobel.«

Zubin Mehta war für Masur »ein ungeheuer fairer Partner«, der nie versucht habe, ihn zu beeinflussen, aber seine Fragen immer klar beantwortet habe. »Eines Tages erlebte ich zwischen Zubin und dem Executive Director eine harte Auseinandersetzung über zwei von Zubin geforderte Proben während einer Reise. Das brachte mich darauf, in meinem Vertrag akustische Proben auf Reisen zu fordern.« Das war unüblich, sie wurden nicht bezahlt. Sein Vorgänger habe ihm das Orchester, das er sehr liebte, »regelrecht übergeben«, wofür er ihm sehr dankbar sei.

Gleich zu Beginn seiner Tätigkeit sah sich Masur mit einem Machtkampf zwischen dem Orchester und dem Generalmanager konfrontiert. Der Board gab ihm zu verstehen, dass man auf der Suche nach einem Nachfolger für diesen sei. Masur war sofort bereit, an dieser für das Orchester entscheidenden Personalfrage mitzuwirken. Sie einigten sich nach einigen vergeblichen Versuchen auf Deborah Borda. Masur kannte sie aus San Francisco, wo sie musikalische Beraterin am Symphony Orchestra war. Von dort wurde sie ihm auch nachdrücklich empfohlen. »Sie würde mit mir hier in New York durch dick und dünn gehen«, glaubte er anfangs, denn die Vorgespräche mit ihr verliefen äußerst positiv. »Ich stehe tausendprozentig hinter Ihnen«, versicherte sie dem Musikdirektor, der später enttäuscht feststellte: »Das war vielleicht schon die erste verkappte Unwahrheit (es gibt nur hundert Prozent).«

Masur brauchte freie Hand für die künstlerische Arbeit mit dem Orchester. Anders als in Leipzig konnte und wollte er sich nicht um das Management und organisatorische Probleme kümmern. Das besorgte Deborah Borda in ihrer Schlüssel- und vor allem Vertrauensstellung als Mittlerin zwischen Musikdirektor, Orchester, Management und Board. Ihre eher sachlich nüchterne Art war eine gute Ergänzung zu Masurs spontaner Künstlernatur – ein Gespann, das anfangs gut funktionierte. Auch mit dem Board lief die Zusammenarbeit zufriedenstellend an. Hier lernte er Menschen kennen, die bereit waren, das nötige Geld zu investieren, hier traf er auf Freunde, die ihm gerade in dieser Beziehung seine Aufgabe erleichterten. Und diese Aufgabe hieß: künstlerische Arbeit mit den Musikern seines Orchesters. Gelegentliches Einmischen in seine Programmgestaltung musste er dabei in Kauf nehmen.

Das Orchester war nicht einfach zu nehmen. Die Musiker selbst sahen sich durchaus als »chaotischen Haufen«, meint Joseph Robinson, Solo-Oboist: »Wir können lauter und leiser spielen, schneller und langsamer als beinahe jedes Orchester der Welt. Nur nicht immer zusammen …«

Anfängliche Reibungen blieben nicht aus. Bei etwa hundert Individualisten, darunter auch wahre Mimosen, traten Empfindlichkeiten zutage. Die Arbeitsweise des neuen Chefs war man nicht gewohnt. »Früher konnte der Tagesablauf eines Philharmonikers etwa so aussehen«, erzählt der Violinist Newton Mansfield: »Ein Schüler von acht bis neun. Von zehn bis halb eins eine Mahler-Probe. Von eins bis zwei in der Radio City Hall aushelfen. Von zwei bis drei einen Werbespot aufnehmen. Von vier bis fünf ein Jazz-Stück im Rundfunk spielen. Abends schnell noch ein Sandwich bei Carnegie Delicatessen, und dann Mahler spielen. Das waren hartgesottene Kerle. Sie hatten keinen Sinn dafür, nett zu sein zu Dirigenten, die ihr Geschäft nicht verstanden. So wurden wir eben bekannt als ›Mafiosi‹ der Orchesterwelt. Aber das hat sich geändert.«

Masur verlangte vor allem ein Bekenntnis und stellte Forderungen – kein ganz ungefährliches Vorgehen, aber er wusste, dass es nur ein Entweder-oder geben kann. Entweder er schaffte es, oder er hatte verloren. »Meine erste Sitzung mit dem Orchesterkomitee fand 1991 kurz vor Weihnachten statt. Wir haben damals viel diskutiert. Man machte mich aufmerksam auf bestimmte Abmachungen der Gewerkschaft mit den Musikern, und ich war etwas brüskiert, weil ich auch hier wieder von Regelungen erfuhr, die wir in Deutschland und auch in Europa in dieser Form nicht kennen. Zum Beispiel muss die Pause während einer Probe ganz präzise zur festgelegten Zeit erfolgen, und wenn das Orchester später kam, durfte die Zeit nicht etwa angehängt werden. Dazu fehlte absolut die Bereitschaft. Es gab auch noch andere Dinge, die für die Effizienz der künstlerischen Arbeit einfach fragwürdig waren. Ich hatte meine Erfahrungen mit anderen amerikanischen Orchestern und wusste, dass sich da nichts ändern lässt, weil die Entscheidungen der Gewerkschaft für alle Orchester in den Vereinigten Staaten bindend sind. Selbst bei gutem Willen kann da nicht ein einzelnes Orchester ausscheren. Besonders in der ersten Zeit bekam ich dann immer eine gewisse Arroganz zu spüren: Na ja, Sie sind ein Greenhorn, Ihnen fehlt noch die Erfahrung mit Amerika, vor allem mit uns. Aber wir werden Ihnen helfen, das alles zu lernen.« Masur brauchte derlei Hilfen nicht. Er hatte seine Erfahrungen mit dem Orchester bereits gemacht, seine künstlerischen Ziele standen fest. »Wenn es Differenzen gibt«, sagte er den Musikern, »sollten wir diese offen aussprechen und wenn möglich aus der Welt schaffen.«

Eines Tages gab ihm die Vorsitzende des Orchesterkomitees, die zweite Flötistin, mit süffisantem Lächeln eine Broschüre in die Hand. Er solle sie bitte lesen, und damit wünschte sie ihm »Fröhliche Weihnachten«. Es waren die Bestimmungen der Musikergewerkschaft. Zwei Monate später, beim nächsten Treffen mit dem Komitee, revanchierte sich Masur. Es war Valentinstag, und er hatte für jedes Komiteemitglied ein Büchlein gekauft, das mit dem Spruch begann: »Wir sind alle Engel mit nur einem Flügel. Wir können nur fliegen, wenn wir einander umarmen.« Er überreichte es mit den Worten: »Happy Valentin, ich wünsche allen einen glücklichen Valentinstag!« Der Wink wurde verstanden. Masur hatte wohl vor allem die Herzen der Damen berührt: »Sie sollten spüren, dass ich nicht gekommen war, um zu kämpfen, sondern um die Gemeinsamkeit zu suchen.« Gerade das beeindruckte die Musiker, denn zuvor war die Atmosphäre in solchen Fällen vor allem durch Konfrontation geprägt gewesen. In Amerika sind Halbheiten nicht möglich. Masur spielte mit hohem Einsatz – mit dem Einsatz seiner ganzen Persönlichkeit, denn er wusste, dass dem Orchester der zweifelhafte Ruf anhing, ein »Dirigentenkiller« zu sein. »Listen, friends!« sagte er gewöhnlich, wenn er eine Probe unterbrechen musste. Er setzte auf Offenheit: »Je mehr das Orchester spürte, dass ich nicht hinter dem Berg halte mit meiner Meinung, sondern absolut ehrlich mit ihnen arbeiten wollte und nur ein gemeinsames Ziel vor Augen hatte, nämlich künstlerisch das Höchstmögliche zu erreichen, wandelte sich die anfängliche Skepsis zu einer immer enger werdenden Zusammenarbeit.«

Mittwoch, 11. September 1991: »Opening Night« in der ausverkauften Avery Fisher Hall am Lincoln Center. Kurt Masur präsentiert sich als neuer Musikdirektor von New York Philharmonic. Am 4. September war er mit der Concorde in New York eingetroffen, um das Eröffnungskonzert vorzubereiten. Zuvor hatte er mit dem Gewandhausorchester noch an fünf Abenden einen Beethoven-Zyklus in Birmingham gegeben. Mit Standing Ovations wurde er nun vom New Yorker Publikum begrüßt. Sein geschickt zusammengestelltes Programm verband echt Amerikanisches mit großer europäischer Sinfonik. John Adams' »Tromba lontana«, ein geheimnisvolles Fanfarenstück für großes Orchester mit zwei entfernt aufgestellten dialogisierenden Trompeten, stimmte das Publikum ein. Es folgte vom selben Komponisten »Short Ride in a Fast Machine« – vital, ungeheuer rhythmisch und witzig. Beide Stücke wurden 1986 komponiert. Solist des Abends war der amerikanische Starbariton Thomas Hampson. Er sang die zweite Serie der »Old American Songs« von Aaron Copland – beseelt, suggestiv und temperamentvoll, je nach Stimmung der stark folkloristisch geprägten Lieder. Der neue Musikdirektor zeigte sich mit dieser Reverenz an Amerika in Bestform. Nach der Pause präsentierte er Anton Bruckners Siebente Sinfonie, das Geschenk aus Leipzig. Dort hatte Arthur Nikisch mit dem Gewandhausorchester das Werk einst aus der Taufe gehoben – 1884, fünf Jahre bevor er die Sinfoniekonzerte in Boston übernahm. Ein beziehungsreiches Opus also und außerdem eine von Masur sehr geliebte Sinfonie. Nicht enden wollender Beifall, wieder stehende Ovationen. Für das New Yorker Konzertpublikum ist das durchaus ungewöhnlich, denn in der Regel mischt sich dort sofort nach dem Schlussakkord der Beifall mit geräuschvollem Aufbruch. »Es scheint eine Liebesaffäre zu werden mit Mr. Masur«, kommentierte eine begeisterte Konzertbesucherin. Sein Enthusiasmus übertrug sich.

In mancherlei Hinsicht musste Masur sich sein Publikum aber erst noch »erziehen«: »Bei den New Yorkern gab es eine schreckliche Unsitte: das Husten. Immer gerade dann, wenn man Spannung brauchte, kamen diese krächzenden Laute aus dem Saal, so dass manchmal sogar die Musik unhörbar wurde. Das störte unsere Konzentration sehr. Ich erinnere mich an einen Abend, als wir ›The Unanswered Question‹ von Charles Ives aufgeführt haben, ein Stück, das so Pianissimo beginnt, dass jede kleinste Störung ungeheuer ins Gewicht fällt. Und prompt nach etwa einer halben Minute wurde so laut gehustet, dass wir einfach nicht weiterspielen konnten. Die ferne Trompete, die ja immer wieder die ›Question‹ stellt, war nicht zu hören. Also brach ich ab, drehte mich um und sagte: ›Wenn Sie die Frage nicht hören, werden Sie auch keine Antwort suchen können!‹ Das Publikum reagierte mit Heiterkeit, applaudierte, und ich fing noch mal von vorn an. Jetzt herrschte Totenstille. Etwas Ähnliches passierte später noch einmal. Wieder wurde undiszipliniert gehustet, aber nicht vereinzelt, sondern nach und nach waren alle angesteckt – es war schrecklich. Wir spielten Schostakowitschs Fünfte Sinfonie und waren bei dem wundervollen Oboensolo im dritten Satz angelangt, wo man die ganze Einsamkeit und Verlorenheit der Seele spürt, eine ungeheuer bewegende Stelle. Als das Husten immer mehr zunahm, konnte ich nicht anders als ebenfalls husten, und zwar sehr laut. Ich wollte zeigen, dass ich das auch kann, und ging von der Bühne. Als ich nach etwa zwei Minuten zurückkam, erntete ich Applaus. Die Menschen hatten mich verstanden, und wir begannen den Satz noch einmal vor einem Publikum, das jetzt sehr konzentriert zuhörte. Ich habe mich oft gefragt, wieso das besonders in New York so ist. Ich glaube, es gibt zwei Gründe: Zum einen kommen die Menschen sehr oft von weither aus einer lauten und sehr dynamischen Stadt in die Stille des Konzertsaales. Da erleben sie so eine Art abrupten Klimawechsel, den sie schwer verkraften. Und zweitens verleitet die Akustik der Avery Fisher Hall zu der Annahme, man könne sich auf seinem Platz einfach alles leisten. Inzwischen haben wir mit dem Publikum eine Übereinstimmung erreicht, die für beide Seiten sehr beglückend ist. Das New Yorker Publikum ist intelligent und spürt sofort, wenn unsere Reaktionen berechtigt sind. Man muss sich nur davor hüten, sie in arroganter Weise zu artikulieren. Mit Charme und etwas Situationswitz kann man da viel mehr bewirken.«

Manchmal bewies Masur einen geradezu lausbubenhaften Humor, wie sich Sedgwick Clarc, Herausgeber der Zeitschrift *Musical America* und Plattenproduzent, erinnert. Als ein Zuhörer genau nach dem rauschhaften Auftakt von Kodálys »Háry-János«-Suite und mitten hinein ins Pianissimo laut nieste, habe sich der Maestro umgedreht und zum großen Vergnügen des Publikums gedonnert: »Das war zu spät!«

Der neue Mann auf dem Dirigentenpodium hatte einen glänzenden Einstand gegeben. Zwar war er für das Publikum seit über einem Jahrzehnt kein Unbekannter mehr, aber jetzt war er Chef dieses ältesten amerikanischen Orchesters geworden. Die Konzertbesucher und die Musiker hatten ihn angenommen. Bis zum 15. September dirigierte er noch an drei Abenden in New York, am 19. und 20. September bereits wieder ein Abonnementkonzert in Leipzig. Gleich danach flog er zurück nach New York zu vier Konzertterminen, musste aber am 2. Oktober in Leipzig die Gewandhaus-Festtage und das damit verbundene Internationale Symposium eröffnen. Noch am selben Abend saß er beim ZDF in einer Live-Sendung mit Kurt Biedenkopf zusammen. Am 7. Oktober dann das Festkonzert »Zehn Jahre Neues Gewandhaus«, am Tag darauf Sonderkonzert in Prag in Anwesenheit des Bundespräsidenten und Václav Havels, am 12. Oktober Abschlusskonzert der Festtage mit Benjamin Brittens »War Requiem«. Am Vormittag war die »Internationale Mendelssohn-Stiftung« gegründet und Masur zum Vorsitzenden gewählt worden. Die zweite Monatshälfte hatte er wieder Pflichten in New York – »Maestro zwischen den Welten«. Wie hält das ein Mensch aus? Masurs Antwort war schon 1992 kurz und bündig: »Mein Pensum ist nicht größer geworden.« Doch inzwischen spürte er, dass »die Verantwortung für zwei Spitzenorchester schon belastend« sei. »Aber eine Erleichterung ist doch, dass ich nunmehr nicht Gastspiele bei verschiedenen Orchestern in der Welt gebe, sondern heute von ›meinem‹ Orchester zu ›meinem‹ Orchester fliege.« In Leipzig habe er die Ehefrau, in New York die Geliebte.

Die Räumlichkeiten der Avery Fisher Hall ließen, wie Masur schon bei seinem ersten Gespräch mit den New Yorkern hatte durchblicken lassen, einiges zu wünschen übrig. In erster Linie ärgerten ihn die akustischen Unzulänglichkeiten. Das Orchester klang zu schrill, insbesondere die Blechbläser und Streicher erreichten nicht den optimalen Klang. Masur holte Rudolf Skoda nach New York und ließ ihn einen Entwurf zur Umgestaltung der Bühne machen. Obwohl dieser nach Meinung Masurs sehr gut war, wurde er abgelehnt. Das forderte den für seine Hartnäckigkeit berühmten Dirigenten heraus: »Und wie ich so bin, habe ich nicht locker gelassen. Während der ersten Spielzeit zog ich die Notbremse. Ich setzte die Kontrabässe nicht mehr an die Seite, sondern der Reihe nach an die Hinterwand, damit die Abstrahlung von der Bühne nicht so stark war, dass die Blechbläser schrien. Das klappte wunderbar, aber es war nicht für alle Stücke praktisch. Bei einigen Werken eignete sich die Entfernung zwischen den Kontrabässen und den übrigen Streichern weniger. Wir haben das ein Jahr praktiziert, und das Orchester war damit auch erst mal ganz zufrieden.«

Es konnte jedoch keine Dauerlösung sein. Monatelang versuchte Masur den Managern klar zu machen, dass die gegenseitige Hörbarkeit verändert werden müsse und dass hierfür nicht der ganze Saal, sondern nur die Bühne in der Abstrahlung umzubauen sei. Er machte einen weiteren Vorstoß. Gemeinsam mit einem der berühmtesten Akustiker, Russel Johnson, der die Konzerthäuser von Birmingham und Dallas mit erbaut hatte, erarbeitete er ein Modell. Wiederum wurde es abgelehnt. Da zog Masur die nächste Notbremse und drohte dem Board zu kündigen: »Ich kann den Musikern nicht zumuten, unter Bedingungen zu spielen, die zweitklassig sind. Jedes Orchester, das in der Carnegie Hall gastiert, deren Akustik hinreißend ist, bekommt bessere Kritiken als die armen New Yorker Philharmoniker, die werden immer zu niedrig bewertet. Wenn ihr das nicht verändert, tut es mir leid. Ich werde keinen aussichtslosen Kampf mit dem Orchester führen!« Er wusste, wovon er sprach.

Die Drohung wirkte. Masur galt mittlerweile als zu beliebt bei Orchester und Publikum, als dass man ihn erneut hätte düpieren können. Während der Saisonpause, im Sommer 1992, wurde die Bühne innerhalb von nur drei Monaten für drei Millionen Dollar umgebaut. Der Einsatz hatte sich gelohnt. Die Akustik der Avery Fisher Hall zeigte deutliche Verbesserungen. Die Musiker dankten es ihm. »In jeder Probe verlangt er totale Konzentration«, äußerte sich Konzertmeister Glenn Dicterow 1992 über Masurs Arbeitsstil. »Von jedem fordert er, sein Bestes zu geben. Er arbeitet auf einen runden Klang hin. Seit er hier ist, hat er ihn schon verändert.« Masurs Besessenheit in der Probenarbeit war ungewohnt für das Orchester. »Das Großartige ist«, sagt die Flötistin Renée Siebert, »dass er wirklich arbeitet: ›Lasst uns das richtig machen!‹ Das ist ja auch der Sinn einer Probe und nicht, nur einfach durchzuspielen.« Er habe sie wieder auf die Musik verpflichtet, bekennt ein anderes Orchestermitglied.

Masur setzte sein Programmkonzept konsequent um. Im Zentrum stand das klassisch-romantische Repertoire. Sechzig Konzerte dirigierte er in der ersten Saison. In erstaunlich kurzer Zeit vermochte er in seinen Musikern eine Leidenschaft und Hingabe zu wecken, die staunend vermerkt wurde: »Wenn Kurt Masur auf dem Podium steht, spielt das Orchester besser, als ich es je erlebt habe. Ich glaube, dass beim New York Philharmonic eine Ära beginnt, die selbst die goldene Bernstein-Zeit überflügeln wird«, sagte 1992 Ranier De Intinis, seit dreißig Jahren Hornist der Philharmoniker.

Am Ende seiner ersten Saison, vom 21. bis 23. Mai 1992, setzte Masur mit Benjamin Brittens »War Requiem« einen Akzent, den vorher niemand für möglich gehalten hatte. Mitwirkende waren die New York Choral Artists, der American Boychoir und die Gesangssolisten Yvonne Kenny, J. Hadley und David Wilson-Johnson. Zwei Tage darauf, es war der »Memorial Day«, der Gedenktag für alle Kriegsopfer der Welt, wiederholte er das Werk in St. John the Divine an der Amsterdam Avenue, der größten Kathedrale der Welt. Er betrachtete diese Aufführung als Geschenk an die New Yorker. Bei freiem Eintritt kamen Tausende geströmt. Das riesige Gotteshaus war bald überfüllt, und viele Menschen standen noch davor. Naj Wikoff, der Direktor der Kirche, hob in einem Brief an Masur das sozial Verbindende dieses Konzerts hervor: »Die Kathedrale war voll von Leuten, die wahrhaftig die Stadt repräsentieren – jung, alt, schwarz, weiß, reich, arm, alle kamen zusammen in einem tief empfundenen Augenblick der Erneuerung, der Reflexion und der Hoffnung für die Zukunft. Mit Ihren Leuten zu arbeiten, war ein Vergnügen ..., ganz der Idee ergeben, die Stadt zu einem besseren Lebensort zu machen.«

Die »Memorial Day«-Idee ist inzwischen Tradition geworden: Jedes Jahr am letzten Montag im Mai erleben die New Yorker ein kostenloses Konzert. Die Nähe zum Publikum sucht Masur auch hier: »Ich wollte kein Star sein, ich wollte jemand bleiben, mit dem man auch auf der Straße spricht.« Das ist ihm gelungen. Er rief die »Rush Hour Series« ins Leben – kurze Nachmittagskonzerte zur Überbrückung der Stauzeit auf den Straßen –, die »Open Rehearsals« – öffentliche Generalproben am Vormittag – und die »Free Parks Concerts« im Sommer. Bis zu achtzigtausend New Yorker kamen dann in den Central Park. »Leipziger Musik-Qualität in die ›Hauptstadt der Welt‹ getragen«, wie in der Boulevardpresse zu lesen war. Künstlerisch macht Masur keine Unterschiede zwischen solchen Open-Air-Konzerten und denen in der Avery Fisher Hall. Die New Yorker danken es ihm. Oft wird er auf der Straße von ihm völlig unbekannten Menschen gegrüßt. Eine Begebenheit erzählt er immer wieder gern: »Ich bin einmal unten im Harlem-Viertel durch die Straßen gelaufen. Da kam mir ein Mann entgegen, dem man ansah, dass er wohl obdachlos war. Er sah nicht gut aus, und ich dachte natürlich, er kommt, um zu betteln. Aber er war nur ganz glücklich und drückte mir die Hand – er hatte ein halbes Jahr vorher Beethovens ›Neunte‹ in St. John the Divine gehört. Das sind so Momente, in denen man auf einmal berührt ist, dass so einfache Menschen solche Erlebnisse mit sich tragen.«

Von New York Philharmonic langfristig und mit viel Aufwand vorbereitet, startete man im Herbst 1992 in die hundertfünfzigste Saison. Das Eröffnungskonzert wurde landesweit live übertragen – Bernstein, Prokofjew, Strauss mit Kathleen Battle als Solistin. Es war ein Riesenerfolg: zwölf Minuten Standing Ovations, ganz ungewöhnlich für amerikanische Verhältnisse. Und am 7. Dezember, dem Gründungstag der Philharmoniker, standen beim »Anniversary Concert« drei Musikdirektoren der New Yorker auf der Bühne – Kurt Masur und seine Vorgänger Pierre Boulez und Zubin Mehta –, ein absolutes Highlight für die New Yorker! In Leipzig – der geschichtliche Zufall wollte es – stand jene Konzertsaison ebenfalls in Jubiläumsglanz. Die Oper feierte ihren dreihundertsten Geburtstag, das Gewandhausorchester sein zweihundertfünfzigjähriges Bestehen, und die Musikhochschule als jüngstes Glied dieser Kette wurde auch schon hundertfünfzig Jahre alt – genau wie Amerikas ältestes Orchester. Eine »große kulturelle Völlerei« nannte es Wolfgang Sandner von der *Frankfurter Allgemeinen Zeitung*, was keineswegs abwertend gemeint war.

Im Frühjahr 1993 ermöglichte die Citibank den New Yorker Philharmonikern eine Geburtstagstournee nach Europa. Unter den zehn Musikmetropolen, die auf dem Reiseplan standen, befand sich auch Leipzig. Am 7. April gastierte Masur erstmals als Musikdirektor mit seinem amerikanischen Orchester in seiner Heimat. Auf dem Programm standen Werke von Samuel Barber, Sheng und Dvořák. Auf einer Pressekonferenz hatte er zuvor ein kurzes Statement abgegeben: »Ich habe mich auf meine ersten europäischen Auftritte mit diesem wunderbaren Orchester sehr gefreut. Konzertreisen wie diese sind unverzichtbar für die New Yorker Philharmoniker, um in Verbindung mit der Musikwelt außerhalb New Yorks zu bleiben.«

Kurt Masur wird oft gefragt, ob er einen Unterschied sieht zwischen europäischen und amerikanischen Orchestern. Seine Erfahrungen, die er über ein halbes Jahrhundert lang mit den unterschiedlichsten Orchestern der Welt hat sammeln können, fasste er im Frühjahr 2001 wie folgt zusammen: »Es gibt ihn nicht, diesen Unterschied. Natürlich bestehen verschiedene ästhetische Vorstellungen und – sagen wir – Geschmacksrichtungen und Vorlieben, und darin unterscheiden sich die Orchester tatsächlich, aber wir können da nicht nach Nationen oder Erdteilen gehen. Schon innerhalb der einzelnen Länder existieren deutliche Unterschiede in den Klangvorstellungen der Orchester. Viel stärker erscheint mir als übergreifende Kraft das, was man etwas allgemein den ›Zeitgeist‹ nennen könnte. Es wird kaum jemandem gelingen, eine Mozart-Interpretation George Szells mit dem Cleveland Orchestra von der Karl Böhms mit den Wiener Philharmonikern auseinander zu halten, weil die Idealvorstellungen in beiden Fällen sich sehr ähneln. Es gab ja auch eine Zeit, in der viele europäische Musiker, auch Dirigenten, die amerikanischen Orchester geprägt haben. Wenn man sagt, das New York Philharmonic Orchestra sei Amerikas ältestes Orchester – und das stimmt auch –, so ist es doch genauso alt oder jung wie die Wiener Philharmoniker! Natürlich haben die New Yorker einen ganz anderen Stil. Der ist aber vor allem durch das andere Repertoire entstanden. Und entscheidenden Anteil daran hatten natürlich die Dirigenten – Mahler, Toscanini, Klemperer, Walter, Barbirolli, Mitropoulos, Bernstein, Szell, um nur ein paar Namen zu nennen. Sie alle haben

dem Orchester ihren ganz persönlichen Stempel aufge-
prägt.«

Die amerikanische Musik des 20. Jahrhunderts habe dabei eine große Rolle gespielt, hebt Masur hervor. »Jeder
Dirigent hat also dem Orchester ganz individuelle Klangvorstellungen vermittelt – wenn wir nur an Gustav Mahler
denken. Das wirkt nach bis heute. Gegenwärtig zählen die
New Yorker zu den besten Mahler-Orchestern der Welt.
Andere Farben kamen hinzu, etwa Leonard Bernstein oder
– wenn wir in die Geschichte zurückblicken – Mengelberg
und Furtwängler. Sie haben ihre Spuren hinterlassen, sehr
unterschiedliche. Aus meiner Erfahrung darf ich sagen:
Die New Yorker sind das Orchester, das über die farben-
reichste Palette stilistischer Möglichkeiten verfügt. Die können einfach alles – da schwingen Traditionen und Erfahrungen mit. Den unverwechselbarsten Klang unter den großen
amerikanischen Orchestern hat sicherlich das Philadelphia
Orchestra, das hauptsächlich von Eugene Ormandy und
natürlich auch von Leopold Stokowski geformt wurde.
Dann wissen wir, dass Fritz Reiner dem Chicago Symphony
Orchestra in der Mitte des vorigen Jahrhunderts eine ausgesprochen europäische Farbe verliehen hat, die dann allerdings mehr und mehr einer hochgezüchteten Virtuosität
geopfert wurde. Da sind dann plötzlich Interpretationen
zustande gekommen, die eher nach Toscanini klangen, was
dem Orchester vielleicht nicht einmal bewusst war. Toscanini, dessen singuläre Erscheinung in der musikalischen
Interpretationsgeschichte unumstritten ist, hat, so glaube
ich, diesen Perfektionismus in Amerika verursacht. Sie haben immer wieder versucht, ihn zu kopieren, vor allem die
jungen, aufstrebenden Dirigenten. Bei ihm klang eine Ros-
sini-Ouvertüre einfach aufregend und die ›Siebente‹ von
Beethoven selbst im wahnsinnigen Tempo rhythmisch immer noch exakt. So etwas löste natürlich Faszination aus.
In der Zeit nach Toscanini ergab sich in Amerika eine Art
Wettbewerb um Perfektion, um technische Vollendung, die
nicht immer etwas mit musikalischer Qualität zu tun hatte.«

In Deutschland und generell im mittleren Europa seien dagegen die Interpretationen Furtwänglers prägend gewesen. »Da ging es in erster Linie um Ausdruck, um klangliche Fülle, um ›Tiefgang‹ der Gedanken und Gefühle, wenngleich Toscaninis epochaler Einfluss natürlich auch hier nicht übersehen werden darf. Die italienischen Orchester zum Beispiel spielen Brahms viel leichter, als es deutsche Ohren gewohnt sind, während es deutschen Orchestern schwerer fällt, italienische Musik mit ihrer unvergleichlichen Anmut und Grazie zu spielen. Aber das ist kein Manko. Gott sei Dank ist diese national bedingte stilistische Vielfalt noch nicht verloren gegangen. Ich glaube aber doch eines sagen zu können: Bei aller nationalen und historisch bedingten Unterschiedlichkeit der Traditionen ist eines nicht wegzudenken und bleibt Maßstab – die Musik der Klassik und Romantik. Sie ist im großen Repertoire der verschiedensten Orchester gleich und wird auch vom internationalen Publikum in annähernd gleicher Weise gewertet. Da gibt es wirklich keine gravierenden Unterschiede – ob Europa, Japan oder Amerika. Unterschiede tun sich auf bei zeitgenössischer Musik. Da hat jedes Orchester sein eigenes ›Markenzeichen‹, da wird es dann schon sehr national oder auch regional. Die russischen Orchester, die ich ziemlich genau kenne, zeichnen sich vor allem durch eine enorme Schlagkraft aus, die in erster Linie vom Strahl der Blechbläser hervorgerufen wird. Aber auch die Streicher! Wenn ich mich heute an den wunderbaren Streicherklang der Leningrader Philharmonie erinnere (ich sage ganz bewusst ›Leningrader‹, weil ich die Zeit Mrawinskis meine) – damals saßen viele jüdische Spieler an den Pulten –, das war ein so unverwechselbarer, einzigartiger Klang! Und der ist heute nicht mehr da, obwohl wieder hervorragende Musiker spielen. Und ich glaube, da ist auch nichts mehr zurückzuholen. Das selbstverliebte Spielen hat dort aufgehört – es ist anders geworden. Die Auffassung, russische Orchester hätten härter gespielt als die europäischen, entspringt einem Vorurteil, das nicht haltbar ist. Sie konnten mit einem wunderbaren samtenen Klang spielen. Ich besitze eine Aufnahme von Rachmaninows ›Zweiter Sinfonie‹ mit den Leningradern unter Kurt Sanderling, die mich immer wieder fasziniert. Das ist einfach ein Klangwunder. Wie da auf den Streichinstrumenten gesungen wird, das ist unwiederbringlich! Es spielen dabei Traditionen und ein gepflegtes Repertoire eine große Rolle. Das verleiht den verschiedenen Orchestern ihre Eigenart. Den Streicherklang, an den ich mich bei den Leningrader Philharmonikern erinnere, habe ich manchmal in Israel wiedergefunden. Das ist ziemlich einfach zu erklären: In diesen Orchestern gibt es sehr viele jüdische Auswanderer aus der ehemaligen Sowjetunion. Da hatte ich ihn wieder gehört, den wunderbar sinnlichen Klang, ganz unabhängig vom Stil einer Komposition. Er war einfach vorhanden. Das Bedürfnis und das Vermögen, einfach singen zu wollen mit den Streichinstrumenten, ist dort sehr ausgeprägt.«

Eine besondere Konstellation ergebe sich beim Leipziger Gewandhausorchester: »Ein Orchester, das jede Woche eine Bach-Kantate in der Thomaskirche spielt, gleichzeitig im Opernhaus die unterschiedlichsten Stile der Opernliteratur beherrschen muss, dazu Musical, Ballett und Zeitgenössisches, und das – nicht zuletzt – im Konzertrepertoire sehr flexibel sein muss: Ein solches Orchester hat sich trotzdem seinen ganz spezifischen weichen, singenden Klang bewahrt, und das über die ganze Zeit seines Bestehens hinweg. Diese Musiker haben immer alle musikalischen Bereiche bedient, ohne ihre Eigenart dabei zu gefährden. Und dann kommen die Puristen und sagen: So kann man Bach nicht spielen, so kann man Haydn nicht spielen, von uns aus Brahms und Bruckner, bitte schön! Ist es heute nicht viel wichtiger, die unterschiedlichen Richtungen einander anzunähern als sie auseinander zu treiben? Das bleibt natürlich in der Hauptsache die Aufgabe eines Dirigenten. Ich hatte das Glück, in Leipzig zu studieren und hier viele Werke vom Gewandhausorchester erstmals zu hören – von Bach bis Bruckner und noch viel weiter. Der besondere Klang dieses Orchesters hat mich natürlich geprägt. Und ich versuche heute mit jedem anderen Orchester, mit dem ich arbeite auf der ganzen Welt, dessen Klangeigenart zu erhalten oder wiederzugewinnen, weil ich weiß, dass er verloren gehen kann im Hinblick auf bestimmte Komponisten und Stilrichtungen. Hier sind die verschiedensten Orchester in ihrem Wollen, so glaube ich, gar nicht so unterschiedlich. Aber, und das scheint mir doch sehr wichtig zu sein, es spielt die Herkunft, die musikalische Erziehung, eine ganz entscheidende Rolle.«

Als Kurt Masur in den USA gefragt wurde, wie es komme, dass die New Yorker Philharmoniker jetzt viel besser spielen und die Absichten des Dirigenten umsetzen, ohne ihn pausenlos anzuschauen, antwortete er: »Sie spüren, was ich will«, und verwies auf das jährliche Probedirigieren bei dem Orchester. »Wir haben für die Position des Assistenten immer fünf, sechs Anwärter, die dann als Ersatzdirigenten fungieren für den Chef, aber auch für die Gastdirigenten. Oft müssen die Kandidaten dasselbe Stück probieren. Und da ist es sehr interessant, dass jedes Mal dieses hochsensible Orchester einen anderen Klang entwickelt, und zwar, ohne es zu wollen. Es ist einfach die Ausstrahlung dessen, der vorn steht mit seinen Stärken und seinen Schwächen. Hinter diesem Geheimnis verbirgt sich, so denke ich, die Quelle für die Notwendigkeit des Dirigierens. Es gibt heute viele Orchester, die durchaus allein spielen können. Aber je komplizierter der Orchesterapparat wird, desto mehr ist der Dirigent gefragt – nicht, um die Spieler und einzelnen Gruppen zusammenzuhalten, sondern um zur Gemeinsamkeit der Interpretation, der Klangverwirklichung zu gelangen, um den Geist eines Werkes zu erfassen. Das ist es, was sich jeder junge Dirigent ins Merkbuch schreiben sollte.«

Masur gehört zu jenen Dirigenten, die ihre Orchester ohne Taktstock beherrschen. Er »modelliert« seine Interpretationen. »Wenn man jahrzehntelang Dirigent ist, hat man eine Intuition und eine Fähigkeit, das auszudrücken, was in der Partitur steht und was man haben will. Ob die Musik dann links oder rechts oder mit der Nase dirigiert wird, spielt keine Rolle.« Die Dirigierweise habe nichts mit dem Taktstock zu tun. Wilhelm Furtwängler, den er noch erlebt hat, habe »ihn eigentlich gar nicht benutzt. Er hat ihn in der Hand gehabt, weil das so üblich war«. Die interpretatorische Absicht äußert sich in der Komplexität einer Dirigentenpersönlichkeit, in den Bewegungen des gesamten Körpers, in den Blicken, den bewussten wie unbewussten Gesten, im Atmen, in den ungezählten Nuancen der Mimik, nicht im Kurvenspiel, den die Spitze des Taktstocks vollführt. Kein Orchestermusiker könnte dies präzise verfolgen – dann müsste er seine Stimme durchweg auswendig spielen, um pausenlos und konsequent den Gesten des Dirigenten folgen zu können. Masurs Verzicht auf den Taktstock hat künstlerisch-interpretatorische Gründe. »Man kann mit einem Taktstock jemanden auf Distanz halten – das ist genau das, was mich gestört hat.« Wenn er im Unterricht bei jungen Dirigenten merkt, dass sie das Orchester trotz Taktstock-Einsatzes nicht zusammenbekommen, rät er ihnen: »Komm, steck mal deine beiden Hände in die Hosentaschen und atme ein und aus! Du wirst sehen, wie das Orchester allein zusammenspielt. Die sind immer überrascht, dass das geht.«

Junge Dirigenten fragt Masur immer zuerst: »Was schwebt dir vor? Was willst du für ein Dirigent sein?« Eines Tages antwortete ihm ein sehr talentierter sechzehnjähriger Leipziger Schüler: »Ich möchte Dirigent werden, weil ich den Musikern dann sagen kann, wie sie zu spielen haben.« Worauf Masur entgegnete: »Lass es sein. Werde Politiker oder General, wenn dir nichts anderes dazu einfällt. Denn: Als Erstes musst du so ehrlich sein wie möglich. Dann glauben die Musiker an dich. Erst dann denk über die Interpretation des Werkes nach.« Junge Menschen, die dirigieren wollen, müssten zuerst sich selbst erforschen: »Du hast eine Wahl zu treffen, welche Art des Dirigierens die deine ist: Wenn du ehrlich genug bist, sagst du, lieber nicht Beethoven, sondern Strawinsky. Vielleicht liegt dir eher zeitgenössische Musik, die mehr mit Klangeffekten spielt. Oder du legst den Schwerpunkt auf Rhythmus wie Toscanini. Oder aber du bevorzugst einen singenden Klang wie Bruno Walter.« Andere zu imitieren hält Masur für wenig sinnvoll. Die angehenden Dirigenten müssten ihren eigenen Weg finden. Vor allem aber sollten sie die Menschen berühren. »Sogar mit dem ›Bolero‹ kannst du Menschen berühren. Sicher, es gibt Musik, mit der du sie nur erregen kannst – Salomes Schleiertanz gehört dazu. Aber das Wichtigste ist die Demut des Dirigenten, das Bestreben, dem Werk des Komponisten dienen zu wollen.«

Junge Talente haben es auf dem Musikmarkt schwer. Mit Aufführungen allein, die immer nur einen sehr begrenzten Hörerkreis erreichen können, ist es heute schwer, Karriere zu machen. Wer bekannt werden will, braucht einen guten Manager und Plattenproduzenten. Oft werden Nachwuchsdirigenten allerdings, sobald sie einen Wettbewerb gewonnen haben, zu schnell in den Himmel gehoben. Zu früh wird zu viel Geld in sie investiert. Die Medien spielen dabei eine bedeutende Rolle. Eine zu große Abhängigkeit von Managern und Plattenfirmen wirkt sich oft nachteilig auf die künstlerische Qualität der jungen Talente aus. So beklagenswert die gegenwärtige Krise der Musikindustrie in vieler Hinsicht sein mag, Masur bedauert sie nicht: »Die Monopolmacht einiger weniger Plattenfirmen hat dazu geführt, aus einem Künstler entweder einen großen Star zu machen oder ihn links liegen zu lassen. Junge, begabte Leute brauchen mehr Zeit, um sich zu entfalten.« Dank des Internets werde sich die gesamte Musikszene künftig gerechter entwickeln: »Jeder, der glaubt, gut genug zu sein, kann sich dort bekannt machen, kann auch eigene CDs pressen. Damit ist er nicht mehr auf die Gunst oder Ungunst irgendeines Produzenten angewiesen.«

Wegen der jungen Pianistin Helen Huang legte Masur sich sogar einmal mit der Plattenfirma Teldec an: »Wir hatten Helen Huang als neunjähriges Mädchen in einem Wettbewerb der New York Philharmonic entdeckt. Nachdem wir bereits zwei CDs mit ihr erfolgreich produziert hatten, wollten wir daraufhin Schostakowitschs Zweites Klavierkonzert aufnehmen. Der Vertrag war bereits abgeschlossen, da erhielten wir ungefähr drei Wochen vor der geplanten Aufnahme einen Anruf von Teldec, dass sie es sich anders überlegt hätten. Sie entließen Helen Huang kurzerhand aus dem Vertrag und nahmen eine andere Solistin, mit der sie Beethovens Viertes Klavierkonzert aufnehmen wollten.«

Masur war jedoch an einer kontinuierlichen gemeinsamen Aufbauarbeit mit Helen Huang interessiert, die, wie er wusste, genauso gut hätte zu Sony gehen können. »Dort hätte man sie wahrscheinlich hochgepusht. Ich habe wie ein Vater versucht, ihr zu helfen, weil sie eben nicht diesen Weg gehen sollte.« Nach Ansicht der Produzenten sollte die Pianistin, die relativ kleine Hände hat, eher große, virtuose Stücke spielen, zum Beispiel Liszt. Sonst könne man keine Geschäfte mit ihr machen. Masur hielt das für Wahnsinn und veröffentlichte das Zweite Klavierkonzert von Schostakowitsch auf dem Label der New York Philharmonic. Dass die Teldec heute pleite sei, liege eben auch an dieser Art Besserwisserei der Produzenten, die sich über die Erfahrungen der Musiker einfach hinwegsetzten.

Masur hatte dabei auch seine eigenen Kinder im Blick, die sich alle im Bereich der Musik ihren Weg suchten. Michael, der Älteste, wurde Klavierbauer und -stimmer, hat in Berlin eine Werkstatt und betreut die Instrumente der Staatsoper. Obwohl sich nach der Scheidung die Beziehung zwischen Vater und Sohn gelockert hatte und es nur noch sporadisch zu Begegnungen kam, wäre er in entscheidenden Momenten seines Lebens, ob es um die Lehrzeit bei der Klavierfirma Blüthner oder um die Einrichtung seiner Werkstatt in Berlin gegangen sei, für ihn da gewesen, meint Michael Masur heute. »Er hat mir sehr geholfen – in vielerlei Hinsicht.«

Angelika ist im Sozialbereich tätig, singt aber auch in

verschiedenen Chören, und Matthias, der jüngste Sohn aus erster Ehe, ist Solopauker in Gera. Carolin ist als Sängerin ebenfalls längst fest in das Musikleben integriert. Sooft er kann, besucht Kurt Masur die Konzerte seiner Tochter oder seines Sohnes Ken. »Meine Anfängerjahre am Landestheater Coburg haben ihn bestimmt sehr an seine eigenen erinnert ... Operetten, Singspiele«, vermutet Carolin, die dankbar ist, dass er sie stets unterstützt hat, ohne ihre Entscheidungen zu forcieren. »Er besuchte mindestens sieben Vorstellungen in den zwei Jahren, die ich dort engagiert war. Im Sommer 1991 war er einige Tage in Rheinsberg und hat unsere Produktion von ›Gärtnerin aus Liebe‹ begleitet und auch auf Video mitgeschnitten. Von einer meiner ersten ›Hänsel und Gretel‹-Aufführungen existiert noch ein von ihm aufgenommenes Video. Die ganze Vorstellung lang hatte er die Kamera auf der Schulter! Im Sommer 2001 besuchte er nach einer anstrengenden Anreise aus New York die ›Rheingold‹-Produktion in Merzig im Saarland, wo ich eine Rheintochter gesungen habe. Das sind nur ein paar Beispiele von vielen.«

Auch Ken David schlug die Musikerlaufbahn ein. »Mein Vater war schon immer überzeugt davon, dass ich Musiker werden würde. Deswegen habe ich mich oft dagegen gewehrt – vergeblich. Nicht etwa, weil er mich gezwungen hätte, sondern eher, weil ich merkte, dass ich ohne Musik nicht leben kann ... Ich wusste ja leider zu gut, dass man große Erwartungen auf mich richten würde. Ich wusste auch, dass ich mir im Klaren sein musste, diese Erwartungen nie erfüllen zu können.« Als Ken an die Columbia University kam, wollte er »nie und nimmer mit dem Dirigieren anfangen«. Neben seinen Studiengängen der ostasiatischen Kultur und Sprachen sowie der Musikwissenschaft war er dort auch als Trompeter und Komponist tätig. Im dritten Semester fragte ihn ein Studienkollege, ob er nicht eine konzertante Aufführung von Purcells »Dido und Aeneas« machen wolle. »Ich war erst abgeneigt, entschloss mich aber dann doch dazu. Aus reiner Neugier. Ich

318

hatte bei den Proben mit dem Chor und den Instrumenta-
listen viel Spaß. Die neu gewonnenen Freunde dieser Produktion rieten mir, mehr zu dirigieren, und so kam es, dass
ich weitere Opern und auch Musicals aufführte.« Außerdem gründete Ken zusammen mit dem Cellisten aus der
Purcell-Oper 1999 die Bach Society Columbia University.
Die Mitglieder gehören den verschiedensten Fakultäten an,
nur wenige von ihnen studieren Musik.

Nun trat er doch in die Fußstapfen seines Vaters. Ken
freut es, wenn er ihm bei Konzerten oder Proben »über die
Schultern blickt«. Er sehe dann »immer sehr zufrieden
aus«. Eigentlich wünscht er sich mehr Kritik, »jedoch weiß
ich meistens, was er sagen würde, und arbeite daran«. Ob
in der Lebensphilosophie oder im Dirigierstil – sein Vater
ist ihm Vorbild, ebenso wie Dietrich Fischer-Dieskau und
Peter Schreier oder Karl Richter, Bruno Walter und Furtwängler. »Ich brauche solche Vorbilder, um mir nicht verlassen vorzukommen, selbst in der Metropole New York –
besonders in stilistischer Hinsicht.«

In seinem Vater sieht Ken einen der letzten »wahren Romantiker«: »Das ist es, was ich an ihm am meisten bewundere und was mir Hoffnung macht, denn es gibt nicht mehr
viele, die als Romantiker überleben können. Alle anderen
Eigenschaften sind davon abgeleitet. Schon als kleines Kind
sei er ein Träumer gewesen, wie er mir stets mit stolzer
Miene berichtet, denn er weiß, dass seine Ansichten darauf basieren. Ich habe selbst manche dieser Eigenschaften
und kann es deshalb gut verstehen, wenn er sich in seiner
Weltfremdheit wohl fühlt. Daraus schöpft er möglicherweise viel Kraft und Überzeugung für ›die Sache‹, wie er es
gern nennt. Er ist aber auch ein Mensch, der stolz auf Traditionen und Gepflogenheiten ist und dadurch oft als stur
missverstanden wird. Jedoch basiert dieser Stolz nicht
pauschal auf der Vergangenheit, sondern äußert sich oft in
Furcht vor negativen Entwicklungen, die sich in der Gesellschaft einschleichen. Man verwechselt die Menschen-
kenntnis meines Vaters oft mit Sturheit oder Rücksichts-

losigkeit, und wer ihn nicht kennt, weiß nicht, wie sehr ihn das verletzt, denn er ist im Umgang mit Menschen stets fair und aufrichtig, etwas anderes habe ich bei ihm nie erlebt. Er räumt oft ein, wenn auch nie direkt, dass seine Stärken auch seine Schwächen seien.«

Eine bekannte Sängerin hat Ken David einmal nach einem Konzert gesagt, man fühle sich beim Musizieren mit Kurt Masur so sicher, als würde man die ganze Zeit umarmt. Wenn Ken Aufführungen seines Vaters miterlebte, liebte er »die zufriedene Stille«, die sich danach ausbreitete. »Es schien oftmals so, dass man diese unglaubliche Stimmung des Konzertes nicht verlieren wollte, auch weil man fest daran glaubte, dass meinem Vater diese Momente besonders wichtig waren.«

Kurt Masur gelang es in den folgenden Jahren, die New Yorker Philharmoniker zu konsolidieren. Jay Nordlinger vom *National Review* spricht im Nachhinein von einer »Renaissance in der Avery Fisher Hall«. Die musikalische Arbeit mit dem Orchester führte bei einem Mann wie ihm ganz zwangsläufig zu persönlichen Kontakten mit den einzelnen Musikern. Er hat nie die Unnahbarkeit gekannt, mit der sich manche seiner großen Kollegen umgeben. Er brauchte den geistig-emotionalen Gleichklang mit seinen Musikern, vor allem aber gegenseitiges Vertrauen, um gute Musik hervorbringen zu können. Das waren ihm stets wichtige Voraussetzungen für die Zusammenarbeit. Er war überzeugt, dass klärende Gespräche vor Ort, nach den Proben oder wo und wann auch immer, unverzichtbar sind, will man dieses Vertrauen gewinnen und festigen. Das Management sah das anders. Es vertrat die Meinung, das Orchester sei schwierig und man solle mit den Musikern am besten gar nicht diskutieren, auch der Dirigent nicht. Der habe die Aufgabe, musikalisch zu arbeiten, alles andere sei Angelegenheit des Managements. Für Masur war das völlig inakzeptabel, denn es berührte den Nerv seines Arbeitens. Probleme und Frustrationen ließen sich

– seine bisherigen Erfahrungen bestätigten das – mit den Beteiligten in sachlicher Atmosphäre besprechen und lösen.

Eines Tages überraschte Deborah Borda Kurt Masur mit der Nachricht, dass Chairman Stephen Stamas nicht in der Lage sei, genügend Geld für die Philharmoniker zu beschaffen, und dass im Board Zweifel bestünden, ob man ihn weiter behalten könne. Masur schätzte und brauchte diesen noblen Mann, der ihn bisher immer sehr unterstützt hatte. Offensichtlich war ein Machtkampf im Gang. Sein Vertrauen in Deborah Borda war erschüttert: »Ich bat den Board um die Möglichkeit, ihm den gefährlichen Spalt zwischen Deborah und mir darzulegen, um nach einem Ausweg zu suchen. Ich hatte nicht die Absicht, sie etwa aus dem philharmonischen Verband herauszudrücken. Mir ging es nur um Aufrichtigkeit. Ich sah einfach die Gefährdungen für das allgemeine Klima und natürlich auch für das Orchester, wenn in der Leitung gestritten wird.« Der Board hörte ihn zwar an, legte aber nach einiger Zeit Stephen Stamas dennoch nahe, von seinem Posten als Chairman der Philharmonischen Gesellschaft zurückzutreten. Masur empfand das wie einen Schlag ins Gesicht. Doch er konnte nichts machen. Hier in New York waren ihm in dieser Hinsicht die Hände gebunden.

Ein Exekutivkomitee hielt Ausschau nach einem neuen Chairman. Die Wahl fiel auf Paul B. Guenther, einen erfahrenen Geschäftsmann mit besten Verbindungen zu Finanzkreisen. Masur sah darin eine Verschiebung der Prioritäten. Sein Verhältnis zu ihm war von Anfang an gespannt: »Guenther ist Geschäftsmann durch und durch. Seine Beziehung zum Orchester beschränkt sich auf die Befriedigung der finanziellen Bedürfnisse, aber künstlerisch-musikalisch fehlt ihm die Kompetenz.« Auch öffentlich machte er keinen Hehl aus seiner Abneigung, wie eine kleine Episode beim Abschiedskonzert für einen aus dem Orchester ausscheidenden Kollegen zeigt: »Diesmal wurde ein sehr beliebter Musiker verabschiedet, ein Mann mit sehr hohem Niveau. Das ging ziemlich feierlich vonstatten. Danach wurden drei Kollegen für ihre fünfundzwanzigjährige Orchesterzugehörigkeit geehrt. Auch das war völlig in Ordnung. Aber dann gab der Chairman bekannt, dass erst vor wenigen Tagen einige Orchestermitglieder amerikanische Staatsbürger geworden seien. Ich war doch ziemlich schockiert, weil diese Mitteilung nun wirklich nicht in den Konzertsaal gehörte, und schon gar nicht vor einem Orchester, bei dem bei weitem nicht alle Spieler US-Bürger sind; und auch im Saal musste das jeden Nicht-Amerikaner seltsam berühren. Dann wurde ich gebeten, etwas zu sagen. Mir fiel nichts Besseres ein, als zu bemerken: ›Es tut mir leid, aber ich bin immer noch ein verdammter Deutscher!‹ Das löste Heiterkeit und einen solchen Applaus aus, dass ich kaum weitersprechen konnte. Mir hat dieser Vorfall eines klar gemacht: Die Haltung dieser Leute kann ganz schnell zu fatalen Missverständnissen und Verstimmungen führen, wenn keine Möglichkeit besteht, korrigierend einzugreifen.«

Von den Unstimmigkeiten innerhalb der Leitung von New York Philharmonic hatte inzwischen auch die Presse erfahren. Da so etwas imageschädigend ist, vereinbarte man einen Informationsstopp. Interne Zwistigkeiten sollten intern geklärt werden. Ausgerechnet die Anwältin des Boards informierte dann doch die Öffentlichkeit. Sie hatte kurz zuvor das Gewandhaus besucht, »wahrscheinlich um sich zu vergewissern, ob das, was ich immer wieder über die Gegebenheiten und Bedingungen erzählte, unter denen die Musiker in Leipzig arbeiten, zutreffe«, wie Masur vermutete. »Sie kam zurück und äußerte in einem Interview, dass die momentanen Schwierigkeiten dadurch entstanden seien, dass der Masur alles, was es unter der Sonne gebe, für seine Philharmoniker erreichen möchte, aber schließlich sei man ja hier nicht in Ostdeutschland! Ich war erbost. Das war eine politische Attacke in einer noch sehr brisanten Zeit.«

Masur betrachtete seine Zusammenarbeit mit dem Orchester als ein Stück gelebter Demokratie. Der Konflikt mit Deborah Borda und dem Board hatte sich zugespitzt, als diese das Mitspracherecht des Orchesters zu unterlaufen versuchten. »Wir hatten ein Gespräch über das Angebot eines Senders zu Rundfunkübertragungen. In der finanziellen Frage war es zwischen Deborah und dem Orchester zu keinem Ergebnis gekommen. Sie bat mich dann zu einer dieser Verhandlungen dazu und meinte, dass jedes andere Orchester die vorliegenden Konditionen akzeptiert hätte. Da merkte ich, dass sie mich hinsichtlich der Höhe des Angebots einfach belogen hatte, um mich auf diese Weise auf ihre Seite zu ziehen. Ich habe sehr klar darauf reagiert und mich natürlich auf die Seite des Orchesters gestellt. Daraufhin beschuldigte sie mich, ich würde das Management nicht unterstützen, worauf ich antwortete, dass ich es nur dann unterstützen könne, wenn Offenheit herrsche und nicht versucht werde, das Orchester zu betrügen.«

Interessenkonflikte, internes Gerangel, persönliche Animositäten, unlauteres Spiel – das gibt es überall. Die Bemerkung, dass man in Amerika und nicht in Ostdeutschland sei, war gewiss verletzend für Masur. Dennoch ist seine Reaktion symptomatisch. Wenngleich er seit Jahrzehnten in der Welt unterwegs und überall auf den Konzertpodien »zu Hause« war, hat ihn doch Deutschlands Osten geprägt. Eine Stadt wie Leipzig hat ihn geformt, und er wiederum hat das musikalische Leben dieser Stadt mitgestaltet. Er hat im benachteiligten Teil Deutschlands seine Dirigentenkarriere aufgebaut und sich dort gegen Strömungen und Kräfte durchsetzen müssen, die Amerika nicht kennt. Als Masur New York Philharmonic übernahm, war er vierundsechzig. Seit einundzwanzig Jahren hatte er nicht nur das Gewandhausorchester, sondern auch das Gewandhaus als Institution geleitet. Das bedeutete eine beträchtliche Konzentration von Macht und Einfluss. Er hat sie genutzt, um enorm viel durchzusetzen für sein Orchester, für das Publikum, für die Stadt und ihre Musikkultur. Erfolgreich Einfluss zu nehmen auf kulturelle, gesellschaftliche und sogar politische Entwicklungen war Masur gewohnt. Wo er auch auftrat – auf Foren, Symposien, bei Gesprächen mit seinem Publikum, in Interviews –, auf ihn hörte man. Sein Einfluss erstreckte sich bis in höchste Regierungs- und Parteigremien. Das hat ihm nach 1989 den Vorwurf der »Systemnähe« eingebracht. Diese vermeintliche Nähe aber war der Parteiführung in der DDR nie ganz geheuer gewesen, weil sich der Dirigent dem »System« nicht unterwarf, sondern ihm gegenüber fordernd auftrat. Er brachte Erfahrungen ein, die diejenigen, die nur die abgeschottete Welt des Ostblocks kannten, gar nicht besitzen konnten. Seine Träumernatur erlaubte ihm Visionen, die er mit seinem »schlesischen Dickschädel« dann auch durchsetzte. So hatte er sich im Laufe der Jahre eine beträchtliche Handlungsfreiheit geschaffen.

Mit diesem Erfahrungshintergrund musste er in New York fast zwangsläufig in Konflikt mit den dortigen Strukturen geraten. Die amerikanischen Orchester verdanken ihre Existenz privater Förderung. Von den etwa dreißig Millionen Dollar, die das Budget der New Yorker Philharmoniker ausmachen, bringt die Society ungefähr die Hälfte selber auf durch Eintrittsgelder und Tourneen, die übrigen Gelder stammen von Sponsoren und Privatleuten. Wer Geld zur Verfügung stellt, verlangt Einflussnahme, Mitsprache, Rechenschaft. Das Management hat sorgsam darüber zu wachen, dass dieser Einfluss gewahrt bleibt. Masur seinerseits vertrat als Musikdirektor die Interessen des Orchesters und wollte – wie er es gewohnt war – Veränderungen durchsetzen. Klein beigeben war seine Sache nicht. Wenn er Widerstände spürt, mobilisiert das seine Energien. Wenn er zudem erfährt, dass der Handel nicht ganz ehrlich ist, verletzt das seinen Gerechtigkeitssinn. Und so kam es zu einem klassischen Interessenkonflikt, der sich nicht beilegen ließ. Einmal mehr fand er die Erfahrung bestätigt, dass der Einzelne, wenn er sich nicht bedingungslos in die herrschenden Machtstrukturen einfügen will oder kann, unweigerlich in Konfrontation zu ihnen gerät.

Im Herbst 1997, kurz nachdem sein siebzigster Geburtstag gefeiert worden war, legte Paul Guenther Masur nahe, vom Posten des Musikdirektors zurückzutreten. Er solle seinen Musikern erklären, dass er »müde geworden sei«. Ihn erwarte auch – obwohl er »in Ostdeutschland nicht so viel verdient hätte« – eine großzügige Abfindung. Masur empörte dieser Vorschlag: »Ich habe das damals nur schwer verwinden können. Ich entgegnete dem Chairman: ›Sie können mich hinauswerfen, aber Sie können nicht erwarten, dass ich mich jetzt, da ich jeden Tag mit dem Orchester beweise, welch hohes Niveau wir gemeinsam erreicht haben, von mir aus zurückziehe.‹«

Das Vorgehen Guenthers führte beim Orchester zu heftigen Reaktionen. Ein erster Geiger, der viele Jahre für die Gewerkschaft gearbeitet hatte, saß im Orchesterkomitee. Er war so erbost über dieses Ansinnen des Chairmans, dass er ihm im Beisein der führenden Mitglieder des Board mit den Worten entgegentrat: »Eines kann ich Ihnen sagen. Ich bin Jude und er ist Deutscher. Noch nie habe ich einen Dirigenten verteidigt. Aber wir haben hier eine Persönlichkeit an der Spitze des Orchesters, die sich so verdient gemacht hat und in so echter menschlicher Sorge mit uns zusammenarbeitet, dass ich es nun zum ersten Mal in meinem Leben tue.« Bis zum Ende seines Vertrages – im Sommer 2002 – bleibt Kurt Masur in New York.

Masurs siebzigster Geburtstag war in New York groß gefeiert worden – mit einer Opening Night und Gala zur Saisoneröffnung, am 17. September 1997. Es war ein glänzend organisiertes Fest: Begrüßungscocktail, »Grand Promenade«, am Abend sang Renée Fleming Mozarts »Exsultate« und Strauss-Lieder, das Orchester spielte Prokofjews »Klassische Sinfonie« und die »Erste« von Brahms; anschließend wurde im Damroschpark, gleich hinter der »Met«, getanzt. Zuvor, im Juni, hatte er seine Philharmoniker nach Argentinien und Brasilien geführt. Allein drei Konzerte bestritten sie im Teatro Colón von Buenos Aires und vier Abende im Teatro Municipal in São Paulo. Mit welchem Orchester er dort auch auftritt: Hier fühlt er sich auf vertrautem Terrain. Ein Blick auf die Programme zeigt unverkennbar seine Handschrift: Wagner, Bruckner, Tschaikowski, Respighi, Gershwin. Fünfmal dirigierte er eines seiner Lieblingswerke, die »Scheherazade« von Rimski-Korsakow. Genau ein Jahr später, im Juni 1998, gastierte er mit dem Orchester in Asien – Japan, Philippinen, Taiwan, China, dreizehn Konzerte in einundzwanzig Tagen.

Die Europatournee 1998 führte die New Yorker in nur eine einzige Stadt: nach Köln. Vom 8. bis 16. Oktober wurde ein kulinarisches Tschaikowski-Festival veranstaltet. Ursprünglich hatte Philharmonie-Intendant Franz Xaver Ohnesorg an ein gemeinsames Köln/Bonner Beethoven-Fest gedacht, zumal die New Yorker ihre neue Saison in der Avery Fisher Hall mit einem Beethoven-Zyklus eröffnet hatten. Doch da kam Protest aus Bonn, wo man gerade ein eigenes Beethoven-Fest vorbereitete. »Man hat dort noch nicht die Reife, regional zu denken«, bedauerte Ohnesorg. Somit also in Köln drei reine Tschaikowski-Programme an sechs Abenden mit erster Solistengarnitur – Maxim Vengerov (Violine) und Elisabeth Leonskaja (Klavier), außerdem die letzten drei Sinfonien und »Schwanensee«. Eine Beethoven-Matinee und zwei »Meisterkonzerte« mit der Dritten Leonoren-Ouvertüre und der Ersten und Fünften Sinfonie des Wiener Meisters kam dennoch in Köln zustande. Ingesamt neun restlos ausverkaufte Konzerte konnten die New Yorker verbuchen. Wer keine Karte mehr bekam, konnte auf dem Roncalliplatz vor einer großen Videoleinwand live dabei sein. Gegenüber dem Kölner *Express* geriet Masur ins Schwärmen: »Das geht nur, weil ihr hier den verrückten Xaver habt ... in Köln fühle ich mich zu Hause.«

Die Tournee im Juni 2000 führte abermals nach Europa. Siebzehn Konzerte waren zu absolvieren, vom Auftakt in Köln bis zum Abschluss in Breslau. Weihestätten europäischer Musikkultur, begehrt und gefürchtet gleichermaßen, standen auf dem Reiseplan, darunter die Berliner Philharmonie, die Hamburger Musikhalle, der Musikvereinssaal in Wien, das Concertgebouw in Amsterdam, der Smetana-Saal in Prag. Gerade diese Tournee hat es bewiesen: Kurt Masur war nach fast einem Jahrzehnt der Zusammenarbeit mit New York Philharmonic etwas Entscheidendes gelungen; die Kritik lobte den europäischen romantischen Klang, über den die Amerikaner jetzt verfügten.

Indes war in Leipzig die Uhr für den »Maestro zwischen den Welten« nicht stehengeblieben.

ENDE EINER EHE

Trennung vom Gewandhaus 1997

»Gütig und etwas streng«, wie Gottfried Blumenstein in der *Welt* meinte, strahlte Kurt Masur die Leipziger und ihre Gäste von unzähligen Werbeflächen an. »Mit Dank für Ihre Treue und in der Hoffnung, viele neue Freunde des Gewandhauses begrüßen zu dürfen«, warb der Kapellmeister für das Haus, dessen Geschicke er seit einem Vierteljahrhundert lenkte.

Das Jubiläum wurde im September 1995 groß gefeiert. Im Hauptfoyer erinnerte eine Ausstellung an »25 Jahre Gewandhauskapellmeister Kurt Masur«, und Claudius Böhm legte eine Dokumentation vor. Musikalisch wurde es am 2. September mit einem Festkonzert eröffnet, das einen »Masur-Zyklus« von sechs Konzerten mit Werken von Bartók, Bruckner, Beethoven, Mahler und Orff einleitete. »Über eine bloße Feierstunde hinaus«, betitelte Gerhard R. Koch anschließend in der *Frankfurter Allgemeinen Zeitung* seinen Artikel über Masurs Aufführung von Benjamin Brittens »War Requiem« – fünfzig Jahre nach Ende des Zweiten Weltkriegs, mitten im Jugoslawienkrieg. In Hochform hatte Masur mit dem City of Birmingham Symphony Chorus und den Solisten Edith Wiens, John Aler und Håkan Hagegård die pazifistische Botschaft des Werkes vermittelt. Gewidmet hatte er das Konzert jedoch Václav Neumann, der am selben Tag, knapp fünfundsechzigjährig, gestorben war. Tief erschüttert war er ohne Mikrofon vor das Publikum getreten, um zu verkünden, dass dieses Konzert zum Gedenken an seinen Freund und Amtsvorgänger erklingen würde. Gerhard R. Koch sah Masurs Gedenken an Neumann im »Lichte einer dreifachen Analogie«: »Beide waren Gewandhauskapellmeister, beide stehen für den Typus des vor allem seriösen, künstlerisch verantwortungsvollen Musikers, nicht des eitel-effektvollen Pultstars – und sie vertraten die Auffassung, dass Musik und Moral nicht voneinander getrennte Sphären sind, dass der Künstler sich nicht im Elfenbeinturm oder im Showgeschäft von der Politik abzuschotten habe.« Dieses Merkmal der Dirigentenpersönlichkeit Kurt Masur lobte auch Altbundeskanzler Helmut Schmidt in seiner Laudatio zur Verleihung des »Großen Verdienstkreuzes des Verdienstordens der Bundesrepublik Deutschland« an jenem Abend. Er nannte ihn einen »einzigartigen Kerl«, eine »vom lieben Gott ermöglichte, weder von Ulbricht noch Honecker verhinderte Sonderausgabe«.

Vier Jahre New York hatte Masur bereits hinter sich. »Ich bleibe in Leipzig, solange es nötig ist. Das Gewandhaus ist mein Orchester, und ich werde ihm treu bleiben«, hatte damals, im Herbst 1991, der neu berufene Musikdirektor der New Yorker Philharmoniker versprochen. Das war keineswegs als diplomatisch verpackte Rückzugsabsicht aus der Messestadt zu deuten, sondern als ehrliches Bekenntnis zu Leipzig. Er kannte sich selbst gut genug, um auch sein physisches Leistungsvermögen einzuschätzen. Kein Doppelleben, sondern ein Leben mit einer Doppelrolle sollte es werden. Das neue Ufer hieß New York, der Heimathafen blieb Leipzig. Zunächst jedenfalls. Zu viel band ihn an diese Stadt.

Doch was hieß das, er wolle in Leipzig bleiben, »solange es nötig ist«? Trug er sich insgeheim doch schon mit dem Gedanken, eines Tages sein Leipziger Amt aufzugeben? Auf die Dauer würde das Hin und Her zwischen den Kontinenten womöglich eine Entscheidung herbeizwingen. Böte New York dann die besseren Karten? Dem stand Masurs Bekenntnis entgegen: »Ich hatte immer Fernweh und bin im Grunde doch ein sesshafter Mensch.«

Leipzig befand sich wie ganz Ostdeutschland nach der Vereinigung der beiden deutschen Staaten in einem dramatischen Veränderungsprozess. Insbesondere die kulturpolitische Landschaft war im Umbruch. Mit der D-Mark begannen die Gesetze der freien Marktwirtschaft zu wirken, und zuvor hoch subventionierte Bereiche wie Theater und Musik gerieten als erste in das Blickfeld der Sparmaßnahmen. »Der Patient hängt am Tropf, aber die Ärzte schneiden die Kanülen durch und verlassen den OP«, kommentierte die *Zeit* die vorgesehenen Einschnitte. Das sei »Kultur- und Finanzpolitik ohne Sinn und Verstand«. Während Berlin oder Dresden ihre Kultureinrichtungen aus Landeshaushaltsmitteln bestreiten können, müssen Städte wie Chemnitz oder Leipzig diese zum überwiegenden Teil mit Kommunegeldern finanzieren. Für die alte Kulturmetropole Leipzig, die sich messen will mit Dresden, Berlin und München, war und ist das ein finanzielles Dilemma.

Auch das Gewandhausorchester steckte ab Mitte der neunziger Jahre in einer Spardebatte. Das mit zweihundert Musikern deutschlandweit größte Orchester sollte auf hundertfünfundzwanzig Mitglieder reduziert werden. »Politische Machthaber und Geldmachthaber können sich sehr ähnlich sein«, stellte Masur fest. Zu viel hatte er hier investiert an Prestige und Autorität, als dass er sein Werk aufs Spiel setzen wollte. Gleichzeitig musste das Gewandhaus darüber nachdenken, wer sein Nachfolger werden könnte. Eines Tages musste ein Wechsel an der Spitze des Orchesters erfolgen, dessen war er sich bewusst. Nur sollte die Nachfolge in Ruhe bedacht werden, verantwortungsbewusst und ohne Zeitdruck, im Einvernehmen mit allen an solcher Entscheidung Beteiligten, mit dem Orchester, mit dem Rat der Stadt; vor allem aber erst dann, wenn er das Orchester finanziell gesichert wusste.

Erstmals deutete Kurt Masur seinen möglichen Rücktritt am 9. März 1994 in der Londoner *Times* an, knüpfte dies aber gleichzeitig an eine Voraussetzung: »Ich möchte nur bis zu dem Augenblick auf dem Posten bleiben, an dem wir alle zusammen das Gefühl haben, dass dieses Orchester gesichert ist und von dieser großen Tradition nichts zerstört wird. Aber das ist gegenwärtig noch nicht der Fall.« Als Nachfolger war ihm Simon Rattle am liebsten: »Wenn er morgen beschließen würde, nach Leipzig zu kommen, dann würde ich sagen: Okay, es gehört dir.« Der Senkrechtstarter aus Liverpool war für das Gewandhaus eine erstklassige Empfehlung. Mit sechsunddreißig Jahren hatte er 1991 das City of Birmingham Symphony Orchestra übernommen und mit ihm in kürzester Zeit Furore gemacht. Doch Simon Rattle hatte soeben seinen Vertrag bis 1997 verlängert, er kam also vorerst nicht in Frage.

Masurs Andeutung brachte eine Lawine von Spekulationen ins Rollen. Wird er Leipzig verlassen? Ist er Leipzigs müde? Hat er Ärger mit dem Orchester? Streit mit dem Rathaus? Letzteres bestimmt. Die Gewandhausmusiker fühlten sich benachteiligt gegenüber den New Yorkern, zum Beispiel bei Schallplattenverträgen. Überhaupt scheine der Chef sein Interesse von der Pleiße an den Hudson River verlagert zu haben. Hier ging es um mehr als bloße Eifersüchteleien. Zu viele unterschiedliche Auffassungen, beispielsweise zu Fragen der Tradition und moderner Interpretation, traten zutage. Als dann Anfang Juni 1994 die Nachricht kolportiert wurde, es habe im Gewandhausorchester eine interne Abstimmung gegen Kurt Masur gegeben, dementierte das der Erste Konzertmeister Karl Suske, eine absolut integre Persönlichkeit, in der Presse: »Eine solche Abstimmung hat nicht stattgefunden!« Dies bestätigte auch der Orchestervorstand.

Stattgefunden hatte dagegen am 1. Juni ein Treffen Kurt Masurs mit Leipzigs Oberbürgermeister Hinrich Lehmann-Grube. Das Rathaus als Rechtsträger musste mit Masur neu verhandeln. Sein Vertrag als Gewandhauskapellmeister lief 1996 aus. In Übereinstimmung mit dem Orchestervorstand bat er den Oberbürgermeister um eine Verlängerung von zwei Jahren. Die Zeit sollte genutzt werden, die Nachfolgefrage »möglichst schonend« zu lösen. Nun war es offiziell. Die Medien berichteten: »Kurt Masur verlässt 1998 das Gewandhaus«. Kulturdezernent Georg Girardet kommentierte bedauernd: »Wir hätten ihn gerne länger gehalten, können ihn aber nicht zwingen.« Nach Ablauf seines Vertrages als Gewandhauskapellmeister würde Masur also noch weitere zwei Spielzeiten dem Gewandhaus vorstehen. Es sollte anders kommen.

Im Frühjahr 1996 überschatteten neue Finanzdiskussionen Leipzigs Kulturlandschaft. In den kommenden drei Jahren müsse das Gewandhaus zweieinhalb Millionen einsparen. Mit hundertachtzig Musikern sei das Orchester noch immer zu groß, auch wenn es traditionsgemäß an drei Spielstätten verankert sei – Oper, Konzert und Thomaskirche. Überlegungen gingen so weit, einen Leipziger »Orchesterpool« zu gründen, aus dem heraus je nach Bedarf computergesteuert Musikensembles zusammengestellt werden sollten – für die Gewandhausmusiker eine geradezu absurde Vorstellung. Es hätte das Ende jeder musikalischen Tradition bedeutet, ein gesichtsloses Bedienen von Veranstaltungen.

Inzwischen hatten sich die Verantwortlichen der Stadt Leipzig und das Orchester nach einem neuen Gewandhauskapellmeister umgesehen, allerdings ohne weitere Beratung mit Masur. Für ihn überraschend wurde Herbert Blomstedt als designierter Nachfolger benannt. Wie Kurt Masur Jahrgang 1927, war er als Sohn schwedischer Eltern in den USA aufgewachsen. Nach Stationen unter anderem in Oslo und Kopenhagen leitete er von Mitte der siebziger bis Mitte der achtziger Jahre die Dresdner Staatskapelle, gleichzeitig knapp zehn Jahre lang das Sinfonieorchester des Schwedischen Rundfunks in Stockholm und seit 1985 das San Francisco Symphony Orchestra. Für die Gewandhausmusiker war er der »einhellige Wunschkandidat«, so Hartmut Brauer, einer der Vorstände des Orchesters, in einem Interview vom Dezember 1996. Es habe eine Vielzahl von Gesprächen im Orchester gegeben und ein Verfahren, durch das Blomstedt ermittelt worden sei. Das Orchester müsse »sich vollkommen mit dem Chefdirigenten identifizieren können. Eine Entscheidung kann nicht gegen die Musiker gefällt werden, das funktioniert nicht. Und insofern ist ja die Meinung des Orchesters durch den Orchestervorstand artikuliert und von der Stadt gehört und anerkannt worden.«

Der Noch-Chef war von der Nachfolge nur einen Tag vor Bekanntgabe der Entscheidung informiert worden, was nicht nur er als stillos empfand. Außerdem erließ die Stadt eine neue Betriebssatzung für das Gewandhaus, die eine veränderte Leitungsstruktur beinhaltete, vor allem die Trennung von administrativer und künstlerischer Verantwortung. Hierüber hatte man Masur ebenfalls nicht in Kenntnis gesetzt. Das ganze Vorgehen musste ihm wie eine schrittweise Demontage seiner Position erscheinen. Verletzt und enttäuscht äußerte er in einem Interview, es zeige »einen Umgang miteinander, der dem Geschenk der Wiedervereinigung nicht adäquat« sei. Immerhin ging es um die Substanz seines Leipziger Wirkens, um den entscheidenden Teil seines Lebenswerkes. Dem Zürcher *Tages-Anzeiger* sagte er Anfang September 1996 nicht ohne Bitterkeit: »Da ich neuerdings nur gebraucht werde, um abzubauen, was ich aufgebaut habe, bin ich meiner Meinung nach nicht mehr richtig am Platz.«

Sein Verhältnis zu den Stadtvätern war auf dem Tiefpunkt angelangt. Kurze Zeit später löste er seinen Vertrag als Gewandhauskapellmeister auf; anderthalb Jahre früher als vorgesehen – bereits zum Jahresende 1996 – würde er das Gewandhaus verlassen. Dies war keine Kurzschlussreaktion, sondern ein wohl überlegter Schritt. Bevor er am 11. September das Eröffnungskonzert der Spielzeit 1996/97 dirigierte, machte er auf einer Pressekonferenz seinem Unmut noch einmal unmissverständlich Luft: Die Entwicklung in der Stadt erfülle ihn mit großer Sorge, denn ihre kulturelle Identität stehe auf dem Spiel: »Ich stelle zunehmend Ignoranz und gegenseitige Nichtachtung fest.« Auch vom Opernintendanten Udo Zimmermann war er enttäuscht. Die letzten Ereignisse hatten ihm klar gemacht, dass er bei Entscheidungen von grundsätzlicher Bedeutung übergangen wurde, und er nannte diesen Zustand beim Namen: »Mich sieht die Stadt als Auslaufmodell.« Die Ehe war zerrüttet, die Scheidung nur noch ein letzter Schritt.

Der bevorstehende Abschied Masurs vom Gewandhausorchester war gerade für viele ältere Musiker, so Hartmut Brauer, eine »starke Erschütterung«, denn mit seiner Kündigung ging »eine so lange intensive und erfolgreiche Zusammenarbeit zu Ende ... eine unglaublich spannende Zeit!« Das Orchester wusste, wie schwer es ihm fallen würde, all das abzuschließen, und es versuchte, so sensibel wie möglich mit der Situation umzugehen. Auch das Publikum ließ seinen Maestro nur ungern gehen. Zur Spielzeiteröffnung im Herbst 1996 wurden er und das Orchester mit besonderer Herzlichkeit gefeiert. Das tat ihm wohl. Überhaupt erhielt er in jener für ihn schweren Zeit viele Sympathie-Bekundungen. Zahlreiche Freunde und Verehrer versuchten, ihn zum Bleiben zu bewegen. Siegfried Matthus veröffentlichte in der *Berliner Morgenpost* noch am 30. Dezember einen großen Artikel über seinen Freund und schrieb an den Bundespräsidenten, an Altkanzler Helmut Schmidt, an Kurt Biedenkopf und an Leipzigs Oberbürgermeister Lehmann-Grube, sie möchten alles unternehmen, um ihn noch umzustimmen. Doch die Würfel waren gefallen.

Ende Dezember 1996 gab Masur dem Mitteldeutschen Rundfunk ein Exklusivinterview. Auf die Frage von Steffen Lieberwirth, was ihn so verärgert habe, dass er das Amt früher als vereinbart niederlege, holte er weit aus: »Nein, nicht Verärgerung. Da wäre ich ja wie eine beleidigte Geliebte oder eine beleidigte Person, die jetzt meint, mein Stolz sei verletzt oder so etwas. Das hat damit überhaupt nichts zu tun. Ich habe aber die Sinnlosigkeit der Eigensucht – auch von Leitern Leipziger Kulturinstitute – erkannt. Als die ihre Schäfchen ins Trockene gebracht hat-

Herrn Prof. Dr. h.c. Kurt Masur
Ehrendirigent des Gewandhausorchesters Leipzig

Sehr geehrter Herr Professor Masur,

die Damen und Herren des Gewandhausorchesters möchten Ihnen zu Ihrem „goldenen" Jubiläum als Dirigent ganz herzlich gratulieren.
In diesem halben Jahrhundert war das Zentrum Ihres musikalischen und humanistischen Wirkens der Stadt Leipzig und deren Bürgern gewidmet, in dem Sie das Gewandhaus und das Gewandhausorchester zu Weltruhm geführt haben. Diese langjährige Zusammenarbeit ist für viele von uns der Mittelpunkt des Musikerlebens; an dem gemeinsamen Werk mitgewirkt zu haben, erfüllt uns mit Dankbarkeit.

Lieber Herr Prof. Masur, Ihr Wirken als Gewandhauskapellmeister stellt einen der bedeutendsten Abschnitte in der Gewandhausgeschichte dar. Seien Sie gewiß, wir werden uns nachdrücklich für die Fortschreibung dieses Weges einsetzen!

Mit den besten Wünschen für Ihr persönliches Wohlergehen und herzlichsten Grüßen an Sie und Ihre Familie verbleiben wir als

Ihr Gewandhausorchester

Hartmut Brauer
Vors. Orchestervorstand   Leipzig, im September 1998

ten, haben sie nicht mehr mitgezogen. Das wäre meiner Meinung nach eine offene Auseinandersetzung wert gewesen, um in Leipzig nicht die Leiter von Theatern und vom Gewandhausorchester zur Selbstzerfleischung zu nötigen, sondern offen zu diskutieren, was denn die Stadt Leipzig in der Zukunft will. Und die städtischen Institute werden reduziert, reduziert, reduziert. Dann wäre das ein politisches Bekenntnis einer Stadtführung gewesen, das man aber wahrscheinlich gefürchtet hat. Nein, nicht beleidigt und nicht verärgert beende ich mein Amt als Gewandhauskapellmeister, sondern aus der Unfähigkeit heraus, das wieder abzubauen, was ich einmal – oft gegen Widerstände – aufgebaut habe. Dass ich das innerlich nicht konnte, aus moralischen Gründen, das ist meine persönliche Angelegenheit. Das tut mir einfach Leid. Aber ich konnte den Weg so nicht mehr weitergehen. Und da all diese Dinge, die jetzt geschehen, eigentlich meinen Nachfolger betreffen, werde ich den Platz frei machen für einen designierten Gewandhauskapellmeister, der ja bereits existiert und den das alles betrifft, was jetzt an Veränderungen stattfindet.« Die folgenden Sätze ließen an Klarheit nichts zu wünschen übrig: »Ich trete zurück, um auch nochmals ein Signal zu setzen für etwas, was ich als mein Lebenswerk bezeichnen muss! Es ist kein Abschied von einer Sache. Es ist kein Abschied von einer Stadt. Es ist kein Abschied von einer Vergangenheit, die mein Leben in großer Weise mitbestimmt hat. Es ist das Aufgeben eines Amtes, das keine Wirkung mehr zeigt!«

Zum Jahreswechsel dirigierte Masur letztmalig als Gewandhauskapellmeister die drei traditionellen Aufführungen von Beethovens »Neunter«. Das Konzert wurde im Fernsehen live vom Mitteldeutschen Rundfunk und vom Sender Freies Berlin übertragen. Das Publikum empfing Masur mit Standing Ovations. Jeder im Saal spürte, dass mit diesem Abend eine Ära zu Ende ging. Das Gewandhausorchester bedankte sich bei seinem scheidenden Chef auf seine Weise: Es ernannte ihn zum Ehrendirigen-

42 Urlaub im südenglischen Sidmouth, 1990

43 Geburtstagsfeier zum »Siebzigsten« in der Avery Fisher Hall, 1997;
Masur singt, Håkan Hagegård dirigiert die New Yorker Philharmoniker
(»Porgy and Bess«)

44 Anlässlich des siebzigsten Geburtstags mit (von links) Stefana Atlas,
Ken Masur, Ehefrau Tomoko, Helen Huang, Carolin Masur und Mimi Taylor
45 Aufführung von Benjamin Brittens »War Requiem« in der Avery Fisher
Hall, 1997

46 Mit Ehefrau Tomoko an der Chinesischen Mauer, 1998

47/48 Übertragung eines Konzertes auf der Großleinwand in Taipeh
während der Asien-Tournee mit den New Yorker Philharmonikern, 1998

49 Mit dem Generalsekretär der Vereinten Nationen, Kofi Annan,
in Japan, 1998
50 Mit Isaac Stern im Leipziger Mendelssohn-Haus, April 1999

51 Mit den Bratschistinnen Cynthia Phelps und Rebecca Young in der
Avery Fisher Hall, 1999

52 Mit dem amerikanischen Jazztrompeter und Komponisten Wynton Marsalis in Masurs Studio in der Avery Fisher Hall, 1999

53 Mit Karen LeFrak, Boardmitglied von New York Philharmonic und Chairman des Komitees »Thank you, Kurt Masur«, 2000

ten und vergab damit erstmals in seiner Geschichte diesen Titel.

Am 27. Februar 1997 wurde er in einer Feierstunde im Alten Rathaus offiziell aus seinem Amt als Gewandhauskapellmeister verabschiedet. Sachsens Ministerpräsident Kurt Biedenkopf dankte einem Verbündeten, der ihn 1989 für Leipzig und Sachsen begeistert hatte, und rief dem Maestro zu: »Für uns bleiben Sie auch in New York ein Sachse!« Auch Thomaskantor Georg Christoph Biller, seit der Studienzeit mit Masur eng verbunden, sprach Worte des Dankes. Oberbürgermeister Hinrich Lehmann-Grube hob in seiner Ansprache vor allem die Verdienste um den Neubau – »etwas Wunderbares für Leipzig« – hervor: »Kurt Masur hat das Gewandhausorchester geprägt wie vor ihm wahrscheinlich nur Felix Mendelssohn Bartholdy und Arthur Nikisch.« Es gibt nur wenige Dirigenten deutscher Spitzenorchester, die länger als fünfundzwanzig Jahre in gleicher Position wirkten. Otmar Suitner als Generalmusikdirektor der Deutschen Staatsoper Berlin und Wolfgang Sawallisch als Chefdirigent der Bayerischen Staatsoper München gehören zu ihnen, weit übertroffen von Herbert von Karajan, der das Berliner Philharmonische Orchester vierunddreißig Jahre lang leitete. Die meisten anderen deutschen Dirigenten von Rang wechselten ihre Position selbst noch nach Erreichen des fünfzigsten Lebensjahres mehrmals.

Die etwa zweihundert geladenen Gäste warteten gespannt auf Kurt Masurs Abschiedsworte, einige sicher mit gemischten Gefühlen. Ganz Grandseigneur, mit großer Gelassenheit, auch wenn er nicht verbergen konnte, wie nah ihm dieser Abschied ging, sagte er: »Man muss wissen, wenn ein Kreis ausgeschritten ist. Um der zu bleiben, der ich bin, musste ich diese Entscheidung treffen.« Seinen Worten fehlte jedes Pathos. Im Gegenteil, seine Mahnungen an die für die Stadt Verantwortlichen verband er mit einem ganz frischen Erlebnis: »Heute morgen haben wir ein Schulkonzert gemacht. Und am Schluss bedachten die Kinder und Jugendlichen das Gewandhausorchester mit Standing Ovations. In einem Schulkonzert! Diese Generation wird in Zukunft mit Nachdruck verlangen, dass die Institution so erhalten bleibt!«

Das Abschiedsgeschenk der Stadt war ein Porträt in Öl, gemalt von Altmeister Bernhard Heisig, einem Repräsentanten der »Leipziger Malerschule«. Zwei Thomaner überreichten das Bild. Es zeigt Masur beim Dirigieren in einer für ihn typischen Pose. Den Kopf leicht gesenkt, die hohe Stirn in Falten gelegt, blickt er von unten nach oben. Beide Hände, sehr unterschiedlich im unbewussten Spiel der Finger, modellieren Klang und Rhythmus. Das Bild strahlt jene Atmosphäre aus, die er in ungezählten Konzerten immer wieder aufs Neue erzeugt, auch wenn der Maler nicht Unrecht hat mit seiner Feststellung: »Musik lässt sich nun einmal nicht darstellen.« Und doch zeigt es, wie Siegfried Matthus treffend bemerkte, den »Renaissance-Menschen: kraftvoll, sinnenfreudig, sensibel, kreativ, liebesfähig, aber, wenn es sein muss, auch keinem Kampf und Streit aus dem Weg gehend«, jenen »Träumer wie unerbittlichen Forderer sich selbst und anderen gegenüber«, dessen nicht immer nachvollziehbare Konsequenz vielleicht diesem Widerspruch entspringe. Bernhard Heisig hatte den Auftrag erst im November 1996 erhalten. Es sei eine »verflucht kurze Zeit für so eine Arbeit« gewesen, zumal Masur kaum zum »Modellsitzen« in Heisigs Atelier im Havelland erscheinen konnte. Aber Masur habe »einen guten Kopf mit ausgeprägter Physiognomie. Die Waschbrettstirn, der schnelle Wechsel des Ausdrucks, das interessierte mich. Ich male gern Porträts, aber nicht von jedem.« Unter den von Heisig Porträtierten befindet sich, wie man weiß, auch Helmut Schmidt. Das Bild gefiel Masur, und er übergab es als Dauerleihgabe dem Leipziger Museum.

Das Gewandhaus hatte, wie schon mehrmals in seiner langen Geschichte, nun eine cheflose Zeit durchzustehen, denn Herbert Blomstedts Vertrag wurde erst mit der Spielzeit 1998/99 wirksam. Im Juli 1997 überschrieb der Musikkritiker Peter Korfmacher in der *Leipziger Volkszeitung* seinen Spielzeit-Rückblick: »Masur ist weg – aber seine Aura ist geblieben«. Im unverwechselbaren Klang des Orchesters war sie weiterhin zu spüren.

Von nun an war Masur ein gern gesehener Gastdirigent am Leipziger Gewandhaus. Gleich am 9. Januar 1997 dirigierte er ein Arthur-Nikisch-Gedenkkonzert zu dessen fünfundsiebzigstem Todestag. Mit Gidon Kremer führte er im Februar das Violinkonzert von Kantscheli auf, im März mit Radu Lupu Beethovens Fünftes Klavierkonzert, im Mai mit Elisabeth Leonskaja zwei Klavierkonzerte von Tschaikowski.

Trotz seines Rückzugs vom Gewandhaus behielt Masur den Vorsitz der Mendelssohn-Gesellschaft bei. Dabei ging es ihm um mehr als nur die Pflege eines Erbes. Über zehn Jahre lang führte er einen zähen, aber letztlich erfolgreichen Kampf um die Restaurierung des Hauses von Felix Mendelssohn Bartholdy. »Ich wollte nicht aufgeben vor dem Mendelssohn-Jubiläum Ende 1997«, sagte er im Dezember 1996 in dem bereits erwähnten Interview mit dem Mitteldeutschen Rundfunk. »Und ich hatte mir erhofft, dass wir mehr Hilfe bekommen, zumal ich glaube, dass wir hier mit dem Mendelssohn-Haus eine Kostbarkeit erhalten, die in Leipzig viel wichtiger ist, als man es bisher erkennen mochte. Es gibt hier in Leipzig sogar so viel Snobismus von führenden Leuten, die geäußert haben, Mendelssohn sei ja nicht von der gleichen Bedeutung wie etwa Bach! Und wenn wir jetzt versucht haben, mit Hilfe der Dokumente Mendelssohns nachzuweisen, wie aktiv dieser Mann um das Leipziger Musikleben gekämpft hat, dann muss man sich wirklich fragen, wie lange brauchen Leute, von denen man eine geistige und auch kulturpolitische Führung in Leipzig erwarten muss, um das zu erkennen?«

Die Rettung dieses Leipziger Kleinods begann noch zu DDR-Zeiten und war ein Kraftakt echt Masurscher Art. Ganz in der Nähe des Neuen Gewandhauses, in der heuti-

gen Goldschmidtstraße, ehemals Königstraße, kurz vor dem
Augustusplatz, sahen Leipzigs Bürger ein altes, unansehn-
liches Gebäude dahinsiechen, um dessen historische Bedeutung nur wenige wussten. Der trostlos-marode Bau aus
dem 19. Jahrhundert, dreistöckig, in spätklassizistischem
Stil 1845 errichtet, war das Wohn- und Sterbehaus Felix
Mendelssohn Bartholdys. Es ist das einzige originale Ge-
mäuer, das noch an das Wirken Mendelssohns erinnern
kann. Schon 1986 unternahm Masur einen ersten Vorstoß
zur wenigstens teilweisen Sanierung des Gebäudes. Geplant war eine Gedenkstätte für den Komponisten, ebenso
Arbeitsräume des Gewandhauses, eine Art Außenstelle für
Forschung mit Archiv und Bibliothek. Auch die Dramaturgie sollte dort unterkommen. Die neuen Eigentumsver-
hältnisse nach der Wende im Herbst 1989 machten dem
Unternehmen vorerst ein Ende. Das Grundstück gehörte
nun einer Erbengemeinschaft. Obwohl sie es zu einem ku-
lanten Preis zum Verkauf anbot, sah sich die Stadt außer-
stande, die Gelder hierfür selbst aufzubringen.

Bis zur Wende waren die Räume vermietet gewesen. Das
einstige Arbeitszimmer des Komponisten hatte jahrelang
ein Fotograf zur Dunkelkammer umfunktioniert. Nun
sollte ein Teppichhändler Einzug halten. Als Masur davon
erfuhr, packte ihn der helle Zorn. Um Schlimmeres zu verhindern, suchte er Verbündete. Nach vielen Diskussionen
sah man den einzigen Ausweg zur Aufbringung der notwendigen Gelder in einer kreditwürdigen Stiftung. Am
12. Oktober 1991 wurde in Leipzig die »Internationale
Mendelssohn-Stiftung e. V.« mit dem Ziel gegründet, Erwerb und Restaurierung des Hauses zu ermöglichen und
darin ein internationales Kulturzentrum zu schaffen. Masur übernahm den Vorsitz, unterstützt von musikalischer
Prominenz, darunter Justus Frantz, Udo Zimmermann,
Leon Botstein (New York), John Eliot Gardiner und die
Royal Philharmonic Society London, sowie von Instituten
und Firmen der Finanzwelt und Industrie.

Mendelssohns Wohnung in der ersten Etage mit dem

Musiksalon und das wertvolle Treppenhaus sollten originalgetreu wiederhergestellt werden. Gedacht war auch an einen Biedermeiergarten mit kleiner Bühne und Café. Fünfzehn Millionen Mark wären dafür aufzubringen gewesen, ein Betrag, der die Möglichkeiten der Investoren überstieg. In einem Offenen Brief wandte sich Masur daraufhin an die Öffentlichkeit mit der Bitte um Mitgliedschaft und Spenden. »Es geht um das Wohn- und Sterbehaus Felix Mendelssohns, das für das internationale Kunstleben so ungeheuer wertvolle Gebäude mitten im Herzen Leipzigs, das wie durch ein Wunder von den Bomben des Zweiten Weltkriegs verschont blieb«, hieß es in dem Aufruf. Er mobilisierte Mitglieder und Sponsoren aus Japan, den USA, Israel, Großbritannien, Frankreich, der Schweiz, den Niederlanden und Norwegen. Auch die Urgroßnichte des Komponisten, die Pianistin Dorothea Winand-Mendelssohn, gehörte zu ihnen. Die hochbetagte Dame reiste extra aus Frankfurt am Main nach Leipzig, um sich von Masur persönlich das Wohnhaus ihres Großonkels zeigen zu lassen.

Doch die eingeworbenen Gelder deckten nach wie vor nicht den erforderlichen Betrag für den Erwerb des Grundstücks und die Sanierung. Nur durch zusätzliche Bauten und solvente Mieter war nach Meinung der Stadt das Projekt zu realisieren. Gedacht war kurzzeitig auch an ein »Gewandhaus-Hotel« auf dem Grundstück. Die Presse verkündete schon, Masur sei nun auch noch Hotel-Bauherr geworden. Der Plan wurde vereitelt. 1993 gelang der Stiftung ein erster Durchbruch. Für 3,7 Millionen D-Mark erwarb sie das Grundstück. Die Planung und erste Bauarbeiten kamen jedoch nur schleppend voran, da die Bauherren immer wieder an finanzielle Grenzen stießen. Die Restaurierung erwies sich als kostenintensiver und komplizierter als gedacht. So stellte das Regierungspräsidium Leipzig kurzfristig eine Million Mark zur Verfügung, auch der Denkmalschutz, Bund und Länder, die Kulturstiftung der Deutschen Bank und eine große Zahl privater Spender halfen mit zum Teil beträchtlichen Summen.

Selbstverständlich beteiligte sich auch das Gewandhausorchester am Sponsoring. Vom Lions-Club Donaueschingen erging die Einladung zu einem Benefizkonzert der
Leipziger im August 1994 in der »Donauhalle« zugunsten
der Mendelssohn-Stiftung. Die Schirmherrschaft hatte Joachim Fürst zu Fürstenberg übernommen. Ein weiteres Benefizkonzert für die Deutsche Nationalstiftung und die Internationale Mendelssohn-Stiftung zu gleichen Teilen fand
am 6. November 1994 im Gewandhaus statt. Die Eintritts-
karte kostete vierhundert Mark. Im Publikum saß viel
Prominenz: unter anderen Helmut Schmidt, der auch das
Grußwort sprach, Altbundespräsident Richard von Weizsäcker, Ministerpräsident Kurt Biedenkopf, Antje Vollmer,
Jens Reich. Auf dem Programm standen Mendelssohns
»Italienische Sinfonie« und Mussorgskis »Bilder einer
Ausstellung« in der von Masur gern dirigierten Gortscha-
kow-Fassung. Ein Kritiker schloss seine Besprechung mit
der Hoffnung, »dass auch am und im Mendelssohn-Haus
die Schilder einer Baustelle bald Bildern einer Ausstellung
weichen werden«. Neunzigtausend Mark brachte der
Abend ein.

Doch was so hoffnungsvoll begann, geriet Anfang 1995
erneut in die Krise. »Mendelssohn-Stiftung vor der Pleite –
Stadt gibt Darlehen«, titelte die *Leipziger Volkszeitung* am
14. Januar. Das Gerüst wurde abgebaut, der Innenausbau
vorerst gestoppt. Ein Aufgeben kam für Kurt Masur nicht
in Frage. Im Leipziger Hotel »Inter-Continental« fanden
exklusive »Mendelssohn-Bälle« statt, die jedes Mal einige
zigtausend Mark einbrachten. Auch die Verbindung zu
Donaueschingen riss nicht ab. Dort spielten Igor und Va-
leri Oistrach mit Natalia Serzalowa und im April 1997
nochmals das Gewandhausorchester. In Leipzig veranstaltete Masur einen Monat später, am 4. Mai, ein weiteres
Benefizkonzert, die »Mendelssohn-Matinee des Gewandhausorchesters« mit Peter Rösel und dem Ersten Konzertmeister Frank-Michael Erben als Solisten, moderiert von
Sir Peter Ustinov.

Die geplante Einweihung anlässlich Mendelssohns hundertfünfzigstem Todestag am 4. November 1997 rückte unaufhaltsam näher. Immer wieder erhielten die Leipziger Unterstützung. Auch das Regierungspräsidium des Freistaates und die Stadtverwaltung sprangen schließlich doch noch mit beträchtlichen Summen ein. Buchstäblich in letzter Minute war das Geld beisammen, und das Mendelssohn-Haus konnte tatsächlich termingerecht fertig gestellt werden. Am 31. Oktober 1997, zum Auftakt der »Mendelssohn-Festtage«, übergab Masur in einer Feierstunde vor einem Kreis geladener Gäste das Haus der Öffentlichkeit. Tomoko und Carolin Masur sangen Lieder von den Geschwistern Fanny und Felix Mendelssohn, Kurt Masur hielt die Eröffnungsrede.

Was da in aufwändiger und liebevoller Arbeit von denkmalpflegerischer Seite geleistet worden war, sucht seinesgleichen. Die Beletage, die einstigen Wohnräume der Familie Mendelssohn, gleicht einem Juwel. Das Arbeitszimmer konnte nach dem bekannten Aquarell von Felix Moscheles komplett eingerichtet werden. Originales Mobiliar kam aus dem Stadtgeschichtlichen Museum und wurde durch Stilkopien ergänzt. Der Musiksalon erhielt sein ursprüngliches Ambiente zurück. Ausstellungsräume vermitteln anschaulich und zugleich unaufdringlich Mendelssohns Leipziger Wirken. Ein Kleinod war entstanden, das sich auch für Sonntagsmatineen, Lesungen oder private Veranstaltungen eignet. Wesentlichen Anteil am Gelingen hat der rührige Geschäftsführer der Stiftung, Jürgen Ernst, den Masur im Gespräch stets dankbar erwähnt. Beim Abschlusskonzert der »Mendelssohn-Festtage«, am 4. November, war man zu Recht in Hochstimmung. Der Ehrendirigent des Gewandhausorchesters hielt nach der hinreißenden Aufführung des »Elias« mit berühmten Solisten und dem großartigen City of Birmingham Symphony Chorus dem begeisterten Publikum Mendelssohns Partitur entgegen.

Masurs Hartnäckigkeit hatte sich ausgezahlt. Leipzig

war nun um eine Attraktion reicher. Gern hätte er sie seiner Klavierlehrerin Katharina Hartmann vorgeführt, hatte sie ihn doch einst als Erste – in der Nazizeit, heimlich hinter geschlossenen Fenstern – Klavierstücke des verbotenen Komponisten spielen lassen.

Stolz führte Kurt Masur in den kommenden Jahren vielen ausländischen Gästen das Mendelssohn-Haus vor, so auch seinem Freund Isaac Stern. In Köln hatte der unermüdliche Franz Xaver Ohnesorg über die Jahre nicht locker gelassen und den Geiger trotz dessen Schwur, Deutschland nie wieder zu betreten, immer wieder eingeladen. Mit Erfolg. 1999 brach Stern sein Deutschlandgelübde, leitete in Köln einen Kammermusikkurs und reiste anschließend zu Kurt Masur nach Leipzig. Ein Jahr später, zu Sterns achtzigstem Geburtstag, dirigierte er zum großen Vergnügen des Geigers – die Ausführenden waren das Verwaltungspersonal der Carnegie Hall – in New York einen Sprechchor von Ernst Toch. Es war eine ihrer letzten Begegnungen. Isaac Stern starb am 22. September 2001.

Masurs Einsatz für das Andenken Felix Mendelssohn Bartholdys reichte auch bis Hamburg, der Geburtsstadt des Komponisten. Bei einem Besuch in der Hansestadt 1996 war er mit Helmut Schmidt zusammengetroffen, den er überzeugen konnte, statt einer »mickrigen Tafel« dem berühmten Komponisten ein würdigeres Denkmal zu setzen. Schmidt habe daraufhin einen Brief an den Senat geschrieben und ihn aufgefordert, etwas zu unternehmen. Dank der großzügigen Unterstützung der Hamburger Mäzene Hannelore und Helmut Greve und der Initiative der »Internationalen Felix Mendelssohn Bartholdy-Gesellschaft« wurde dann 1997, zum hundertfünfzigsten Todestag des Komponisten, auf dem Großneumarkt ein Doppeldenkmal für Felix Mendelssohn und seine berühmte Schwester Fanny eingeweiht.

Masurs zweites Zuhause blieb nach wie vor Leipzig. Sein Domizil im Vorort Leutzsch behielt er. Die Veränderungen, die die Stadt und ihre Bürger in den kommenden Jahren erfuhren, nahm er mit gemischten Gefühlen wahr. Die äußere Entwicklung, die Erneuerung der Fassaden etwa, freute ihn. Seine Befürchtungen in der Wendezeit, dass der menschliche Lebenssinn vor allem darin gesehen würde, »das richtige Geld zu haben«, schienen sich jedoch nach zehn Jahren Einheit bewahrheitet zu haben. Den »Geist von Leipzig«, das politische Engagement der Menschen, ihren Bürgersinn, ihren Optimismus und ihr Demokratieverständnis, sah er weitgehend verloren gegangen. »Es war nicht vorhersehbar, dass viele Leipziger, die so viel Mut gezeigt hatten, diesen so schnell verlieren würden. Und darum haben wir einiges verspielt, was wir hätten halten können.« Leipzig wurde ihm zunehmend fremd. Er vermisste »diese vielen hoffnungsfrohen Gesichter«, als hätten sie damals alle geträumt. Als symptomatisch empfand er, dass er zu den Wendefeierlichkeiten im Herbst 1999 zu spät eingeladen wurde. Da er bis zu einem Jahr im Voraus planen musste, konnte er nicht kommen: New Yorker Welturaufführungen ließen sich nicht so einfach absagen. Das verletzte ihn, denn er »hatte das Gefühl, dass man den Masur vergessen wollte«.

»THANK YOU, KURT MASUR«

Abschied von New York

»Thank you, Kurt Masur – Celebrate New York's Maestro«, heißt der liebevolle Titel für Masurs letzte New Yorker Spielzeit. Die Saison 2001/2002 ist gleichzeitig ein Rückblick auf seine elf Jahre mit den New Yorker Philharmonikern. »Manche hatten hier etwas zu mäkeln und da etwas auszusetzen – was genau, wurde nie richtig erklärt –, doch handelte es sich wohl meist um Triviales, wenn nicht gar völlig Unbegründetes«, wie Jay Nordlinger vom *National Review* im Juli 2001 in seiner prononcierten Retrospektive »Exzellenz pur« meint. Masur hatte sich damals geweigert zu gehen und die Verlängerung seines Vertrages bis 2002 ausgehandelt.

Gleichzeitig unterschrieb er Ende 1998 einen Fünfjahresvertrag als Chef des London Philharmonic Orchestra, beginnend mit der Spielzeit 2000/2001. Ein zweites Standbein kam ihm gelegen, denn die New Yorker Querelen waren zermürbend. London bot für ihn Perspektiven, die er in New York nicht mehr sah. Masurs Londoner Tätigkeit begann kurz nach seinem Gastspiel mit der Berliner Staatskapelle 1967 in England. Danach wünschte man sich, ihn mit einem englischen Orchester zu erleben, und bot ihm einen ständigen Gastvertrag als Principal Guest Conductor mit dem New Philharmonia Orchestra. Es war das letzte Orchester von Otto Klemperer gewesen, und zu jener Zeit war Riccardo Muti Chef. Mit einem hervorragenden Spitzenorchester hatte Masur nun viele Möglichkeiten, sich in London nach und nach einen Namen zu machen. »Ich wurde später ständiger Gastdirigent bei Royal Philharmonic, und als mir mein Freund Klaus Tennstedt, der damals Chef von London Philharmonic war, vorwarf, dass ich überall in London gastiere, nur nicht bei seinem Orchester, entschloss ich mich natürlich, auch sein Orchester kennen zu lernen.«

Kurt Masur bewunderte vom ersten Augenblick an »die Sensibilität, Flexibilität, das Feuer und die hohe Professionalität dieses wunderbaren Orchesters«. Und das, obwohl es nur bezahlt wird für die Dienste, die es wirklich spielt. »Die Musiker eint ein Gedanke, ein Gefühl: Wir wollen musizieren, wir müssen musizieren, das ist unser Lebensinhalt. Das macht sie so sympathisch. Ich glaube, dass die gut bezahlten Orchester in Gefahr sind, diesen ursprünglichen Idealismus zu verlieren, dass sie nicht mehr einen solchen Teamgeist haben wie Orchester, deren Mitglieder sich zusammengeschweißt fühlen durch die wirtschaftlichen Nöte, die sie haben.«

Wie Masur befürchtet hatte, spitzten sich im Sommer 2000 die Konflikte in New York zu. Der Aufsichtsrat erklärte, seinen Vertrag mit Ende der Saison 2002 definitiv auslaufen zu lassen. Man war der Meinung, dass ein Chefdirigent nie länger als zehn Jahre bleiben sollte. »Wie kurzsichtig!«, erboste sich Masur. »Eine gute Ehe wird ja auch nicht geschieden, bloß weil sie schon ein paar Jahre dauert.« Solche Vergleiche liebt er, auch wenn sie nicht ganz passen wollen. Den Gründen, die das Management bewogen haben, die Masur-Ära zu beenden, geht Jay Nordlinger, profunder Kenner der New Yorker Musikszene, in seinem bereits erwähnten Artikel nach. Diese genaue Analyse ist gleichzeitig das leidenschaftliche Plädoyer eines engagierten Verteidigers des scheidenden Musikdirektors. Masur habe »den verlorenen Ruhm der Philharmoniker wiederhergestellt und ist dennoch maßlos unterschätzt worden ... Unter Zubin Mehta war das Orchester ein Scherbenhaufen, nicht unbedingt, weil Mehta versagt hätte, sondern weil es – von jeher eine launische Truppe – nicht bereit war, für ihn zu spielen. Das Philharmonic Orchestra war ein Witz, andere Orchester – und nicht nur die erste Garde – spielten es glatt an die Wand. Doch dann kam der starke Maestro aus Leipzig. ... jetzt waren Disziplin, Konsistenz und Vitalität an der Tagesordnung. Die Philharmonie war nun kein Witz mehr, sondern wurde zu einem ernst zu nehmenden Orchester, das den Kopf hochhalten konnte.«

Was also werde Masur vorgeworfen, setzt Nordlinger seine Analyse fort. Erstens, dass er mit dreiundsiebzig Jahren zu alt sei, was gegenstandslos werde, bedenke man, dass sein Nachfolger Lorin Maazel gerade mal drei Jahre jünger sei. Außerdem sei »Alter ganz und gar kein Handikap auf dem Gebiet. ... Einige der größten Dirigenten der Vergangenheit (und auch der Gegenwart) hatten ihre beste Zeit jenseits der siebzig.«

Zweitens: Man wünsche sich einen »amerikanischen Dirigenten«. Auch dieses Argument sei schwach. »Der Gedanke, dass ein amerikanisches Orchester von einem Amerikaner – oder ein deutsches von einem Deutschen – geleitet werden sollte, ist den Idealen und der Wirklichkeit der Musikwelt fremd«, wie die Geschichte der großen amerikanischen Orchester zeige. Man denke nur an die Ungarn George Szell in Cleveland und Fritz Reiner in Chicago, an den Polen Stokowski und an Ormandy in Philadelphia, an den Elsässer Charles Munch in Boston, an Bruno Walter in New York. »Haben alle diese Ausländer irgendwelchen Schaden angerichtet?« Und selbst Maazel, ein gebürtiger Franzose, sei in erster Linie kein Amerikaner, sondern eben Lorin Maazel.

Drittens: Masur habe nicht genug Zeitgenössisches im Programm und beschränke sich zu sehr auf das »mitteleuropäische Repertoire«. Dies sei der schwerste Vorwurf, den die Presse gegen den Dirigenten erhebe. »Der sicherste Weg für einen Dirigenten, sich bei den Kritikern einzuschmeicheln, besteht darin, sich modern zu gebärden; der sicherste Weg, sie zu verdrießen, besteht darin, ihnen eine Schumann-Sinfonie unterzujubeln, mag sie auch noch so gut ausgeführt sein.« Selbst dieser Vorwurf, stellt Nordlinger treffend fest, sei unbegründet. Masur habe mehr zeitgenössische Musik im Programm, als es politisch erforderlich wäre: Liebermann und Henze, Corigliano und Lutosławski, Gubaidulina und Kantscheli, Matthus und Rihm, Marsalis und Sheng. Bei einer solchen Denkhaltung sieht der Autor keine Chancen für den Dirigenten Masur, »der lediglich Können, Weisheit und Exzellenz zu bieten hat«.

Seine Abschiedssaison 2001/2002 wollte Kurt Masur mit Anne-Sophie Mutter und Beethovens Violinkonzert in der Samstag-Matinee eröffnen. Doch zuvor hatte er noch einige herausragende Konzerte geleitet. Eines lag ihm besonders am Herzen. Nach vierjähriger Abwesenheit dirigierte er zum ersten Mal wieder das Gewandhausorchester. Welche Wende, nachdem er geglaubt hatte, dass man ihn dort vergessen wollte! Ausgewählt hatte er das »Concerto for Water Percussion and Orchestra«, ein Werk des chinesischen Komponisten Tan Dun. Sechs Monate zuvor hatte er die Uraufführung in der Avery Fisher Hall geleitet. Nun also in Leipzig. Am Abend des 27. Januar 2001 – es ist Mozarts Geburtstag – wurde es im großen Gewandhaussaal absolut dunkel und still. Ein ferner Ton schwoll an und ab, verwandelte und verfärbte sich, wanderte langsam nach vorn. Fahles Licht schien vom Podium auf, und seltsame Wassergefäße wurden erkennbar. Christopher Lamb, »Principal Percussionist« der New Yorker Philharmoniker, betrat die Bühne und begann sein wundersames Klangspiel, tauchte Röhren und Gongs auf immer neue Weise in die Becken und erzeugte dabei unterschiedlichste Wassergeräusche. Feinste Nuancen trafen auf Urlaute, Raffinesse auf Elementares: Klang und Rhythmus, Dynamik und Tempo im Mit- und Gegeneinander des Orchesters, das im nun erhellten Saal in das Geschehen eingriff.

Es war der Auftakt eines Benefizkonzertes zugunsten des Saalneubaus der Musikhochschule, für den der Freundeskreis der Hochschule schon seit Jahren gesammelt hatte. Bei

Mendelssohns »Italienischer Sinfonie« saßen deshalb auch die Studenten des Hochschulorchesters an den Pulten, nach der Pause dann wieder die Gewandhausmusiker mit Brahms' »Erster«. Es wurde ein denkwürdiger Konzertabend für das Publikum wie für die Musiker. Der fehlende Betrag an der Million, die der Freundeskreis beisteuern musste, war aufgebracht. Kurt Masur fühlte sich wieder zu Hause: »Wenn ich in Leipzig bin, ist das immer die Wiederkehr in eine vertraute Umgebung.«

Zwei Wochen später verwirklichte er ein Projekt, das er schon lange vor Augen hatte: die Zusammenführung von Israel Philharmonic und London Philharmonic. Geplant war ein gemeinsames Konzert beider Orchester in der Royal Albert Hall, und zwar Gustav Mahlers Erste Sinfonie. Einhundertsechzig Musiker kamen zusammen, und es war anfangs durchaus unklar, ob sie miteinander harmonieren würden. Aber »gerade die Mischung« habe sich, meint Masur, »als sehr positiv erwiesen. Der sinnliche Klang des israelischen Orchesters, das Bedürfnis und das Vermögen, singen zu wollen mit den Streichinstrumenten, und der eher kontrollierte Klang der Londoner ergaben eine Synthese, die einfach hinreißend war. Sie haben nie forciert. Nie ging es um Lautstärke, sondern immer um eine von innen kommende musikalische Kraft. Diese geballte Konzentration ergab ein Zusammenspiel, als wenn ich ein hochkultiviertes Kammerorchester vor mir gehabt hätte. Für mich war das ein Erlebnis besonderer Art, weil sich der musikalische Monumentalismus, den ich eigentlich überhaupt nicht mag und den ich in diesem Fall befürchtete, überhaupt nicht einstellte. Im Gegenteil: Sie haben so delikat gespielt. Wenn ich allein an das Trio im Scherzosatz denke. Das klang so wienerisch mit einer solchen Süße im Klang. Das hatte einen Charme, den ich so vorher nicht für möglich gehalten habe. Ich hatte mit dem israelischen Orchester Mahlers ›Erste‹ schon ein Jahr zuvor musiziert und dann mit den Londonern das Werk extra vorbereitet. Als dann beide Orchester zusammenspielten, schien sich auf einmal alles ganz leicht zu fügen. Natürlich können das nur Orchester von dieser Kategorie. Dennoch: Es war ein Wunder.«

Schon als Masur noch Gastdirigent der Londoner war, konnte er erleben, mit welch unglaublicher Schnelligkeit die englischen Musiker zu arbeiten gewohnt sind. Für den damals relativ jungen Dirigenten, der sich sein Repertoire noch erarbeitete, war das nicht immer angenehm. In zwei oder drei Proben mussten selbst schwierige Programme stehen. Aber die englischen Musiker kannten die Stücke sehr genau und waren bestens vorbereitet. Das forderte Masur heraus, machte ihn aber auch glücklich.

Die Qualität der englischen Orchester empfindet er auch heute noch als exzellent. Geändert habe sich dagegen einiges im Musikleben des Landes: »In London konnte man damals am gleichen Tag zwischen zwei, manchmal sogar drei Sinfoniekonzerten wählen – am Abend waren sie alle ausverkauft, und jeder konnte es sich leisten. Heute ist London eine der teuersten Städte geworden, natürlich auch mit Konsequenzen für die Konzertbesucher, die sich jetzt genau überlegen müssen, ob und wohin sie gehen. Es gab da auch, denke ich, Versäumnisse und Nachlässigkeiten im Gewinnen eines neuen Publikums. Aber die Begeisterung für Konzerte ist erfreulicherweise geblieben. Den stärksten Beweis erbringen heute vielleicht die ›Proms‹ in der Royal Albert Hall, die aus den früheren Promenadenkonzerten hervorgegangen sind und im Charakter sehr viel dazugewonnen haben. Während früher draußen im Freien zur Unterhaltung der feinen Gesellschaft beim Sonntagsspaziergang gespielt wurde, kommen heute die Menschen in den Sommerwochen täglich in diese Riesenhalle geströmt, um die unterschiedlichste Musik zu hören – ganz gleich, welches Orchester, welches Ensemble auftritt. Um noch mehr Platz zu schaffen, wird das Parkett ausgeräumt, und die vielen jungen Leute können da stehen – dann fasst das Haus nahezu neuntausend Besucher. Das hat Volksfestcharakter, vor allem in der ›Last Night at the Proms‹, wenn alle Beethovens Freudenhymne oder auch anderes mitsingen.«

»Als wir 1972 mit dem Gewandhausorchester dort zum ersten Mal auftraten«, erinnert sich Masur, »bekamen wir einen mächtigen Schreck. Es wurde gelärmt, als hätten wir eine Zirkusarena betreten. Aber in dem Augenblick, als wir zu spielen begannen, hatten wir ein Publikum, wie es nirgendwo auf der Welt besser sein kann. Es ist unglaublich, wie da zugehört wird. Die Londoner versammeln sich, um sich an Musik zu erfreuen, um sie zu genießen. Und das können sie deshalb, weil sie sehr viel von Musik verstehen und die meisten Stücke wirklich kennen. Die legendären Gerard-Hoffnung-Konzerte konnten eigentlich nur in London stattfinden, eben weil hier das Publikum musikalisch so gebildet ist, dass es die spaßigen Verrenkungen und Parodien voll begreifen und deshalb auch genießen kann. Dieser hohe musikalische Bildungsstand der Londoner hat sich, Gott sei Dank, bis heute gehalten.«

Anfang September 2001, kurz vor Beginn der neuen Saison, folgte Masur mit den New Yorker Philharmonikern einer Einladung des Festivals in Braunschweig. Dort hatten sie vor ausverkauften Häusern vier Konzerte gegeben, eines davon gemeinsam mit dem Landesjugendorchester. Diese Art Nachwuchsförderung ist eines von Masurs Lieblingsprojekten. Je älter er wird, desto mehr liegt ihm die Jugend am Herzen. Aber die jungen Musiker benötigen zumeist einige Zeit, um sich an die Strenge des Meisters zu gewöhnen. Zu viel Respekt hemmt ihr Spiel. »Zuerst hatten wir richtig Angst«, meinte eine blutjunge Cellistin aus Hannover. »Aber dann merkten wir, dass er gar nicht so streng ist, wie er aussieht.«

Masur ist ein Erzieher par excellence, ihn begeistert die Hingabe, mit der diese jungen Leute musizieren. Auf das Geraune vom »Ende der klassischen Musik«, das seit einigen Jahren durch die amerikanische und englische Medienlandschaft geistert, antwortet er: »Das ist eine Wichtigtuerei von Dummköpfen und für mich überhaupt kein

Thema. Mit dem Fernsehen wurde der Film nicht abgeschafft, mit dem Radio oder Plattenspieler nicht das Musizieren. Es ist eine Ausrede. Anstatt dass die Medien und die Vertreter dieser These sich bemühen, die jungen Leute zu animieren, weiterhin klassische Musik zu machen, fragen sie die Künstler: ›Meint ihr, überhaupt überleben zu können?‹ Es wird immer eine Schicht von Menschen geben, die nach mehr Bildung streben als andere, die einen lesen Comics und die anderen Thomas Mann.«

Masur selbst war in seiner Jugend ein begeisterter Leser, vor allem der Franzosen. »Ich liebte ›Die verzauberte Seele‹ von Romain Rolland und habe das Buch mehrmals gelesen, auch Gottfried von Straßburgs ›Tristan‹-Epos.« Er will etwas lernen bei der Lektüre. Deshalb liest er heute eher Sachbücher, soweit er überhaupt Zeit dafür aufbringen kann – zum Beispiel Marion Gräfin Dönhoffs »Zivilisiert den Kapitalismus«: »Die Warnung der Autorin vor einem Egoismus, der vor nichts halt macht, vor Brutalität und Korruption, die unseren Alltag zunehmend bestimmen, hat mich fasziniert.« Kurz vor der Wende 1989 hat ihn Rolf Henrichs Generalabrechnung mit dem SED-Regime im »Vormundschaftlichen Staat« gefesselt oder später Hans Mayers »Der Turm von Babel«.

Hans Werner Henzes Neunte Sinfonie – ein chorsinfonisches Werk auf Texte von Hans-Ulrich Treichel –, dessen US-Premiere er im Februar 2001 dirigiert hatte, habe ihn allein schon wegen der stofflichen Verarbeitung von Anna Seghers' »Das siebte Kreuz« interessiert. Masur kannte die Autorin noch persönlich: »Das erste Mal trafen wir uns in der Berliner Akademie der Künste. Während einer Sitzung setzte sie sich neben mich. Ich kannte viele ihrer Bücher und musste sie immerzu ansehen. Bis sie mich etwas spöttisch von der Seite anschaute und sagte: ›Na, was gucken Sie so, als wenn wir schon zusammen die Treppe runtergerutscht wären?‹ – ›Ach‹, antwortete ich ein wenig verlegen, ›ich freu mich einfach, dass Sie hier sitzen.‹« Masur hält zu vielen Schriftstellern Kontakt. Auch wenn er kein großer Briefeschreiber ist – das ist er generell nicht –, das Gespräch, die Diskussion mit ihnen sind ihm wichtig.

Nach Braunschweig eröffnete er gemeinsam mit London Philharmonic das Enescu-Festival in Bukarest. Dort erreichte ihn die Nachricht vom Terroranschlag in New York. Trotz hoffnungslos überlasteter Leitungen gelang es ihm, mit Zarin Mehta zu telefonieren, um Genaueres zu erfahren und zu beraten, ob sie das Programm zum Saisonbeginn der New Yorker Philharmoniker ändern sollten. Anne-Sophie Mutter hatte ihre Teilnahme für das Konzert am 22. September bereits zurückgenommen. Sie sagte am Telefon, sie sei »lieber ein Angsthase als ein toter Hase, und ich kann als Witwe nicht das Risiko eingehen, meine Kinder allein auf der Welt zurückzulassen«. Masur verstand ihre Bedenken und vertrat sie auch in der Öffentlichkeit. »Deshalb schlug ich gemeinsam mit Zarin Mehta vor, statt Beethoven ›Ein deutsches Requiem‹ von Brahms zu spielen.«

Zurück in New York, erfasste Masur das ganze Ausmaß der Zerstörung und auch der mentalen Veränderung der Amerikaner nach dem 11. September. Das einstige Wahrzeichen New Yorks, der ganzen Businesswelt, war buchstäblich in Rauch aufgegangen. »Things will be different« – nichts wird mehr sein, wie es einmal war. Masur verstand die Amerikaner in ihrer Trauer und Wut: »Es war ein derart teuflischer Plan, dass man nicht begreifen mag, wozu Menschen in der Lage sind.« Aber er mahnte auch, »genau zu überlegen, wie dem Terror zu begegnen ist. Mit neuen unschuldigen Toten in einem anderen Land ist da nicht geholfen.« Das geplante Eröffnungskonzert sollte ein musikalisches Gedenken an die Opfer des Anschlags, eine Benefizveranstaltung für die Feuerwehrleute werden. In kürzester Zeit gelang es Masur, für das »Requiem« mit Heidi Grant Murphy (Sopran) und Thomas Hampson (Bariton) exzellente Gesangssolisten und mit den New York Choral Artists und dem American Boychoir zwei hervorragende Chöre zu gewinnen.

Der Abend des 20. September begann mit der amerikanischen Hymne. Auf dem Podium war das Sternenbanner aufgestellt. Paul Guenther begrüßte das Publikum mit dem Hinweis, dass der Erlös des Abends für die Opfer und die heldenhaften Feuerwehrleute gedacht sei. Zarin Mehta, dem Masur »dankbar ist für seine menschliche Haltung«, bat in beider Namen, am Schluss des Requiems nicht zu applaudieren, sondern sich einander zuzuwenden und still das Haus zu verlassen.

Für Kurt Masur war dieser Abend »ein Erlebnis, das ich bis dahin nie hatte und auch nie wieder haben werde. Wann begegnet man einem Publikum, das gemeinsam in einer furchtbaren Weise mit dem Tod konfrontiert ist. Das Blut war allen noch erstarrt, als sie sich entschlossen, in den Konzertsaal zu kommen. Und es war vielleicht auch dem Geist der Philharmoniker und unseren Konzerten zuzuschreiben, dass sie hofften, nicht nur ein Konzert mit schöner Musik zu erleben, sondern ein Konzert, das ihnen hilft, das Weiterleben zu ertragen. Um die Bedeutung, die Brahms' ›Requiem‹ an jenem Abend für mich und das Publikum hatte, nachvollziehbar zu machen, möchte ich, obwohl es vielleicht ungewöhnlich ist, den Text im Folgenden zitieren:

EIN DEUTSCHES REQUIEM
Nach Worten der Heiligen Schrift
für Soli, Chor und Orchester op. 45

I. CHOR:
Selig sind, die da Leid tragen, denn sie sollen getröstet werden. Die mit Tränen säen, werden mit Freuden ernten. Sie gehen hin und weinen und tragen edlen Samen und kommen mit Freuden und bringen ihre Garben.
II. CHOR:
Denn alles Fleisch es ist wie Gras und alle Herrlichkeit des Menschen wie des Grases Blumen. Das Gras ist verdorret und die Blume abgefallen. So seid nun geduldig, lieben Brüder, bis auf die Zukunft des Herrn. Siehe, ein Ackermann

wartet auf die köstliche Frucht der Erde und ist geduldig darüber, bis er empfahe den Morgenregen und Abendregen. Denn alles Fleisch es ist wie Gras und alle Herrlichkeit des Menschen wie des Grases Blumen. Das Gras ist verdorret und die Blume abgefallen. Aber des Herrn Wort bleibet in Ewigkeit. Die Erlöseten des Herrn werden wieder kommen und gen Zion kommen mit Jauchzen; ewige Freude wird über ihrem Haupte sein, Freude und Wonne werden sie ergreifen, und Schmerz und Seufzen wird weg müssen.

III. Baritonsolo und Chor:
Herr, lehre doch mich, dass ein Ende mit mir haben muss, und mein Leben ein Ziel hat, und ich davon muss. Siehe, meine Tage sind einer Hand breit vor dir, und mein Leben ist wie nichts vor dir. Ach, wie gar nichts sind alle Menschen, die doch so sicher leben. Sie gehen daher wie ein Schemen und machen ihnen viel vergebliche Unruhe, sie sammeln und wissen nicht, wer es kriegen wird. Nun, Herr, wes soll ich mich trösten? Ich hoffe auf dich. Der Gerechten Seelen sind in Gottes Hand, und keine Qual rühret sie an.

IV. Chor:
Wie lieblich sind deine Wohnungen, Herr Zebaoth! Meine Seele verlanget und sehnet sich nach den Vorhöfen des Herrn; mein Leib und Seele freuen sich in dem lebendigen Gott. Wohl denen, die in deinem Hause wohnen, wir loben dich immerdar.

V. Sopransolo und Chor:
Ihr habt nun Traurigkeit, aber ich will euch wiedersehen, und euer Herz soll sich freuen, und eure Freude soll niemand von euch nehmen. Sehet mich an: Ich habe eine kleine Zeit Mühe und Arbeit gehabt und habe großen Trost funden. Ich will euch trösten, wie einen seine Mutter tröstet.

VI. Baritonsolo und Chor:
Denn wir haben hie keine bleibende Statt, sondern die zukünftige suchen wir. Siehe, ich sage euch ein Geheimnis: Wir werden nicht alle entschlafen, wir werden aber alle ver-

wandelt werden; und dasselbige plötzlich, in einem Augenblick, zu der Zeit der letzten Posaune. Denn es wird die Posaune schallen, und die Toten werden auferstehen unverweslich, und wir werden verwandelt werden. Dann wird erfüllet werden das Wort, das geschrieben steht: Der Tod ist verschlungen in den Sieg. Tod, wo ist dein Stachel? Hölle, wo ist dein Sieg? Herr, du bist würdig zu nehmen Preis und Ehre und Kraft, denn du hast alle Dinge erschaffen, und durch deinen Willen haben sie das Wesen und sind geschaffen.

VII. Chor:
Selig sind die Toten, die in dem Herrn sterben, von nun an. Ja, der Geist spricht, dass sie ruhen von ihrer Arbeit; denn ihre Werke folgen ihnen nach.

Jeder Sänger im Chor, jeder Solist, jeder Musiker«, fährt Masur fort, »befand sich in der gleichen Situation, in der gleichen entsetzten Spannung nach diesem ersten direkten Angriff auf ein Land, das, abgesehen vom Bürgerkrieg, seit den Unabhängigkeitskämpfen nie Krieg auf eigenem Territorium erlebt hatte. Dieses Entsetzen wurde gelöst mit den ersten Takten: ›Selig sind, die da Leid tragen, denn sie sollen getröstet werden‹. Ich habe in meinen Einführungen oder in meinem Versuch, Brahms' Intention zu deuten, immer gesagt: Es gibt keine Note, die traurig, larmoyant oder klagend gespielt oder gesungen werden darf. Brahms hat ja dieses Requiem in relativ jungen Jahren komponiert. Und als seine Mutter gestorben war, fügte er als Abschied von ihr noch einen Satz ein: ›Ihr habt nun Traurigkeit, aber ich will euch wiedersehen.‹ Was für eine Vorstellungskraft! Ein junger Mann, von dem wir wissen, dass er seiner Mutter zutiefst verbunden war, spricht aus der Musik mit der Auswahl dieser Texte. Brahms ging es nicht um das Betrauern der Toten, es ging ihm um Trost, darum, die Furcht vor dem Sterben, die Furcht vor dem Tod zu überwinden, auch seine eigene! Wenn wir von diesem Abend sagen können, dass durch die fürchterlichen Ereignisse Brahms für

357

dieses Werk das beste Publikum und die besten Interpreten hatte, dann ist das nicht übertrieben. Zuhörer und Interpreten wurden eins in dem gemeinsamen Erleben einer Musik, die ihnen zwar kein Vergessen bescherte, aber die ihnen Hoffnung gab für das Weiterleben und darauf, dass es auch wieder Zeiten geben wird, in denen man lernt zu lächeln oder zu lachen. Der Schluss war für uns alle vielleicht das größte Erlebnis. Ich hatte oft bemerkt, dass das New Yorker Publikum nicht sehr aufmerksam ist, wenn es ums Zuhören geht, oder sich schnell verabschiedet, wenn ein Konzert zu Ende ist. Dieser Abend ließ erkennen, dass auch der Letzte den Ernst dieses Werkes empfunden hat und die heilende Kraft der Musik dankbar entgegennahm. Der stille Abschied nach dem Konzert war minutenlang, und wir alle fühlten, dass die Brahmssche Musik zutiefst verstanden wurde. Ich werde nie wieder ein Publikum haben, das es bis in die letzte musikalische Phrase hinein versteht, was dieses Requiem meint.«

Auch Ken David hatte im Publikum gesessen. Nach dem Konzert ging er zu seinem Vater und sagte ihm, wie sehr er sich für ihn freue, dass er ein solches Erlebnis haben konnte: »Es war ein unglaubliches Gefühl von Zusammengehörigkeit im Saal, ähnlich wie beim Konzert am Tag der friedlichen Demonstration in Leipzig.«

Die nachfolgenden Masur-Konzerte mit den New Yorkern nahmen ihren geplanten Verlauf: Mahler-Lieder mit Angelika Kirchschlager, Chatschaturians Violinkonzert mit Silvia Marcowici (ursprünglich sollte Maxim Vengerov spielen) und César Francks d-Moll-Sinfonie sowie Tschaikowskis »Vierte«.

Am 10. Oktober stand Kurt Masur noch einmal am Pult des Gewandhauses, nun mit den Londoner Philharmonikern. Das Gastspiel war der unumstrittene Höhepunkt der Festwoche »Zwanzig Jahre Neues Gewandhaus«. Tagsüber hatte er immer wieder Interviews gegeben und für die Anspielprobe mit dem Orchester kaum mehr als eine

Stunde Zeit gehabt. Viele der Londoner waren das erste Mal im Gewandhaus, und Masur gab stolz einen kurzen Überblick über die Geschichte des Hauses und über Mendelssohns Wirken in der Stadt. »Willkommen in Leipzig. Das ist mein wahres Haus«, begrüßte er seine Musiker. Sie spürten, wie wichtig ihm dieser Abend war. »Die Violinen müssen singen! Sie neigen dazu, anonym bleiben zu wollen«, ermahnte er immer wieder seine ersten Geigen. »Nicht künstlich werden! Keep it dancing!« Manchmal sang er den Rhythmus vor. Wie ein Monolith stand er vor dem Orchester, kritisierte freundlich, lobte ausgiebig.

Als er am Abend das vertraute Podium betrat, war kein Platz unbesetzt geblieben. Das Konzert war seit einem halben Jahr ausverkauft gewesen. Schon Benjamin Brittens »Simple Symphony« wurde zum Kabinettstück – das Pianissimo, diese Leichtigkeit und Grazie! Masurs Bewegungen waren sparsamer geworden, knapp und pointiert legte er die musikalischen Strukturen frei – Allegro con spirito. Danach brachte er den »Till« von Richard Strauss – eine symbolische Geste, mit der er an jenen 9. Oktober 1989 erinnerte, als diese sinfonische Dichtung an ebendiesem Ort erklang, während draußen an die hunderttausend Demonstranten die friedliche Revolution vollzogen. Das Spiel der Londoner war brillant, hinreißend auch Dvořáks Achte Sinfonie nach der Pause. Es gab es Standing Ovations für den ehemaligen Gewandhauschef. Das Publikum klatschte seinen Maestro immer wieder heraus, selbst dann noch, als das Orchester längst gegangen war.

Am Tag zuvor hatte die Initiativgruppe »Leipzig erinnert an den Herbst '89« im Foyer des Gewandhauses zu einem Podiumsgespräch eingeladen. Prominente Gesprächspartner wie WDR-Intendant Fritz Pleitgen, Gabriele Krone-Schmalz, Lothar Späth, Erich Loest und Konrad Weiß sorgten für eine lebhafte und kontroverse Diskussion über den Niederschlag der Demokratiebewegung in Deutschland nach der Wende. Wie in alten Zeiten füllte das Publikum das Foyer bis hoch hinauf in die Treppen. Kurt Masur, der

einstige Hausherr, hatte mit leiser, eindringlicher Stimme
die Zuhörer als Erster begrüßt, unter ihnen viele seiner
früheren Mitstreiter – Friedrich Schorlemmer, der Pfarrer
aus Wittenberg, die Ex-Superintendenten Friedrich Magirius (heute Präsident der Kulturstiftung Leipzig, deren Ehrenpräsident Masur ist) und Johannes Richter, der frühere
Oberbürgermeister Hinrich Lehmann-Grube, aber auch
auffällig viele jungen Menschen: »In Leipzig entstand der
Mut, aufrecht zu gehen. Wir haben heute wieder einen
Krieg, einen wahrscheinlich nicht notwendigen und noch
nicht einmal siegreichen Krieg.« Die innere Beunruhigung
war ihm deutlich anzumerken. Am Nachmittag hatte er in
der überfüllten Nikolaikirche an einem Friedensgebet teilgenommen. Dass junge Menschen dort wieder öffentlich
über Krieg und Frieden diskutierten, hatte ihn zutiefst berührt: »Es ist ein schönes Gefühl, dass die Jugend der Stadt
aufgewacht ist. Ich glaube, von hier könnte eine starke Initiative ausgehen in Bezug auf Friedensaktionen in der
Welt.« Hier spricht der unerschütterliche Idealist und
kämpfende Träumer, der er immer war. Als Masur an jenem Abend das Foyer des Gewandhauses verließ, hatte er
ihn wiedergefunden, den »Geist von Leipzig«.
Im November dirigierte er noch die New Yorker Erstaufführung des Bratschenkonzerts von Sofia Gubaidulina
mit Juri Baschmet als Solisten. Dann zog er sich zurück.
Gesundheitliche Probleme nötigten ihn zum Innehalten.
Der Vierundsiebzigjährige – noch immer »ein Arbeitstier,
ein Starrkopf mit ziemlich unbegrenzten Reserven«, wie
ihn der Journalist Volker Hagedorn charakterisierte –
musste kürzer treten. Der Untersuchungsbefund stellte ihn
vor schwerwiegende Entscheidungen. Seine Ärzte eröffneten ihm die Notwendigkeit einer Organtransplantation.
Wenn er weiter weltweit dirigieren wolle, müsse der Eingriff bald, möglichst vor Ende des Jahres, passieren.
Bis Mitte November 2001 wollte Masur seine Termine
noch einhalten, dann aber müsse er sich für etwa zwei Monate »ausklinken«, informierte er seine Musiker. »Ich

360

glaube, er würde zusammenbrechen, wenn er jetzt aufhörte zu dirigieren«, meinte Stefana Atlas, seine New Yorker Chefsekretärin. Für den 7. Februar 2002 war in New York die konzertante Aufführung des zweiten Aktes von Wagners »Tristan und Isolde« geplant, ein Werk, dem Masur sich lebenslang verbunden fühlt. Damit würde er – so alles gut ginge – wieder einsteigen. Ende November wurde er in Leipzig erfolgreich operiert.

Als Masur an jenem 7. Februar tatsächlich wieder das Podium der Avery Fisher Hall betrat, schlug ihm eine Woge der Sympathie und Verehrung entgegen, wie er sie selbst nicht für möglich gehalten hat. Seinem Publikum war immer mehr bewusst geworden, dass es einen künstlerischen Aufstieg des Orchesters über elf Jahre hinweg erlebt hatte. Heute stehen die New Yorker Philharmoniker in einer Reihe mit den Eliteorchestern der Welt. Die Standing Ovations nach der »Tristan«-Musik (neben Stig Andersen und Deborah Voigt in den Titelpartien sang Theo Adam den König Marke) dauerten über fünfzehn Minuten.

»Nach dem ›Tristan‹ kommen noch ein paar Highlights«, verspricht Masur. »Ich möchte nur erwähnen, dass wir glücklich sind, in der letzten Woche meiner Anrechtskonzerte die Schallplattenaufnahme mit Anne-Sophie Mutter noch produzieren zu können. Wir werden mit ihr das Beethoven-Violinkonzert und die beiden Romanzen aufnehmen. Und zu meinem letzten Anrechtskonzert wird das Beethovensche Violinkonzert dann mit der ›Eroica‹ zusammen erklingen. Zuvor werden wir beide Teile des Orchesters gesondert vorstellen – die Streicher mit dem Bartókschen Divertimento und die Bläser zusammen mit dem Schlagzeug mit der neuen Komposition ›Hemispheres‹ von Joseph Turrin als Weltpremiere. Die letzte gemeinsame Konzertreise mit den New Yorkern führt mich dann nach Asien.«

Sein Abschiedskonzert in New York möchte Masur am 18. Juli 2002 geben, seinem fünfundsiebzigsten Geburtstag. Er will es nur mit Solisten aus seinem Orchester gestalten, denn es soll eine »Danksagung sein an das hervorragende Orchester, das so voller herausragender, international bedeutender Solisten ist, das mit mir gemeinsam nicht nur allen Anfechtungen standgehalten hat, sondern sich auch einen gemeinsamen Geist erarbeitet hat. Es gibt einen Garanten außer den Musikern selbst, der das alles bewahren kann – das ist Zarin Mehta.«

Der Chef der New Yorker Philharmoniker hat Spuren hinterlassen. Sedgwick Clarc spricht in der Festschrift »Kurt Masur at the Philharmonic«, die im Herbst 2001 bei Random House erschienen ist, vom »Masur-Effekt«. Er und die Philharmoniker wären die »richtigen Partner zum richtigen Zeitpunkt« gewesen. Den Philharmonikern, »berühmt für ihre chamäleonartige Fähigkeit, Stil oder Nuancen der Intention des Komponisten entsprechend zu ändern«, habe Masur eine gemeinsame Linie und den Stolz darauf beigebracht. Seine anspruchsvolle Art zu proben habe sich ausgezahlt. »Eine halbherzige Masur-Aufführung ist einfach unvorstellbar … Sein Respekt für die Musiker wird bei jedem Schlussapplaus deutlich, wenn er sie mit Dankbarkeit und Wärme für ihr Können feiert und mit ausgebreiteten Armen im Hintergrund steht, anstatt für eine Soloverbeugung an das Dirigentenpult zu treten.« Für Masur seinerseits ist es ein »Meisterorchester, bei dem man – wenn man versteht, es zu inspirieren – alles wecken kann. Diese großartigen Musiker können alles.«

Ihre Kämpfe haben sie längst ausgekämpft. Die Musiker haben erkannt, dass hinter dem Perfektionstrieb ihres Chefs eine bedingungslose Liebe zur Musik steckt, und Masur hat die unberechenbaren und starken Persönlichkeiten der Musiker schätzen gelernt. Als er einmal wieder den Solohornisten Philip Myers, »ein Mann mit einem seltenen Talent, wie die meisten Spieler in den vorderen Positionen«, habe darauf aufmerksam machen müssen, dass die Hörner zu laut seien, habe dieser ganz aufgebracht reagiert: »›Seit zehn Jahren höre ich jetzt, dass wir zu laut sind.‹ – ›Tut mir leid, Phil Myers‹, habe ich darauf erwidert,

›Sie hören das seit 1981, seit unserer allerersten Probe. Da haben wir ›Till Eulenspiegel‹ probiert, und ihr habt wirklich meisterhaft geblasen, aber so laut, dass man die Holzbläser nicht mehr hören konnte. Ich weiß es genau, da hab ich das zum ersten Mal gesagt.‹ Da lachte er und meinte: ›Ist das wirklich wahr?‹ – Er spürte, dass ich ihn achte und seine Leistung respektiere. Aber umgekehrt ist es nicht anders.«

Die elf New Yorker Jahre sieht Masur als »die Krönung meines Lebens«. Er hat nicht nur das New Yorker Konzertleben um bis dahin unbekannte Aufführungsformen bereichert, er hat sich auch mit großer Intensität um den Nachwuchs gekümmert. In den städtischen Schulen setzte er sich für eine erweiterte musikalische Ausbildung ein und leitete Jahr für Jahr Proben und Konzerte der Orchester an den Konservatorien Juilliard, Mannes und Manhattan. Seine Gratiskonzerte am Memorial Day in der Cathedral of St. John the Divine zogen alljährlich so viele Besucher an, dass es selbst auf den Stehplätzen Gedränge gab. Außerdem gelang es ihm, die Rundfunkübertragungen der Philharmoniker wiederzubeleben und daraus preisgekrönte CD-Editionen zu machen.

»Masur hat New York vielleicht zu sehr verwöhnt«, resümierte Jay Nordlinger. »Man wird ihn erst richtig zu würdigen wissen, wenn er gegangen ist.« Die Musiker aber wissen es heute schon, wie ihr Abschiedsbrief zeigt:

Verehrter Maestro Masur,
wenn wir auf die »Masur-Jahre« zurückblicken, erfüllen uns sowohl unsere musikalische Entwicklung als auch die Fortschritte unserer gesamten Institution mit großem Stolz. Ihre Verpflichtung auf die höchsten Standards musikalischen Schaffens und Ihre Weigerung, irgendetwas darunter zu akzeptieren, hat uns zu neuen Höchstleistungen angespornt.

Unter Ihrer Amtsführung sind wir auch bei der Neubestimmung des traditionellen Verhältnisses zwischen Mu-

sikdirektor und Orchester einen großen Schritt vorangekommen. Wir haben eine echte Partnerschaft erreicht, mit
offenem Gedankenaustausch und einvernehmlicher Defi-
nition künstlerischer Ziele. Das hat nicht nur erheblich
zum Erfolg neuer Projekte beigetragen, etwa die New York
Philharmonic Special Editions, sondern auch dafür gesorgt,
die Einstellung unserer Institution insgesamt zu verändern.
Die Ideen von Musikern werden heute ernster genommen
als je zuvor, und Sie haben der Erkenntnis zum Durchbruch verholfen, dass wir hinter den Kulissen genauso
kreativ und konstruktiv sein können wie vor unserem Publikum.

Vor allem aber: Ihre Loyalität und Ihre Hingabe an das
Orchester standen nie in Frage. Wir sind dankbar für Ihre
Unterstützung, und wir versichern Ihnen, die unter Ihrer
Leitung erreichten Fertigkeiten und Standards dauerhaft
zu erhalten.

Mit herzlichen Grüßen

DIE MUSIKER
DER NEW YORK PHILHARMONIC

Die Antwort des Maestros: »Ich von meiner Seite würde
sagen: Ich danke den Philharmonikern, besonders dem
Orchester, ich danke dem Publikum von New York, und
ich danke dafür, dass alle die Freunde, die ich gewonnen
habe, mir New York eine echte Heimat werden ließen. Das
schließt auch diejenigen Boardmitglieder ein, die selbstlos
und dienend die Philharmonie unterstützten und in allen
Situationen unerschütterlich an mich glaubten.

Als ein besonderes Geschenk empfand ich – nachdem
Deborah Borda sich entschloss, einem Angebot aus Los
Angeles zu folgen, welches für sie sicher sehr lukrativ und
auch weniger problematisch war –, dass es gelungen war,
den mir bereits vor langer Zeit lieb gewordenen Zarin

364

Mehta, den Bruder von Zubin Mehta, als ihren Nachfolger zu benennen. Ich hatte zehn Jahre zuvor mit Zarin bereits für diese Position verhandelt. Leider hatte er damals schon seinen Vertrag mit dem Ravinia Festival in Chicago unterschrieben und war nicht abkömmlich. Es war gut für mich zu wissen, dass ich meine zwei letzten Jahre bei New York Philharmonic mit ihm gemeinsam gestalten konnte. Er liebt das Orchester. Fast unbemerkt, still, aber mit großer Autorität hat er seine Arbeit begonnen. Ich glaube und hoffe, dass vieles von dem, was heute die Philharmoniker besitzen, durch ihn mit erhalten werden kann. Wir sind zu Freunden geworden. Seine Aufrichtigkeit und seine menschliche Lauterkeit haben ihn zu einem Verbündeten gemacht in der Orchesterführung, die auf Vertrauen und auch Harmonie beruht. Ihm habe ich es auch zu verdanken, dass er die Abschiedssaison von der Philharmonie so gestalten wollte, dass jedem bewusst wird, welche erfüllten Jahre wir miteinander verbracht haben und welche Bedeutung die Zeit ›New York Philharmonic mit Masur‹ hat.«

ANHANG

ZEITTAFEL

1927   18. Juli: Kurt Masur in Brieg (Brzeg)/Schlesien geboren

1937   Beginn des Klavierunterrichts bei Katharina Hartmann in Brieg

1942–1944   Unterricht in Klavier und Violoncello an der Landesmusikschule in Breslau (Wrocław)

1944–1945   Kriegsdienst an der deutschen Westfront

1946–1948   Dirigierstudium bei Heinz Bongartz an der Musikhochschule Leipzig

1948–1951   Erstes Engagement als Solorepetitor und Kapellmeister am Landestheater Halle (Saale)
1948   Heirat mit Brigitte Stütze
1950   Sohn Michael wird geboren

1951–1953   Erster Kapellmeister an den Städtischen Bühnen Erfurt; Beginn der Gastspieltätigkeit in Dresden, Berlin und Leipzig
1951   Tochter Angelika wird geboren

1953–1955   Erster Kapellmeister an den Städtischen Theatern Leipzig

1955–1958   Zweiter Dirigent bei der Dresdner Philharmonie unter Heinz Bongartz; erste Gastspiele im östlichen Ausland (Polen)

1958–1960   Musikalischer Oberleiter am Mecklenburgischen Staatstheater Schwerin; Ernennung zum Generalmusikdirektor; Gastspiele in Belgien, Finnland, Ungarn, in der Sowjetunion und ČSSR

1960–1964   Musikalischer Oberleiter an Walter Felsensteins Komischer Oper Berlin
1962   Sohn Matthias wird geboren
1964   Beendigung der Zusammenarbeit mit Walter Felsenstein

1964–1967   Ohne feste Position; Schallplatten-, Rundfunk- und Fernsehproduktionen; Gastspiele im Ausland werden von den DDR-Behörden erschwert oder verhindert
1966   Carolin, Tochter von Kurt Masur und Irmgard Kaul, wird geboren
1967   Mit »Lohengrin« in Venedig gelingt der Durchbruch zur internationalen Gastspieltätigkeit

1967–1972   Chefdirigent der Dresdner Philharmonie; Gastspiele führen unter anderem nach Belgien, Brasilien, England, Finnland, Frankreich, Holland, Italien, in die ČSSR und die Sowjetunion, nach Polen, Rumänien und Ungarn
1969   August: Konzerte im Libanon und auf Zypern mit dem Gewandhausorchester Leipzig
1970   Konzert mit den Wiener Philharmonikern bei den Salzburger Festspielen

1970–1997   Gewandhauskapellmeister in Leipzig (bis 1972 leitet Masur in Personalunion die Dresdner Philharmonie); Tourneen mit dem Gewandhausorchester in die USA, nach Japan, Latein- und Südamerika, Westdeutschland und in mehrere europäische Länder
1970   Die erste Ehe wird geschieden
1971   Heirat mit Irmgard Kaul; sie kommt im April 1972 bei einem tragischen Autounfall ums Leben; die gemeinsame fünfjährige Tochter Carolin bleibt unverletzt

370

1974	Masur schaltet sich aktiv in die Bemühungen um einen Gewandhaus-Neubau ein; USA-Debüt als Gastdirigent mit dem Cleveland Orchestra
1975	Heirat mit Tomoko Sakurai, die er in Rio de Janeiro kennen gelernt hat
1977	Sohn Ken David wird geboren
1981	8. Oktober: Einweihung des Neuen Gewandhauses Leipzig
1989	Masur schaltet sich aktiv in die Bewegung der »friedlichen Revolution« in der DDR ein; zur »Montagsdemonstration« am 9. Oktober verliest er über Funk als einer der »Leipziger Sechs« den Appell zur Besonnenheit und zum friedlichen Dialog
1991–2002	Musikdirektor der New York Philharmonic als Nachfolger von Zubin Mehta; er bleibt weiterhin Gewandhauskapellmeister in Leipzig
1991	Gründung der Internationalen Mendelssohn-Stiftung; Masur wird zum Vorsitzenden gewählt
1992/93	Doppeljubiläum: 150 Jahre New York Philharmonic und 250 Jahre Gewandhausorchester Leipzig; erste Konzerttournee mit dem New York Philharmonic nach Argentinien und Brasilien; USA-Gastspiel mit dem Gewandhausorchester
1995	25-jähriges Kapellmeisterjubiläum am Gewandhaus zu Leipzig
1997	27. Februar: Verabschiedung aus dem Amt des Gewandhauskapellmeisters
2000	Seit September Fünfjahresvertrag als Chefdirigent des London Philharmonic Orchestra
2001/2002	Letzte Konzertsaison in New York
2001	Ende November muß er sich in Leipzig einer Organtransplantation unterziehen
2002	Nach Beendigung der Tätigkeit in New York übernimmt er die musikalische Leitung des Orchestre National de France in Paris und bleibt zugleich Chef des London Philharmonic Orchestra

Auszeichnungen und Ehrungen (Auswahl)

1970
Nationalpreis der DDR 1. Klasse

1972
Arthur-Nikisch-Preis der Stadt Leipzig

1979
Preis der »National Academy of Recording Arts and Science«
in Los Angeles

1981
Ehrenmitglied des Gewandhausorchesters
Robert-Schumann-Preis der Stadt Zwickau

1982
Nationalpreis der DDR 1. Klasse

1984
Ehrendoktorwürde der Karl-Marx-Universität Leipzig

1987
Ehrendoktorwürde der University of Michigan, Ann Arbor
Ehrenmitglied der Komischen Oper Berlin

1989
Ehrensenator der Hochschule für Musik »Felix Mendelssohn
Bartholdy« Leipzig
Ehrenbürger der Stadt Leipzig

1991

Hanns-Martin-Schleyer-Preis
Ehrendoktorwürde des Cleveland Institute of Music
Hermann-Voss-Kulturpreis der deutschen Orchester

1992

Ehrengastdirigent auf Lebenszeit des Israel Philharmonic Orchestra
Ehrendoktorwürde des Westminster Choir College (Princeton University)

1993

»Musician of the year« (gewählt von der Zeitschrift *Musical America*)
Ehrenmitglied der Oper Leipzig
Ehrendoktorwürde der Hamilton University (Clinton, New York)
ISPAA International Award

1994

Ehrendoktorwürde der Manhattan School of Music (New York)
Ehrendoktorwürde der Yale University (New Haven, Connecticut)
Ehrendirigent der Dresdner Philharmonie

1995

Cantador-Medaille der Düsseldorfer Gesellschaft für Rechtsgeschichte
Bundesverdienstkreuz der Bundesrepublik Deutschland
Kulturpreis Schlesien des Landes Niedersachsen

1996

Goldene Ehrenmedaille für Musik des National Arts Club (New York)
Ehrendirigent des Gewandhausorchesters

1997

New York City Cultural Ambassador
Ehrendoktorwürde der Juilliard School (New York)

»Commandeur de la Légion d'Honneur« der französischen Regierung
Ehrenpräsident der Kulturstiftung Leipzig

1999
Kommandeur-Ehrenkreuz der Polnischen Republik
Ehrenbürger seiner Heimatstadt Brieg (Brzeg)

2001
Friedenstein-Preis der Gothaer Kulturstiftung

2002
Großes Verdienstkreuz mit Stern des Verdienstordens der Bundesrepublik Deutschland

DISKOGRAPHIE

*Reihenfolge der Angaben: Komponist, Werk, Orchester (DP =
Dresdner Philharmonie, GWO = Gewandhausorchester Leipzig,
IPO = The Israel Philharmonic Orchestra, KOP = Kammeror-
chester Berlin, LPO = London Philharmonic Orchestra, NYP =
New York Philharmonic, RSO = Rundfunk-Symphonieorchester
Berlin, RSOL = Rundfunk-Sinfonieorchester Leipzig), weitere
Interpreten, Aufnahmejahr bzw. Erscheinungsjahr, ggf. Neuer-
scheinung – Plattenfirma*

Adams, John: *Short Ride in a Fast Machine* – NYP – 1999 – NYP-
Special Editions

Bach, Johann Sebastian: *Violinkonzerte a-Moll, BWV 1041, E-Dur,
BWV 1042, Konzert für zwei Violinen d-Moll, BWV 1043*
– GWO – Karl Suske, Giorgio Kröhner – 1979/1994 – Berlin
Classics

*Kantaten »Jauchzet Gott in allen Landen«, BWV 51, »Weichet
nur, betrübte Schatten«, BWV 202* – GWO – Adele Stolte –
1978/ 1996 – Berlin Classics

Matthäuspassion BWV 244 - NYP, Edith Wiens, Carolyn Watkinson, Peter Schreier, Andreas Schmidt, Alastair Miles, Westminster Symphonic Choir, The American Boychoir, Princeton
Trinity Chorus – 1993 – NYP-Special Editions

Beethoven, Ludwig van: *Sinfonien Nr. 1–9* - GWO – 1975 – Eterna;
Sinfonien Nr. 1–9 (neue Version) – GWO – 1990–1993 – Philips;
Sinfonie Nr. 9 d-Moll op. 125 – GWO, Anna Tomowa-Sintow,
Annelies Burmeister, Peter Schreier, Theo Adam, Rundfunkchor
Leipzig – 1973 Eterna; GWO, Edda Moser, Rosemarie Lang, Peter
Schreier, Theo Adam, Rundfunkchor Leipzig, Gewandhauschöre,
Thomanerchor Leipzig – 1981 – Eterna; GWO, Sylvia McNair,
Jard van Nes, Uwe Heilmann, Bernd Weikl, Rundfunkchor Leip-
zig, Gewandhaus-Kinderchor – 1993 – Philips; NYP, Sylvia

McNair, Florence Quivar, Stuart Neill, René Pape, New York Choral Artists, The American Boychoir – 1999 – NYP-Special Editions; *Eroica op. 55* - Bundesjugendorchester – 1998 – Sonopress
Ouvertüren (Die Geschöpfe des Prometheus op. 43, Leonore I–III op. 138, 72, 72a, Fidelio op. 72, Coriolan op. 62, Egmont op. 84, Die Ruinen von Athen op. 113, König Stephan op. 117, Zur Namensfeier op. 115, Die Weihe des Hauses op. 124 – GWO – 1971–73 Eterna; *Egmont-Musik* – NYP, Sylvia McNair, Will Quadflieg – 1993 – Teldec; *Alle Ouvertüren* – GWO – 1971–73 – Eterna/Philips
Klavierkonzert Nr. 1 C-Dur op. 15 – NYP, Helen Huang – 1995 – Teldec; *Klavierkonzert Nr. 4 G-Dur op. 58* – NYP, Hélène Grimaud – 1999 – Teldec; *Violonkonzert D-Dur op. 61* – GWO, Karl Suske – 1977 Eterna; GWO, Yehudi Menuhin – 1981 Eterna; NYP, Anne-Sophie Mutter – 2001 – DG; *Violinromanzen G-Dur op. 40, F-Dur op. 50* – GWO, Ulf Hoelscher – 1984 – Berlin Classics; NYP, Anne-Sophie Mutter – 2001 – DG; *Klavierkonzert D-Dur (nach dem Violinkonzert op. 61)* – GWO, Amadeus Webersinke – 1971 – Eterna/Berlin Classics; *Konzert für Klavier, Violine und Violoncello C-Dur op. 56* – GWO, Christian Zacharias, Ulf Hoelscher, Heinrich Schiff – 1984 Eterna; GWO, Beaux Arts Trio (Menahem Pressler, Ida Kavafian, Peter Wiley) – 1994 – Philips
Chorfantasie c-Moll op. 80 – GWO, Menahem Pressler, Chor und Solisten des MDR – 1994 – Philips; *Missa solemnis D-Dur op. 123* – GWO, Anna Tomowa-Sintow, Annelies Burmeister, Peter Schreier, Hermann Christian Polster, Rundfunkchor Leipzig – 1973/1995 Berlin Classics *(Masur-Edition);* NYP, Christine Brewer, Florence Quivar, Anthony Rolfe Johnson, Peter Rose, New York Choral Artists, The American Boychoir – 1999 – NYP-Special Editions
Fidelio – GWO, Jeanine Altmeyer, Carola Nossek, Theo Adam, Siegfried Jerusalem, Peter Meven, Siegmund Nimsgern, Rüdiger Wohlers – 1981 Eterna

Berg, Alban: *Lulu-Suite* – NYP, Angelina Reáux – 1994 Teldec
Brahms, Johannes: *4 Sinfonien* – GWO; 1975/76 – Eterna; *Sinfonie Nr. 1 c-Moll op. 68* – NYP – 1996 – Teldec; *Sinfonie Nr. 2 D-Dur op. 73* – NYP – 1992 Teldec; *Sinfonie Nr. 3 F-Dur op. 90* – NYP – 1996 – Teldec; *Sinfonie Nr. 4 e-Moll op. 98* – NYP – 1996 – Teldec
Haydn-Variationen op. 56a – GWO – 1976 – Eterna; NYP – 1992 und 1996 – Teldec; *Akademische Festouvertüre op. 80* – GWO –

1976 Eterna; NYP – 1992 – Teldec; *Tragische Ouvertüre op. 81*
– GWO – 1976 – Eterna; NYP – 1996 – Teldec; *Serenaden D-Dur
op. 11 und A-Dur op. 16* – GWO – 1980 – Eterna; *Ungarische
Tänze* – GWO – 1981 – Eterna/Philips
Klavierkonzert Nr. 1 d-Moll op. 15 – GWO, Misha Dichter
– 1977 – Eterna; *Klavierkonzert Nr. 2 B-Dur op. 83* – GWO,
Misha Dichter – 1977 – Eterna; GWO, Cécile Ousset – 1976/
1995 Berlin Classics *(Masur-Edition);* GWO, Elisabeth Leonskaja – 1994 Teldec *Violinkonzert D-Dur op. 77* – GWO, Salvatore Accardo – 1978 – Eterna; GWO, Yehudi Menuhin – 1982 –
Eterna; NYP, Anne-Sophie Mutter – 1997 – DG; *Konzert für Violine, Violoncello und Orchester a-Moll op. 102* – GWO, Salvatore Accardo, Heinrich Schiff – 1978 – Eterna
Ein deutsches Requiem – NYP, Sylvia McNair, Hakan Hagegard,
The Westminster Symphonic Choir – 1995 – Teldec; *Schicksals-
lied op. 54* – NYP, The Westminster Symphonic Choir – 1996 –
Teldec

Britten, Benjamin: *War Requiem* – NYP, Carol Vaness, Jerry Hadley, Thomas Hampson, The American Boychoir, The Westminster Symphonic Choir – 1998 – Teldec

Bruch, Max: *3 Sinfonien* GWO – 1983/1987 Philips; *Schwedische
Tänze* – GWO – 1983 Eterna; *3 Violinkonzerte* – GWO, Salvatore Accardo – 1991 – Philips; *Violinkonzert Nr. 2 g-Moll op. 26*
– GWO, Maxim Vengerov – 1993 – Teldec; *Schottische Phantasie op. 46* – GWO, Salvotare Accardo – 1991 – Philips

Bruckner, Anton: *9 Sinfonien* – GWO – 1978/1990 – BMG (10
CDs); *Sinfonie Nr. 4 Es-Dur* – NYP -1994 – Teldec; *Sinfonie Nr. 7
E-Dur* – NYP – 1991 – Teldec

Busoni, Ferruccio: *Divertimento für Flöte und Orchester op. 52* –
GWO, Aurèle Nicolet – 1985 – Eterna

Catel, Charles-Simon: *Ouvertüre zu »Semiramis«* – DP – Eterna –
1970

Cerha, Friedrich: *Baal-Gesänge* – GWO, Theo Adam – 1983, 1986/
1993 – Berlin Classics

Chabrier, A. Emmanuel: *Larghetto für Horn und Orchester* – GWO,
Hermann Baumann – 1985 – Eterna

Cherubini, Luigi: *Ouvertüre zu »Medea«* – DP – Eterna – 1970

Chopin, Frédéric: *Klavierkonzerte Nr. 1 e-Moll op. 11 und Nr. 2 f-
Moll op. 21* – GWO, Annerose Schmidt – 1985/1996 – Eterna/Ber-
lin Classics

Copland, Aaron: *Fanfare for the Common Man* - NYP – 1999 – NYP
Special Editions

Debussy, Claude: *Prélude à l'Après-midi d'un faune; La Mer; Rhapsodie für Saxophon* – NYP, Jeanne Baxtresser (Flöte), (Saxophon) – 1997 – Teldec; *Le Martyre de Saint Sébastien* – NYP, Maria Ewing (Erzählerin), Elizabeth Norberg-Schulz, Nancy Maultsby, Mary Ann McCormick, Westminster Symphonic Choir – 1997 – NYP Special Editions

Dukas, Paul: *Der Zauberlehrling* – NYP – 1992 – NYP-Special Editions; *Villanelle für Horn und Orchester* – GWO, Hermann Baumann – 1985 – Eterna

Dvořák, Antonín: *Sinfonie Nr. 8 G-Dur op. 88* – NYP – 1994 – Teldec; *Sinfonie Nr. 9 e-Moll op. 95 »Aus der neuen Welt«* – NYP – 1992 – Teldec; *Slawische Tänze op. 46 und 72, Slawische Rhapsodien op. 45* – GWO – 1987 – Eterna; *3 Slawische Tänze (aus op. 46 und 72)* – NYP – 1992 – Teldec
Violinkonzert a-Moll op. 53 – NYP, Maxim Vengerov – 2000 – Teldec; *Violoncellokonzert h-Moll op. 104* – NYP, Yo-Yo Ma – 1995 – Sony CD

Ellington, Duke (arr. Wynton Marsalis): *A Tone Parallel to Harlem* – NYP, Lincoln Center Jazz Orchestra – 1999 – NYP Special Editions

Franck, César: *Sinfonie d-Moll* – NYP – 1992 – Teldec; *Les Eolides* – NYP – 1992 – Teldec

Gershwin, George: *Rhapsody in Blue* – GWO, Siegfried Stöckigt (Klavier), Kurt Hiltawsky (Klarinette) – 1975/1994 Berlin Classics *(Masur-Edition)*; NYP, Fazil Say – 1999 – Teldec; *Klavierkonzert in F* – GWO, Siegfried Stöckigt – 1977/1995 Berlin Classics; *Variationen über »I Got Rhythm«* – NYP, Fazil Say – 1999 – Teldec; *Porgy and Bess-Suite, An American in Paris* – GWO – 1975/76/1994 – Berlin Classics

Gerster, Ottmar: *Enoch Arden (Der Möwenschrei), Opernausschnitte* – RSOL, Ingeborg Zobel, Günther Benndorf, Hajo Müller, Heinz Prescher, Rundfunkchor Leipzig – 1965 – Eterna/Nova

Glier, Reinhold: *Hornkonzert* – GWO, Hermann Baumann – 1985 – Eterna

Gluck, Christoph Willibald: *»Diese Auen sind seligem Frieden« (aus Orpheus und Eurydike)*, RSOL, Tiana Lemnitz – 1969 – Eterna

Görner, Hans Georg: *Variationen über ein Thema von Smetana op. 32* – RSOL – Eterna

Gretry, André-Ernest-Modeste: *La Rosière républicaine (Ballettmusik)* – DP – 1970 – Eterna

Grieg, Edvard: *Holberg-Suite* – GWO – Teldec; *Klavierkonzert a-Moll op. 16* DP, Annerose Schmidt – 1969/1995 Berlin Classics

378

(Masur-Edition); Peer Gynt (Konzertfassung) - GWO, Friedhelm Eberle (Sprecher), Nicole Heesters, Edith Wiens, Adelheid Vogel, Bettina Denner, Annette Markert, Rundfunkchor Leipzig, Gewandhaus-Kinderchor – 1989 – Eterna/Philips

Griesbach, Karl-Rudi: *Afrikanische Sinfonie* – DP – 1968 – Eterna

Gubaidulina, Sofia: *Two Paths: Music for Two Solo Violas and Symphony Orchestra* – NYP, Cynthia Phelps, Rebecca Young – 1999 – NYP Special Editions

Händel, Georg Friedrich: *Kantate »Armida abbandonata«* – KOB, Stefania Woytowicz, Peter Zimmermann, Robert Köbler – 1970/1995 Berlin Classics

Haydn, Joseph: *Sinfonien Nr. 5 A-Dur, Nr. 61 D-Dur* – RSO –1971 – Eterna; *Sinfonien Nr. 96 D-Dur (»The Miracle«), Nr. 102 B-Dur* – DP – 1971 – Eterna; *Sinfonie Nr. 102 B-Dur* – DP – 1971/1995 Berlin Classics *(Masur-Edition)*

Henze, Hans Werner: *Sinfonie Nr. 9* – NYP, Nora von Billerbeck, Anett Taube, Beate Thiemann, Uta Damm-Kühner, Barbara Hertzsch, Marion Nickel, Hans-Christian Braun, Ulrich Löns, Johannes Voigt, Oliver Gawlik, Jörg Schneider, Michael Timm, Rundfunkchor Berlin – 2001 – NYP Special Editions

Herbert, Victor: *Violoncellokonzert Nr. 2* – NYP, Yo-Yo Ma – 1995 – Sony CD

Hindemith, Paul: *Konzertmusik für Streicher und Bläser op. 50* – Bundesjugendorchester – 1998 – Sonopress

Honegger, Arthur: *Jeanne d'Arc au bucher* – NYP, Marthe Keller, Heidi Grant Murphy, Wendy Hoffman, Nathaniel Watson, David Wilson-Johnson, D'Anna Fortunato, John Aller, Westminster Symphonic Choir, The American Boychoir – 1994 – NYP Special Editions

Ives, Charles (arr. Schuman, William): *Variations on »America«* – NYP – 1992 – Teldec; *Three Places in New England* – NYP – 1999 – NYP-Special Editions

Janáček, Leoš: *Sinfonietta* – NYP – 1994 – Teldec; *Taras Bulba* – GWO – 1991 Philips; *Glagolitische Messe* – GWO, Venceslava Hruba, Rosemarie Lang, John Mitchinson, Theo Adam, Tschechoslowakischer Rundfunkchor Prag – 1991 – Philips

Janis, Tim: *Music of Hope; Watch Hill; Rushing Wings of Dawn* – NYP, Glenn Dicterow – 2001 – Dawn Treader Productions/ Tim Janis Ensemble CD

Kantscheli, Gija: *And Farewell Goes Out Sighing ...* – NYP, Gidon Kremer, Derek Lee Ragin – 1999 – NYP Special Editions

Katzer, Georg: *Empfindsame Musik* – GWO – 1983 – Eterna

Kochan, Günter: *Kantate »Die Asche von Birkenau«* – RSO, Annelies Burmeister – 1969 – Eterna

Kodály, Zoltán: *Háry János Suite, Theaterouvertüre* – NYP – 1995 – Teldec

Köhler, Siegfried: *Violinkonzert* – GWO, Gustav Schmahl – 1986 – Eterna

Liszt, Franz: *Eine Faust-Sinfonie, 2 Episoden aus Lenaus »Faust«, Die Ideale, Festklänge* – GWO – 1979 – Eterna; *Heldenklage, Prometheus, Mephisto-Walzer, Dante-Sinfonie* – GWO – 1980 – Eterna; *Bergsindonie, Hunnenschlacht, Von der Wiege bis zum Grabe, Mazeppa, Hamlet, Hungaria* – GWO – 1978 – Eterna; *Totentanz, Les Préludes, Orpheus, Tasso* – GWO – 1977 – Eterna; *Ungarische Rhapsodien Nr. 1–6* – GWO – 1984 – Eterna/Philips *Klavierkonzerte Nr. 1 und 2, Grande Fantaisie symphonique, Fantasie über »Ruinen von Athen«, Fantasie über ungarische Volksweisen, Wanderer-Fantasie, Malédiction* – GWO, Michel Béroff – 1977 – Eterna; *Mazeppa, Mephisto-Walzer* – NYP – 1995 – Teldec

Mahler, Gustav: *Sinfonie Nr. 1* – NYP – 1993 – Teldec; *Sinfonie Nr. 7* – GWO – 1982/1995 Berlin Classics *(Masur-Edition)*; *Sinfonie Nr. 9* – NYP – 1992 – Teldec
Lieder eines fahrenden Gesellen – GWO, Siegfried Lorenz – 1980 – Eterna; NYP, Håkan Hagegård – 1993 – Teldec; *Kindertotenlieder* – GWO, Siegfried Lorenz – 1980 – Eterna

Matthus, Siegfried: *»Der Wald«, Konzert für Pauken und Orchester* – GWO, Karl Mehlig – 1989 – Eterna; *Konzert für Trompete, Pauken und Orchester* – GWO, Armin Männel, Karl Mehlig – 1989/1999 – querstand; *Holofernes-Fragmente* – GWO, Dietrich Fischer-Dieskau – 1983/1986 Berlin Classics

Méhul, Etienne-Nicolas: *Sinfonie Nr. 1 g-Moll* – DP – 1970 – Eterna

Mendelssohn Bartholdy, Felix: *Die Jugendsinfonien Nr. 1–12* – GWO – 1972/1993 Berlin Classics; *Sinfonien Nr. 1–5* – GWO – 1972 – Eterna/Teldec; 1994 – RCA; *Sinfonie-Kantate »Lobgesang«* – GWO, Celestina Casapietra, Adele Stolte, Peter Schreier, Rundfunkchor Leipzig – 1973 – Eterna; GWO, Barbara Bonney, Edith Wiens, Peter Schreier, Rundfunkchor Leipzig – 1989 – Teldec; *Sinfonien Nr. 3 a-Moll op. 56 (»Schottische«) und Nr. 4 A-Dur op. 90 (»Italienische«)* – GWO – 1988 – Teldec; – 1993 – edel; 1994 – RCA; *Ouvertüren (Ruy Blas op. 95, Die Hebriden op. 26, »Trompeten-Ouvertüre« op. 101, Das Märchen von der schönen Melusine op. 32, Meeresstille und glückliche Fahrt op. 27)* – GWO – 1976/1995 Berlin Classics *(Masur-Edition)*

Klavierkonzerte Nr. 1 g-Moll op. 25 und Nr. 2 d-Moll op. 40,
Capriccio brillant h-Moll op. 22 – GWO, Cyprien Katsaris –
1988/1997 – Teldec; *Klavierkonzert Nr. 1 und Capriccio brillant*
– NYP, Helen Huang – 1998 – Teldec; *Violinkonzerte* – GWO,
Salvatore Accardo – 1998 – Philips; *Violinkonzert e-Moll op. 64*
– GWO, Thomas Zehetmair – 1985 – Eterna; GWO, Maxim Ven-
gerov – 1993 – Teldec
Die erste Walpurgisnacht op. 60 – GWO, Annelies Burmeister,
Eberhard Büchner, Siegfried Lorenz, Siegfried Vogel, Rundfunk-
chor Leipzig – 1975/1992 Berlin Classics; *Ein Sommernachts-*
traum op. 61 – GWO, Edith Wiens, Christiane Oertel, Friedhelm
Eberle, Rundfunkchor Leipzig – 1992 – Teldec; *»Infelice«* – GWO,
Edda Moser – 1974/1992 Berlin Classics; *Paulus op. 36* – GWO,
Gundula Janowitz, Hans Peter Blochwitz, Theo Adam, Rund-
funkchor Leipzig, Gewandhaus-Kinderchor – 1987 – Philips; *Elias*
op. 70 – IPO, Alastair Miles, Helen Donath, Jard van Nes, Do-
nald George, Kerstin Klein, MDR-Chor Leipzig – 1993 – Teldec
Miki, Minoru: *KYU-no-KYOKU, Sinfonie für 2 Welten* – GWO,
Ensemble Pro Musica Nipponia – 1981 Eterna
Mozart, Wolfgang Amadeus: *Sämtliche Klavierkonzerte* – DP, An-
nerose Schmidt – 1974–1976 – Eterna; *Klavierkonzerte Nr. 5, 6,*
8, 9, 11–27 und Konzertrondos KV 382 und 386 – DP, Annerose
Schmidt – 1995 Berlin Classics *(vollständige Übernahme in Vor-*
bereitung); Klavierkonzert Nr. 12 – DP, Annerose Schmidt –
1970/1995 Berlin Classics *(Masur-Edition); Klavierkonzert*
Nr. 21 – NYP, Helen Huang – 1998 – Teldec; *Klavierkonzert*
Nr. 23 – NYP, Helen Huang – 1995 – Teldec; *Violinkonzerte D-*
Dur KV 211 und Es-Dur KV 268 – GWO, Janine Andrade –
1968 – Eterna
Mussorgski, Modest: *Bilder einer Ausstellung (Orchesterfassung*
von S. Gortschakow) – GWO – 1995 – Teldec; LPO – Teldec
Nielsen, Carl: *Flötenkonzerte* – GWO, Auréle Nicolet – 1985 – Eterna
Nowka, Dieter: *Klavierkonzert f. d. linke Hand op. 71* – DP, Sieg-
fried Rapp – Eterna
Prokofjew, Sergej: *Sinfonie Nr. 1 D-Dur op. 25 (Klassische Sinfonie)*
– DP – 1969/1995 Berlin Classics *(Masur-Edition);* LPO – Tel-
dec; *Sinfonie Nr. 5 B-Dur op. 100* – NYP – 1997 – Teldec; *Sky-*
thische Suite »Ala und Lolli« und »Alexander Nevsky« – GWO,
Carolyn Watkinson, Latvija Chor – 1991 – Teldec
Klavierkonzerte 1–5 – GWO, Michel Béroff – 1974 – Eterna;
»Romeo und Julietta« (aus 1. und 2. Suite) – GWO – 1989; NYP
– 1997 – Teldec

Rachmaninow, Sergej: *Die Toteninsel op. 29* – NYP – 2000 – NYP Special Editions

Ravel, Maurice: *La Valse; Boléro* – NYP – 1997 – Teldec; *Klavierkonzert f. d. linke Hand D-Dur* – DP, Siegfried Rapp – 1968/1995 Berlin Classics *(Masur-Edition)*

Reinhold, Otto: *Konzertante Musik f. Flöte, Bratsche u. Orchester* – DP, Helmut Rucker, Herbert Schneider –1968 – Eterna; *Triptychon f. Orchester* – DP – Eterna

Reger, Max: *Mozart-Variationen op. 132* – NYP – 1992 – Teldec

Reinecke, Carl: *Flötenkonzerte* – GWO, Auréle Nicolet – 1985 – Eterna

Rimski-Korsakow, Nikolai: *Scheherazade, Capriccio espagnol, Der Hummelflug* – NYP, Glenn Dicterow – 1999 – Teldec

Ruggles, Carl: *Sun Treader* – NYP – 1999 – NYP Special Editions

Saint-Saens, Camille: *Konzertstück f. Horn u. Orchester* – GWO, Hermann Baumann – 1985 – Eterna

Schenker, Friedrich: *»Michelangelo-Sinfonie«* – GWO, Wolfgang Dehler – Akad. Chor d. Lettischen SSR, Gewandhaus-Kinderchor – 1985/1997 Berlin Classics; *»Commedia per musica«* – GWO, Gewandhaus-Kinderchor – 1996 – wergo

Schnittke, Alfred: *Violoncellokonzert Nr. 1* – LPO, Natalia Gutman – 1992 – EMI Classics

Schostakowitsch, Dmitri: *Sinfonie Nr. 1 op. 10* – NYP – 2001 – NYP Special Editions; *Sinfonie Nr. 7 (»Leningrader«)* – NYP – 2000 – Teldec; *Sinfonie Nr. 13 (»Babi Yar«)* – NYP, Sergej Leiferkus, New York Choral Artists – 1994 – Teldec; *Klavierkonzert Nr. 2 F-Dur op. 102* – NYP, Helen Huang – NYP Special Editions; *Violinkonzert Nr. 1 a-Moll op. 99* – DP, Gustav Schmahl – 1969/ 1995 – Berlin Classics *(Masur-Edition)*

Schubert, Franz: *Sinfonie Nr. 3 D-Dur und Sinfonie Nr. 8 h-Moll (»Unvollendete«)* – NYP – 1998 – Teldec; *Sinfonie Nr. 9 C-Dur* – GWO – 1991 – Philips; *Wandererfantasie (arr. F. Lisz)* – NYP, Boris Beresowski – 1998 – Teldec; *Musik zu »Rosamunde«* – GWO, Elly Ameling, Rundfunkchor Leipzig – 1985 – Philips; *Ouvertüren zu »Rosamunde« und »Die Zauberharfe«* – Bundesjugendorchester – 1998 – Sonopress

Schubert, Manfred: *Sinfonie Nr. 1* – GWO – Eterna – 1986

Schumann, Robert: *Sinfonien 1–4* – GWO – 1973/1998 Teldec; *Sinfonien 1–4* – LPO – 1994 – Teldec; *Sinfonie Nr. 1 B-Dur op. 38 und Nr. 4 d-Moll op. 120* – LPO – 1991 – Teldec; *Sinfonie Nr. 2 C-Dur op. 61 und Nr. 3 Es-Dur op. 97* – LPO – 1991 – Teldec; *Ouvertüren (Hermann und Dorothea, Julius Cäsar, Braut von*

Messina; Ouvertüre, Scherzo u. Finale E-Dur op. 52) – GWO
– 1973 – Eterna
Klavierkonzert a-Moll op. 54 – GWO, Peter Rösel – 1980 –
Eterna/Berlin Classics; *Introduktion und Allegro appassionato
G-Dur op. 92, Konzertallegro mit Introduktion d-Moll op. 134*
– GWO, Peter Rösel – 1980 – Eterna; *Fantasie f. Violine u. Or-
chester C-Dur op. 131* – GWO, Ruggiero Ricci – 1973 – Eterna;
NYP, Anne-Sophie Mutter – 1997 – DG; *Violoncellokonzert a-
Moll op. 129* – GWO, Jürnjakob Timm – 1985/1995 Berlin
Classics *(Masur-Edition)*; LPO, Natalia Gutman – 1992 – EMI
Classics
Genoveva – GWO, Siegfried Lorenz, Dietrich Fischer-Dieskau,
Edda Moser, Peter Schreier, Gisela Schröter, Siegfried Vogel, Karl-
Heinz Stryczek, Wolfgang Hellmich, Rundfunkchor Berlin –
1978/1992 Berlin Classics
Sibelius, Jean: *Finlandia, Karelia, Der Schwan von Tuonela* – GWO
– 1988 – Teldec; *Violinkonzerte* – GWO, Thomas Zehetmair –
1988 – Teldec
Strauss, Richard: *Eine Alpensinfonie* – GWO – 1996 – Philips; *Till
Eulenspiegels lustige Streiche* – GWO – 1989; NYP – 1999 – NYP-
Special Editions; *Don Quixote* – GWO, Dietmar Hallmann,
Heinrich Schiff* – 1989 – Eterna; *Don Juan* – NYP – 1999 – Tel-
dec; *Tod und Verklärung* – NYP – 1999 – Teldec; *Romanze F-
Dur f. Violoncello u. Orchester* – GWO, Heinrich Schiff – 1989 –
Eterna; *Hornkonzerte Nr. 1 u. 2* – GWO, Hermann Baumann –
1984 Philips
*Orchesterlieder (Heimliche Aufforderung, Traum durch die Däm-
merung, Liebeshymnus, Freundliche Vision, Waldseligkeit, Verfüh-
rung, Ständchen, Morgen, Zueignung, Ich trage meine Minne,
Das Rosenband, Des Dichters Abendgang)* – GWO, Siegfried Je-
rusalem, Gerhard Bosse (Solovioline) – 1982 – Eterna/Philips;
*Orchesterlieder (Cäcilie, Morgen, Wiegenlied, Ruhe, meine Seele,
Meinem Kinde, Zueignung) u. Vier letzte Lieder (Frühling, Sep-
tember, Beim Schlafengehen, Im Abendrot)* – GWO, Jessye Nor-
man – 1982/1992 – Philips; *Vier letzte Lieder* – NYP, Deborah
Voigt – 1999 – Teldec
Ariadne auf Naxos – GWO, Jessye Norman, Julia Varady, Edita
Gruberova, Paul Frey, Olaf Bär, Dietrich Fischer-Dieskau – 1988 –
Philips
Strawinski, Igor: *Perséphone* – Marthe Keller, Stuart Neill, New
York Choral Artists, The American Boychoir – 1999 – NYP Spe-
cial Editions

Thiele, Siegfried: *Hommage à Machaut* – GWO, Rosemarie Lang, Frank-Peter Späthe – 1983 – Eterna; *Gesänge an die Sonne* – GWO, Rosemarie Lang, Peter Schreier, Matthias Eisenberg, Gewandhauschor, Rundfunkchor Leipzig – 1981 – Eterna

Tschaikowski, Peter: *Sinfonien 1–6* – GWO – 1987/1991 – Teldec; *Ouvertüre »Romeo und Julia«, Francesca da Rimini, Gopak aus »Mazeppa«, Krönungsmarsch* – GWO – *Manfred-Sinfonie; Streicherserenade op. 48* – 1987/1993 – Teldec; *Pas de Deux/Famous Watzes* – NYP – 1995 – Teldec; *Sinfonie Nr. 2 c-Moll op. 17* – DP – 1969/1995 Berlin Classics *(Masur-Edition); Klavierkonzert Nr. 1 b-Moll op. 23* – GWO, Tatjana Nikolaewa – Eterna; GWO, Peter Rösel – 1981 – Eterna; *Klavierkonzert Nr. 2 G-Dur op. 44* – GWO, Elisabeth Leonskaja – Teldec; *Klavierkonzerte Nr. 1–3, Konzert-Fanatasie op. 56* – NYP, Elisabeth Leonskaja – 1997 – Teldec: *Variationen über ein Rokoko-Thema A-Dur op. 33* – GWO, Jürnjakob Timm – 1985/1995 – Berlin Classics *(Masur-Edition)*

Weber, Carl Maria von: *Konzertstück f. Klavier u. Orchester f-Moll op. 79* – DP, Annerose Schmidt – Eterna; *Klarinettenkonzerte Nr. 1 u. 2* – GWO, Sharon Kam – Teldec; *Concertino f. Horn u. Orchester e-Moll op. 45* – GWO, Hermann Baumann – 1984 – Philips

Weill, Kurt: *Die sieben Todsünden* – NYP, Angelina Réaux, Hugo Munday, Mark Bleeke, Peter Becker, Wilbur Pauley – 1994 – Teldec; *»September Song«* – NYP, Angelina Réaux – 1993 – NYP Special Editions

Sammelalben

Ein Opernabend mit Sylvia Geszty
Werke von *Mozart, Offenbach, R. Strauss, Rossini, Bellini und Verdi* – RSO – 1969 – Eterna
Ein Opernabend mit Hanne-Lore Kuhse
Werke von *Wagner, Beethoven, Händel, Mozart und Verdi* – DP – 1970 – Eterna
Ein Opernabend mit Anna Tomowa-Sintow
Werke von *Tschaikowski, Verdi und R. Strauss* – GWO – 1975 – Eterna
Theo Adam – Wie schön ist doch die Musik. Tondokumente aus drei Jahrzehnten

Anteil Kurt Masurs mit Werken von *Mozart, Beethoven und Verdi*
 – RSOL, RSO, Staatskapelle Berlin – 1986 – Eterna
Musik für Dich
Werke von *Pachelbel, Händel, Mascagni, Rimski-Korsakow, Mas-
 senet, Grieg, F. Schmidt, Kreisler, Lortzing und Svendsen* – DP,
 Eberhard Büchner, Tenor, Egon Morbitzer, Violine, Hans Otto,
 Cembalo – 1984 – Eterna

Tomoko Sakurai – Kurt Masur
mit dem Orchester der Hochschule für Musik und Theater
»Felix Mendelssohn Bartholdy« Leipzig
Werke von *Yamada, Villa-Lobos, Mendelssohn, Brahms, Thiele,*
Mozart und Gershwin – 1994 – artephon

Bibliographie

Björn Achenbach, Mendelssohns Rückkehr. In: Gewandhausmagazin Nr. 1, Dezember 1992

Björn Achenbach, »Immer tausend Prozent«. Eine Reportage aus New York. In: Gewandhausmagazin Nr. 8, Frühjahr 1995

Thomas Ahbe, Michael Hofmann, Volker Stiehler, Wir bleiben hier. Erinnerungen an den Herbst '89, Leipzig 1999

Hannes Bahrmann, Christoph Links, Wir sind das Volk. Die DDR zwischen 7. Oktober und 17. Dezember 1989, Berlin 1990

Daniel Barenboim, Musik – Mein Leben, Reinbek 1992

Eva Gesine Baur, Die Musik als Band der Liebe. Tomoko Sakurai und Kurt Masur. In: Gala 25, Juni 1998

Kurt Biedenkopf, Ein deutsches Tagebuch 1989–1990, Berlin 2000

Claudius Böhm, »Das war ja eine unglaublich spannende Zeit«. Interview mit Hartmut Brauer und Peter-Michael Borck. In: Gewandhausmagazin Nr. 12, Herbst 1996

Claudius Böhm, Jenseits des Äquators. In: Gewandhausmagazin Nr. 12, Herbst 1996

Claudius Böhm, »Ich hätte kein anderes Leben führen können«. Interview mit Kurt Masur zum 70. Geburtstag. In: Gewandhausmagazin Nr. 15, Sommer 1997

Claudius Böhm, Mit Kurt Masur auf Reisen. In: Gewandhausmagazin Nr. 19, Sommer 1998

Claudius Böhm, Drei Tage im Oktober. In: Gewandhausmagazin Nr. 24, Herbst 1999

Claudius Böhm, »Ich erinnere mich mit großer Dankbarkeit«. Interview mit Kurt Masur. In: Gewandhausmagazin Nr. 24, Herbst 1999

Claudius Böhm, Sven-W. Staps, Das Leipziger Stadt- und Gewandhausorchester. Dokumente einer 250jährigen Geschichte, Leipzig 1993

Claudius Böhm, Christian Ehlers, Kurt Masur. Gewandhauskapellmeister seit 1970. Eine Dokumentation über 25 Jahre, Leipzig 1995

Claudius Böhm, Christian Ehlers, »Es wäre ein Wunder gewesen«. Interview mit Kurt Sanderling. In: Gewandhausmagazin Nr. 10, Winter 1995/96

Gero von Boehm, Können Noten Schicksale haben? Filmporträt über Kurt Masur, 1990

Jochen Bölsche, »Sie haben uns das Leben gerettet«. Porträt Kurt Masur. In: Der Spiegel, 41/1999

Sedgwick Clark, The Masur Effect. In: Kurt Masur at the New York Philharmonic, New York 2001

Luis Corvalán, Gespräche mit Margot Honecker über das andere Deutschland, Berlin 2001

Christian Ehlers, Björn Achenbach, »Nach dem Berührenden suchen«. In: Gewandhausmagazin Nr. 2, März–Mai 1993

Christian Ehlers, »Viele sind berufen, wenige auserwählt«. In: Gewandhausmagazin 9, Herbst 1995

Johannes Forner, Gastspiel des Gewandhausorchesters in den Vereinigten Staaten von Amerika vom 8. Oktober bis 9. November 1974. Reisebericht, Leipzig 1974

Johannes Forner (Hrg.), Die Gewandhauskonzerte zu Leipzig 1781–1981, Leipzig 1981

Johannes Forner, 200 Jahre Gewandhauskonzerte. In: Leipzig. Aus Vergangenheit und Gegenwart. Beiträge zur Stadtgeschichte 1, Leipzig 1981

Johannes Forner, »Ich wollte einfach ein guter Dirigent sein«. In: »25 Jahre Gewandhauskapellmeister Kurt Masur«, Leipzig 1995

Johannes Forner, Handeln aus Verantwortung, gepaart mit Liebe. Die Leipziger Zeit des Gewandhauskapellmeisters Kurt Masur. In: Leipziger Blätter Nr. 29, 1996

Petra Gruner. Das Überlebens-Spiel. Sozialisation und Mentalität der Flakhelfer-Generation in der DDR. In: Jahrbuch für historische Bildungsforschung, Bd. 6, Berlin 2000

Peter Gülke, Aufregende Jahre. In: Gewandhausmagazin Nr. 10, Winter 1995/96

Dieter Härtwig, Die Dresdner Philharmonie. Eine Chronik des Orchesters 1870 bis 1970, Leipzig 1970

Dieter Härtwig, Kurt Masur. Für Sie porträtiert. Leipzig 1976

Dieter Härtwig (Hrg.), 125 Jahre Dresdener Philharmonie, Dresden 1995

Renate Herklotz, Kurt Masurs Konzertzyklen. In: »25 Jahre Gewandhauskapellmeister Kurt Masur«, Leipzig 1995

387

Tobias Hollitzer, Reinhard Bohse (Hrg.), Heute vor 10 Jahren. Leipzig auf dem Weg zur friedlichen Revolution, Fribourg 2000

Manfred Jäger (Hrg.), Kultur und Politik in der DDR, Köln 1982

Matthias Judt (Hrg.), DDR-Geschichte in Dokumenten. Beschlüsse, Berichte, interne Materialien, Alltagszeugnisse, Berlin 1998

Victor Jusefowitsch, David Oistrach. Gespräche mit Igor Oistrach, Stuttgart 1977

Jürgen Kesting, Blick zurück im Stolz. In: Gewandhausmagazin 9, Herbst 1995

Eberhardt Klemm, »Das sind so schlimme Erinnerungen« – Gespräch mit Renate Richter. In: E. Klemm, Spuren der Avantgarde, Köln 1997

John Knight, »My Real Idol Was Bruno Walter«. An Interview with Kurt Masur. In: The Instrumentalist, Vol. 54, Nr. 4, November 1999

Ilse Kóban, Walter Felsenstein. Theater, Gespräche, Briefe, Dokumente, Berlin 1991

Georg-Friedrich Kühn, Finanzkrise – Sinnkrise? In: Gewandhausmagazin Nr. 4, Frühjahr 1994

Ekkehard Kuhn, Der Tag der Entscheidung. Leipzig, 9. Oktober 1989, Berlin 1992

Bernd-Lutz Lange, Dämmerschoppen. Geschichten von drinnen und draußen, Leipzig 1997

Wolf Eberhard von Lewinski, Peter Schreier. Interviews, Meinungen, Tatsachen, Mainz 1992

Steffen Lieberwirth, Die Gewandhausorgeln, Leipzig/Dresden 1986

Steffen Lieberwirth, »Jetzt machen die aus dem Gewandhaussaal gar noch eine Kirche …«. Die Schuke-Orgel im Neuen Gewandhaus Leipzig. In: Triangel, 3. Jg., Heft 1, Januar 1998

Ulrich Mähnert, Kleine Geschichte der DDR, München 1998

Kurt Masur. 25 Jahre Gewandhauskapellmeister. Programmheft zum Festkonzert am 2. September 1995

Kurt Masur im Gespräch mir Rainer-K. Langner. In: »Zeugen des Jahrhunderts«, 2-teilige Filmdokumentation (ZDF) 1996

Kurt Masur at the New York Philharmonic, New York 2001

New York Philharmonic. Opening Night 1997–98. Kurt Masur's 70th Birthday Gala, New York 1997

Siegfried Matthus, »Der Träumer mit dem musikalischen Dickschädel«. Zum 70. Geburtstag des Dirigenten. Eine persönliche Würdigung. In: »Berliner Morgenpost«, 17. Juli 1997

Krzysztof Meyer, Dmitri Schostakowitsch, Leipzig 1980

388

Allan Miller, Kurt Masur. Maestro zwischen den Welten. Filmdokumentation 1991

Martin Naumann, Wendetage. Ein Tagebuch von der Wende bis zur Einheit, Leipzig 1998

Hans A. Neunzig, Dietrich Fischer-Dieskau. Eine Biographie, Stuttgart 1995

Jay Nordlinger, »Mere Excellence«. In: National Review, 23. Juli 2001 (Übersetzung: »Exzellenz pur« von Hans-Ulrich Seebohm)

Hans Reimann, Was nicht im Baedeker steht. Leipzig, Leipzig 1995

Eckhard Roelcke, Der Taktstock. Dirigenten erzählen von ihrem Instrument, Wien 2000

John Russel, Erich Kleiber. Eine Biographie, München 1959

Ulla Schäfer (Hrg.), »Mut und Zuversicht geben«. Briefe an Kurt Masur, 9. Oktober 1989 bis 18. Oktober 1990, Frankfurt a. M./ Berlin 1990

Gottfried Schmiedel, Peter Schreier. Eine Bildbiographie, Berlin 1981

Hagen Schulze, Kleine deutsche Geschichte, München 1996

Rudolf Skoda, Das Neue Gewandhaus Leipzig. In: Leipzig. Aus Vergangenheit und Gegenwart, Leipzig 1981

Rudolf Skoda, Neues Gewandhaus Leipzig. Baugeschichte und Gegenwart eines Konzertgebäudes, Berlin 1985

Rudolf Skoda, Die Leipziger Gewandhausbauten. Konzertgebäude im internationalen Vergleich, Berlin 2001

Ilse Spittmann, Karl Wilhelm Fricke, 17. Juni 1953. Arbeiteraufstand in der DDR, Köln 1982

Michael Stürmer, Das Jahrhundert der Deutschen, München 1999

Siegfried Thiele, Leipziger Jahre. In: Gewandhausmagazin 9, Herbst 1995

Anthony Tommasini, »Brahms, Masur and Philharmonic. Touch the Hearth of the Matter«. In: The New York Times, 22. September 2001

Klaus Umbach, Geldscheinsonate. Das Millionenspiel mit der Klassik, Frankfurt a. M./Berlin 1996

»What have you learned in 70 years?«. Interview with Kurt Masur. New York Philharmonic, Opening Night Gala, Live from Lincoln Center, 17. September 1997

Werner Wolf, »Emotional bewegtes Musizieren«. In: Gewandhausmagazin Nr. 12, Herbst 1996

Solomon Wolkow (Hrg.), Die Memoiren des Dmitri Schostakowitsch, Berlin/München 2000

Karl Zumpe, Ulla Ackner (Hrg.), Der Gewandhauskapellmeister Kurt Masur. Dokumentation in Bildern, Leipzig 1987

DANK I

Meinen tiefempfundenen Dank möchte ich zuerst Johannes Forner aussprechen. Seiner Beharrlichkeit und Geduld verdanke ich das Entstehen dieses Buches. Die Zusammenarbeit, die uns bereits im Gewandhaus so harmonisch gelungen war, hat sich hier fortsetzen können. Sein tiefes Verständnis für mein künstlerisches Anliegen, für meine Lebensphilosophie und für meine privaten Neigungen hat nie nachgelassen und schließlich zu dem vorliegenden Ergebnis geführt.

Der Propyläen Verlag hat mich durch sein Angebot vor Jahren dazu animiert, an die Darstellung meines Lebens in Buchform zu denken. Ich danke allen, besonders Herrn Christian Seeger und Frau Manuela Runge, für die Geduld und Sorgfalt, mit der sie das Entstehen dieses Buches begleitet haben.

Mein besonderer Dank gilt den Orchestern, denen ich im Laufe meines Lebens begegnet bin. Hierbei möchte ich drei Orchester hervorheben, die mit mir als ihrem Chefdirigenten meine künstlerischen Vorstellungen durch ihre offene und faire Haltung über viele Jahre verwirklicht haben.

In der Dresdner Philharmonie fand ich 1967 die alte Liebe wieder, die mir schon früher, als Zweitem Dirigenten, entgegengebracht worden war, unterstützt durch eine Sekretärin, die zur Selbstaufgabe bereit war – Gertraude Langer.

Mit dem Leipziger Gewandhausorchester war ich seit

1970 mehr als sechsundzwanzig Jahre verbunden in ge-
wachsenem Vertrauen – das Wichtigste in meinem Leben.
Ich verdanke diesem Orchester nicht nur tiefe Erlebnisse
in meiner Studienzeit, sondern das gemeinsame, mit Stil-
sicherheit und Meisterschaft verwirklichte Bekenntnis zu
den bedeutenden Musiktraditionen Leipzigs. Dabei hatte
ich eine Mitarbeiterin zur Seite, der ich nicht nur restlos
vertrauen konnte, sondern die auch bereit war, mein tur-
bulentes Leben mitzugehen: die »Heynerin« (jetzt Christa
Kalb). Mit bewundernswerter Energie und viel Eigeninitiative steuerte und beherrschte sie das Büro des Gewandhauskapellmeisters. Nur einmal sagte sie: Ich kann nicht
mehr! Das war 1989/90 in der Zeit der »friedlichen Revolution«, als sie bis zum Umfallen gearbeitet hatte.

Als ich die Leitung der New Yorker Philharmoniker
übernommen hatte, konnte ich kaum hoffen, eine Sekretärin mit diesen Qualitäten zu finden. Sie kam: Stefana Atlas, aus Rumänien stammend und fünf Sprachen fließend
sprechend. Ihre Flexibilität, Besessenheit und unglaubliche Schnelligkeit haben sie für mich und uns alle unentbehrlich gemacht.

Mit dem angeblich so schwierigen New York Orchester
und seinem Misstrauen gegenüber allen Dirigenten voll-
zog sich ein Prozess von skeptischer Annäherung bis zum
tiefsten Vertrauen. Dieses Orchester mit seinen hervorragenden Solisten ohne Grenzen technischer und musikalischer Art lässt mir den Abschied schwer fallen. Das Bekenntnis zueinander wächst mit jedem Konzert. Ich bin
dankbar, dass ich das erleben durfte.

Kurt Masur

Dank II

Dieses Buch hätte nicht geschrieben werden können ohne die vielen persönlichen Gespräche, die ich vertrauensvoll mit Kurt Masur über mehrere Jahre führen konnte. Wichtige Hinweise und Ergänzungen sind Frau Tomoko Masur sowie Michael, Carolin und Ken Masur zu danken.

Besonderer Dank gilt vor allem den beiden langjährigen Leiterinnen der Büros des Gewandhauskapellmeisters in Leipzig, Frau Christa Kalb (ehem. Heyner), und des Musikdirektors von New York Philharmonic, Frau Stefana Zorzor Atlas, die unermüdlich Statistiken, Materialien, Dokumente, Tourneeberichte usw. zur Verfügung gestellt haben.

Weiteres dokumentarisches Material und Fotos, Interviews und Hinweise, auch Übersetzungen und sonstige Unterstützung sind nachfolgenden Persönlichkeiten zu danken: Claudius Böhm, Klaus Burmeister, Angela Driesnack-Zendeh, Jürgen Ernst, Kurt Froese, Yvonne Herbert, Thomas und Silke Jahn, Sigrid Kehl, Willi Knoblauch, Ines Laue, Siegfried Matthus, Günter Muck, Andreas Pieske, Bernhard Runge, Christiane Schmidt, Stefan Schönknecht, Ute Schröder, Hans-Peter Schwarzbach, Hans-Ulrich Seebohm, Joel Shapiro, Rudolf Skoda, Ingeborg Stiehler, Barbara Stroff, Karl Suske, Siegfried Thiele, Lothar Thomalla, Inge und Walter Woyke, Bärbel Zorn und Karl Zumpe (†).

Ich danke auch der Lektorin Frau Manuela Runge, die mit ihren Erfahrungen, auch mit zusätzlichen Recherchen, keinen geringen Anteil an der Endgestalt des Buches hat.

Nicht zuletzt aber danke ich meiner lieben Frau Helga für ihr waches Begleiten beim Entstehen der Texte, für viele gute Ratschläge, für manche Entbehrungen und die verständnisvolle Geduld, die sie in den zurückliegenden Jahren aufgebracht hat.

Johannes Forner

Personenregister

398

BILDNACHWEIS